AF540371

समकालीन हिंदी साहित्य
विविध परिदृश्य

[आलोचना]

समकालीन हिंदी साहित्य

विविध परिदृश्य

डॉ. रामस्वरूप चतुर्वेदी

राधाकृष्ण प्रकाशन

समकालीन हिंदी साहित्य : विविध परिदृश्य

© डॉ. रामस्वरूप चतुर्वेदी

पहला संस्करण : 1995
द्वितीय संवर्द्धित संस्करण : 2000
तीसरा संस्करण : 2026

मूल्य : ₹895

प्रकाशक
राधाकृष्ण प्रकाशन प्राइवेट लिमिटेड
जी-17, जगतपुरी, दिल्ली-110 051
शाखाएँ : अशोक राजपथ, साइंस कॉलेज के सामने, पटना-800 006
पहली मंजिल, दरबारी बिल्डिंग, महात्मा गांधी मार्ग, प्रयागराज-211 001
1, अनमोल सोराबजी संतुक लेन, धोबी तलाव, मरीन लाइंस, मुम्बई-400 002
वेबसाइट : www.radhakrishnaprakashan.com
ई-मेल : info@radhakrishnaprakashan.com

मुद्रक
बी.के. ऑफसेट
नवीन शाहदरा, दिल्ली-110 032

SAMKALEEN HINDI SAHITYA : VIVIDH PRIDRISHYA
(Criticism) by Dr. Ram Swaroop Chaturvedi

समकालीन साहित्य के
समानवेषी सहृदय संवादी
नामवरसिंह,
विद्यानिवास मिश्र
तथा
विष्णुकांत शास्त्री के लिए
सादर-सस्नेह-साभार !

भूमिका

समकालीन और आधुनिक : अंतर/संबंध

प्रस्तुतः ग्रंथ का समापन जहाँ होता है, वहीं से इस भूमिका की शुरुआत हो सकती है–समकालीन दशा की जड़ता दिशा की गति में कैसे परिणत हो ! पर यह विचार आरंभ करने के पूर्व इस संकलन की प्रकृति पर कुछ चर्चा अपेक्षित होगी।

अपने लेखन-काल के आरंभ से ही समकालीन साहित्य मेरा प्रिय कार्य-क्षेत्र रहा है। इस विषय की एक आरंभिक पुस्तक 'हिंदी नवलेखन' बहुत पहले भारतीय ज्ञानपीठ ने प्रकाशित की थी (1960)। यह पुस्तक अब अप्राप्य है, और समकालीन साहित्य पर लिखी गई किसी भी आलोचना की तरह प्रकृति से अधूरी है। उसका जो दस्तावेज़ी महत्त्व हो वह अपनी जगह है। प्रायः एक दशक बाद केंद्रीय हिंदी संस्थान, आगरा के आमंत्रण पर तीन व्याख्यान देने का अवसर हुआ जो 'हिंदी साहित्य की अधुनातन प्रवृत्तियाँ' शीर्षक से प्रकाशित हुए (1969)। और यह संयोग से कुछ अधिक है कि फिर दो दशक के बाद एक लंबा निबंध प्रस्तुत किया 'समकालीन कविता की दशा', जो 'प्रसाद-निराला-अज्ञेय' शीर्षक पुस्तक का अंतिम अध्याय हुआ (1989)। इधर राधाकृष्ण प्रकाशन का बहुत दिनों से आग्रह था कि समकालीन साहित्य के विषय में उन्हें कुछ सामग्री प्रकाशनार्थ दूँ। तब मन में यह भाव आया कि समकालीन साहित्य के विषय में अपने आलोचनात्मक लेखन को एक तरतीब देते हुए उसे एकत्र कर दूँ एक नयी भूमिका के साथ। इस पुस्तक का शीर्षक और विन्यास यों रहे–

समकालीन हिंदी साहित्य : विविध परिदृश्य

(क) 'हिंदी नवलेखन' (1960)

(ख) 'हिंदी साहित्य की अधुनातन प्रवृत्तियाँ' (1969)

(ग) 'समकालीन कविता की दशा' (1989)

यों समकालीन साहित्य के संदर्भ में प्रायः तीस वर्षों की अवधि में चलनेवाला मेरा आलोचनात्मक लेखन एकत्र हो सकता है। एक साथ होने से यह सामग्री एक-दूसरे की पूरक होगी और लेखक के आलोचनात्मक विवेक के क्रम-विकास को भी दरसा सकेगी।

यहाँ प्रस्तुत परिदृश्यों के विचार-क्रम में पाठक कभी पुनरावृत्ति, तो कभी अंतर, वैविध्य और अंतर्विरोध भी लक्षित करेगा। ऐसा होना स्वाभाविक है, क्योंकि एक तो स्वयं आलोचक की विचार-सरणि इस लंबे अंतराल में परिवर्तित और, कह सकूँ तो, विकसित हुई है। दूसरे यह कि उपजीव्य साहित्य भी इस बीच बराबर विकासमान रहा है। पर बदलते परिदृश्य और द्रष्टा दोनों की क्रिया-प्रतिक्रिया के बीच समूचे दृश्य को संभवतः समग्रतर रूप में पहिचाना जा सका है। अपने समकालीन साहित्य की समीक्षा के लिए यों यह प्रणाली अनायास ही उपकारक हुई मानी जा सकती है।

समकालीन साहित्य के विषय में लिखने की कई जोखम हैं। पहली बात तो यहाँ परिदृश्य बहुत स्पष्ट नहीं रहता, और इसीलिए आलोचकीय समझ बराबर आश्वस्तिदायक नहीं होती। ग़लतफ़हमी का खटका हमेशा बना रहता है। फिर व्यावहारिक तौर पर कठिनाई यह आती है कि आलोच्य लेखक अधिकतर परिचित और बहुत बार निकट के मित्र होते हैं। उनके संबंध में निष्पक्ष तथा निर्भीक मत-प्रकाशन कई स्तरों पर निरापद नहीं होता। इस प्रसंग में हिंदी के शीर्षस्थ आलोचक तथा इतिहासकार रामचंद्र शुक्ल का संकोच अनायास स्मरण हो आता है। 'हिंदी साहित्य का इतिहास' के प्रथम संस्करण के 'वक्तव्य' में उन्होंने लिखा है, "पहले मेरा विचार आधुनिक काल को 'द्वितीय उत्थान' के आरंभ तक लाकर, उसके आगे की प्रवृत्तियों का सामान्य और संक्षिप्त उल्लेख करके ही, छोड़ देने का था, क्योंकि वर्तमान लेखकों और कवियों के संबंध में कुछ लिखना अपने सिर एक बला मोल लेना ही समझ पड़ता था। पर जी न माना। वर्तमान सहयोगियों तथा उनकी अमूल्य कृतियों का उल्लेख भी थोड़े-बहुत विवेचन के साथ डरते-डरते किया गया !" जिस भूमि पर आचार्य डरते हों वहाँ प्रस्तुत आलोचक का खुल खेलना, अँग्रेज़ी मुहावरे के अनुसार, बुद्धिमानी तो नहीं है; पर इस साहसिकता के पीछे कुछ और कारण भी हैं।

इस प्रसंग में स्पष्ट करना होगा कि समकालीन साहित्य से जुड़े इस आरंभिक लेखन में किसी सुधार अथवा परिष्कार की कोशिश न तो उचित है और न बहुत संभव। इसकी मुख्य उपयोगिता समकालीन के प्रति तत्कालीन दृष्टिकोण को उजागर करने में है। 'हिंदी नवलेखन' तो अपने विषय की बहुत कुछ प्रवेशिका कही जा सकती है, जहाँ से चलकर इस क्षेत्र की आलोचना धीरे-धीरे कठिन और सघन होती जाती है। इस यात्रा का अनुसरण जितना रोचक और किसी क़दर

ज्ञानवर्द्धक है उतना ही आधुनिक साहित्य के उत्तरोत्तर जटिल तथा सश्लिष्ट होते स्वरूप का परिचायक है। इसी के समानांतर आलोचना की ये किस्तें जितना समकालीन साहित्य का ऋण चुकाने का उपक्रम हैं उतना ही उसके अर्थ को संवर्द्धित करने का साधन भी। यह कृतज्ञता और दायित्व स्वीकार का भाव अपने-अपने ढंग से उस साहसिकता को प्रेरित करने वाले कारण हैं जिनका संकेत पहले किया गया है।

समकालीन साहित्य पर विचार करते समय आरंभ में ही मूलभूत प्रश्न यह उभर कर आता है कि समकालीन और आधुनिक के बीच अंतर क्या है, या कि ये दोनों पद समानार्थक हैं ? उत्तर में कहना होगा कि 'समकालीन' पद सिर्फ़ कालबोधक है, जब कि 'आधुनिक' कालबोधक के अतिरिक्त मूल्यबोधक भी। समकालीन अपने शाब्दिक अर्थ में स्पष्ट है–वक्ता या कि लेखक के समय का जीवन, समाज, साहित्य–जो भी अभिप्रेत हो। आधुनिक की व्याख्या अपेक्षित है, जहाँ पहले अर्थ के अंतर्गत तो समकालीनता का बोध होता है, पर उसके आगे पद का विशिष्ट और निजी अर्थ आता है। अर्थ के इस मूल्यबोधी स्तर पर आधुनिकता इतिहास-चक्र को द्रुततर गति से चलाने का सजग उपक्रम है। पश्चिमी देशों में इतिहास की गति को तीव्र करने के लिए विज्ञान और तकनीकी का सहारा लिया गया जब कि (भूतपूर्व) साम्यवादी देशों में वर्ग-संघर्ष की प्रक्रिया का।

प्रस्तुत विवेचन में समकालीन के अंतर्गत आधुनिक प्रवृत्तियों से अभिप्रेरित रचनात्मकता को केन्द्र में रखा गया है, और इधर समकालीन की जड़ता को लेकर हमारी जो मूल चिंता है उसका समाधान भी आधुनिकता में ही पाया जा सकता है। हिंदी साहित्य में आधुनिक भाव-बोध के क्रम विकास को समझना यहाँ ज़रूरी है। आधुनिक के समानांतर अँग्रेज़ी प्रयोग 'मॉडर्न' है जो व्युत्पत्ति की दृष्टि से लैटिन 'मॉडर्नस' से जुड़ा है जिसका प्रयोगारंभ चौथी शती ई. से माना जाता है, और जिसका अर्थ है 'बिलकुल अभी'। इधर पश्चिम में आधुनिकता के दौर को संपन्न हुआ मान कर अब 'उत्तर आधुनिकता' का युग आरंभ हुआ कहा जाता है, तकनीकी के सहारे विकसित प्रसार-माध्यम के अत्यंत त्वरित रूप जिसकी पहिचान बताए गए हैं।

हिंदी साहित्य में आधुनिक काल के प्रवर्त्तक भारतेंदु हरिश्चंद्र (1850-1885) माने जाते हैं। इतिहास में वीर, भक्ति और शृंगार के बाद इस काल की मुख्य प्रेरक वृत्ति राष्ट्रीयता की भावना है। राष्ट्रीयता हमारे देश में, जो प्रायः एक सहस्र वर्ष तक पराधीन रहा था, इतिहास को तेज़ चलाने की पहली सजग महत्त्वपूर्ण कोशिश है, हिंदी कृतित्व/साहित्य के संदर्भ में जिसके संवाहक भारतेंदु हैं। अपने कृतित्व में भक्ति और शृंगार की परंपराओं को मान्यता देते हुए भी उन्होंने राष्ट्रीय चेतना का अभिनव प्रयोग कविता और गद्य दोनों क्षेत्रों में किया। इस दृष्टि से

भारतेंदु को आधुनिक काल का प्रवर्त्तक मानना हर दृष्टि से उपयुक्त है। काव्य भाषा के क्षेत्र में खड़ी बोली का आरंभ, और एक साथ विविध काव्यरूपों का प्रयोग उनकी नयी चेतना के साथ मेल खाते हैं।

यों हिंदी साहित्य में राष्ट्रीय भाव-बोध के उदय से आधुनिकता का सूत्रपात होता है जहाँ से, जैसा कहा गया, इतिहास-चक्र को द्रुततर करने का सजग उपक्रम हुआ है। देश-भक्ति मनुष्य के लिए सहज मनोभाव है, राष्ट्रीयता उत्तेजित मनःस्थिति है। इसीलिए राष्ट्रीयता पराधीन देश में प्रयत्नपूर्वक जगाई जाती है देश-भक्ति को आधार बनाते हुए। हिंदी साहित्य में भारतेंदु से लेकर मैथिलीशरण गुप्त और फिर छायावाद तक राष्ट्रीय भाव-बोध के कई स्तर हैं। मैथिलीशरण गुप्त और उनके सहयोगी कवियों में पहले तो राष्ट्रीयता का भाव इतिवृत्तप्रधान और मुखर होता है; फिर छायावाद में उसका स्वरूप सूक्ष्म और सांस्कृतिक चेतना प्रधान हो जाता है। भारतेंदु ने भक्तिकालीन प्रभाती को छोड़कर, जहाँ कृष्ण और राम को जगाने का अनेक रूपों में गायन होता है, सीधे देश को जगाने का उपक्रम किया। 'प्रबोधिनी' (1874) में वे कहते हैं, "जागहु जागहु अब साँवरे सब कोउ रुख तुम्हरो तकत"। यहाँ 'साँवरे' परंपरागत रूप में कृष्ण का संबोधन नहीं, सारे देश की संज्ञा है। भारतीय जागरण के वरिष्ठ नेता दादा भाई नौरोजी को इंग्लैंड में उनके वर्ण के बावजूद 'काले' कह कर संबोधित किया गया था, यह स्मरण भारतेंदु के सहयोगी कवि 'प्रेमघन' ने दिलाया है। यह अपने में विलक्षण है कि कृष्ण-भक्त होते हुए भारतेंदु अपनी कविता में कृष्ण को नहीं समूचे देश को जगाते हैं। यह राष्ट्रीयता आधुनिक होने का, इतिहास-चक्र को तेज़ चलाने का पहला उपक्रम है। 'आधुनिक काल' के वैचारिक वातावरण का आरंभ यों भारतेंदु में बड़े सशक्त ढंग से होता है।

आधुनिकता का दूसरा दौर–रचनात्मक स्तर पर–अज्ञेय के साथ गति पकड़ता है। यहाँ रचना-प्रक्रिया को लेकर ही आत्मसजगता और आत्मचेतनता तीव्र होती है, जिसकी एक प्रकार की निष्पत्ति कवि की लंबी कविता 'असाध्य वीणा' में मिलती है। इस कविता में एक रोचक अंतर्विरोध–जिसे गहरे स्तर पर विरुद्धों का सामंजस्य भी कहा जा सकता है–द्रष्टव्य है। एक ओर यहाँ कला-रचना को लेकर आत्मचेतनता की गहरी होती परतें हैं, और दूसरी ओर कला-रचना का चरम रहस्य अनुभूति के प्रति आत्मसमर्पण भाव में दिखाया गया है। रचनाकार में भाषा के प्रति अतिरिक्त सजगता उसकी बढ़ती आत्मचेतनता का कारण भी है और परिणाम भी !

आधुनिकता का तीसरा दौर नयी कविता का है जो स्वाधीन भारत की पहली रचनात्मकता है। स्पष्ट ही अब तक राष्ट्रीयता का आग्रह मंद हो चुका है, और उसके स्थान पर व्यापक जनचेतना का दबाव बढ़ा है। इस रूप में एक तरह से

राष्ट्र की अवधारणा सामान्य जनसमूह से एकाकार हुई है, विशेषतः जनसमूह के उस हिस्से से जो अपेक्षाकृत साधनहीन है। रचना-चिंतना में साधनहीन उपेक्षित जनसमूह के केन्द्र में आने के पीछे भी एक लंबी प्रक्रिया निहित है, जिसका कुछ विवेचन यहाँ अपेक्षित होगा।

आधुनिक साहित्य के कई आलोचकों ने ठीक ही लक्षित किया है कि समूचे भारतीय साहित्य में जहाँ शास्त्रीय परंपरा के अनुसार देवता या किसी उच्च कुलीन मनुष्य–को ही काव्य का चरितनायक बनाया जा सकता है, आधुनिक प्रवृत्तियों का आरंभ बँगला कवि माइकेल मधुसूदन के 'मेघनाद वध' (1861 ई.) से होता है। इस काव्य में पहली बार परंपरा से तिरस्कृत और लांछित राक्षस-वंश के मेघनाद को सहानुभूति देते हुए उसे नायक रूप में स्थापित किया गया है। यह जानना अपने में रोचक है कि माइकेल के इस काव्य का (कई अन्य काव्यों का भी) पद्य अनुवाद हिंदी में राम के अनन्य भक्त कवि मैथिलीशरण गुप्त ने किया है। अपनी मौलिक रचना में कवि ने स्वयं तो इतना साहसिक कदम नहीं उठाया, पर 'साकेत' की कैकेयी का चरित्रांकन एक अभूतपूर्व सहानुभूति के साथ अवश्य किया। परंपरा से लांछित या कि उपेक्षित इस कुटिल विमाता के प्रारूप को कवि ने सहज वत्सला माँ के रूप में उजागर किया, जहाँ चित्रकूट की सारी सभा राम के साथ उद्घोषित करती है–"सौ बार धन्य वह एक लाल की माई !"

मेघनाद और कैकेयी के साथ भारतीय परंपरा के कई अन्य उपेक्षित और तिरस्कृत चरित्रों को भी सहानुभूति देने का यत्न हुआ। ऐसे चरित्रों में सूत-पुत्र कर्ण और निषाद कुल के एकलव्य का नाम प्रमुख है। समूचे दैत्यवंश को केंद्र में रखकर भी महाकाव्य लिखा गया (द्र. केदारनाथ मिश्र 'प्रभात', रामकुमार वर्मा तथा हरदयालु सिंह के काव्य)। तिरस्कृत-लांछित चरित्रों के साथ-साथ उपेक्षित कथा-वृत्तों को उठाया गया जैसे उर्मिला और यशोधरा के चरित्र, ('साकेत', 'यशोधरा') अथवा राधा के चरित्र का वह अंश जो अब तक पाठकों की दृष्टि में ओझल रहा ('प्रियप्रवास')। यों राष्ट्रीय भाव-बोध के साथ उसका एक व्यापक मानवीय पक्ष भी 19वीं शती और 20वीं शती के आरंभ में आधुनिक संवेदना को रूपाकार दे रहा था।

नयी कविता ने इस वृत्ति में एक गुणात्मक परिवर्तन उपस्थित किया। अभी तक बल इस बात पर था कि उपेक्षित चरित्रों या कि वृत्तों को काव्य-रचना के केन्द्र में लाया जाए। नयी कविता का आग्रह हुआ कि समग्र जीवनानुभव को काव्य के योग्य माना जाए। आधुनिकता के पहले दौर में नायक की परिकल्पना बदली गई : धीरोदात्त राजा-देवता या मनुष्य के स्थान पर सामान्य मनुष्य या कि राक्षस भी को काव्य का नायक बनाया गया। नयी कविता व्यक्तिगत नायकीय चरित्र को बदलने के साथ-साथ पूरी विषय परिकल्पना को बदल देती है। अब

वीर, शृंगार, करुण जैसे रस ही कविता के उपजीव्य नहीं रह गए, मनुष्य जीवन के सामान्य से सामान्य अनुभव काव्यानुभव के रूप में रचे गए। अज्ञेय-शमशेर-मुक्तिबोध, रघुवीरसहाय-सर्वेश्वर-लक्ष्मीकांत वर्मा का कृतित्व इस पूरी तरह बदली रचना-दृष्टि का साक्ष्य है। नयी कविता में अनुभव का जनतंत्र पहली बार स्थापित होता है, और जीवन तथा काव्यानुभव दोनों में आधुनिक भाव-बोध पूरी तरह समरस हो जाता है। माइकेल मधुसूदन से लेकर रघुवीरसहाय तक उपेक्षित-तिरस्कृत चरित्र और घटना-क्रम तथा अनुभव को केंद्र में लाने का यत्न आधुनिक भाव-बोध का रहा है। स्पष्ट ही यह स्थूल से सूक्ष्म, सीमित से व्यापक की ओर जाने की प्रक्रिया है। सामान्य-साधारण भाषा/सामान्य-साधारण अनुभव–अर्थ और अनुभव का यह अद्वैत संपन्न हो पाता है आधुनिक साहित्य की चरम परिणति में। सामान्य-साधारण की इस अर्थ-प्रक्रिया का रूप, उदाहरण के लिए, रघुवीरसहाय की इस संक्षिप्त कविता में द्रष्टव्य है–

आज फिर शुरू हुआ जीवन।
आज मैंने एक छोटी-सी सरल-सी कविता पढ़ी।
आज मैंने सूरज को डूबते देर तक देखा।
जी भर आज मैंने शीतल जल से स्नान किया।
आज एक छोटी-सी बच्ची आई
किलक मेरे कंधे चढ़ी,
आज मैंने आदि से अंत तक
एक पूरा गान किया,
आज फिर जीवन शुरू हुआ।

इस सामान्य-साधारण बोलचाल की अनुभव-माला में बृहत्तर जीवन की पहिचान रघुवीरसहाय और नयी कविता की केन्द्रीय विशेषता कही जा सकती है। मानो कविता की ही फिर से शुरुआत हो जाती है यहाँ। वृत्त यों पूरा घूम जाता है।

नयी कविता के बाद युवा लेखन और एकदम समकालीन परिदृश्य पर कविता की पहिचान मद्धिम पड़ गई है, इसका बिंवेचन मूल ग्रंथ में यथास्थान हुआ है, और उसके कारणों का विश्लेषण भी। उपन्यास वर्णन और बिंब के बीच उलझा हुआ है, कहानी व्यावसायिकता के जाल में। नाटक के क्षेत्र में अवश्य कुछ उत्साहवर्द्धक प्रयोग हुए हैं। यहाँ कविता की चर्चा पूरी करके समकालीन साहित्य की विवेचना किसी क़दर संपन्न मानी जा सकती है।

एकदम समकालीन परिदृश्य पर कविता की पहिचान कठिनतर क्यों हो गई है यहाँ इस पर कुछ और विचार अपेक्षित होगा। हिंदी कविता के रचना-विधान का यदि परीक्षण किया जाए तो स्पष्ट दिखेगा कि संस्कृत का व्याकरण तथा वर्ण

और लिपि विन्यास जिस प्रकार आधुनिक भारतीय भाषाओं में–हिंदी का स्थान जहाँ समानों में प्रथम है–उत्तरोत्तर सरलीकृत होता गया है उसी प्रकार छंद-विधान का भी विकास हुआ है। संस्कृत का छंद-विधान वर्ण-वृत्तों पर आधारित था जहाँ प्रत्येक चरण में वर्णों का लघु-दीर्घ क्रम पूरी तरह से सुनिश्चित था, तब मात्राएँ तो अपने आप ही बराबर होनी थीं। हिंदी ने इस कठोर अनुशासन से अपने को मुक्त किया, और अपने छंद-विधान को अधिकतर मात्राओं की गिनती के हिसाब से व्यवस्थित किया। संस्कृत द्रुतविलंबित से हिंदी चौपाई का विधान सरल हुआ–वर्ण वृत्त से मात्रिक छंद। उर्दू का विधान और सरलीकृत था जहाँ न वर्णों का क्रम और न मात्राओं की गिनती, सिर्फ़ कुछ 'वज़न' निर्धारित कर लिए गए थे जिनके बराबर छंद की पंक्ति को होना था। आधुनिक काल के आरंभिक खड़ी बोली कवियों ने, जिनमें जयशंकर प्रसाद भी शामिल हैं, इस विधान को कभी-कभी अपनाया। ऐसी पंक्तियाँ गायन विशेषतः सामूहिक गायन के लिए अधिक उपयुक्त होती थीं। निराला ने फिर पहली बार मुक्त छंद का प्रयोग किया 'जुही की कली' में (1916)। उनका मुक्त छंद कवित्त की ज़मीन पर बना था–कवित्त को निराला ने हिंदी का जातीय छंद कहा है। इस मुक्त छंद का पहले काफ़ी तीखा विरोध हुआ–जो कि होना ही था–फिर धीरे-धीरे वह एकदम प्रचलित हो गया। कवित्त छंद पर आधारित होने के कारण लयात्मकता उसमें काफ़ी कुछ सुरक्षित थी। नयी कविता ने इस काव्य-लय का भी परित्याग करके लगभग गद्य की लय पर अपना छंद रक्खा, जिसे हम गद्य-कविता कह सकते हैं ('नयी कविता' के दूसरे अंक में–1955–'गद्य-कविता' यह नामकरण मैंने प्रस्तावित किया था)। यहाँ कविता ने अपने विधान के लिए कम से कम उपकरण स्वीकार किए, सिर्फ़ भाषा में अपने को रचा। सामान्य भाषा में जो और जितनी लय सहज भाव से रहती है उतने ही को पर्याप्त माना। इस विकास-क्रम में स्पष्ट ही नयी कविता बाह्य विधानों को जितना छोड़ती गई उतना ही अपने लिए आंतरिक अनुशासन अधिक कड़ा करती गई। शमशेर बहादुर सिंह और रघुवीरसहाय में इस गद्य-कविता का श्रेष्ठतम रूप देखा जा सकता है। कविता का यह रूप कैसे बनता है इसकी व्याख्या स्वयं शमशेर के शब्दों में इस प्रकार है–"अगर इसी अनुभव को एक दूसरे स्तर पर ले लें तो आधुनिक मुक्तछंद में, जो छंदों के गणों के नहीं, गद्य की लय की शरण जाता है, बल्कि सीधे-सीधे गद्य की स्वाभाविक बोलचाल की गति को आधार बनाकर चलता है··· यानी गद्य की पंक्ति को या वाक्य को प्रेषित करता है, कि स्वाभाविक रूप में गद्य के छोटे-बड़े टुकड़े, तुकों का सहारा न होने पर भी धुँधले तौर से एक लय में बँध जाते हैं, जिसे गद्य की लय कह सकते हैं" ('काल तुझ से होड़ है मेरी' संग्रह की भूमिका–1988)

समकालीन कविता में स्वभावतः नयी कविता का यह ऊपर से सरल दिखता

विधान प्रचलित हुआ, पर आंतरिक अनुशासन ढीला पड़ गया। इसका परिणाम यह हुआ कि कविता में एक तरह का वक्तव्य प्रधान हो गया, और उसकी अर्थ-सघनता कम हो गई। छंद की एक सुविधा यह थी कि उसके विधान में शब्दों के चुनाव पर ध्यान पूरा रखना पड़ता था। स्वयं निराला का काव्य इस प्रक्रिया का बहुत अच्छा उदाहरण है। 'राम की शक्ति-पूजा', 'सरोज स्मृति' और 'तुलसीदास' का विधान विराट् स्थापत्य के नमूने हैं भाषा में। मुक्त छंद का प्रवर्त्तन करने वाले कवि का अधिकांश प्रसिद्ध काव्य छंदबद्ध है, यह अपने में एक अंतर्विरोध है निराला के व्यक्तित्व के सर्वथा योग्य !

गद्य से कविता बनाने का ढंग निश्चय ही समकालीन परिदृश्य पर बहुत प्रभावी, पर उतना ही ख़तरनाक है। क्योंकि इसमें कविता या तो बनती है, या फिर बिलकुल नहीं बनती; बीच की कोई स्थिति नहीं बचती। यही कारण है जिससे आज कविता और नकविता का अंतर एकदम मद्धिम पड़ गया है न केवल पाठक और आलोचक के लिए वरन् स्वयं कवि के लिए भी। बहुत बार वह स्वयं नहीं विवेक कर पाता कि कविता बनी या कि नहीं। बाहरी अनुशासन कुछ रहा नहीं जाँचने के लिए, आंतरिक अनुशासन उसने स्वयं शिथिल कर लिया।

कविता कविता की तरह लगे यह ज़रूरी न होकर कविता कविता हो, इस ओर आज के रचनाकार का ध्यान अधिक है। कुछ वैसे ही जैसे आधुनिक चित्र-रचना का चित्र की तरह लगना एक घटिया स्थिति हो गई है। पर, यह कविता का होना या चित्र का होना स्वयं कवि या चित्रकार पहिचान सके, यह उसने अपने लिए भी मुश्किल बनाया है और अपने भावक के लिए भी। गद्य और अखबार दोनों को मिलाकर रघुवीरसहाय ने कविता बनाई एकदम नये ढंग से। पर ऐसा तो नहीं कि इस प्रक्रिया की सारी संभावनाएँ पूरी कर ली गई हों ? तब कुछ और रास्ता निकालना होगा दशा को दिशा देने के लिए अब, क्योंकि मुक्तिबोध के शब्दों में, 'नहीं होती, कहीं भी खत्म कविता नहीं होती···'।

हर सृजन-क्षमता की आयु होती है स्थूल जैविक धरातल से लेकर सूक्ष्म रचनात्मक स्तरों तक। आलोचकीय सृजनात्मकता की भी सीमा होगी, और यों एक कालावधि के बाद का परिदृश्य यदि आलोचक की समझ के परे हो जाता है तो यह स्वाभाविक है। समकालीन रचना के साथ इस समझ का रिश्ता और साफ़ दिखाई देता है, और अपनी सीमा-रेखा जैसे रचनाकार बहुत बार नहीं जान पाता वैसे ही आलोचकीय समझ का शिथिल हो जाना आलोचक स्वयं नहीं समझ पाता। पाठक समूह की प्रतिक्रिया ही यहाँ दोनों को सचेत करती है। इस प्रतिक्रिया को स्वभावतः उत्सुकता से जाँचते रहना समकालीन साहित्य के प्रसंग में आलोचना-कर्म का महत्त्वपूर्ण अंग है। यों इस संदर्भ में रचनाकार, आलोचक और पाठक की क्रिया-प्रतिक्रिया कई कोणों से चलती रहती है। मेरे अपने प्रसंग में

वह कब तक गतिशील है, यह समझ पाना मेरे लिए निश्चय ही कठिन है। इसके लिए रचनाकार और पाठकों के बर्ताव पर ही निर्भर रहा जा सकता है।

अंत में मूल विषय के इस महत्त्वपूर्ण पक्ष की ओर भी ध्यान देना है कि समकालीन साहित्य की आलोचना की प्रासंगिकता सिर्फ़ समकालीन साहित्य के लिए नहीं है। व्यापक साहित्यिक रुचि को बनाने में समकालीन साहित्य का सबसे अधिक योगदान होता है। जब कोई नया लेखक या आलोचक परिदृश्य पर उदित होता है तो उसके संबंध से पिछले साहित्य का परिप्रेक्ष्य भी बदलता है। रघुवीरसहाय को पढ़ने से निराला का पाठ नया रूप लेता है, जैसे कि निराला या रामचंद्र शुक्ल को पढ़ने से तुलसीदास का किसी क़दर रूपांतरण हुआ। यों समकालीन साहित्य को पढ़ते-समझते हुए हम अपने साहित्य को जाने-अनजाने पुनर्व्यवस्थित करते चलते हैं। और तब समकालीन साहित्य की आलोचना एक प्रकार से कुंजी बन जाती है पूरी साहित्यिक परंपरा को खोलने के लिए। प्रस्तुत अध्ययन में इस दायित्व का भी बोध आलोचक को रहा है।

समूचे अध्ययन को शैली की दृष्टि से समरस करने का यत्न किया गया है। और इसके लिए –भी, –ही, कदाचित् जैसे अनावश्यक लगते अव्ययों और यत्र-तत्र अल्हड़ अँग्रेज़ी प्रयोगों को इसमें से छान दिया गया है। इसके बावजूद यहाँ आधुनिक आलोचना-भाषा का पिछले कई दशकों में कैसे विकास हुआ इसकी कुछ झलक मिलती है तो यह इस कृति का अतिरिक्त लाभ मान सकते हैं। ठीक पैंतीस वर्ष पहले 'हिंदी नवलेखन' की संक्षिप्त भूमिका में लिखा था, "इससे अधिक भूमिका शायद अपेक्षित न हो। यों तो सारा ग्रंथ ही भूमिका है आगे आने वाले श्रेष्ठतर और पूर्णतर साहित्य-चिंतन के लिए।" आज लगता है कि अभी भूमिका-लेखन ही चल रहा है जबकि श्रेष्ठतर और पूर्णतर साहित्य-चिंतन का आश्वासन अपनी ओर से इस प्रसंग में दुहराया जा सकता है।

–रामस्वरूप चतुर्वेदी

इलाहाबाद
22 मई 1995

नया संस्करण

पुस्तक में विवेचन की विकसनशील प्रतिज्ञा को ध्यान में रखते हुए अंत में एक अंश बढ़ाया गया है–'समकालीन कविता : शाश्वत की चुनौती', कि साहित्य या कि साहित्यकार की अंतिम चिंता शाश्वत की है। यों चार दशकों में सक्रिय (1960-1999) समकालीन साहित्य का यह मूल्यांकन रचना और आलोचना दोनों के विकास-क्रम को साथ-साथ

दरसाता है, और मूल विवेचन को किसी क़दर अद्यतन स्थिति तक ले आता है। तब पाठकों की सह-यात्रा वैचारिक स्तर पर उपयोगी और उत्तेजक हो, यही कामना है।

इलाहाबाद
26 मार्च, 1999

–रामस्वरूप चतुर्वेदी

विषय-सूची

खण्ड : 1

हिंदी नवलेखन

1960 ई.

पृष्ठभूमि

[साहित्यिक परिस्थिति]

किसी भी साहित्यिक आंदोलन का सूत्रपात एक निश्चित योजना को दृष्टि में रखकर नहीं होता। ऐतिहासिक संदर्भ में विशिष्ट व्यक्तियों तथा विशिष्ट परिस्थितियों के फलस्वरूप कोई प्रवृत्ति साहित्य में परिलक्षित होती है। सशक्त होने पर यही प्रवृत्ति धीरे-धीरे एक धारा का रूप धारण कर लेती है। और तब प्रारंभ होता है उसका साहित्यिक मूल्यांकन। पहले उस धारा का नामकरण होता है, उसके लक्षण निर्धारित किये जाते हैं, और फिर उन लक्षणों के आधार पर व्यवस्थित समीक्षा प्रारंभ होती है।

हिंदी का नवलेखन आज इस स्थिति में है कि हम उसका विधिवत् अध्ययन कर सकें। यह अध्ययन वांछनीय ही नहीं, आवश्यक भी है, क्योंकि हिंदी साहित्य के इतिहास में छायावाद, रहस्यवाद अथवा प्रगतिवाद का विरोध तो बहुत अधिक हुआ–सही भी और ग़लत भी–परंतु नवलेखन जैसा विवादास्पद विषय अब से पहले हमारे सम्मुख कभी नहीं आया। नवलेखन का मूल्यांकन इसलिए और भी आवश्यक हो जाता है, क्योंकि उसके द्वारा साहित्य का एक सर्वथा नया तथा समूचा दृष्टिकोण पहली बार हिंदी में आया है। अभी तक के साहित्यिक आंदोलनों ने प्रायः साहित्य के किसी अंग विशेष के संबंध में अपना नवीन मत उपस्थित किया था। परंतु नवलेखन साहित्य के संबंध में समस्त विचार-धारा को फिर से तर्क-दृष्टि के साथ दुहराने का आग्रह करता है। नवलेखन वस्तु, विधान, भाषा अथवा शैली संबंधी आंदोलन नहीं है। वह तो समस्त साहित्यिक कृतित्व को एक नया परिप्रेक्ष्य, एक नवीन मर्यादा प्रदान करता है। इसीलिए उसका महत्त्व अभूतपूर्व है।

यहाँ यह भी स्मरणीय है कि जिस नवलेखन के संबंध में इतने बड़े दावे किये जा रहे हैं, बहुत संभव है कि कुछ लोग उसे साहित्य की कोटि में ही न

रखना चाहें। ऐसा होना बहुत स्वाभाविक भी है। जो लेखन परंपरागत रूढ़ साहित्यिक मान्यताओं को प्रारंभ से लेकर अंत तक शंका की दृष्टि से देखता है, उसे प्रतिष्ठित साहित्य के संदर्भ में बड़ी आसानी के साथ बहिष्कृत करने की धमकी दी जा सकती है। किंतु नवलेखन का अस्तित्व तो धीरे-धीरे वे सभी मान रहे हैं, जो अपने संस्कारों का परिमार्जन आधुनिकता के प्रसंग में कर चुके हैं। नवलेखन का विरोध अधिकतर आत्मतुष्ट तथा गति-रुद्ध व्यक्तियों का नवीन क्षमता के प्रति निर्बल तथा असहाय विद्रोह है। वैसे यह विद्रोह का स्वर बराबर दब रहा है, ज्यों-ज्यों हम समसामयिक होने के साथ-साथ आधुनिक भी होते जा रहे हैं। समसामयिकों का आधुनिकों के प्रति विद्रोह इससे अधिक चल भी नहीं पाता।

सबसे पहली समस्या उठती है कि नवलेखन वस्तुतः है क्या ? उत्तर की कई स्थितियाँ दिखाई देती हैं :–

(1) पुराने लेखकों का नया साहित्य

(2) नये लेखकों का नया साहित्य

(3) किसी समूची नवीन प्रवृत्ति अथवा दृष्टिकोण को व्यक्त करनेवाला साहित्य–चाहे वह किसी पुराने लेखक का हो अथवा नये का।

स्पष्ट है कि नवलेखन का तात्पर्य तीसरी स्थिति से है। 'नव' शब्द लेखक अथवा युग का परिचायक न होकर नवीन परिप्रेक्ष्य का द्योतक है। इसीलिए नवलेखन में पुराने तथा नये सभी श्रेणियों के लेखकों का सहयोग एक साथ दिखाई देता है। नवलेखन का नितांत आधुनिक होना एक अनिवार्यता है। और यों समसामयिक साहित्य के संदर्भ में उसकी स्थिति एकदम विशिष्ट है।

आधुनिकता का प्रश्न अपने आप में बहुत उलझा हुआ है। फिर भी इतना तो कहा जा सकता है कि आधुनिकता एक जड़ स्थिति न होकर विकास की स्थिति है। इसकी प्रकृति सदैव गत्यात्मक रहती है। नवीन परिस्थितियों के संदर्भ में अपने आपका संस्कार करना ही आधुनिकता है। संस्कार करने की यह स्वचेतन प्रक्रिया आरोपित न होकर सहज स्वाभाविक होती है। आधुनिकता की स्थिति में बाह्य प्रभावों का भी मिश्रण रहता है, परंतु यह मिश्रण सजग होते हुए भी ऐतिहासिक परिस्थितियों के अनुकूल अधिक होता है। आधुनिकता संस्कृति की ग्रहणशीलता तथा विकासोन्मुखता की परिचायक दृष्टि है, इसीलिए वह समूची जीवन-व्यवस्था को प्रभावित करती है, उसके किन्हीं खंड विशेष को नहीं। यह दूसरी बात है कि संस्कृति के किसी विशिष्ट अंश में दूसरे अंश की अपेक्षा आधुनिकता का प्रवेश शीघ्रतर हो जाय। कुल मिलाकर आधुनिकता एक भविष्योन्मुखी दृष्टि है वर्तमान के संदर्भ में।

आधुनिक होना नवलेखन की पहली शर्त है। इसके साथ ही साथ साहित्य के संबंध में एक पूर्णतः नवीन, सुनिश्चित तथा रचनात्मक दृष्टिकोण होना दूसरी

आवश्यकता है। पूर्णतः नवीन इसलिए कि परंपरागत दृष्टिकोण सारहीन, जड़ तथा खोखला हो जाता है, उन नयी परिस्थितियों के संदर्भ में जिनकी कल्पना तक भी उस समय न थी जब कि उसे बड़े आदर के साथ प्रतिष्ठित किया गया था। जब तक परंपरा में यथेष्ट शक्ति रहती है तब तक आधुनिकता का प्रवेश न तो बहुत संभव होता है और न बहुत आवश्यक ही। इसीलिए साहित्य में नवलेखन का प्रारंभ तभी होता है जब कि परंपरागत प्रवृत्तियाँ अपनी सार्थकता खो बैठती हैं। और इसमें परंपरा के लिए कोई लज्जा की बात भी नहीं है, क्योंकि यह तो ऐतिहासिक विकास का क्रम है। नवलेखन के संबंध में बहुप्रचलित भ्रम कि वह अपने पूर्वागत साहित्य से उत्कृष्टतर है, ऐतिहासिक दृष्टि के अभाव का परिचायक है। नवलेखन परंपरा से जर्जरित साहित्य की अंतिम कड़ियों से कहीं अधिक स्वस्थ तथा सशक्त होता ही है। परंतु तरुण के नवीन उत्साह की तुलना वृद्ध की क्षीण से क्षीणतर हुई शक्ति से करना अवैज्ञानिक ही नहीं, असंगत भी है।

X X X

हिंदी नवलेखन का पृष्ठभूमि संबंधी अध्ययन मुख्यतः दो दिशाओं में किया जा सकता है। एक तो नवलेखन के प्रारंभ होने की अवस्था में हिंदी साहित्य की स्थिति, दूसरे उसके सामाजिक, सांस्कृतिक और राजनैतिक परिवेश का मूल्यांकन। इसके अतिरिक्त दूसरी दिशा में यूरोपियन, विशेषतः अँग्रेज़ी नवलेखन का परिचयात्मक विवरण भी आवश्यक है। यह अध्ययन बहुप्रचलित अँग्रेज़ी के हिंदी पर प्रभाव को सिद्ध करने के लिए न होकर तुलनात्मक ज्ञान की दृष्टि से अधिक होना चाहिए। इस तथाकथित प्रभाव संबंधी तर्कों तथा निष्कर्षों का परीक्षण हम एक स्वतंत्र अध्याय में करेंगे। वैसे यहाँ इतना उल्लेख आवश्यक है कि आज के निकट से निकटतर आते हुए संसार के राष्ट्रों के समृद्ध साहित्य का परस्पर संपर्क में आकर एक-दूसरे को विकसित करना एक पूर्ण मानवतावादी दृष्टिकोण के विकास के लिए नितांत अनिवार्य है।

हिंदी साहित्य के प्राक् नवलेखन काल में छायावाद की धारा लगभग समाप्त थी, और प्रगतिवाद किसी निश्चित रचनात्मक दृष्टिकोण के अभाव में बिना विकसित हुए ही ह्रासोन्मुख हो चुका था। नवलेखन का प्रारंभ हम 'तारसप्तक' (1943 ई.) की प्रकाशन-तिथि से मान सकते हैं, यद्यपि यह स्मरणीय है कि नवलेखन तथा प्रयोगवाद (जो बहुत कुछ 'तारसप्तक' के कारण ही अपना अस्तित्व बना सका) ठीक-ठाक पर्याय नहीं हैं। प्रयोगवाद तो मानो नवलेखन की भूमिका मात्र थी। जैसा नाम से स्पष्ट है, उसकी प्रकृति में बहुत-कुछ अस्थिरता के तत्त्व थे। उसके तत्त्वावधान में नवीन प्रयोग किये गये जिनमें से कुछ सफल निष्कर्षों की सुदृढ़ भूमि पर नवलेखन की प्रतिष्ठा हुई। इस दृष्टि से प्रयोगवाद को नवलेखन की पूर्वपीठिका ही समझना चाहिए।

सन् '40 के बाद एक ओर तो हमारा देश द्वितीय महायुद्ध की लपटों से आक्रांत था, और दूसरी ओर हम स्वतः स्वतंत्रता संग्राम की तैयारी कर रहे थे। एक ओर महँगाई, बेकारी, अनैतिकता तथा महामारी थी और दूसरी ओर हम रक्तहीन क्रांति के लिए नैतिक बल का संचयन कर रहे थे। इतने तीखे भावनात्मक संघर्ष के लिए जो दृढ़ता अपेक्षित थी उसे छायावाद नहीं दे सकता था। समृद्धि का साहित्य एक प्रकार का होता है, संक्रांति का साहित्य दूसरे प्रकार का।

प्रगतिवाद की स्थिति हमारे साहित्य में कुछ अजब-सी रही है। कुछ ऐसी विचित्र परिस्थितियों में, कुछ ऐसे पुर्वाग्रहों के साथ वह जन्मा कि ऐतिहासिक परिस्थितियों के अनुकूल होते हुए भी वह अपने पूर्ण विकास को प्राप्त न कर सका। उसके न पनपने का प्रधान कारण यह था कि अपनी प्रकृति में वह प्रभाव अधिक था, उसके संस्कार अपने देश की मिट्टी के न थे। इसीलिए हिंदी साहित्य में वह घुल-मिल न सका, और उसके साथ हमारा तादात्म्य संभव न हुआ। अर्द्ध-विकसित प्रगतिवाद यदि हमारे देश की जलवायु में जन्मा होता तो उसकी शक्ति तथा संभावनाओं को पूर्णता मिली होती। प्रगतिवाद की विदेशी प्रेरणा स्वतः उसके लिए तो घातक सिद्ध हुई ही, साथ ही उसके कारण हिंदी साहित्य के इतिहास का एक महत्त्वपूर्ण अध्याय भी अधूरा रह गया।

प्रगतिवाद के ह्रास के दिनों में ही हमारे साहित्य में, विशेष रूप से काव्य-साहित्य में, कुछ-कुछ निर्वात की स्थिति-सी उत्पन्न हो गई। प्राचीन मान्यताएँ धीरे-धीरे समाप्त हो चुकी थीं। पुराने कथ्य तथा पुराने विधान सब फीके पड़ चुके थे। युग के नवीन संदर्भ में छायावाद के उच्छ्वास सहानुभूति-निरपेक्ष हो गये थे। वैष्णवपद साहित्य के बाद गीति-काव्य की जितनी संभावनाएँ शेष थीं उनमें से लगभग सभी को छायावाद में पूर्णता मिल चुकी थी। छायावाद के पास अब कुछ कहने के लिए नहीं बचा था। प्रगतिवाद में नयापन अवश्य था, परंतु वह सब ऐसा था जिसे हम आत्मसात् न कर सकते थे। ऐसी परिस्थितियों में हिंदी साहित्य लगभग लक्ष्यविहीन हो चुका था, क्योंकि उसके सम्मुख जीवन का कोई नया दृष्टिकोण न था, जिससे संपृक्त होकर वह बदली हुई परिस्थितियों में कुछ शक्ति संचित कर पाता।

गद्य की स्थिति तो और खेदजनक थी। कथा-साहित्य के क्षेत्र में प्रेमचंद का व्यक्तित्व कुछ अविकसित होते हुए भी इतना बड़ा बन गया था कि उनके मार्ग से अलग चलने की कल्पना ही बहुतों के मन में न आ पाती थी। जहाँ तक जीवनगत दृष्टिकोण का प्रश्न है, प्रेमचंद गाँधीवाद के अधिक निकट थे। पूँजीवाद तथा सामंतशाही के विरोधी होने पर भी वे मार्क्सवादी नहीं बन सके, यद्यपि गाँधीवाद से वे पूर्णतः संतुष्ट हुए हों, ऐसी बात भी नहीं है। उनका कलाकार मन कोई पूर्ण समाधान न खोज पाया था। 'प्रेमाश्रम' तथा 'गोदान' की परिसमाप्ति

उनके मानसिक धरातल के विकास की परिचायक है।

जो भी हो, प्रेमचंद ने जहाँ हिंदी कथा-साहित्य को बहुत समृद्धि प्रदान की, वहीं वे मानो उसके विकास के मार्ग को कई दशकों तक के लिए अवरुद्ध कर गये। उद्देश्य की गंभीरता जो प्रेमचंद में थी वह परवर्त्ती उपन्यासकारों में विकसित नहीं हो सकी, यह सच है, परंतु प्रेमचंद के आगे चलने की बात बहुत दिनों तक कोई न सोच सका, यह हमारी रूढ़ि-प्रियता का ही द्योतक है। किसी महान् के पद-चिह्नों का अनुसरण करने के हम जितने अभ्यस्त हैं, उतने अपना स्वतंत्र मार्ग, भले ही वह छोटा-सा हो—बनाने के नहीं। इसीलिए आधुनिकता का आंदोलन दशकों बाद हमारे साहित्य में प्रवेश पा सका है।

कथा-साहित्य में जो स्थिति प्रेमचंद की है, नाटक के क्षेत्र में लगभग वैसी ही स्थिति प्रसाद की है। प्रेमचंद के बाद तो कुछ उपन्यास लिखे भी गये, परंतु प्रसाद के बाद तो हिंदी में नाटक लिखने की मानो परंपरा ही समाप्त हो चली। यह दूसरी बात है कि नाटक का एक अपर्याप्त स्थानापन्न एकांकी नाटक हमने अवश्य खोज निकाला। परंतु गद्य को भव्यता तथा महत्ता उपन्यासों और नाटकों से मिलती है, कहानियों तथा एकांकियों से नहीं।

यह एक विचित्र सादृश्य है कि प्रेमचंद तथा प्रसाद के समान ही साहित्य-चिंतन के क्षेत्र में भी विकास का क्रम आचार्य रामचंद्र शुक्ल पर रुक गया। समीक्षा के जिन सिद्धांतों का प्रतिपादन शुक्लजी ने किया था. आगे चलकर उनका कुछ संशोधन-परिवर्द्धन भले ही किया गया हो, परंतु इस दिशा में साहित्य-चिंतन की कोई नवीन पद्धति जन्म न ले सकी। सच बात तो यह है कि बिना श्रेष्ठ रचनात्मक साहित्य के सृजन की विशिष्ट साहित्यिक मर्यादाएँ भी नहीं बन पातीं।

हिंदी-साहित्य के इस संदर्भ में नवलेखन आधुनिकता का एक रचनात्मक दृष्टिकोण लेकर प्रविष्ट तथा प्रतिष्ठित होता है। काव्य के नवीन उपकरणों को तो उसने जन्म दिया ही (प्रायः सभी देशों में नवांदोलन कविता के मार्ग से ही प्रवेश पा सके हैं) साथ ही गद्य के क्षेत्र में उसने नवीन दिशाओं के द्वार खोले। यह सच है कि हिंदी गद्य के इतिहास में नवलेखन अब तक प्रेमचंद, प्रसाद तथा आचार्य शुक्ल जैसे एक भी महापुरुष व्यक्तित्व को जन्म नहीं दे सका है—(यद्यपि अभी इसके लिए पर्याप्त समय हुआ भी नहीं) और अब शायद महापुरुषों का युग भी नहीं रहा—फिर भी हिंदी गद्य को उसने एक ऐसी सामर्थ्य अवश्य प्रदान की है, जिसके सहारे वह आधुनिक चिंतन का माध्यम बन सका है।

2

हिंदी-नवलेखन की साहित्यिक पृष्ठभूमि का संदर्भ तब तक अधूरा रहेगा जब तक

अँग्रेज़ी तथा यूरोपियन नवलेखन की रूपरेखा नहीं समझ ली जाती। इस दृष्टि से अँग्रेज़ी तथा यूरोपियन 'न्यू राइटिंग' का एक संक्षिप्त विवरण, प्रमुखतः लेमेन के साक्ष्य पर, यहाँ प्रस्तुत किया जाता है।

पश्चिम के देशों में नवलेखन का घनिष्ट संबंध दो महायुद्धों से है। प्रथम महायुद्ध ने यूरोप की मानसिक संवदेना को गहराई तक झकझोर दिया था। युद्धजनित भौतिक क्षतियाँ तो कुछ समय में पूर्ण हो जाती है, पंरतु संवेदनात्मक घाव बहुत गहरे होते हैं, और वे जनमानस को साधारणतः और कलाकारों को विशेषतः बहुत दिनों तक आंदोलित करते रहते हैं। इस दृष्टि से यूरोप के नये साहित्य का प्रारंभ लगभग 1930 ई. से होता है, जब प्रथम महायुद्ध की भौतिक क्षतियाँ बहुत कुछ भरी जा चुकी थीं–परंतु आस्था का विघटन धीरे-धीरे प्रारंभ हो रहा था। महायुद्ध जन्य सबसे बड़ा खतरा संस्कारहीनता का वातावरण बराबर गहरा होता जाता था। यूरोपियन मस्तिष्क के इसी संघर्ष ने वहाँ के नवलेखन को जन्म दिया।

आदर्शों का संघर्ष, जिसमें कैथोलिसिज़्म, कम्यूनिज़्म तथा ह्यूमैनिज़्म जैसे बौद्धिक आंदोलन संबद्ध रहे हैं, प्रथम महायुद्ध के बाद ही प्रारंभ होता है। उन दिनों कम्यूनिज़्म लगभग एक धरातल पर फ़ैशन बन चुका था। युद्ध की विभीषिका ने मनुष्य के अध्यात्म को नष्ट कर दिया था, और आर्थिक-सामाजिक कम्यूनिज़्म ही मानव-कल्याण का एकमात्र साधन दिखाई देता था। कम्यूनिज़्म फ़ैशन कहा गया है, क्योंकि लोगों ने अधिकतर उसे एक प्रतिक्रिया के रूप में अधिक स्वीकार किया। बहुत कम व्यक्ति ऐसे थे जिन्होंने उसके सिद्धांतों को परख कर तथा उनसे संतुष्ट होकर इस नव्य जीवन प्रणाली को मान्यता दी थी। इसीलिए कम्यूनिज़्म उस समय आधुनिकता का चिह्न अवश्य बन गया था, परन्तु वह यूरोपीय जन-मानस में गहरे नहीं पैठ सका था, जैसा कि सन् 1940 के आस-पास भूतपूर्व कम्यूनिस्ट कहे जानेवाले एक विशिष्ट दल की बढ़ती हुई संख्या से ज्ञात होता है। कम्यूनिज़्म की परख करते समय इन चिंतकों को गहरी निराशा हुई, और बहुत-से लोगों ने इसे असफल देवता (गौड दैट फ़ेल्ड) घोषित किया। 'गौड दैट फ़ेल्ड' संकलन के छः लेखक–स्टीफ़ेन स्पेंडर, आर्थर कोस्लर, रिचार्ड राइट, आन्द्रे ज़ीद, लुई फ़िशर तथा इग्नेज़ियो सिलौने–तत्कालीन बौद्धिक पीढ़ी के इस मानसिक संघात का प्रतिनिधित्व करते हैं।

कोस्लर का अनुभव संभवतः सबसे तीखा था। शायद इसीलिए इस संबंध में उसने सबसे अधिक लिखा है। दो जिल्दों में प्रकाशित उसकी आत्मकथा–'ऐरो इन द ब्लू' तथा 'इनविज़िब्ल राइटिंग' की मूल संवेदना मानो कम्यूनिज़्म को लेकर उसका यह आकर्षण-विकर्षण ही है। सन् 1931 में छब्बीस वर्ष की अवस्था पर कम्यूनिस्ट बनने के दिनों की बाद में चर्चा करते हुए वह बड़े रोचक ढंग से लिखता

है कि 'सात वर्ष तक उसने कम्यूनिस्ट पार्टी का कार्य किया। ठीक उतनी ही अवधि तक जितनी अवधि में लबान की भेड़ें चराकर जैकब ने उसकी लड़की रैशेल को प्राप्त करना चाहा था। जब अवधि समाप्त हुई तो उसके अँधेरे कमरे में वधू को लाया गया। दूसरे दिन ही वह यह जान सका कि उसका प्रणय-दान सुंदरी रैशेल के लिए न होकर कुरूपा लीह को दिया गया था।' कम्यूनिज़्म को लेकर गहरी निराशा तथा अनास्था का इससे व्यंजनापूर्ण चित्रण और कैसे हो सकता था ?

अपनी पुस्तक 'न्यू राइटिंग इन यूरोप' में यूरोपीय नवलेखन की पूर्व-पीठिका का विश्लेषण करते हुए जॉन लेमेन लिखते हैं, "सन् 30 तथा उसी दशक के अन्य युवा विद्रोहियों के ठीक पहले कुछ ऐसे लेखक हुए थे जो स्वतः विद्रोही थे और जो एक-दूसरे से महत्त्वपूर्ण बातों में अंतर रखते हुए भी कुछ समान गुणों से युक्त थे। उसका यह भी कहना है कि वस्तुतः नवलेखन के मूल तत्त्व बीज रूप से जेम्स जॉयस, वर्जिनिया वुल्फ, टी. एस. ईलियट जैसे पुराने खेवे के लेखकों की रचनाओं में व्याप्त थे।" कुछ उसी प्रकार की बात हिंदी नवलेखन के संदर्भ में कही जा सकती है। नवलेखन के पूर्व निराला (विशेष रूप से द्रष्टव्य कवि का संकलन 'नये पत्ते'), पंत, इलाचन्द्र जोशी, जैनेन्द्र तथा कुछ प्रगतिवादियों का विद्रोह अपनी मूल प्रकृति में वस्तुतः दब नहीं सका था। भिन्न-भिन्न रूपों तथा परिस्थितियों में वह प्रकट होता रहा है। विद्रोह की इस अर्द्ध-अनुभूत स्थिति को एक व्यवस्थित रूप नवलेखन के तत्त्वावधान में मिला।

यूरोपियन नवलेखन का जन्मकाल 1932 में माना जा सकता है, जब कि नये लेखकों का एक काव्य-संकलन 'न्यू सिग्नेचर्स'–नये हस्ताक्षर (तुलनीय हिंदी 'तारसप्तक' : 1943 ई.) के नाम से प्रकाशित हुआ। इस संकलन के लेखक थे डब्ल्यू. एच. ऑडन, जूलियन बेल, सेसिल डे लुइस, रिचर्ड एबरहर्ट, विलियम् एम्पसन, जॉन लेमेन, विलियम प्लोमर, स्टीफ़ेन स्पेंडर तथा ए. एस. जे. टेसीमोन्ड। संकलन की भूमिका प्रस्तुत की थी माइकेल राबर्ट्स ने। इन लेखकों की स्थिति जॉन लेमेन के ही शब्दों में प्रस्तुत करना चाहूँगा–'ये सभी 35 वर्ष से कम के थे–ऐसे युवक जो 1914-18 के युद्ध में भाग लेने के लिए अवस्था की दृष्टि से योग्य नहीं थे। परंतु फिर भी जिनका बचपन तथा प्रारंभिक शैशव महायुद्ध के परिणामों से आक्रांत था, वे सबके-सब अँग्रेज़ी समाज के प्रायः एक ही स्तर से संबद्ध थे, और उनमें से अधिकांश ऑक्फ़ोर्ड अथवा केम्ब्रिज विश्वविद्यालय में शिक्षा प्राप्त कर चुके थे। यह बात रोचक होने के साथ ही साथ स्मरणीय भी है, क्योंकि इनमें से ऑडेन, डे लुइस तथा स्पेंडर की महत्त्वपूर्ण त्रयी क्रांतिकारी रचनाओं की, यहाँ तक कि कम्यूनिस्ट पद्धति की रचनाओं की भी अग्रणी समझी जाने लगी, यद्यपि इनमें से कोई भी कामगार परिवार से दूर-दूर तक संबद्ध नहीं था।' इस

उद्धरण से यह स्पष्ट हो जाता है कि ये नये लेखक युद्धोत्तर विशृंखलता के वातावरण में परंपरागत रचना-पद्धतियों को अधूरा समझकर एक नयी दिशा की खोज में चल रहे थे। पुराने से असंतोष की भावना सबमें समान थी। नये का अन्वेषण हो–इस संबंध में भी सब एकमत थे, परंतु वह नयी पद्धति कौन-सी हो–यह शायद उनमें से कोई भी ठीक-ठीक नहीं जान सका था। इसीलिए किसी मत अथवा संप्रदाय विशेष के लिए उनके मन में कोई आग्रह नहीं था। किसी उपयुक्त आदर्श के अभाव में कम्यूनिज़्म के प्रति उनका झुकाव विशिष्ट रूप से था, इसमें कोई संदेह नहीं। पर यह झुकाव बहुत स्थायी सिद्ध नहीं हुआ। (तुलनीय 'तारसप्तक' की भूमिका तथा उसमें संगृहीत कवियों के साम्यवाद पक्षी वक्तव्य)। तब से अब तक के विकास के फलस्वरूप यूरोपीय नवलेखन राजनैतिक स्तर पर भी व्यापक मानवतावाद को साहित्य-दर्शन के रूप में स्वीकार कर चुका है।

'न्यू सिग्नेचर्स' के प्रकाशन के एक वर्ष बाद एक और संकलन 'न्यू कंट्री' नाम से प्रकाशित हुआ। इस संकलन में मुख्यतः गद्य रचनाएँ थीं। कहना न होगा कि इन दोनों संकलनों ने अँग्रज़ी साहित्य में विचित्र-विचित्र प्रकार की प्रतिक्रियाएँ उत्पन्न कर दीं। इस नये साहित्य को लेकर कई विवाद उठ खड़े हुए। साहित्यिक दृष्टि के साथ इन संकलनों ने राजनैतिक आदर्शों के संबंध में भी कुछ नवीन मत प्रस्तुत किये। इसीलिए इनसे संबद्ध विवाद भी कई प्रकार के थे–वस्तुगत, शिल्प-विधानगत और राजनैतिक।

यूरोपियन नवलेखन एक ओर तो भावात्मक तीव्रता को लिये हुए था, और दूसरी ओर उसमें बौद्धिक चेतना की मात्रा भी कम न थी। वस्तुतः यह बौद्धिक दृष्टिकोण इस नये साहित्य की एक प्रमुख विशेषता थी। मानव मूल्यों तथा मर्यादाओं की बात करते समय बौद्धिक दृष्टिकोण का विकसित होना स्वाभाविक था। सहज होने के कारण इस बौद्धिकता ने नवलेखन की साहित्यिक संवेदनाओं को जड़ तथा नीरस नहीं कर दिया। पर युद्ध-शांति, आस्था-अनास्था, कैथोलिसिज़्म तथा कम्यूनिज़्म जैसे विषयों को लेकर चलने वाले आंदोलन को अपनी मौलिक प्रकृति में बौद्धिक तो होना ही था।

अँग्रेज़ी नयी कविता का आंदोलन इन संकलनों के प्रकाशित होने के पूर्व और बाद में भी मुख्यतः तीन कवि परिचालित कर रहे थे–ऑडेन, डे लुइस तथा स्पेंडर। इनकी रचनाओं में विषय की नवीनता के साथ-साथ आधुनिक जीवन के संदर्भों से लिये हुए भाव-चित्रों का संग्रथन बड़ी कुशलता के साथ हुआ है। 'न्यू सिग्नेचर्स' संकलन के भूमिकाकार माइकेल रॉबर्ट्स का तो स्पष्ट कथन था कि इन कवियों की रचना में जो सबसे महत्त्वपूर्ण बात थी, वह थी एक नयी प्रकार की 'इमेजरी' का प्रयोग। मशीन-युग के ये भावचित्र कवियों की चेतना में बहुत सजग रूप से नहीं आये थे, वरन् उनकी स्थिति काफ़ी स्वाभाविक तथा संश्लिष्ट

थी। विज्ञान, मार्क्सवाद तथा इतिहास-दर्शन जैसे विषय इस युग की कविता के उपकरण बन गये थे।

यूरोपीय तथा अँग्रेज़ी नवलेखन को पुरस्कृत करने का बहुत कुछ श्रेय जॉन लेमेन को दिया जा सकता है। इस संबंध में स्वतः उनका अपना रचनात्मक कृतित्व बहुत महत्त्वपूर्ण नहीं है। परंतु अपनी 'न्यू राइटिंग', 'न्यू राइटिंग एण्ड डेलाइट' तथा 'पेंग्विन न्यू राइटिंग' द्वारा उन्होंने इस आंदोलन को जो एकसूत्रता प्रदान की, वह कवियों अथवा नाटककारों के बिखरे हुए प्रयत्नों द्वारा संभव नहीं थी। 'पेंग्विन न्यू राइटिंग' के बंद हो जाने पर भी 'द लंडन मैगज़ीन' के माध्यम द्वारा वे नवलेखन का अंतर्राष्ट्रीय स्तर पर प्रतिनिधित्व करते रहे। वैसे इसके पूर्व भी नवलेखन की प्रवृत्तियों को उन्होंने अंतर्राष्ट्रीय स्तर पर ही देखा था। जॉन लेमेन की आत्मकथा का प्रथम खंड 'द व्हिस्परिंग गैलरी' यूरोपियन नवलेखन के विकास को उसके वास्तविक संदर्भ में उपस्थित करता है।

'न्यू राइटिंग' की योजना प्रारंभ में लेमेन तथा क्रिस्टोफ़र ईशरवुड ने प्रस्तुत की थी। बाद में राल्फ़ फ़ौक्स, स्टीफ़न स्पेंडर, रोज़ामंड तथा बीट्रिक्स लेमेन, विलियम प्लोमर आदि अन्य अँग्रेज़ी लेखकों का भी सहयोग प्राप्त किया गया। इस योजना को कार्यान्वित करने के लिए जॉन लेमेन ने कई बार यूरोप की यात्रा की और नवलेखन के बिखरे हुए सूत्रों को संगठित किया। इस भ्रमण के दौरान उन्होंने समूची स्थिति को अपनी आँखों देखा और अनुभव किया कि नयी राजनैतिक परिस्थितियों में जिस साहित्य का सृजन होना शुरू हुआ है उसकी कुछ अपनी विशेषताएँ हैं, और उसकी एक यथार्थवादी तथा मानववादी अपील है। यहीं से 'न्यू राइटिंग' की योजना उसके संपादक के मन में जन्म लेती है। स्वतः लेमेन के शब्दों में "अतः मैंने एक ऐसी पत्रिका की कल्पना की जो न केवल मध्यवर्गीय तथा कामगार वर्ग के लेखकों को एक साथ लाये—और इनमें से भी दूसरे प्रकार के लेखकों को आगे आने के लिए प्रेत्साहित करे—वरन् इन दोनों ही तरह के अँग्रेज़ी तथा विदेशी लेखकों का एक क्रम उपस्थित करे जो एक-दूसरे के प्रतिनिधि तथा पूरक बन सकें।"

'न्यू राइटिंग' के लेखक-मंडल में 'न्यू कंट्री' परिवार के बहुत-से सदस्य थे। इंग्लैण्ड के अतिरिक्त अन्य देशों के लेखकों ने भी इस योजना में सहयोग दिया। इन सहयोगियों में से प्रमुख थे—क्रिस्टोफ़र ईशरवुड, एडवर्ड अपवार्ड, स्टीफ़ेन स्पेंडर, सेसिल डे लुइस, विलियम प्लोमर, रैक्स वार्नर, वाइस्टन ऑडन, जॉर्ज ऑरवेल, जेम्स स्टर्न, वी. एस. प्रीचेट, जेम्स हेनली, राल्फ़ फ़ॉक्स तथा राल्फ़ बेट्स। इनके अतिरिक्त कुछ ऐसे लेखक भी थे जिनकी रचनाएँ अब तक प्रकाशित नहीं हुई थीं। इस प्रकार के रचनाकारों में थे लेसली हावर्ड, टॉम बर्न्स, जॉर्ज गैरेट, विली गोल्डमैन, जी. एफ़. ग्रीन, एच. ही. हॉपकिन्सन, कथबर्ट वॉस्ले, रैन्डाल स्विंगलर

और बी. एल. कूम्बीज़। भारत के अँग्रेज़ी लेखकों में से मुल्कराज आनंद तथा अहमदअली की रचनाएँ 'न्यू राइटिंग' में प्रकाशित हुई थीं। अन्य विदेशी लेखकों में से आंद्रे चैम्सन, ज्यॉं गिआनो, लुई ग्विलौ, आना सैघर्स, इग्नैज़ियो सिलौने, निकोलाई तिखोनोव तथा आन्द्रे मैलरो ने नवलेखन के इस आंदोलन में सक्रिय रूप से भाग लिया।

जॉन लेमेन ने 'न्यू राइटिंग' के लिए जिस विशेष मध्यवर्गीय तथा कामगार वर्ग के लेखकों से सहयोग चाहा था, वह उन्हें समुचित मात्रा में मिला। उदाहरण के लिए 1936 ई. में प्रकाशित होनेवाले 'न्यू राइटिंग' के दूसरे अंक में जो लेखक थे, उनमें कुछ ऐसे थे जो चमड़े का काम करनेवाले, प्लास्टर करनेवाले, बंदरगाह के खलासी, नाविक, लकड़हारे तथा दर्जीगीरी का काम सीखने वाले रहे थे। 'न्यू राइटिंग' में प्रकाशित रचनाएँ भी मुख्यतः इसी प्रकार के जीवन को चित्रित करती थीं। यूरोपीय नवलेखन में समाज के ऊँचे-नीचे सभी स्तरों के लेखकों का समान भाव से सहयोग रहा है, यह एक स्मरणीय तथ्य है। यही नहीं इस प्रकार के साहित्य में समाज के निम्नस्तरीय जीवन की आशाओं, आकांक्षाओं तथा असफलताओं का ही अंकन अधिक हुआ है।

कविता के माध्यम से प्रेवश पाकर नवलेखन की प्रवृत्तियाँ धीरे-धीरे साहित्य के अन्य रूपों को भी प्रभावित कर रही थीं। नये उपन्यासकारों में क्रिस्टोफ़र ईशरवुड तथा एडवर्ड अपवर्ड के नाम विशेष रूप से उल्लेखनीय हैं। इन दोनों की रचनाओं में राजनैतिक चेतना गहरे तक पैठी हुई थी। फ़ासिज़्म तथा साम्राज्यवाद पर प्रहार इनकी कृतियों में स्पष्ट रूप से विद्यमान था। स्टीफ़ेन स्पेंडर ने भी, जो प्रमुख रूप से कवि हैं, कथा-साहित्य के क्षेत्र में कुछ कार्य किया। उनकी कहानियों का एक संग्रह 'द बर्निंग कैक्टस' 1936 ई. में प्रकाशित हुआ और इसके बाद ही उनका एक उपन्यास 'द बैकवर्ड सन' भी आया।

उपन्यास से अधिक महत्त्वपूर्ण कार्य नाटक के क्षेत्र में हुआ। नाटक लिखने तथा रंगमंच-संगठन दोनों ही ओर इन लेखकों ने ध्यान दिया। अँग्रेज़ी नाटक, जो इधर मुख्यतः काव्य-नाटक के रूप में अधिक विकसित हो रहा था, इन नवीन लेखकों विशेषतः कवियों के हाथ में पड़कर और समृद्ध तथा भाव-प्रवण बना। रंगमंच की दृष्टि से दो प्रयोग हुए। एक था कामगार सोशलिस्टों का प्रयत्न जो 'यूनिटी थिएटर' के नाम से विख्यात हुआ। और दूसरा यत्न था स्वतः 'न्यू कंट्री' परिवार के लेखकों का। इन लोगों ने निजी क्लब के ढंग पर एक 'ग्रुप थिएटर' का संगठन किया।

नाटक-लेखन के क्षेत्र में कवि लोग ही मुख्यतः आगे बढ़े। ऑडन तथा स्पेंडर ने और ईशरवुड-ऑडन ने इस दिशा में महत्त्वपूर्ण कार्य किया। 'पेड ऑन बोथ साइड्स' तथा 'द डांस ऑफ़ डैथ' ऑडन की नाट्य-कृतियाँ थीं। इसके उपरान्त

ऑडन-ईशरवुड के संयुक्त लेखन में 'द डौग बिनीथ द स्किन' प्रस्तुत किया गया। इन दोनों का दूसरा नाटक था 'द एसेंट ऑफ़ एफ़ सिक्स'। लगभग ये सभी नाट्य-कृतियाँ 'ग्रुप थिएटर' द्वारा अभिनीत हुई थीं। स्टीफ़ेन स्पेंडर का प्रसिद्ध नाटक 'ट्रायल ऑफ़ ए जज' 'ग्रूप थिएटर' तथा 'यूनिटी थिएटर' दोनों ही द्वारा प्रस्तुत किया गया।

जैसा पहले संकेत किया गया, इंग्लैंड में नवलेखन की प्रवृत्तियों ने कविता के माध्यम से प्रवेश किया परंतु फ्रांस में स्थिति इसके विपरीत थी। वहाँ परिवर्तन के लक्षण पहले गद्य के क्षेत्र में दिखाई दिये। ये नवीन गद्यकार मुख्यतः 'वांद्रेदी' नामक साप्ताहिक पत्र से किसी-न-किसी प्रकार संबद्ध थे। शाम को पैरिस के काफ़े में मिलकर बैठना इन बुद्धिजीवियों की दिनचर्या का एक महत्त्वपूर्ण अंग था। नवलेखन के फ्रांसीसी समर्थकों में सबसे प्रमुख थे आन्द्रे चैम्सन।

नवलेखन के अन्य विदेशी सहयोगियों में गिओनो, इग्नैज़ियो सिलोने, आना सैघर्स, बर्ट ब्रैख़्ट, अर्न्स्ट टोलर, लडविग रैन, माइकेल शोलोख़ोव, निकोलाई तिखोनोव, ज्याँ पॉल सार्त्र तथा आंद्रे मैलरो के नाम विशेष रूप से उल्लेखनीय हैं। इन सभी लेखकों की दृष्टियाँ भिन्न-भिन्न थीं। परंतु एक बात लगभग सबमें समान रूप से पाई जाती थी। अपने देश के सामान्य जन-जीवन में उन सबकी गहरी रुचि थी। लेमेन के शब्दों में कहा जा सकता है कि 'उनकी आंतरिक इच्छा यह थी कि वे एक नये मानवतावाद, एक नयी भ्रातृ-भावना में विश्वास तथा प्रत्येक पुरुष तथा नारी के जीवनगत मूल्यों में अपनी गहरी आस्था को अभिव्यक्ति दे सकें।' इस कथन की पुष्टि स्पेनिश सिविल वार के संदर्भ में विशेष रूप से होती है। इस गृहयुद्ध में प्रजातांत्रिक प्रणालियों को तानाशाही द्वारा दबाये जाने का समस्त लेखक समुदाय ने घोर विरोध किया। इस संबंध में सैद्धांतिक तथा क्रियात्मक दोनों स्तरों पर पीड़ितों को सहानुभूति देने का यत्न किया गया।

काव्य के स्तर पर स्पेंडर का स्पेनिश सिविल वार से गहरा संबंध हो गया था। उनकी प्रसिद्ध रचना 'स्पेन' आज ऐतिहासिक महत्त्व रखती है। स्पेंडर के अतिरिक्त 'न्यू राइटिंग' परिवार के अन्य बहुत-से सदस्यों ने भी इस नैतिक अभियान में योग दिया। यही नहीं स्पेन की प्रजातंत्रात्मक शक्तियों को युद्ध में सक्रिय सहयोग देने के लिए जो 'इंटरनेशनल बिग्रेड' बना उसमें बहुत-से नये लेखक भी सम्मिलित हुए। इनमें से कई तो युद्ध-स्थल पर काम आये। स्पेन के प्रति लेखकों की अंतर्राष्ट्रीय स्तर पर यह सहानुभूति इस बात की ओर संकेत करती है कि नवलेखन क्रियाशील रचनाकारों की चतुर्मुख जागरूकता का परिणाम है।

X X X

यूरोपीय नवलेखन जैसी तीव्रता हमें आधुनिक अमेरिकन साहित्य में नहीं मिलती। इसका एक प्रधान कारण संभवतः यह है कि वहाँ प्रारंभ से ही परंपरामुक्त साहित्य

का सृजन हो रहा है। अमेरिकन सभ्यता, संस्कृति तथा साहित्य के अपेक्षाकृत बहुत नवीन होने के कारण वहाँ के लेखकों को युग-युगों से चली आनेवाली रूढ़ियों तथा परिपाटियों का सामना नहीं करना पड़ा। इसीलिए अपने प्रारंभिक काल को छोड़कर जब कि अमेरिकन साहित्य बहुत कुछ यूरोपीय प्रभाव में लिखा जा रहा था, वहाँ का साहित्यिक सृजन नवोन्मेषशाली तथा शक्ति-संपन्न है। उसमें तरुणाई की प्रखरता बिना किसी विद्राह के ही है। वैसे यूरोपियन नवलेखन के संदर्भ में कुछ आधुनिक अमेरिकन लेखकों के नाम विशेष महत्त्वपूर्ण हैं। इनमें से प्रमुख हैं–ई. ई. कमिंग्ज़, विलियम स़रोयान, जॉन स्टीनबैक, टैनेसी विलियम्स तथा आर्थर मिलर। इनके अतिरिक्त अर्नेस्ट हेमिंग्वे का नाम उल्लेखनीय है। स्पने के प्रति गहरी सहानुभूति रखने के कारण हेमिंग्वे का नाम यूरोपीय नवलेखन से विशेष रूप से संबद्ध है। हेमिंग्वे के कृतित्व में स्पेनिश संस्कृति के तत्त्व स्थान-स्थान पर मिलते हैं। स्पेन के युद्ध का वर्णन भी उन्होंने बड़ी सजीवता के साथ किया है।

यूरोपीय नवलेखन की कुछ पद्धतियाँ अमेरिका से असंबद्ध नहीं रही हैं। वस्तुतः नवलेखन के कुछ सहयोगी इन दोनों प्रदेशों से संबद्ध हैं। नयी तथा पुरानी पीढ़ी के कुछ लेखक तो दोनों देशों में रहे हैं, और इस प्रकार सांस्कृतिक तत्त्वों के सतत आवागमन की प्रक्रिया भी सदा जारी रही है। आधुनिक फ़िल्मों तथा नाटकों में, जिनमें से अधिकांश नवलेखन की मौलिक प्रवृत्तियों के निकट रहे हैं, या ऐसी ही कृतियों पर आधारित हैं, ऐंग्लो-अमेरिकन तथा यूरोपीय-अमेरिकन सहयोग विशेष रूप से द्रष्टव्य है। इस दृष्टि से यूरोपीय–विशेषतः अँग्रेज़ी नवलेखन में अमेरिकन तत्त्वों का विशिष्ट सहयोग रहा है; यह दूसरी बात है कि स्वतः अमेरिकन साहित्य में नवलेखन एक जीवित आंदोलन के रूप में प्रवर्तित न हुआ हो।

3

यूरोप तथा अन्य क्षेत्रों के नवलेखन में भी विचार-धाराओं का प्राधान्य रहा है। नवलेखन की रचनात्मक प्रक्रिया बहुत कुछ बौद्धिक स्तर पर है। इसीलिए समकालीन विचारकों तथा चिंतकों का कृतित्व प्रत्यक्ष अथवा अप्रत्यक्ष रूप से नवलेखन की सृजन-पद्धतियों को प्रभावित करता रहा है। यूरोपीय नवलेखन के समक्ष तो आधुनिक चिंतन की एक बहुत बड़ी परंपरा रही थी। हिंदी की स्थिति उससे भिन्न है। उसकी पहुँच तथा प्रवृत्ति बहुत चुनी हुई यूरोपीय विचार-धाराओं तक रही है। अपने देश के चिंतकों में से तो संभवतः अरविंद का जीवन-दर्शन ही नवलेखन के सृजन में सहायक दिखाई देता है। गांधी समक।लीन साहित्य की रुचि के बहुत निकट नहीं पड़ते।

यूरोपीय विचारकों में से मार्क्स तथा फ्रॉयड के नाम अब पुराने पड़ चुके

हैं। सभी सजग देशों के साहित्यों ने उनसे प्रेरणा ग्रहण की है। हिंदी साहित्य में भी छायावाद, प्रगतिवाद तथा प्रयोगवाद से इनका संबंध दिखाई देता है। अतः यह स्वाभाविक है कि हिंदी नवलेखन की रचना-पद्धतियों में इन दोनों आचार्यों के विचार किसी-न-किसी रूप में घुले-मिले हों। नवलेखन की साामाजिक तथा मनोवैज्ञानिक सजगता तथा यथार्थप्रियता में इन दोनों चिंतकों का बड़ा हाथ है।

आधुनिक यूरोपीय विचार-धाराओं में अस्तित्ववाद तथा अतियथार्थवाद किसी-न-किसी रूप में नये साहित्य के निकट रहे हैं। कला तथा साहित्य के इन दोनों आंदोलनों का गहरा प्रभाव आधुनिक हिंदी साहित्य पर दिखाने का कभी-कभी हठपूर्वक प्रयत्न किया जाता है। वस्तुस्थिति यह है कि इनमें से अस्तित्ववाद तो शुद्ध दार्शनिक भूमि पर आधारित रहने के कारण प्रायः साहित्य की विषय-वस्तु नहीं बन पाया है। स्वतः सार्त्र की सृजनात्मक रचनाएँ किस प्रकार और कहाँ तक अस्तित्ववादी मानी जा सकती हैं, यह बहुत-से आलोचकों के लिए विवाद का विषय बन गया है। अस्तित्ववाद एक जीवन-दर्शन है, जिससे प्रभावित होने के लिए साहित्यकार को उसे गहराई तक समझना और मानना पड़ेगा। हिंदी नवलेखन में शायद ही कोई ऐसी कृति हो, जो अपनी प्रकृति में अस्तित्ववादी कही जा सके। क्षण के असीमत्व तथा महत्त्व जैसी कुछ अस्तित्ववादी भावनाओं की चर्चा कहीं-कहीं अवश्य द्रष्टव्य है।

अतियथार्थवाद की स्थिति कुछ भिन्न है। यह मुख्यतः कला तथा साहित्य के क्षेत्र में आंदोलन था—दर्शन के क्षेत्र में नहीं। इसकी विचार-पद्धति प्रमुख रूप से ललित कलाओं को ध्यान में रखकर चलती है। समकालीन यूरोपीय चित्रकला, मूर्त्तिकला तथा कविता को अतियथार्थवाद ने काफ़ी प्रभावित तथा प्रेरित किया है। नयी हिंदी कविता में बिखरे हुए भावचित्र, मुक्त भाव-साहचर्य, अमूर्तन तथा दिक्-काल के आयामों से ऊपर उठने का यत्न—ये सभी मनोवैज्ञानिक स्थितियाँ किसी हद तक अतियथार्थवाद के फलस्वरूप कही जा सकती हैं। आधुनिक हिंदी कथा-साहित्य में चरित्र-चित्रण तथा शैली के रूप कहीं-कहीं अतियथार्थवादी सिद्धांतों का स्मरण दिलाते हैं।

उक्त दो विचार-पद्धतियों के अतिरिक्त नवमानवतावाद तथा व्यक्तित्ववाद के सिद्धांतों की चर्चा हिंदी नवलेखन में यत्र-तत्र प्रस्तुत है। मानवीय दायित्व तथा स्वातंत्र्य की स्थिति और मानवीय व्यक्तित्व का सम्मान—ये दोनों विषय नवलेखन के रचनात्मक तथा समीक्षात्मक दोनों अंगों में बड़े सहज रूप से व्याप्त हो गये हैं। वस्तुतः ये दोनों विचारधाराएँ परंपरागत भारतीय चिंतन के बहुत निकट की हैं। व्यक्ति के विकास के माध्यम से समाज के उत्थान का यत्न हमारे सभी दार्शनिक मतवादों में लगभग समान रूप से मिलता है। नवमानवतावाद तथा व्यक्तित्ववाद इस चिंतन-पद्धति को आधुनिक संदर्भ में प्रतिष्ठित करते हैं। इसीलिए इन

विचारधाराओं से हिंदी नवलेखन विशेष रूप से संबद्ध अनुभव करता है।

आधुनिक भारतीय तत्त्व-चिंतकों में से अरविंद ने हमारे नये साहित्य को कुछ प्रभावित किया है। सुमित्रानंदन पंत, जिनकी बाद की रचनाओं को इतिहासकार नवलेखन से संबद्ध मान सकता है, साहित्यिकों में संभवतः अरविंद-दर्शन के सबसे बड़े अध्येता रहे हैं। अरविंद के चिंतन ने उन्हें नयी दिशाओं में सोचने की प्रेरणा दी। पंत की 'स्वर्ण किरण', 'स्वर्ण धूलि' तथा 'उत्तरा' में अरविंद को लेकर कवि का विचार-मंथन स्पष्ट दिखाई देता है। मानवीय चेतना के अनेक स्तरों का स्पर्श आधुनिक काल में अरविंद की साधना में प्रधान रहा है। पश्चिमी मनोविज्ञान के अन्वेषणों की सहायता लेते हुए विचार-दर्शन के क्षेत्र में उन्होंने बहुत कुछ भारतीय भाव-भूमि को ही अपनाया। पंत के बाद विकसित होनेवाले हिंदी नवलेखन को अरविंद-दर्शन ने और भी सूक्ष्म रूप से प्रभावित किया है। नवलेखन में व्यक्ति को समझ सकने की चेष्टा इस विचार-पद्धति से बहुत कुछ पुष्ट हो सकी है।

यह एक विचित्र तथा रोचक तथ्य है कि युगपुरुष गांधी की विचारधारा से आधुनिक साहित्य गहरे स्तरों पर बहुत कम प्रभावित हो सका है। उनकी कट्टर तथा शुद्ध नैतिकता संभवतः कलात्मक प्रवृत्तियों के बहुत अनुकूल नहीं पड़ती। गांधी द्वारा समर्थित सर्वोदय विनोबा के माध्यम से अवश्य साहित्य-चिंतन को कभी-कभी दिशा-संकेत देता है। गांधी की विचारधारा को ग्रहण करने के लिए विनोबा की मध्यस्थता क्यों आवश्यक हुई, यह एक स्वतंत्र तथा रोचक अध्ययन का विषय है।

आधुनिक विचार-पद्धतियों का हिन्दी नवलेखन से संबंध खोजते समय एक तथ्य स्मरणीय है। इन विचार-पद्धतियों में से कुछ ने मुख्यतः साहित्य के सृजनात्मक पक्ष को प्रेरणा दी है और कुछ ने साहित्य-चिंतन की दिशा निर्धारित करने में अधिक सहयोग दिया है और कुछ का योगदान दोनों पक्षों में समान रूप से रहा है। अतियथार्थवाद पहले पक्ष का उदाहरण है और व्यक्तित्ववाद दूसरे पक्ष का, जब कि मार्क्सवाद अथवा फ्रॉयड के मनोविज्ञान ने सृजनात्मक तथा समीक्षात्मक दोनों दिशाओं में प्रभावित किया है।

4

ऐतिहासिक क्रम-विकास की दृष्टि से हिंदी-नवलेखन का घनिष्ठ संबंध प्रगतिवाद तथा प्रयोगवाद से रहा है। विषय-वस्तु के चयन में नवलेखन मुख्यतः प्रगतिवाद के निकट है, और शिल्प-विधान के क्षेत्र में उसने प्रयोगवाद से अधिक प्रेरणा ग्रहण की है। वस्तुतः हिंदी-साहित्य के इन दोनों वादों की अनिवार्य परिणति नवलेखन में होनी थी, ऐसा कहना बहुत असंगत न होगा। प्रगतिवाद तथा प्रयोगवाद स्वतः पूर्ण विकसित हुए बिना नवलेखन में समाहित हो गये।

प्रगतिवाद के अधूरे रहने का मुख्य कारण उसका विदेशी प्रेरणा-स्रोत था। अन्यथा जो बात उसने कहनी चाही थी वह ऐतिहासिक महत्त्व की थी। छायावाद-रहस्यवाद की प्रतिक्रिया के रूप में प्रगतिवाद हमारे साहित्य का काफ़ी स्थायी अंग हो सकता था, यदि उसका मौलिक स्वरूप राष्ट्रीय होता। परंतु प्रगतिवाद स्वतः अपूर्ण रहते हुए भी अपने आगे वाले लेखकों को एक दिशा-निर्देश देता रहा है। उसकी सार्थकता हमारे इतिहास में इसीलिए है।

जीवन के निम्नतम तथा तिरस्कृत स्तरों का स्पर्श संभवतः प्रथम बार प्रगतिवादी साहित्य ने किया था। कटु यथार्थ का आग्रह उसकी अपनी विशेषता थी। हिंदी की नयी कविता ने इस विशेषता को कुछ परिवर्तन के साथ स्वीकार किया है। प्रगतिवाद में जिस व्यापक मानवीय सहानुभूति की ओर संकेत था, वह नवलेखन में कुछ और पुष्ट हुई है। साथ ही उसमें जीवन के प्रति एक संतुलित भाव भी जागृत हुआ है। इस दृष्टि से प्रगतिवाद के रचनात्मक तत्त्वों का अधिकाधिक परिष्करण नवलेखन में हो सका है।

प्रयोगवाद नवलेखन के ठीक पहले की स्थिति है। हिंदी-साहित्य की यह धारा भी बहुत दूर तक न चल सकी। इसका मुख्य कारण स्वतः प्रयोगवाद की मूल प्रकृति में निहित है। यह ठीक है कि प्रयोगवाद ने अधिक बल कविता के शिल्प-विधान पर दिया था, पर अनुभूतियों के क्षेत्र में भी उसने नवीनता का संचरण किया। परंतु समस्त जीवन के संबंध में उसका अपना कोई सुस्पष्ट दृष्टिकोण नहीं था। यह भी सही है कि प्रयोगवाद के लिए यह बहुत इष्ट न था। अंततः वह अनुभूतियों के चित्रण तथा शिल्प-विधान के क्षेत्र में एक प्रयोग ही था। अतः उसकी सार्थकता भी इसी रूप में है। प्रयोगवाद का हमारे इतिहास में स्थायी होना कुछ बहुत स्पृहणीय न था। इतने लंबे समय तक प्रयोग की स्थिति रहना प्रवृत्तिगत अस्थिरता का द्योतक होता !

शिल्प-विधान तथा अनुभूतियों का चयन हिंदी नवलेखन को प्रयोगवाद से मिला है। वस्तुतः यह कहना ही कठिन है कि कब प्रयोगवाद समाप्त हुआ और कब नवलेखन का प्रारंभ हो गया। किसी साहित्यिक अथवा कलात्मक आंदोलन की जन्म-तिथि निर्धारित करना आसान नहीं। यदि यह आंदोलन किसी प्रतिक्रिया के रूप में आरंभ होता है तब तो उसका कुछ समय भी निश्चित किया जा सकता है। परंतु यदि कोई आंदोलन पिछली विचार-धारा का ही अधिक स्वस्थ अथवा विकसित रूप है तो उसके प्रवर्तन का समय निश्चित करना बहुत कठिन है। प्रयोगवाद तथा नवलेखन का संबंध ऐसा ही है। इस दृष्टि से प्रयोगवाद तथा नवलेखन को एकदम अलग-अलग करके नहीं देखा जा सकता, जिस प्रकार से कि छायावाद तथा प्रगतिवाद को अलग-अलग करके देखा जा सकता है। प्रयोगवाद, जैसा पहले कहा जा चुका है, नवलेखन की भूमिका थी। इस संदर्भ में यह स्मरणीय

है कि छायावाद से लेकर प्रयोगवाद तक से संबद्ध होने पर भी हिंदी नवलेखन का एक अपना भिन्न तथा स्वतंत्र व्यक्तित्व है।

यह तो हुई प्रगतिवाद तथा प्रयोगवाद की बात ! जहाँ तक छायावाद का संबंध है, नवलेखन उससे बहुत कुछ असंबद्ध होते हुए भी, उसकी कुछ प्रवृत्तियों से अलग नहीं किया जा सकता। हिंदी नवलेखन में तीन प्रकार के साहित्यिकों का योग माना जा सकता है। पहला वर्ग ऐसे नवलेखकों का है, जिन्होंने साहित्य-सृजन का कार्य छायावाद की रोमांटिक भावना तथा प्रकृति-प्रेम की पृष्ठभूमि में प्रारंभ किया। ऐसे कवियों अथवा गद्यकारों की रचनाओं में छायावाद का प्रभाव दूर तक दिखाई देता है। बाद में नवलेखन की विचार तथा रचना पद्धति से अभिभूत होकर बहुत कुछ अनजाने में वे इस नये साहित्यिक क्षेत्र में चले आये। इसी प्रकार दूसरे वर्ग के लेखक प्रगतिवाद से नवलेखन में आये। प्रयोगवाद की तो समग्र रूप में सहज ढंग से नवलेखन में परिणति हो गई। इन दो के अतिरिक्त तीसरे वर्ग में वे लेखक आते हैं, जिन्होंने साहित्य-सृजन पहले-पहल नवलेखन के वातावरण में ही आरंभ किया है। इस दृष्टि से नवलेखन को छायावादी धारा से एकदम असंपृक्त नहीं किया जा सकता। यह दूसरी बात है कि छायावाद से प्रारंभ करनेवाले नवलेखकों की संख्या अपेक्षाकृत कम हो, क्योंकि हिंदी नवलेखन प्रगतिवाद से सीधा संबद्ध है, तथा प्रयोगवाद का अधिक विकसित तथा परिष्कृत रूप है। नवलेखन के तीसरे वर्ग के लेखकों की संख्या बराबर बढ़ रही है।

संवेदना के नवीन स्तर

[सांस्कृतिक पूर्वपीठिका]

इस अध्याय के अंतर्गत हिंदी नवलेखन की सांस्कृतिक पृष्ठभूमि का एक संक्षिप्त और संपृक्त अध्ययन प्रस्तुत किया जा रहा है। यह अध्ययन सांस्कृतिक परिस्थितियों के साहित्य पर संघात का विश्लेषण अधिक करेगा, उन परिस्थितियों का यथातथ्य वर्णन करना उसका गौण उद्देश्य है। संस्कृति के भिन्न-भिन्न तथा बदलते हुए तत्त्वों से आधुनिक संवेदना में क्या परिवर्तन हुए हैं, इस प्रक्रिया का विवेचन नवलेखन के संगत संदर्भ को समझने के लिए अनिवार्य है। वस्तुतः प्रत्येक युग की मानवीय संवेदना का अपना सुगठित स्वरूप होता है, जिसका घनिष्ट संबंध तत्कालीन साहित्य से रहता है। संवेदना की इस मूल प्रकृति को समझे बिना हम उस युग के साहित्य का ऐतिहासिक परिप्रेक्ष्य में समुचित विवेचन नहीं कर सकते।

हिंदी नवलेखन की संवेदना को निर्मित करने में बहुत-से सांस्कृतिक तत्त्वों का योग रहा है। इस सांस्कृतिक परिवेश के धार्मिक, दार्शनिक, नैतिक, सामाजिक, आर्थिक, मनोवैज्ञानिक तथा राजनैतिक–सभी प्रकार के पक्ष हैं, जिनका एक संपृक्त अध्ययन ही उस संवेदना के संश्लिष्ट स्वरूप को समझने में सहायक सिद्ध हो सकता है। साहित्य का सृजन शून्य में नहीं होता; उसका एक ऐतिहासिक परिवेश होता है, जो तत्कालीन विचारकों तथा कलाकारों की रचनात्मक प्रक्रिया से घनिष्ट रूप से संबद्ध रहता है। नवलेखन के सर्वथा नवीन स्वरूप तथा दृष्टिकोण को देखकर उसकी उतनी ही नयी सांस्कृतिक पृष्ठभूमि का अनुमान कर पाना सहज है।

दो महायुद्धों के बीच संसार के सभी उन्नत देशों में एक नयी चेतना का उदय हुआ। इस जागृति का स्वरूप स्वचेतन अधिक था। विश्व के समूचे इतिहास में इतने बड़े तथा जटिल परिवेश में मानवीय नियति के प्रति इतनी चिंता, इतना लगाव शायद अब से पूर्व कभी प्रकट नहीं हुआ था। सभी देशों के विचारकों ने यह अनुभव किया कि आधुनिक वैज्ञानिक संस्कृति अब एक ऐसे मोड़ पर आ

गई है, जहाँ से उसके लिए ज़रा भी पथभ्रष्ट होना नितांत आत्मघातक सिद्ध होगा। हमारे देश के मनीषियों ने इस सामूहिक चिंतन में अपनी संपूर्ण गौरवमय परंपराओं के साथ महत्त्वपूर्ण योगदान दिया। गांधी, रवींद्र, अरविंद तथा नेहरू सभी ने अपने-अपने ढंग से इस संक्रांति-काल के निवारण के लिए सुझाव उपस्थित किये।

हिंदी के नये लेखक ने भी काफ़ी जागरूक होकर अपने परिवेश को समझने का यत्न किया है। इस दृष्टि से स्वचेतन रूप से प्रथम बार व्यापक स्तर पर आधुनिक होने का श्रेय प्रयोगवाद को दिया जा सकता है। प्रयोगवाद के माध्यम से हिंदी में साहित्य-दृष्टि ने व्यापक रूप ग्रहण किया। जीवन के सभी स्तरों की अनुभूतियों को साहित्य का वर्ण्य विषय मान लिया गया। मानव-मन में गहरे पैठी हुई अनैतिकता के विभिन्न पहलुओं की भी चर्चा इस युग के साहित्यकार ने की। अपने सामाजिक दायित्व के पालन करने में उसने किसी वर्जना को स्वीकार नहीं किया।

दो विश्व-युद्धों ने, जिनसे भारत का संबंध यद्यपि प्रत्यक्ष नहीं रहा, फिर भी जिनका गहरा प्रभाव उसके जन-जीवन पर पड़ा है, हमारे साहित्य को प्रभावित किया है। युद्धकालीन परिस्थितियों ने देश के आर्थिक ढाँचे तथा धार्मिक व्यवस्था को एक बड़ी हद तक बदल दिया। आर्थिक क्षेत्र में देश-व्यापी महँगाई तथा रुपये के गिरते हुए मूल्य ने शताब्दियों से चली आती हुई हमारी विनिमय-पद्धति को चूर-चूर कर डाला। सिक्कों का प्रचार तथा प्रभाव छोटे-से-छोटे गाँवों में दिखाई देने लगा। कुल मिलाकर देश आर्थिक दृष्टि से विपन्न हो चला था। पूँजी बहुत थोड़े-से हाथों में केंद्रित होकर रह गई। धन पर अधिकार पहले तो विदेशी शासकों का था; उनसे बचने पर स्वदेशी पूँजीपति अपना नाम पूर्णतः सार्थक करते थे। जनता प्रायः जीवन की सामान्य आवश्यकताओं से वंचित थी। इसके अतिरिक्त प्राकृतिक विपत्तियाँ भी देश की अर्थ-व्यवस्था को कभी-कभी विघटित कर रही थीं। अकाल, बाढ़ तथा सूखे ने इस कृषि-प्रधान राष्ट्र को बहुत निर्बल बना दिया। इन आर्थिक विषमताओं के बीच क्रांतिकारियों तथा साम्यवादियों ने विद्रोह की आवाज़ उठाई। तत्कालीन कांग्रेस आंदोलन भी जनता के इस आर्थिक खोखलेपन को भलीभाँति समझ रहा था।

युद्धकालीन परिस्थितियाँ सामान्य शांतिमय जीवन से बहुत अधिक तेज तथा गतिमय होती हैं। युद्ध की मानसिक स्थिति ने देश की प्रचलित धर्म-व्यवस्था में एक क्रांतिकारी परिवर्तन उपस्थित कर दिया। खाने-पीने तथा अन्य सामान्य दैनिक जीवन के व्यवहारों में कट्टरता धीरे-धीरे समाप्त होने लगी। युद्ध की विभीषिका तथा असाधारण परिस्थितियों ने व्यक्ति के मन को बहुत-कुछ धर्म-निरपेक्ष बना दिया। विज्ञान ने जिस धार्मिक आस्था का विघटन किया था, युद्ध ने उसे और आगे बढ़ाया। मनुष्य अब भाग्यवाद से संतुष्ट न रहकर मानवीय नियति के प्रति

अधिकाधिक चिंतित रहने लगा। अँग्रेज़ी राज्यकाल में जो एक विशिष्ट शिक्षित वर्ग विकसित हो रहा था, वह धर्म अथवा ईश्वर के स्थान पर व्यापक मानवतावाद के अधिक निकट आ गया। अंध आस्था का स्थान तर्क तथा बौद्धिकता ने ले लिया। हिंदी नवलेखन में भी यह परिवर्तन उतनी ही मात्रा में द्रष्टव्य है, यद्यपि बौद्धिक होना परंपरा के लिए तिरस्कार का विषय हो जाता है। और इसीलिए हिंदी के परंपरावादी समीक्षक ने नवलेखन को बौद्धिक कहकर उसकी भर्त्सना की।

धर्म व्यवस्था के साथ-साथ सांस्कृतिक संघर्ष में पड़कर देश की नैतिक मान्यताओं का विघटन प्रारंभ हो गया। धर्म तथा ईश्वर में लोगों की आस्था धीरे-धीरे कम हो रही थी, और इधर वैज्ञानिक मानवतावाद उन्हें पूर्णतः संतोष नहीं दे पा रहा था। ऐसी परिस्थितियों में व्यक्ति का नैतिक आधार लुप्त हो गया। आर्थिक अभावों ने नैतिकता के इस विघटन को और अधिक तीव्र किया। फलतः देश में बेईमानी, घूसखोरी, चोरबाज़ारी और इसी प्रकार के अन्य भ्रष्टाचारों का ज़ोर बढ़ गया। साहित्यकार के लिए यह परिस्थिति बड़ी ख़तरनाक थी। विकृत आचरणों के बीच नये तथा स्वस्थ नैतिक मूल्यों का निर्माण उसे करना था। समाज के पतन के संपर्क में रहकर और किसी हद तक उससे प्रभावित भी होकर उसे नवीन आदर्श गढ़ने थे। और सच तो यह है कि बिना इन विकृतियों के संघर्ष के उदार मानवतावाद का विकास होना कठिन था।

युद्धकालीन तथा युद्धोत्तर सामाजिक संगठन तेज़ी से ढीला पड़ रहा था। जिन सामाजिक कुरीतियों के विरोध में प्रेमचंद ने आवाज़ उठाई थी, उनमें से बहुत-सी धीरे-धीरे नष्ट हो रही थीं। जाति-व्यवस्था के चंगुल अब उतने क्रूर नहीं थे। नारी जाति संबंधी आवश्यक सुधार समाज में घर कर चले थे। अस्पृश्यता के मौलिक दोषों से भी लोग परिचित हो रहे थे। नारी जाति की सामाजिक स्थिति अपेक्षया संतोप्रद थी, यह इस शती के प्रारंभ में किये गये साहित्यिक तथा सांस्कृतिक आंदोलनों का परिणाम था, और इसलिए विवेच्य युग के साहित्यकार को कम-से-कम इस दिशा में लगभग कुछ नहीं करना था—या जो कुछ करना भी था वह बहुत कम था। वैसे कुल मिलाकर इस युग का साहित्यकार इन सामाजिक परिस्थितियों को अपने लिए बहुत महत्त्वपूर्ण मानने की स्थिति में न था। इस युग की समस्याएँ सामाजिक की अपेक्षा मनोवैज्ञानिक, राजनैतिक तथा सैद्धांतिक अधिक थीं। आदर्शों तथा संस्कृतियों का संघर्ष इस युग के साहित्य का प्रधान उपजीव्य था।

1940 ई. के आस-पास की भारतीय राजनीति तीव्र संघर्षमय थी। एक प्रकार से कई दशकों से चले आनेवाले राजनीतिक संघर्ष की चरम सीमा का यह युग था। इस दाँव में देश ने अपना सर्वस्व लगा दिया था, और अनिश्चय, संदेह तथा अधीरता के साथ वह फल की प्रतीक्षा में था। यह युग वस्तुतः राजनैतिक तथा

आदर्शात्मक संक्रांति का युग था। अहिंसा, सशस्त्र क्रांति तथा आज़ादहिन्द फ़ौज सबने अपने कंधे एक साथ मिला दिये थे। परंतु देश की स्वाधीनता के बाद यह स्थिति बदल गई। इन वर्षों की राजनीति मुख्यतः सांप्रदायिक संघर्षों पर आधारित थी। इन सांप्रदायिक संघर्षों तथा विषम परिस्थितियों ने कुछ साहित्यिकों को अपनी सारी ईमानदारी के साथ लिखने के लिए प्रेरित किया और इन साहित्यकारों ने अपने इस दायित्व का निर्वाह भी पूरी ईमानदारी के साथ किया। शरणार्थी समस्या से सम्बद्ध कुछ उत्कृष्ट रचनाएँ हिंदी नवलेखन में मिलती हैं। इस वर्ग का कृतित्व 'हिंदू-मुस्लिम भाई-भाई' वाली 'राष्ट्रीय' कविताओं से कहीं अधिक गहरे मानवीय भाव-बोध से प्रेरित है।

1947 ई. के बाद इस सांप्रदायिक राजनीति के अतिरिक्त सैद्धांतिक राजनीति राष्ट्र का सबसे महत्त्वपूर्ण प्रश्न बन गई थी। सांप्रदायिक समस्याएँ तात्कालिक थीं, परंतु सिद्धांतों का संघर्ष दर्शन तथा मनोविज्ञान के स्तर पर चल रहा था। इस संघर्ष में एक ओर साम्यवाद तथा उसी प्रकार की अन्य सर्वसत्तावादी व्यवस्थाएँ थीं, और दूसरी ओर गांधीवाद, सर्वोदय तथा समाजवाद के आदर्श थे। यह संघर्ष अब भी प्रायः यथावत् है, अंतर इतना है कि अब इन व्यवस्थाओं के प्रायः सभी पक्षों पर गंभीरता के साथ विचार हो चुका है। इस सारी सैद्धांतिक चर्चा का मूल दर्शन की उस जटिल तथा उलझी हुई स्थिति में है, जिसमें व्यक्ति तथा समाज के पारस्परिक संबंध बहुत कुछ अनिश्चित तथा विवादास्पद बने हुए हैं।

हिंदी लेखक के 'फ़्रस्ट्रेशन' अथवा मोहभंग की चर्चा प्रायः की जाती है। यदि पिछले दो दशकों के हिंदी लेखकों के मनोविज्ञान का विश्लेषण किया जाय तो स्पष्ट दिखाई देगा कि कम-से-कम सन् 1950 तक उसकी मानसिक स्थिति उत्साहयुक्त तथा आशाप्रद रही है। मोह-भंग की तो जो भी स्थिति है वह पिछले कुछ वर्षों की उपज है। निराशा तथा अवसाद, स्वराज पूर्व युग का न होकर स्वराजोत्तर युग का है। मोह-भंग अपने शासन में होता है, विदेशी राज्य में नहीं। वस्तुतः आधुनिक हिंदी लेखक के मन में भ्रम उत्पन्न होने का प्रधान कारण है प्रजातंत्र के कुछ असफल प्रयोग। आज का नया लेखक इस सारी अव्यवस्था के बीच संश्लिष्ट मानवीय व्यक्तित्व की खोज में है। जिस प्रकार पिछले युग के सामाजिक पतन ने मानवतावाद के विकास में सहायता दी थी, उसी प्रकार आधुनिक युग का मोह-भंग इस मानवीय व्यक्तित्व के पुनरन्वेषण में सहायक होगा। यही पुनरन्वेषण नवलेखन का प्रधान लक्ष्य है। चतुमुर्ख जागरूकता आज के नये लेखक की संवदेना की सबसे बड़ी विशेषता है। इसीलिए अपने अन्य सामान्य दायित्वों के बावजूद वह पूर्ण समय का कलाकार है, केवल प्रेरणा के क्षणों का नहीं।

नयी कविता

नयी कविता हिंदी नवलेखन का प्रवेश-द्वार रही है। वास्तविकता तो यह है कि हिंदी नवलेखन के मौलिक तत्त्व अब भी नयी कविता में ही सबसे अधिक द्रष्टव्य हैं। प्रयोगवाद प्रमुखतः कविता का आंदोलन था, जो बाद में नयी कविता के रूप में परिणत हो गया। और फिर नयी कविता के प्रवाह ने धीरे-धीरे नवलेखन का रूप धारण कर लिया।

ऐतिहासिक दृष्टि से हिंदी कविता में आधुनिकता का प्रवेश अज्ञेय द्वारा संपादित 'तारसप्तक' (1943 ई.) के प्रकाशन के साथ होता है। यही नवलेखन के प्रारंभ की तिथि मानी जा सकती है। स्वचेतनता तथा आधुनिकता इस नवीन साहित्य चेतना की अन्यतम विशेषताएँ थीं। कविता मात्र प्रेरणा का क्षण नहीं रह गई थी; कवि ने अपने विशिष्ट दायित्व का अनुभव प्रारंभ कर दिया था। इस क्षेत्र में प्रगतिवाद का दिशा-संकेत महत्त्वपूर्ण है।

जहाँ तक तिथियों का संबंध है, 'तारसप्तक' के उपरांत 'दूसरा सप्तक' (1951 ई.) का प्रकाशन नयी कविता के इतिहास में दूसरी महत्त्वपूर्ण घटना है। 'तारसप्तक' के कवि थे–रामविलास शर्मा, गिरिजाकुमार माथुर, नेमिचन्द्र जैन, प्रभाकर माचवे, गजानन माधव मुक्तिबोध, भारतभूषण अग्रवाल तथा अज्ञेय। 'दूसरा सप्तक' के कवि थे–नरेश मेहता, भवानीप्रसाद मिश्र, शकुंत माथुर, हरि व्यास, शमशेरबहादुर सिंह, रघुवीरसहाय तथा धर्मवीर भारती। इन सप्तक कवियों के बारे में दो तथ्य विशेष रूप से उल्लेखनीय हैं–एक तो यह कि इन कवियों में से अधिकांश जीवन के क्षेत्र में मार्क्सवाद तथा साहित्य के क्षेत्र में प्रगतिवाद के किसी-न-किसी रूप में अधिक निकट थे। दूसरी बात यह कि इन कवियों में से सभी काव्य के क्षेत्र में बहुत दूर तक न चल सके। इनमें से कई कवियों का योग तो प्रायः सप्तक-संकलनों में सीमित रहा।

दो सप्तकों के अतिरिक्त नये प्रकार की कविता के विकास में अज्ञेय द्वारा

संपादित त्रैमासिक, फिर बाद में मासिक 'प्रतीक' (1947 ई.) का महत्त्वपूर्ण योग रहा। इसमें कोई संदेह नहीं कि नयी कविता के पूर्व रूप प्रयोगवाद के क्षेत्र में अज्ञेय का व्यक्तित्व अप्रतिम है। प्रयोगवाद अपनी सारी शक्ति तथा संभावनाओं की अभिव्यक्ति अज्ञेय के माध्यम से पा सका। यह अवश्य है कि नयी कविता की दृष्टि से प्रयोगवाद के प्रवर्त्तक को भी बहुत दूर तक आधुनिक नहीं कहा जा सकता। वस्तुतः नयी कविता के विकास के साथ स्वतः अज्ञेय ने युग की आवश्यकताओं के अनुकूल अपने काव्य-व्यक्तित्व का परिष्कार किया।

'तारसप्तक' से लेकर 'प्रतीक' तक प्रयोगवाद की यात्रा तथा उपलब्धि रही। नयी कविता (तथा नवलेखन) की प्रथम अनुभूति रामस्वरूप चतुर्वेदी द्वारा तथा फिर लक्ष्मीकांत वर्मा के सहयोग में संपादित 'नये पत्ते' (1953 ई.) के माध्यम से हुई। इस अनुभूति का आधिकारिक तथा प्रामाणिक रूप 'नयी कविता' (1954 ई., डॉ. जगदीश गुप्त तथा रामस्वरूप चतुर्वेदी द्वारा, फिर बाद में विजयदेवनारायण साही के सहयोग में संपादित) में अभिव्यक्ति पा सका। प्रयाग के नये लेखकों की सहकारी संस्था 'साहित्य सहयोग' के तत्त्वावधान में 'नयी कविता' के प्रकाशन ने इस काव्य-आंदोलन को पूरे आत्मविश्वास, सजगता तथा दृढ़ता के साथ स्थापित किया। 'नयी कविता' ने नये कवियों की रचनाओं को प्रस्तुत करने के साथ-साथ नयी काव्य-प्रवृत्तियों का गंभीर विवेचन भी किया। 'साहित्य सहयोग' के तत्त्वावधान में ही 1955 ई. में प्रकाशित धर्मवीर भारती तथा लक्ष्मीकांत वर्मा द्वारा संपादित 'निकष' ने हिंदी-नवलेखन के चतुर्मुखी रूप को उसके वास्तविक तथा ऐतिहासिक परिप्रेक्ष्य में प्रस्तुत किया। 'निकष' वस्तुतः नवलेखन के प्रारंभ का अंत है।

नयी कविता का गहरा विरोध हिंदी साहित्य में होना स्वाभाविक था, क्योंकि अभी तो उसमें छायावाद को ही अमान्य करनेवाले व्यक्ति उपस्थित थे। नयी कविता के चतुर्मुखी विरोध ने इस आंदोलन के सहयोगियों को आत्मालोचन तथा पुनरन्वेषण का पूरा अवसर दिया। वस्तुतः इस विरोध के बिना नयी कविता का विकास बहुत कुछ पिछड़ जाता। जिन कवियों ने कुछ शंकित मन से इस नयी काव्य प्रवृत्ति का अनुसरण किया था, वे भी इस विरोध के बाद नयी कविता के लिए आश्वस्त हो गये। कई नये कवियों के व्यक्तिगत संकलन प्रकाशित हुए, 'नयी कविता' के अनुकरण पर बहुत-सी पुस्तक-पत्रिकाएँ जन्मीं, सामान्य पत्र-पत्रिकाओं ने नयी कविताओं को अधिक आत्मविश्वास के साथ छापना प्रारंभ किया–और इस प्रकार नयी कविता का स्थान हिंदी साहित्य के इतिहास में सुनिश्चित हो गया। नयी कविता की पक्षधरीय तथा विरोधी समीक्षाओं ने उसकी मर्यादा को एक व्यवस्थित रूप दिया तथा समसामयिक साहित्य में नयी कविता को सर्वाधिक चर्चित विषय बना दिया।

नयी कविता के व्यवस्थित अध्ययन से उसकी कुछ मौलिक प्रवृत्तियाँ स्पष्ट

होती हैं। इन प्रवृत्तियों को संक्षेप में यों प्रस्तुत किया जा सकता है–

(1) सामान्य वस्तुओं तथा अकिंचन परिस्थितियों से रागात्मक संबंध।

(2) गहरे तथा तीखे व्यंग की प्रवृत्ति, परंतु ऐसा व्यंग जो जीवन के प्रति एक रचनात्मक दृष्टिकोण दे सके।

(3) नयी छंद-योजना; शब्दों के ध्वन्यात्मक तथा आंतरिक अर्थों का समन्वय करते हुए।

(4) बिखरे भाव-चित्रों तथा मुक्त साहचर्य का निस्संकोच प्रयोग।

(5) एक नये व्यापक तथा उदार मानवतावादी दृष्टिकोण को विकसित करने का अथक प्रयास–सामान्य जन-जीवन के प्रति एक अनिवार्य लगाव की भावना। मुखौटों की संस्कृति के प्रति आशंका और आक्रोश।

नयी कविता के ये सभी लक्षण कविता को मूलतः प्रेरणामूलक मानने वाले सिद्धांत को अमान्य करते हैं। इसके उत्तर में नयी कविता को बौद्धिक कहकर उसका तिरस्कार किया जाता है। इसमें कोई संदेह नहीं कि आज नयी कविता का धरातल काफ़ी हद तक बौद्धिक है, पर क्या वह तिरस्कार का विषय हो सकता है, यह विचारणीय है। इस प्रसंग में इतना ही कहना पर्याप्त होगा कि बौद्धिकता आधुनिक युग की अनिवार्यता है, और साहित्य तथा कविता इस युग-प्रवृत्ति से निस्संग नहीं रह सकते। नयी कविता के युग में छायावादी गीतों की कल्पना वैसी ही है जैसी कि जेट हवाई जहाज़ के युग में बैलगाड़ी की। परंतु हमारा देश समन्वय तथा सह-अस्तित्व का देश है। यहाँ जेट और बैलगाड़ी तथा नयी कविता और शुद्ध (?) छायावादी गीत एक साथ चलते हैं।

बौद्धिकता के प्रसंग में नवलेखन की चर्चा अलग से की जायगी।

X X X

अज्ञेय (1911 ई.) का काव्य-व्यक्तित्व नयी कविता की अनिवार्य पृष्ठभूमि है। वे प्रयोगवाद के प्रवर्त्तक थे, नयी कविता ने उन्हें कुछ पीछे छोड़ दिया, यद्यपि इस व्यवधान को अपनी तीक्ष्ण गति से फिर उन्होंने बहुत दूर कर लिया है। नयी कविता वस्तुतः 'सामूहिक नेतृत्व' का फल है। इसीलिए प्रयोगवाद का प्रवर्त्तक नयी कविता के साथ है, उसका नेता तथा दिशा-निर्देशक नहीं ! अज्ञेय द्वारा प्रवर्तित आंदोलन आज स्वतः उनसे बड़ा हो गया है।

अज्ञेय के काव्य की दुरूहता उनके पाठक का ध्यान सर्वप्रथम आकृष्ट करती है। यह दुरूहता दो कारणों से हो सकती है–शब्दों को लेकर कवि की मितव्ययिता तथा भाव और शिल्प का असामंजस्य। दुरूहता निश्चय ही एक सापेक्ष्य भाव है। सर्वेश्वर, लक्ष्मीकांत वर्मा, गिरिजाकुमार माथुर, भवानी मिश्र, धर्मवीर भारती प्रभृति कवियों की तुलना में अज्ञेय के काव्य-अभिप्राय तथा बहुत-से स्थलों पर उनका अभिप्रेत–कम-से-कम एक सामान्यतः दीक्षित पाठक के लिए–प्रायः अस्पष्ट रह

जाता है। एक नयी काव्य-परिपाटी का प्रवर्त्तक होना अज्ञेय के अपने साहित्यिक रस-बोध की दृष्टि से स्वतः उनके लिए इस प्रसंग में बहुत हितकर सिद्ध नहीं हुआ। जाने अथवा अनजाने का उनका यह आत्मत्याग उनके काव्य-व्यक्तित्व की महत्ता का सूचक है।

अज्ञेय की जिस दुरूहता की ओर हमने संकेत किया, उसका एक तीसरा कारण भी हो सकता है; और वह है उनके काव्य में आभिजात्य तथा लोक-संस्कृति का सम्मिश्रण। यह दुर्बलता अथवा क्षमता, जो भी हो, आज के बौद्धिक वर्ग की प्रमुख विशेषता है। युग के अनेक अंतर्द्वंद्वों में से यह अंतर्द्वन्द्व काफ़ी महत्त्वपूर्ण तथा सबसे अधिक अस्पष्ट है। अज्ञेय में यह प्रवृत्ति भाषा, भाव तथा शिल्प के विभिन्न स्तरों पर मिलती है। हवाई उड़ान की यात्रा के अनुभव से लेकर काँगड़े की छोरियाँ तक उनके दृष्टि-परिवेश में आ जाती हैं। और ये सभी अनुभूतियाँ प्रायः समान भाव से उनके रागात्मक संबंध की अधिकारिणी हैं। लगभग यही स्थिति उनके प्रतीकों, अभिप्रायों तथा भाव-चित्रों की है। यही नहीं प्रायः उनकी एक ही कविता में उक्त दोनों प्रवत्तियाँ एक-दूसरे पर आरोपित हो जाती हैं। ऐसे स्थल उनके सामान्य पाठक की संवेदना के लिए सहज ग्राह्य नहीं हो पाते।

छायावाद के समसामयिक समीक्षकों ने उसे एक शैलीगत आंदोलन माना था। नयी कविता के प्रसंग में भी यह भूल प्रायः दुहराई जाती है। वास्तविकता यह है कि नयी कविता की आधारशिला परिवर्त्तित विचार-धारा है, शिल्प संबंधी नवीनता प्रारंभिक प्रेरक शक्ति है। नयी कविता की प्रवृत्तियों में मानवतावाद का महत्त्वपूर्ण स्थान है। अज्ञेय ने व्यक्ति के सामाजीकरण पर विशेष बल दिया है। उनकी कविता 'यह दीप अकेला' का इस दृष्टि से ऐतिहासिक महत्त्व है। कविता का प्रारंभिक अंश है–

यह दीप अकेला स्नेह-भरा
है गर्व-भरा मदमाता, पर,
इसको भी पंक्ति को दे दो !
यह जन है : गाता गीत जिन्हें फिर और कौन गायेगा ?
पनडुब्बा : ये मोती सच्चे फिर कौन कृती लायेगा ?
यह समिधा : ऐसी आग हठीला बिरला सुलगायेगा।
यह अद्वितीय : यह मेरा : यह मैं स्वयं विसर्जित :
यह दीप, अकेला, स्नेह-भरा,
है गर्व-भरा मदमाता, पर,
इसको भी पंक्ति को दे दो !

अज्ञेय की यह कविता आधुनिक, स्वचेतनता तथा बौद्धिकता–नयी कविता

की तीनों प्रधान प्रवृत्तियों की सशक्त अभिव्यक्ति है। कवि अपने सामान्य व्यक्तित्व तथा अपने काव्य-व्यक्तित्व के अतिरिक्त दायित्व की अनुभूति कविता के नये आयामों के माध्यम से व्यक्त करता है। कविता अब उसके लिए आनंद-उपभोग की वस्तु न रहकर जीवन के गहन अर्थों तथा भाव-स्तरों के साथ संपृक्त हो गई है। अज्ञेय को व्यक्तिवादी कहकर उनका तिरस्कार प्रायः किया गया है; पर ऐसा वे ही कर सके हैं जो अपनी सीमित दृष्टि के कारण व्यक्तिवादी तथा व्यक्तित्ववादी के बीच अंतर को नहीं समझ सके। अज्ञेय की दृष्टि व्यक्तित्व को प्रधान मानकर चलती है, ऐसा व्यक्तित्व जो 'गर्वभरा' तथा 'मदमाता' होने पर भी स्वतः 'विसर्जित' है। दायित्व का अनुभव करने तथा उसे पूर्ण करने की अंततः क्षमता मानव व्यक्तित्व में ही होती है।

शिल्प की दृष्टि से अज्ञेय की कविता में जो रूखापन-खुरदरापन है, वह विशेष रूप से द्रष्टव्य तथा आस्वाद्य है। इस प्रसंग में उनके काव्य-शिल्प की गद्य-शिल्प से तुलना रोचक सिद्ध होती है। 'शेखर : एक जीवनी' अथवा 'नदी के द्वीप' का समर्थ गद्य तथा शिल्प का निखार उनकी कविताओं में प्रायः नहीं मिलता। ध्वनि-क्रम, शब्द-संयोजन, प्रतीक अथवा भावचित्र के चयन आदि सभी दृष्टियों से उनके काव्य में कुछ ऐसा है जो कोमल अथवा सुकुमार नहीं कहा जा सकता। शिल्प की यह प्रणाली निश्चय ही नयी कविता की अपनी है। पर, जैसा कहा गया, अज्ञेय का गद्य बहुशिल्पित, कोमल तथा सुकुमार है। वस्तुतः अज्ञेय की कविता में शिल्प बहुत कुछ इस अर्थ में है कि उसमें प्रयत्नज तथा बाह्यतः शिल्प-हीनता है।

अज्ञेय की जिस काव्य दुरूहता की ऊपर चर्चा की गई वह उनके शब्द-चयन के कारण नहीं है। उनकी भाषा तो प्रायः बोलचाल के स्तर की है–विशेष रूप से वाक्य-विन्यास तथा शब्द-समूह की दृष्टि से। इसीलिए उनकी प्रत्युत्तर के रूप में लिखित कविताएँ भी विशिष्ट कवित्व से हीन नहीं हैं। 'मेरे आह्वान से चौंको मत' तथा 'नयी कविता : एक संभाव्य भूमिका' इस वर्ग के महत्त्वपूर्ण उदाहरण हैं। सामान्य जनजीवन के स्तर की भाषा जीवन के व्यापक रूप को चित्रित करने के लिए नयी कविता का सशक्त माध्यम सिद्ध हुई है।

अपने प्रारंभिक काल में अज्ञेय का विषय-चयन अपेक्षाकृत सीमित जान पड़ता है। 'हरी घास पर क्षणभर' (1949 ई.), 'बावरा अहेरी' (1954 ई.) तथा 'इन्द्र धनु रौंदे हुए ये' (1956 ई.) शीर्षक काव्य संकलनों में विषय की व्यापकता उत्तरोत्तर बढ़ी है। यह प्रयोगवाद से नयी कविता का विकास-क्रम है। लक्ष्मीकांत वर्मा की 'मृतआत्मा की वसीयत' नयी कविता के तत्त्वावधान में ही लिखी जा सकती थी; प्रयोगवाद के आभिजात्य का वातावरण उसके लिए बहुत कुछ अनुपयुक्त होता। प्रयोगवाद के आभिजात्य तथा नयी कविता की लोक संपृक्ति के बीच अज्ञेय का

काव्य व्यक्तित्व अवस्थित है।

नयी कविता की लोक संपृक्ति का वास्तविक प्रतिनिधि सर्वेश्वर (1927 ई.) को कहा जा सकता है। शिल्प तथा भावविधान की अभिन्नता का प्रायः आदर्श रूप सर्वेश्वर की रचना में दिखाई देता है। मानव जीवन के गंभीर तथा व्यापक सत्यों को निकट से छूने की क्षमता उनमें है। नयी कविता का शिल्प बहुचिंतित नहीं हो सकता, पर वह सर्वथा अनगढ़ भी नहीं होता। सर्वेश्वर ने इस शिल्प प्रणाली के आंतरिक तत्त्वों को गहराई से समझा है, तथा उसके विकास में महत्त्वपूर्ण योगदान दिया है। भावगत लोकसंपृक्ति तथा शिल्पगत सादगी सर्वेश्वर की कविता के विशिष्ट गुण हैं। उनकी कविताएँ प्रायः सर्वथा नवीन प्रतीकों (सरकंडे की गाड़ी, घास काटने की मशीन, काठ की घंटियाँ) पर आश्रित हैं। पर उनका बिम्ब-विधान उतना नया नहीं है।

कालक्रमानुसार उनकी रचनाओं के परीक्षण से उनके विकास की भावभूमियाँ स्पष्ट हो जाती हैं। इसमें संदेह नहीं कि सर्वेश्वर का व्यक्तित्व प्रारंभ से ही पुष्ट रहा है। 'दो अगर की बत्तियाँ', 'सरकंडे की गाड़ी' तथा 'घास काटने की मशीन' जैसी प्रौढ़ रचनाएँ नयी कविता के प्रारंभिक शक्तिसंवेग की परिचायक हैं। सर्वेश्वर ने नयी कविता नहीं लिखी वरन् स्वतः नयी कविता के विशिष्ट लक्षण किसी हद तक सर्वेश्वर के काव्य के माध्यम से प्रस्फुटित हुए हैं। पर यह भी सही है कि सर्वेश्वर का सफल कृतित्व एक निश्चित वातावरण में प्रस्तुत हुआ है; उस विशिष्ट वातावरण के बाहर वे बहुत सफल नहीं हो सके हैं।

सर्वेश्वर के कृतित्व की एक प्रमुख विशेषता यह है कि उनकी प्रायः सभी रचनाएँ एक निश्चित स्तर से नीचे नहीं गिरतीं। और यह स्तर स्वतः अपने आप में काफी ऊँचा है। यह तथ्य उनके समृद्ध तथा सुगठित काव्य व्यक्तित्व का द्योतक है। जिस लोकसंपृक्ति का उल्लेख अभी किया गया वह सर्वेश्वर के सतत जीवंत रहने का एक प्रधान कारण है। जीवन के विभिन्न पहलुओं में सक्रिय रुचि उनके पाठक के लिए विशेष रूप से संतोषप्रद है। सर्वेश्वर के लिए मानव जीवन किसी भी काव्य से अधिक महान् है। उनकी यह दृष्टि 'लिपटा रज़ाई में' शीर्षक कविता में अभिव्यक्त हुई है।

प्रजातंत्र तथा व्यापक मानवतावाद, लोकसम्पृक्ति तथा नयी कविता आज एक-दूसरे से अनिवार्य रूप से संबद्ध हैं। ये सभी आधुनिक युग की महत्त्वपूर्ण उपलब्धियाँ हैं। नयी कविता मानो प्रथम तीन प्रवृत्तियों की सहज परिणति है। प्रजातंत्र तथा मानवतावाद प्रमुखतः राजनीति तथा दर्शन के क्षेत्र से संबद्ध हैं; लोकसंपृक्ति नये साहित्य की विशिष्ट दृष्टि है। हिंदी की नयी कविता में जो लोकसम्पृक्ति की भावना है, वह अपनी प्रकृति में नितांत आधुनिक है। सर्वेश्वर में यह लोकसम्पृक्ति व्यक्तित्व के एक सहज गुण के रूप में विकसित हुई है।

युद्ध, शांति, खाद्यसमस्या, साम्यवाद तथा खाली बैठे के काम–इन सभी मानवीय परिस्थितियों के प्रति उनकी चिन्तना है। साधारण व्यक्ति की साधारण तथा कभी-कभी असाधारण समस्याएँ उनके काव्य का प्रधान उपजीव्य हैं। जीवन की सभी संगत परिस्थितियाँ कवि को प्रेरणा दे सकती हैं। नये वर्ष के आगमन पर वह सबके लिए शुभचिन्तना करता है–

नया वर्ष…
लोहारों की दहकती हुई भट्ठियों से
भोर का आलोक फैला सके,
काष्ठशिल्पियों के रन्दों और बसूलों से
राजगीरों की छेनियों और हथौड़ों से
भोर का संगीत गुँजा सके।
नया वर्ष…
धोबियों के पाटों में
मल्लाहों के डाँड़ों में
गति के घुँघरू बाँध सके।
नया वर्ष…
उन तमाम खेतों में जा सके
जहाँ हरी फ़सलें हों
उन तमाम खलिहानों में नाच सके
जहाँ पकी बालियाँ हों
उन सभी घरों में सज सके
जहाँ अन्न की ढेरियाँ हों,
उन सभी दिलों में सो सके
जहाँ सुख और शांति हो।
नया वर्ष सबका हो
हर घर का, हर खेत का
हर खलिहान का, हर दिल का।

लोकसंपृक्ति की भावना पर आधारित यह मानो नयी कविता का 'मेनीफ़ेस्टो' कहा जा सकता है।

मानव जीवन के आधुनिक संदर्भ में तथा लोकसंपृक्ति के गहरे भावस्तर पर नये कवि ने वेदना तथा यातना के महत्त्व को समझा है। 'शेखर : एक जीवनी' की भूमिका में अज्ञेय का कथन कि यातना में एक शक्ति होती है जो द्रष्टा बनाती है, तथा उनकी कविता ('नदी के द्वीप' का 'फ्रंटिस्पीस' भी)–

दुःख सबको माँजता है
और–
चाहे स्वयं सबको मुक्ति देना वह न जाने, किंतु–
जिनको माँजता है
उन्हें यह सीख देता है कि सबको मुक्त रखें।

वेदना की प्रतिक्रिया स्वरूप दया को नहीं वरन् पुष्ट करुणा को उभारती है। हिंदी का नया कवि वेदना को छायावादी दृष्टि से अवश दया के रूप में नहीं देखता वरन् आज के मानवतावादी स्तर पर उसकी संगति को पहचानता है। सर्वेश्वर ने यातना को सहनशीलता के रूप में देखा है, जो उनके दृष्टिकोण की रचनात्मकता की परिचायक है, तथा जीवन की जय घोषित करनेवाले दर्शन का मूल सूत्र है। अस्पताल की एक नर्स में मानवतावाद की व्यापक भावभूमि उन्होंने देखी है। इस व्यक्तित्व से कवि को सहने की प्रेरणा मिलती है–दुःख-दर्द को सहने की, समग्र जीवन को सहने की। निराशा अथवा पलायन की स्थिति सर्वेश्वर में नहीं मिलती। जीवन के प्रति उनका अनुराग सहज है, आस्था अडिग है।

आधुनिक जीवन-क्रम में सबसे अधिक अव्यवस्था तथा अशांति गरम तथा ठंडे युद्धों ने उत्पन्न की है। सर्वेश्वर ने इस तथ्य का अनुभव भली भाँति किया है। इस प्रसंग में उनकी चिंता राजनैतिक स्तर की नहीं वरन् शुद्ध मानवीय है। उनकी शांति संबंधी कई कविताओं का ऐतिहासिक महत्त्व है। 'कलाकार और सिपाही', 'बेबी का टैंक', 'सिपाहियों का गीत', 'पीस पैगोडा' आदि रचनाएँ उनके कृतित्व को गरिमा प्रदान करती हैं। 'पीस पैगोडा' का अंतिम अंश है–

क्योंकि राम का नाम लेने से जब पापी तर जाते हैं,
तो क्या शांति का नाम रटने से
युद्ध नहीं रुकेंगे ?
ज़रूर मेरे दोस्त !
मेरी बधाई स्वीकार करो,
और इस बार यदि फिर
'पीस पैगोडा' बनाना पड़े
तो बौद्ध भिक्षुओं के गैरिक वसनों को न भूलना,
क्योंकि उन ढीले चोग़ों के नीचे
बड़ी-बड़ी 'ऑटोमैटिक राइफल्स' तक
आसानी से छिपाई जा सकती हैं।

व्यंग्य के माध्यम से कविता इतनी प्रभावपूर्ण बन सकती है, यह सर्वेश्वर के कृतित्व से ही जाना जा सकता है। जहाँ तक विषय का संबंध है, यह रचना

नयी कविता के अंतर्राष्ट्रीय स्तर की द्योतक है। आज सभी देशों के साहित्य की जागरूकता प्रायः एक प्रकार की है, उनके कलाकारों की समस्याएँ एक जैसी हैं। इसीलिए नवलेखन का आंदोलन विदेशी प्रभाव की दृष्टि से नहीं देखा जा सकता; वह आधुनिक युगीन संवेदना की सशक्त अभिव्यक्ति है। इस अभिव्यक्ति के उपकरण विभिन्न देशों में अलग-अलग हो सकते हैं, पर नयी कविता की मूल स्थापनाएँ बहुत कुछ एक जैसी हैं।

नयी कविता के प्रसंग में दूसरा महत्त्वपूर्ण नाम लक्ष्मीकांत वर्मा (1921 ई.) का है। सर्वेश्वर की तुलना में लक्ष्मीकांत का कृतित्व स्थानीय अधिक है। अपने विषय-चयन में वे जीवन की अकिंचन परिस्थितियों की ओर अधिक आकृष्ट हैं। उनकी लोक-संपृक्ति अपेक्षाकृत सीमित क्षेत्र में होती हुई भी मानवीय भावभूमि के गहरे स्तरों को स्पर्श करती है। नागरिकता में उनकी सहज अरुचि है; इसीलिए उनका शिल्प तथा विषय-चयन सर्वथा आभिजात्य विहीन है।

लक्ष्मीकांत ने अपने विषय, प्रतीक तथा अभिप्राय प्रायः जीवन के अपरिचित अथवा कम परिचित क्षेत्रों से लिये हैं। उनकी दृष्टि एक साथ ही गहरी तथा व्यापक है। इसीलिए उनकी कविताएँ अलग-अलग चित्रों के समान होती हुईं भी एक मौलिक संवेदनासूत्र के कारण एक-दूसरे से संबद्ध हैं। लक्ष्मीकांत मुख्यतः सहानुभूति के कवि हैं। आक्रोश अथवा तीखा व्यंग उनके काव्य व्यक्तित्व के सहज गुण नहीं कहे जा सकते। इस सहानुभूति की भावना ने उनकी कविताओं को बहुत कुछ वैयक्तिक रूप दे दिया है, पर साथ ही उन्हें पाठक के लिए सहज संवेद्य भी बना दिया है। नयी कविता के तत्त्वावधान में यह वैयक्तिक अथवा सामाजिक का एकीकरण है।

कई दृष्टियों से लक्ष्मीकांत नयी कविता की मौलिक प्रकृति के निकट हैं। विषय-चयन में आभिजात्यहीनता, भाषा का प्रायः अनगढ़ रूप, तथा शिल्प के क्षेत्र में यांत्रिक परिपूर्णता का अभाव लक्ष्मीकांत के कृतित्व की प्रमुख विशेषताएँ हैं। सर्वथा अछूती परिस्थितियों को चित्रित करना उन्हें विशेष प्रिय है। 'हस्ताक्षर' उनकी बहुचर्चित कविता है–

मैं आज भी जिंदा हूँ
उस हस्ताक्षर की भाँति
जो मज़ाक-मज़ाक में यों ही किसी वट-वृक्ष के नीचे
पिकनिक, तफ़रीह में लिख दिया गया था
एक तेज़ धार वाले फ़ौलाद की नोक
अब भी मेरी छाती में गड़ी है
और उस वट-वृक्ष का घायल सीना
उस दाग़ की रक्षा हर मौसम में करता है

छिली हुई पपड़ी पर छाल चढ़ जाती है,
दुधियारे पत्तों में बात बस जाती है
जटाएँ भी झुकती हैं भूतल को छूती हैं
चरवाहे की वंशी की टेर भटक जाती है
मगर
एक मैं हूँ : फ़ौलाद की थाती लिये
जीता हूँ–
मैं आज भी ज़िंदा हूँ !

सर्वेश्वर नयी कविता की उपलब्धि के प्रतीक हैं, लक्ष्मीकांत संभावनाओं के। संवेदना के अनेकानेक नवीन स्तर लक्ष्मीकांत के काव्य में दिखाई देते हैं, जिनका अन्वेषण तथा पुनरन्वेषण अभी नये कवियों द्वारा होता है। परिष्कारहीन शिल्प की नयी दिशाएँ भी उन्होंने खोली हैं, और इस क्षेत्र में उनकी 'अन्वेषी' प्रवृत्ति सतत गतिशील है। इस अन्वेषी प्रवृत्ति के कारण ही उनके कृतित्व की मात्रा अधिक है, जिससे उनके काव्य के विभिन्न कलात्मक स्तर देखने को मिलते हैं। प्रयोग में लक्ष्मीकांत की चिर आस्था है। इसलिए एक ओर जहाँ उनकी काव्य-शैली सदैव जीवंत रहती है, वहीं दूसरी ओर उनकी कविता का एक निश्चित स्वरूप नहीं उभर पाता।

लक्ष्मीकांत ने अपने लिए काव्य-उपकरण अत्यंत स्वल्प रखे हैं। छंद तथा तुक के आगे वे लय का भी बहुत सहारा नहीं लेना चाहते। उनकी अधिकांश रचनाओं को सुविधापूर्वक गद्य कविता कहा जा सकता है। इस नये तथा अपेक्षाकृत कठिन माध्यम का प्रयोग उन्होंने सफलतापूर्वक किया है। ध्वन्यात्मक लय के स्थान पर उन्होंने भावात्मक तन्मयता को स्थानापन्न किया है, जिसका घनीभूत स्वरूप ही अंततः कविता का मौलिक तत्त्व है। इस दृष्टि से उनकी संवेदनात्मक गहराई नयी कविता की महत्त्वपूर्ण उपलब्धि की द्योतक है। यहाँ स्मरणीय है कि उनके गहरे भावबोध के आलंबन प्रायः जीवन की नितांत साधारण तथा अकिंचन परिस्थितियों से लिये गये हैं। 'मृत आत्मा की वसीयत' शीर्षक कविता में गाय का दूध दुहने के लिए प्रयुक्त भूसा भरे मृत बछड़ों के प्रतीक के माध्यम से उन्होंने मानव-जीवन के घोर स्वार्थ-संघर्ष की ओर बड़े मर्मस्पर्शी ढंग से संकेत किया है।

नयी कविता के प्रसंग में शमशेर बहादुर सिंह (1911 ई.) का अपना विशिष्ट व्यक्तित्व है। शमशेर की कविताएँ अतियथार्थवादी चित्रों का स्मरण दिलाती हैं। चित्रकार वे स्वतः हैं भी। कम-से-कम शब्दों का प्रयोग करके एक पूर्ण भाव-चित्र उपस्थित करना उन्हें विशेष रूप से प्रिय है। फलतः उनकी कविताएँ पाठक के लिए सर्वत्र सहज संवेद्य नहीं हो पातीं। फिर भी उनके भावचित्र प्रभावपूर्ण होते हैं। उनकी एक कविता है 'तुम'–

चित्रकारी के
रंगों में बन
स्वयं
फैल-फैल मैं गया
हूँ, कहाँ-कहाँ !
कविता
मैं हूँ अब; वह था कल···
होगी कल–यह दुनिया
मेरे जीवन में।
आओ–ले जाओ
मुझसे मेरा
प्रणय का धन
सर्व :
वह है सब तुम्हारा ही–
तुम–
वह 'तुम' है।

शमशेर की इस प्रकार की कविताओं का शिल्प-विधान बहुचर्चित अमेरिकन कवि ई. ई. कमिंग्ज़ का अनायास स्मरण दिलाता है। लक्ष्मीकांत ने भी कुछ इस प्रकार के प्रयोग किये हैं, पर शमशेर की शिल्प-प्रणाली अधिक सहज लगती है।

शमशेर प्रगतिवाद-प्रयोगवाद से नयी कविता में आये हैं। उनका दृष्टिकोण अब भी मूलतः प्रगतिवादी है। पर उनकी कविताओं में 'सामाजिक वस्तु' प्रायः बहुत उभर नहीं सकी है। उनकी कोमल काव्य-प्रकृति प्रगतिवाद की परुषता के साथ मेल नहीं खाती। ऐतिहासिक परिप्रेक्ष्य में भी शमशेर का प्रगतिवाद अथवा प्रयोगवाद उनकी नयी कविता के लिए तैयारी-सा जान पड़ता है। अपने काव्य की रचनात्मक प्रक्रिया के संबंध में उनका यह वक्तव्य महत्त्वपूर्ण है : "जो कुछ देखा और पाया, उसी की कविता–बस, इसी ख़याल के सुर, ताल और रंग और नक़्श और लहर मेरी कविता है। वह फिर जैसी भी है। मैं अपने आपसे बातें करता हूँ। हम सब एक-न-एक क्षण में करते हैं, बेमानी बातें–ख़ामख़यालियाँ–बे सिर-पैर के कुलाबे :–उनका कोई छंद होता है ? उस सबमें कहाँ ठहराव और फैलाव और थाप और गिराव होता है; कहाँ स्टेंज़ा बनता और कहाँ पैरा ?··· हाँ, छंद होता है, और ठहराव भी; और ताल और सुर की चोटें और थाप और गिराव भी होता है, और स्टैंज़ा बनते और पैरे भी शुरू होते हैं–लंबे-लंबे और छोटे-छोटे विरामों पर मौजूँ छंदों में; जिनको हमारे दिल की लहर ही नाप सकती है और नापती ही है, (फिर आप क़बूलें या न क़बूलें)।" (अप्रकाशित कविता-संग्रह 'उदिता'

की भूमिका से) शमशेर का यह विश्लेषण प्रगतिवाद की अपेक्षा प्रयोगवाद अथवा नयी कविता की मौलिक प्रकृति के अधिक निकट है।

'तारसप्तक' में संकलित गिरिजाकुमार माथुर (1919 ई.) रस, रंग तथा रोमांस के कवि हैं। टूटी चूड़ी का टुकड़ा तथा केसर रंग रँगे हुए बन उनकी आसक्ति के प्रधान केंद्र हैं। उनकी कविताएँ सामान्यतः आकर्षक होती हुईं भी सर्वत्र गहरे भावबोध से उद्भूत नहीं जान पड़तीं। माथुर के कृतित्व में भावों का गद्दरपन विशेष रूप से आस्वाद्य है। और यह भावात्मक गद्दरपन प्रकृति-चित्रों से अधिक यौन-आकर्षण पर आधारित है। पर इन वैयक्तिक चित्रों को उन्होंने कहीं इस प्रकार प्रस्तुत नहीं किया कि वे विकर्षक लगने लगें। गद्दरपन के प्रभाव को बढ़ाने के लिए उन्होंने लोक-संस्कृति के बहुत-से उपकरणों का प्रतीकों-उपमानों अथवा अभिप्रायों की भाँति प्रयोग किया है। किंतु इस प्रकृति के साथ उनका मौलिक महानगरी दृष्टिकोण कभी-कभी मेल नहीं खाता। वस्तुतः माथुर छायावाद के अधिक विकसित, परिष्कृत तथा आधुनिक रूप के कवि हैं। लोकसम्पृक्ति उनके काव्य की विशेषता कम रही। प्रयोगवाद के वे साथ थे, परंतु नयी कविता उनसे कुछ आगे बढ़ गई है। यद्यपि कवि की प्रयोग-साहसिकता ने इस व्यवधान को बाद में दूर कर दिया है। प्रयोगवाद के क्षेत्र में माथुर ने टेकनीक पर विशेष बल दिया था, और शिल्प के कुछ नवीन रूप उन्होंने प्रस्तुत किये थे। वर्ण-योजना को लेकर उनके प्रयोग काफ़ी सफल हुए हैं। पर यह स्मरणीय है कि उनका शिल्प प्रायः सर्वत्र उनकी मौलिक रोमांटिक प्रवृत्ति के अनुरूप है। 'तारसप्तक' में संकलित माथुर की कविताएँ उनके सफल शिल्प-प्रयोगों की सूचक हैं। पर जहाँ उन्होंने यत्नपूर्वक नयी कविता लिखनी चाही है, वहाँ वे एक रूखी-सूखी चमत्कारिक उक्ति की सृष्टि करके रह गये हैं। उनकी दोनों प्रकार की रचनाओं के उदाहरण नीचे दिये जा रहे हैं–

1. उन्हीं रेडियम के अंकों की लघु छाया पर
   दो छाँहों का वह चुपचाप मिलन था
   उसी रेडियम की हल्की छाया में
   चुपके का वह रुका हुआ चुंबन अंकित था।
   कमरे की सारी छाँहों के हल्के स्वर-सा
   पड़ती थीं लो एक-दूसरे से मिलकर-गुँथकर
   सूनी आधी रात।

[रेडियम की छाया]

2. दो व्यक्ति कमरे में
   कमरे से छोटे

कमरा है घर में
घर है मुहल्ले में
मुहल्ला नगर में
नगर है प्रदेश में,
प्रदेश कई देश में,
देश कई पृथ्वी पर
अनगिन नक्षत्रों में
पृथ्वी एक छोटी
करोड़ों में एक ही
सबको समेटे, है
परिधि नभ गंगा की
लाखों ब्रह्माण्डों में
अपना एक ब्रह्माण्ड
हर ब्रह्माण्ड में
कितनी ही पृथ्वियाँ
कितनी ही भूमियाँ
कितनी ही सृष्टियाँ
यह है अनुपात
आदमी का विराट से
इस पर भी आदमी
ईर्ष्या, अहं, स्वार्थ
घृणा, अविश्वास-लीन
अपने को दूसरे का स्वामी समझता है
देशों की कौन कहे
साथ रह न सकता है।

[आदमी का अनुपात]

पर नयी कविता के क्षेत्र में इन प्रारंभिक प्रयोगों के बाद माथुर ने अपनी दिशा प्राप्त कर ली है। 'धूप के धान' (1955) की कुछ रचनाएँ शिल्प तथा संवेदना की दृष्टि से विशेष महत्त्व की हैं। वस्तुतः प्रारंभ से ही शिल्प के प्रयोगों में कवि की प्रतिभा प्रभावोत्पादक रूप से व्यक्त हुई है।

नयी कविता के प्रमुख कवियों में धर्मवीर भारती (1926 ई.) का काव्य व्यक्तित्व असाधारण है। छायावाद, अँग्रेज़ी रोमांटिसिज़्म, उर्दू की गज़ल शैली, प्रयोगवाद तथा नयी कविता—इन सभी की भाव-भूमियाँ उनके कृतित्व में मिलती हैं। जो नयी कविताएँ उन्होंने लिखी हैं, उनकी संख्या अपेक्षाकृत कम है, पर उनकी

सफलता असंदिग्ध है। भारती के पक्ष में सबसे बड़ी बात यह है कि उन्होंने नयी कविता के खोलों का कभी किसी स्तर पर प्रयोग नहीं किया। उनका दृश्य-काव्य 'अंधा युग' नयी कविता के प्रौढ़तम शक्ति-संवेग का प्रतीक है (भारती की इस विशिष्ट कृति का विवेचन एक स्वतंत्र अध्याय के अंतर्गत अलग से किया जायेगा), पर उनकी स्फुट कविताओं में नयी कविता के शुद्ध उदाहरण कम हैं। सामान्यतः उनकी कविताओं में रोमांटिसिज़्म का आकर्षण तथा उर्दू ग़ज़ल का 'उभार' मिश्रित रहता है, और ये दोनों काव्य-तत्त्व नयी कविता की विशेषताएँ नहीं हैं। 'अंधायुग' भारती की सामान्य काव्य-पद्धति का अपवाद है, परंतु अत्यंत सशक्त तथा सक्षम अपवाद है।

प्रकृति-चित्रों ('नवंबर की दोपहर', 'अँधेरे का फूल', 'साँझ के बादल') तथा कुछ शुद्ध रोमांटिक कविताओं ('गुनाह का गीत', 'शाम-दो मनःस्थितियाँ', ग़ज़लें) को छोड़कर भारती के काव्य में सर्वत्र एक व्यापक मानवतावादी भाव-भूमि दिखाई देती है। कवि का यह मानवतावाद बहुत-से स्थलों पर रोमांटिसिज़्म, भावुकता अथवा रहस्यवाद में अंतर्भुक्त हो गया है। पर जब यह मानवतावाद बौद्धिक स्तर से संपृक्त हो जाता है तभी भारती की नयी कविता सहज स्वरूप ग्रहण कर लेती है। अधिकांश कविताओं में भावुकता का आग्रह तथा समस्या के प्रति बौद्धिक दृष्टि, दोनों एक साथ दिखाई देते हैं। इस प्रकार की कविताएँ उनकी मौलिक काव्य-प्रवृत्ति की वास्तविक प्रतिनिधि हैं। 'ये फूल, मोमबत्तियाँ और टूटे सपने' शीर्षक कविता इस वर्ग की रचनाओं का अच्छा उदाहरण है–

ये फूल, मोमबत्तियाँ और टूटे सपने
ये पागल क्षण,
यह काम-काज दफ्तर-फ़ाइल, उचटा-सा जी
भत्ता वेतन !
ये सब सच हैं !
इनमें से रत्ती भर न किसी से कोई कम,
अंधी गलियों में पथभ्रष्टों के ग़लत क़दम
या चंदा की छाया में भर-भर आनेवाली आँखें नम
बच्चों की-सी दूधिया हँसी या मन की लहरों पर
उतराते हुए क़फ़न
ये सब सच हैं !
जीवन है कुछ इतना विराट् इतना व्यापक
उसमें है सबके लिए जगह, सबका महत्त्व
ओ मेज़ों की कोरों पर माथा रख-रखकर रोनेवाले
यह दर्द तुम्हारा नहीं सिर्फ़, यह सबका है।

सबने पाया है प्यार, सभी ने खोया है
सबका जीवन है भार, और सब जीते हैं
बेचैन न हो–
यह दर्द अभी कुछ गहरे और उतरता है,
फिर एक ज्योति मिल जाती है,
जिसके मंजुल प्रकाश में सबके अर्थ नये खुलने लगते।
....
हर एक दर्द को नये अर्थ तक जाने दो !

भारती की इस कविता में वेदना की छायावादी परिणति नहीं है। ये पंक्तियाँ करुणा का उद्रेक करती हैं, दया का नहीं। इसीलिए इनका दृष्टिकोण स्वस्थ तथा रचनात्मक है। संपूर्ण कविता की भाव-भूमि बौद्धिक से अधिक रोमांटिक है, यद्यपि रोमांटिसिज़्म का यह मिश्रित रूप सर्वथा नया तथा अपेक्षाकृत अधिक पुष्ट है। मानवतावादी अभिव्यक्ति के लिए यह दृष्टि संभवतः और अधिक संगत तथा उपयुक्त हो सकती है। पर नयी कविता के संदर्भ में चंदा की छाया में भर-भर आनेवाली नम आँखें, बच्चों की-सी दूधिया हँसी तथा मन की लहरों पर उतराते हुए कफ़न बहुत 'सच' नहीं जान पड़ते, या कम-से-कम उतने सच तो नहीं लगते, जितनी कि छायावादी 'विचारों में बच्चों की साँस' (सुमित्रानंदन पंत) सच जान पड़ती है।

भारती के काव्य का चिंतन नयी कविता के अधिक निकट है, पर उनका बिंब-विधान, प्रतीक तथा अभिप्राय रोमांटिक हैं। कवि के सामान्य भावात्मक स्तर तथा शिल्प के बीच का यह व्यवधान सचमुच बड़ा विचित्र है। उसकी अधिकांश कविता 'गुनाहों का देवता' तथा 'सूरज का सातवाँ घोड़ा' (भारती के दो उपन्यास) के बीच की मनःस्थिति जान पड़ती है। कथा साहित्य के क्षेत्र में भारती ने अपनी रोमांटिसिज़्म पर बहुत शीघ्र विजय प्राप्त कर ली, परंतु कविता में उन्होंने मध्यम मार्ग का अधिकतर अनुसरण किया है, जो संभवतः उनकी मौलिक काव्य-प्रकृति के अनुकूल है। 'दूसरा सप्तक' में भारती का वक्तव्य तथा उनकी कविताएँ (जिनका संकलन, भारती का सही प्रतिनिधित्व नहीं कर पाता) रोमांटिसिज़्म से बहुत आगे नहीं ले जातीं। जहाँ-जहाँ भारती का शिल्प उनकी अनुभूति के अनुरूप है, उससे एकदम संपृक्त है, वहीं उन्होंने नयी कविता के सफल प्रयोग प्रस्तुत किये हैं। 'टूटा पहिया', जो कवि के महत्त्वाकांक्षी कृतित्व 'अंधा युग' का मूल सूत्र-सा उपस्थित करती है, आधुनिक चिंतन तथा शिल्प विधान की उपलब्धि है–

मैं रथ का टूटा हुआ पहिया हूँ
लेकिन मुझे फेंको मत !

क्या जाने कब इस
दुरूह चक्रव्यूह में अक्षौहिणी सेनाओं को
अकेले चुनौती देता हुआ
कोई दुस्साहसी अभिमन्यु आकर घिर जाय !
अपने पक्ष को असत्य जानकर भी
बड़े-बड़े महारथी
निहत्थी अकेली आवाज़ को अपने ब्रह्मास्त्रों से कुचल देना चाहें
तब मैं रथ का टूटा हुआ पहिया
उसके हाथों में
ब्रह्मास्त्रों से लोहा ले सकता हूँ !
मैं रथ का टूटा हुआ पहिया हूँ
लेकिन मुझे फेंको मत
क्योंकि इतिहासों की सामूहिक गति सहसा झूठी पड़ जाने पर
क्या जाने
सच्चाई टूटे हुए पहियों का आश्रय ले !
मैं रथ का टूटा हुआ पहिया हूँ !

नयी कविता वस्तुतः किसी भी टूटे हुए पहिये को फेंकने के पक्ष में नहीं है। जीवन की समस्त आकृतियाँ-विकृतियाँ उसके संदर्भ में महत्त्वपूर्ण हैं। नयी कविता यथार्थवादी नहीं, यथार्थ से संपृक्त है। नयी कविता के संदर्भ में यथार्थ का कोई 'वाद' नहीं हो सकता। व्यंग पर आधारित भारती की 'प्रमथ्यु गाथा' अथवा 'तीन पूजा-गीत' जैसी कविताओं में इस यथार्थ-संपृक्ति का अच्छा उदाहरण मिलता है। ऐसी कविताएँ नयी कविता के विकसित होते स्वरूप को समृद्ध बनाती हैं।

बौद्धिक स्तर पर बहु-पठित होने के कारण नयी कविता की मौलिक प्रकृति को भारती ने भली-भाँति पहिचाना है। यह दूसरी बात है कि उनके कवि की रचनात्मक प्रक्रिया तथा उनके चिंतन की विचारगत उपलब्धि सदैव एक-दूसरे के अनुरूप न रही हों। नयी कविता का प्रतीक-चित्र हमें उनकी 'गैरिक-वसना' शीर्षक कविता में मिलता है–

मेरी वाणी
गैरिक वसना
भूल गई गोरे अंगों को
फूलों के वसनों में कसना
गैरिक वसना
मेरी वाणी

अब विरागिनी
मेरा निज दुख, मेरा निज सुख
दोनों से तटस्थ रागिनी
अब विरागिनी
मेरी वाणी
चंदन शीतल
पीड़ा से परिशोधित स्वर में
उभरा एक नवीन धरातल
चंदन शीतल
मेरी वाणी
भटके हुए व्यक्ति का संशय
इतिहासों का अंधा निश्चय
ये दोनों पा जिसमें आश्रय
बन जायेंगे सार्थक समतल
ऐसे किसी अनागत पथ का
पावन माध्यम-भर है मेरी
आकुल प्रतिभा, अर्पित रसना

गैरिक वसना
मेरी वाणी
जल-सी निर्मल
मणि-सी उज्ज्वल
नवल स्नात
हिम धवल
ऋजु तरल
मेरी वाणी···

हिंदी कविता का यह मानो संन्यास आश्रम में प्रवेश है, जहाँ निजी तथा व्यापक का कोई भेद नहीं रह जाता। भारती ने अपने 'अंधा युग' की संक्षिप्त भूमिका में इस अभिन्नत्व पर विशेष बल दिया है। "एक धरातल ऐसा भी होता है, जहाँ 'निजी' और 'व्यापक' का बाह्य अंतर मिट जाता है। वे भिन्न नहीं रहते। 'कहियत भिन्न न भिन्न'।"

नयी कविता वर्ग के एक और महत्त्वपूर्ण सदस्य हैं जगदीश गुप्त (1924 ई.)। पर नयी कविता के संदर्भ में यह महत्त्व उनके काव्य से कहीं अधिक उनके कृतित्व को लेकर है। नयी कविता के मौलिक प्रतिमानों के आधार पर उनकी काव्य-पद्धति विवादास्पद रही है। और यह विवाद सकारण है। 'नयी कविता

के संपादक होने के कारण उनकी स्थिति आधिकारिक-सी लगती है, पर उनकी मौलिक काव्य-प्रवृत्ति उनकी इस स्थिति के साथ बहुत मेल नहीं खाती।

जगदीश की नयी कविता का ढाँचा विरोधी आधारों पर अवस्थित है। उक्ति चामत्कारिकता तथा शिल्प परिपूर्णता से वे बहुत दूर तक प्रभावित हैं। ब्रजभाषा का सफल कवि होना उनकी नयी कविता के लिए हानिप्रद सिद्ध हुआ है, यह उनके संकलन 'नाव के पाँव' (1955) से सिद्ध होता है। नयी कविता से कुछ प्रतीक तथा भावचित्र उन्होंने अवश्य ग्रहण किये हैं। कहीं-कहीं बौद्धिकता के विशेष आग्रह ने उन्हें नयी कविता की मनःस्थिति भी दी है। पर सामान्यतः वे जितने सफल परंपरा के कवि हैं, उतने सफल नये कवि नहीं। 'नाव के पाँव' की प्रथम कविता है—

जो कुछ प्राणों में है,
प्यार नहीं
पीर नहीं,
प्यास नहीं—
जो कुछ आँखों में है
स्वप्न नहीं
अश्रु नहीं
हास नहीं—
जो कुछ अंगों में है,
रूप नहीं
रक्त नहीं
माँस नहीं—
जो कुछ शब्दों में है,
अर्थ नहीं,
नाद नहीं,
श्वास नहीं
उस पर आस्था मेरी।
उस पर श्रद्धा मेरी।
उस पर पूजा मेरी :

अपने आप में व्यवस्थित कविता होने पर भी यह रचना नयी कविता की संवेदना से उद्भूत नहीं लगती। 'नाव के पाँव' में संकलित 'अव्यक्त चुंबन', 'टूटा शीशा', 'अतृप्ति', 'पानी गहरा है' जैसी अधिकांश रचनाएँ मार्मिक हैं पर प्रायः उक्ति चमत्कार तथा यांत्रिक लयात्मकता के संयोग से बनी हैं। 'आलोचना' (संपादक—धर्मवीर भारती, रघुवंश, ब्रजेश्वर वर्मा, विजयदेवनारायण साही) में प्रकाशित 'नाव

के पाँव' की समीक्षा का शीर्षक 'रीति, गीति तथा नयी कविता' कवि की इन्हीं मौलिक प्रवृत्तियों का द्योतक है। 'मध्यस्थ' जैसी नयी कविता जगदीश जी के कृतित्व में कम मिलती है। पर 'नाव के पाँव' के बाद की कुछ कविताएँ नयी कविता के अधिक निकट हैं। 'शब्द दंश' इस वर्ग का सशक्त उदाहरण है।

कविता का अंतिम अंश है–

विश्व-संस्कृति का समावृत खोखलापन
'शब्द है फुंकार'
कहकर डस गया
आतंक अभिशापित मनुज को
गारुड़ी ! ओ गारुड़ी !
तुम हृदय-तल के क्षीर-सागर में
अभी तक सो रहे हो !

इसके अतिरिक्त प्रकृति-चित्रों को चित्रकार की शैली में प्रस्तुत करना जगदीशजी की अपनी विशेषता है। आधुनिक कला के नवीनतम आयामों से उनका परिचय कविता के प्रति उनकी दृष्टि को अद्यतन बनाये रखता है।

प्रयोगवादी नये कवियों में रघुवीरसहाय (1929 ई.) का काव्य-व्यक्तित्व काफ़ी विकसित होता रहा है। रघुवीरसहाय 'दूसरा सप्तक' के कवि हैं। मध्यमवर्गीय जीवन के विद्रूपों तथा कुरूपताओं का चित्रण उन्हें विशेष प्रिय है। पर यह कवि की नवीनतम विकसित प्रवृत्ति है। प्रयोगवाद के तत्त्वावधान में लिखित उनकी कुछ महत्त्वपूर्ण कविताएँ बाल्यावस्था जैसे आह्लाद से प्रेरित थीं।

आज फिर शुरू हुआ जीवन।
आज मैंने एक छोटी-सी सरल-सी कविता पढ़ी।
आज मैंने सूरज को डूबते देर तक देखा।
आज मैंने शीतल जल से जी भर स्नान किया।
आज एक छोटी-सी बच्ची आयी
किलक मेरे कंधे चढ़ी,
आज मैंने आदि से अंत तक
एक पूरा गान किया,
आज जीवन फिर शुरू हुआ।

इस प्रकार की कविताएँ रघुवीरसहाय अधिक नहीं लिख सके। जीवन की ये मार्मिक तथा सरल अनुभूतियाँ तीखेपन में बदल गईं। अब दुनिया उनके लिए 'फुफुँदियाई' तथा 'बजबजाई' चीज़ हो गई है। पर संवेदनात्मक शक्ति दोनों वर्गों

की कविताओं में समान रूप से मिलती है। उद्धृत कविता में परिलक्षित कवि की दृष्टि अब उसकी कहानियों में अधिक अभिव्यक्ति पाती है (देखें–'सेव', लड़के 'खेल' आदि)।

रघुवीरसहाय की एक बड़ी विशेषता है उनकी काव्य-भाषा की सिद्धि। शब्दों के संदर्भ, उनकी ध्वनियाँ तथा भाव-चित्र कवि ने अच्छी तरह से समझे हैं। विद्रूपों के चित्रण में उनकी भाषा की मुहल्लेदारी वृत्ति बहुत स्वाभाविक लगती है, और जो नयी कविता की विशिष्ट उपलब्धि है। उनकी 'प्रख्यात' कविता 'हमारी हिंदी' इस प्रसंग में विशेष रूप से उल्लेखनीय है। भाषा के विभिन्न स्तरों की संभावनाओं तथा प्रयोगों के क्षेत्र में रघुवीरसहाय ने एकदम अछूती दिशाएँ खोली हैं। शब्द-प्रयोगों के संबंध में उन्होंने सामान्यतः प्रचलित वर्जनाओं को एकदम अस्वीकार कर दिया है।

नयी कविता में सामान्य जीवन के असामान्य परिप्रेक्ष्य को उभारने की अद्भुत शक्ति है। यहाँ असामान्यता न तो वस्तुस्थिति की है, और न उसके पीछे कुछ चमत्कार उत्पन्न करने की प्रेरणा ही है। नयी कविता में इतनी सामान्य मनःस्थितियों को चित्रित किया जाता है कि वे असामान्य-सी लगती हैं। इस प्रकार नयी कविता की यह विशिष्टता परिप्रेक्ष्य-जन्य है। रघुवीरसहाय की 'हमारी हिंदी' में सामान्यतम भारतीय मध्यम वर्ग की स्त्री का जो चित्र प्रस्तुत किया गया है, उसके असामान्य लगने का यही कारण है। कवि की नवीनतम रचनाओं में यह चौंका देने वाली मनोवृत्ति विशेष रूप से मिलती है।

'दूसरा सप्तक' के एक अन्य कवि भवानीप्रसाद मिश्र (1914 ई.) नयी कविता के भी उतने ही निकट हैं जितने कि प्रयोगवाद के थे। 'गीतफ़रोश' के रचयिता के रूप में इनकी व्यापक ख्याति है। वास्तविकता तो यह है कि भवानी प्रारंभ से ही नयी कविता के कवि हैं। नयी कविता का भावी रूप 'दूसरा सप्तक' में संकलित इनकी कविताओं में दिखाई देता है। 'गीतफ़रोश' (अब कवि के प्रथम संकलन का शीर्षक) कवि की सर्वाधिक प्रसिद्ध रचना होने के साथ-साथ उसकी मौलिक मनोवृत्ति की अनुसूचक भी है। और 'गीतफ़रोश' से लेकर 'शब्दों के महल' तक कवि की समान भाव-प्रौढ़ता देखी जा सकती है। वस्तुतः ये दोनों कविताएँ एक-दूसरे की पूरक हैं, युग्म हैं। एक में तीखा व्यंग और विवशता है, दूसरी में आत्मविश्वास।

जी हाँ हुजूर, मैं गीत बेचता हूँ।
मैं तरह-तरह के
गीत बेचता हूँ
मैं सभी किसिम के गीत
बेचता हूँ।

जी माल देखिए दाम बताऊँगा,
बेकाम नहीं है, काम बताऊँगा;
कुछ गीत लिखे हैं मस्ती में मैंने
कुछ गीत लिखे हैं पस्ती में मैंने;
यह गीत सख़्त सरदर्द भुलायेगा;
यह गीत पिया को पास बुलायेगा।
जी, पहले कुछ दिन शर्म लगी मुझको
पर पीछे-पीछे अक्ल जगी मुझको;
जी, लोगों ने तो बेच दिये ईमान।
जी आप न हों सुनकर ज्यादा हैरान।
मैं सोच-समझकर आख़िर
अपने गीत बेचता हूँ;
जी हाँ, हुजूर मैं गीत बेचता हूँ।

[गीतफरोश]

शब्दों के महल, जब पहले पहल
मैंने बनाये, तब वे मेरे बहुत काम आये।
मैंने उनका बड़ा सिंगार किया, और कभी-कभी तो
अपने से भी ज्यादा उन्हें प्यार किया।
पहले पहल, शब्दों के महल, मेरे काम भी बहुत आये
जब कभी सख़्त पड़ी धूप, या हवा बही तेज या
नाराज़ हो गया अँगरेज़, मैंने उसकी ओट ली।
और सख़्त धूप, तेज़ हवा, नाराज़ अँगरेज़ पै चोट की।

[शब्दों के महल]

अपनी बात कहने में अनौपचारिकता भवानी का विशिष्ट गुण है। यह अनौपचारिकता कवि तथा पाठक अथवा श्रोता के बीच के व्यवधान को कम करती है, जो नयी कविता का एक प्रधान लक्षण है। आभिजात्य और औपचारिकता दोनों से नयी कविता का मौलिक विरोध है। आभिजात्य की भावना के ऊपर गहरा व्यंग भवानी मिश्र की 'ज़ाहिल बाने' शीर्षक कविता में मिलता है—

मैं असभ्य हूँ, क्योंकि खुले-नंगे पाँवों चलता हूँ,
मैं असभ्य हूँ, क्योंकि धूल की गोदी में पलता हूँ।
मैं असभ्य हूँ, क्योंकि चीरकर धरती धान उगाता,
मैं असभ्य हूँ, क्योंकि ढोल पर बहुत ज़ोर से गाता।
मैं असभ्य हूँ, क्योंकि कात कर स्वयं बनाता कपड़े,

मैं असभ्य हूँ, क्योंकि नहीं हैं पैने मेरे जबड़े।

आप सभ्य हैं क्योंकि हवा में उड़ जाते हैं ऊपर,
आप सभ्य हैं क्योंकि आग बरसा देते हैं भू पर।
आप सभ्य हैं क्योंकि धान से भरी आपकी कोठी,
आप सभ्य हैं क्योंकि ज़ोर से पढ़ पाते हैं पोथी।
आप सभ्य हैं क्योंकि आपके कपड़े महज़ बने हैं,
आप सभ्य हैं क्योंकि आपके जबड़े खून सने हैं।

आप बड़े चिंतित हैं मेरे पिछड़ेपन के मारे,
आप चाहते हैं कि सीखता यह भी ढंग हमारे।
मैं उतारना नहीं चाहता, जाहिल अपने बाने,
धोती-कुरता बहुत ज़ोर से लिपटाये हूँ याने।

भवानी मिश्र की प्रतिनिधि कविताओं में एक सादगी सर्वत्र है, जो कवि की ध्वन्यात्मक योजना के फलस्वरूप ओजस्विता में परिणत हो जाती है। नयी कविता के उत्कृष्टतम ध्वनि-क्रम हमें भवानी की रचनाओं में मिलते हैं। तीव्र लय उनके काव्य की अनिवार्य विशेषता है, जिसने उनके कृतित्व को पौरुषपूर्ण बना दिया है। कवि की मुखर सामाजिक चेतना के ही अनुरूप उसका यह ध्वनि-शिल्प है।

नयी कविता के निजी कवियों में कुँवरनारायण का स्थान काफ़ी महत्त्वपूर्ण है। 'चक्रव्यूह' शीर्षक उनका संकलन नयी कविता के एक विशिष्ट स्तर का द्योतक है। वस्तुतः कुँवरनारायण नयी कविता की नयी पीढ़ी के अग्रणी हैं। नयी कविता की भावी संभावनाएँ इस पीढ़ी के ही हाथों में सुरक्षित हैं, क्योंकि वास्तविक नये कवि यही हैं। कुँवरनारायण के अतिरिक्त इस संदर्भ में दुष्यंतकुमार, मनोहरश्याम जोशी, श्रीराम वर्मा, नित्यानंद तिवारी, श्याममोहन श्रीवास्तव, श्रीकांत वर्मा तथा शिवकुटीलाल के नाम विशेष रूप से उल्लेखनीय हैं।

कुँवरनारायण प्रधानतः वैयक्तिक भावचित्रों के कवि हैं। मन के अंतर्विरोधों तथा उलझी और अस्पष्ट संवेदनाओं को उन्होंने अपने प्रतीकों तथा भाव-चित्रों के माध्यम से व्यक्त किया है। बहुत दिनों से लिखते रहने पर भी उनकी काव्य-प्रतिभा एक निश्चित प्रवृत्ति की सूचक रही है, और यह प्रवृत्ति है साहित्यिक आभिजात्य की। कवि का बहुपठित व्यक्तित्व उसकी समस्त रचनाओं में स्पष्ट दिखाई देता है। इस अध्ययनशीलता का कोई विरुद्ध प्रभाव नहीं है। वरन् यह सराहनीय है कि इस व्यापक अध्ययन के बावजूद कवि का व्यक्तित्व उसका अपना है।

'चक्रव्यूह' के कवि की संवेदना बहुत कोमल है। इस दृष्टि से उसके संकलन

का शीर्षक नितांत सार्थक जान पड़ता है। सुभद्रा-पुत्र के चक्रव्यूह से आज के कवि का चक्रव्यूह कहीं अधिक मर्मघाती है। उसमें शरीर की अपेक्षा मन अधिक क्षत होता है।

आमाशय,
यौनाशय,
गर्भाशय...
जिसकी ज़िंदगी का यही आशय,
यही इतना भोग्य...
कितना सुखी है वह, भाग्य उसका
ईर्ष्या के योग्य !
हाय पर मेरे कलपते प्राण,
तुमको मिला कैसी चेतना का विषम जीवन-मान
जिसकी इंद्रियों से परे जाग्रत हैं अनेकों भूख !

['आशय' : कुँवरनारायण]

इंद्रिय से परे की 'अनेकों भूख' का ख़तरा आज के स्वचेतन कवि के लिए महाभारतकालीन चक्रव्यूह की अपेक्षा अधिक है। इन भूखों का ज्ञान कवि को स्वतः अपने व्यक्तित्व के सतत अन्वेषण तथा पुनरन्वेषण के कारण संभव हो सकता है। पर अभी कवि की यह अनुभूति अवश है। उसमें पककर एक समग्र जीवन-दृष्टि तक पहुँचने की स्थिति यह नहीं है। पर इस जीवन-दृष्टि की उपलब्धि की संभावना तथा चेष्टा कुँवरनारायण में बराबर मिलती है–

तारों की अंध गलियों में
गूँजता हुआ उद्दण्ड उपहास...
वह मेरा प्रश्न है :

विशाल आडंबर,
अपनी चुभती दृष्टि की गर्म खोज में मैंने
प्रश्नाहत जिस विराट हिम-पुरुष को
गलते हुए देखा...
क्या वह तेरा उत्तर था ?

नयी कविता में शुद्ध प्रकृति-चित्रों का अंकन अपेक्षाकृत कठिन है। आधुनिक कविता का प्रकृति-चित्रण प्रायः सदैव रोमांटिसिज़्म में अंतर्भुक्त हो जाता है। और नयी कविता तथा रोमांटिसिज़्म की संगति नहीं बैठ पाती, क्योंकि नयी कविता की आधारभूत दृष्टि बौद्धिक है। इसीलिए धर्मवीर भारती अथवा जगदीश गुप्त

के सफल तथा मार्मिक प्रकृति-चित्र नयी कविता के परिवेश में कम आते हैं। पर कुँवरनारायण के नये बिंब-विधान तथा प्रकृति के प्रति अपेक्षाकृत तटस्थ दृष्टिकोण के फलस्वरूप उनका प्रकृति-चित्रण नयी कविता की मौलिक प्रकृति के साथ सामंजस्य रखता है। प्राकृतिक दृश्यों में आधुनिक कवि न तो सहभोगी है और न उनका वर्णन वह एक चमत्कारिक उक्ति के रूप में करता है। रोमांटिक विचार-धारा जैसी एकांत महत्ता भी वह प्रकृति को नहीं देता और न रीतिकालीन प्रवृत्ति के अनुसार उसे अपनी भावनाओं को व्यक्त करने का उपादान ही बनाता है। प्रकृति का उसके लिए उतना ही महत्त्व है जितना कि 'सभ्यता की परिष्कृति' का है। उसकी दृष्टि में ये एक-दूसरे के अनिवार्य पूरक हैं–

> दूर का अविरोध फैला क्षेत्र; बेतरतीब
> वृक्षों की क्षितिज की मेंड़ पर कुछ भीड़
> चुहलते पक्षियों की तोतली कविता
> पवन की लोरियों में ऊँघती सरिता।
> बरसती दृष्टि के उस छोर तक अविराम
> जाड़ों की उजागर गुनगुनी-सी घाम···
> रुको··· प्रिय···
> विश्रांति की इस अरौंदी छाया तले
> भूल जायें कुछ क्षणों को हम हृदय के भार,
> सभ्यता की परिष्कृति से दूर
> आओ, हम बनें इस शांति के दो नये साझीदार।

नयी कविता की नयी पीढ़ी के दूसरे सफल कवि दुष्यंतकुमार का इतिहास विचित्र रहा है। अपने प्रारंभिक काल में उन्होंने छायावादी प्रतिध्वनि के गीत लिखे थे, ऐसे गीत जिनमें अलग-अलग पंक्तियों का महत्त्व होता था, परंतु जिनका मूल भाव कुछ नहीं बनता था। बच्चन के बाद ऐसे कवि-सम्मेलनी गायक-गीतकारों की संख्या बहुत अधिक हो गई थी, और तब दुष्यंतकुमार (परदेशी) की महत्त्वाकांक्षा शायद इस सीमा के आगे बढ़ने की न थी। पर नयी कविता की शक्ति ने दुष्यंतकुमार को कहीं गहरे छुआ और उनके कवि-मन में मौलिक परिवर्तन उपस्थित कर दिया। वास्तविकता तो यह है कि दुष्यंत के गीत तथा उनकी नयी कविता के रचयिताओं को एक ही व्यक्ति मानने में कुछ कठिनाई होती है। अपने अतीत से अपने को एकदम अलग कर लेने की यह शक्ति दुष्यंतकुमार में अजब-सी दिखाई देती है।

दुष्यंतकुमार का विषय-चयन प्रायः उतना ही व्यापक है जितना स्वतः नयी कविता का क्षेत्र। अपनी गहरी संवेदन-शक्ति के कारण कवि की दृष्टि तल-स्पर्शिनी

है। तुच्छ घटनाओं तथा वस्तुओं की भावात्मक शक्ति तथा प्रभविष्णुता को दुष्यंत ने भली-भाँति पहिचाना है। वर्तमान से असंतोष तथा भविष्य में आस्था नयी कविता के मूल स्वरों में से एक है। एक नगण्य घटना के माध्यम से कवि ने इस अनुभूति को आत्मसात् किया है। 'सूर्य का स्वागत' (कवि के प्रथम संकलन का शीर्षक भी) नयी पीढ़ी की सक्षमता का महत्त्वपूर्ण उदाहरण है–

दीवालें काई से चिकनी हैं काली हैं
धूप से चढ़ा नहीं जाता है
ओ भाई सूरज मैं क्या करूँ ?
मेरा नसीबा ही ऐसा है
खुली हुई खिड़की देखकर तुम तो चले आये
पर मैं अँधेरे का आदी
अकर्मण्य···
निराश···
तुम्हारे आने का खो चुका था विश्वास।

पर तुम आये हो
स्वागत है

स्वागत घर की इन काली दीवारों पर !
और कहाँ ?
हाँ–मेरे बच्चे ने खेल-खेल में ही
यहाँ काई खुरच दी थी–
आओ यहाँ बैठो···
और मुझे मेरे अभद्र सत्कार के लिए क्षमा करो !
देखो मेरा बच्चा
तुम्हारा स्वागत करना सीख रहा है।

आस्था का यह स्वर प्रचारात्मक नहीं, एक अनुभूत संवेदना है। और यह नयी कविता की अपनी विशेषता है। उसमें आस्था सहज है, आस्था तथा भविष्य का वाद नहीं है, ठीक उसी प्रकार से जैसे यथार्थ से पूरी-पूरी संपृक्ति होते हुए भी उसमें यथार्थ का कोई वाद नहीं है।

नयी कविता के तत्त्वावधान में रोमांस तथा प्रेम के सर्वथा नवीन आयाम विकसित हुए हैं। प्रणय की एकांतिक भावना तथा अतिरिक्त सामाजिक दायित्व के बीच का आधुनिक संघर्ष नये कवियों के व्यक्तित्व में बड़े तीखेपन के साथ

प्रतिफलित हुआ है। फ़ैज़ की नज़्म 'मुझसे पहले-सी मोहब्बत मेरे महबूब न माँग' नये मानव मूल्यों की अभिव्यक्ति है। दुष्यंतकुमार की 'परंपरा' शीर्षक कविता में इस नवीन स्थिति को स्वीकार तो किया गया है पर एक अवश दर्द के साथ–

कब तक जियेगा
काव्य बनकर तुम्हारा दर्द
मेरे पास ?
कब तक रहेगी
प्रश्न बनकर तुम्हारी याद
मेरे साथ ?
कब तक चलेगा खेल
रूठना, दुआ देना
फिर हो जाना उदास ?

आँधी पकड़ मेरा हाथ
लोगों के बीच लिये जाती है,
दर्द बह जायेगा।
भौतिक समस्याएँ
उत्तर बन आती हैं
मेरी तुम्हारी समस्या का
प्रश्न रह जायगा !

एक मर्यादा का हाथ बढ़ा आता है
मुझे गुदगुदाता है
मन उदास होने न पायेगा।

ऐसी परिस्थिति को
मेरे मनोबल भला कब तक सहेंगे ?
लगता है
होगा इस बार भी वही
प्रश्न मिट जायँगे–उत्तर रहेंगे।

नवीन संवेदनाओं की यह अनुभूति, एक सुदृढ़ मानवीय संदर्भ की खोज तथा उसके अंतर्गत एक समग्र जीवन-दृष्टि का विकास नये कवि की लोक संपृक्ति की संबद्ध दिशाएँ हैं। नयी कविता की नयी पीढ़ी प्रारंभ से ही इस ओर बढ़ रही

है। मनोहरश्याम जोशी की लंबी कविता 'निर्मल के नाम', श्रीराम वर्मा की 'चक्रव्यूह', नित्यानंद तिवारी की 'जो सहज है उगेगा', श्याममोहन श्रीवास्तव की 'दूर यमुना पार' एक विशिष्ट परिवेश की रचनाएँ हैं। नयी कविता की इस नयी पीढ़ी में अनेक नाम जुड़ सकते हैं, जुड़ रहे हैं। आधुनिकता के समूचे संदर्भ के प्रति एक बौद्धिक दृष्टिकोण तथा व्यापक जागरूकता इस पीढ़ी के साहित्यिक तथा कलात्मक मूल्य हैं।

नयी कविता की जीवंत शक्ति का सबसे बड़ा प्रमाण यह है कि उसके प्रभाव को हिंदी के प्रायः सभी वर्गों के कवियों ने मान्यता दी है। इस विस्तृत परिवेश में नयी कविता की विभिन्न अंतर्धाराएँ दीख पड़ती हैं। सुमित्रानंदन पंत तथा बालकृष्ण राव छायावादी युग के प्रतिन्धि हैं, नयी कविता जिनकी रचनात्मक प्रक्रिया में अपेक्षाकृत सहज रूप से समाहित हुई है। नयी कविता के साथ पंत की बौद्धिक सहानुभूति तथा उनके नवीन संकलन 'अतिमा' (1955) की कुछ कविताएँ उनके जागरूक तथा आधुनिक काव्य-व्यक्तित्व की परिचायक हैं। बालकृष्ण राव के सॉनेट-संकलन 'रात बीती' (1954) तथा नये काव्य-संग्रह 'हमारी राह' (1957) में नयी कविता की संवेदना स्थान-स्थान पर मिलती है। मिल्टन के 'सैम्सन एगोनिस्टिस' का रूपांतर 'विक्रान्त सैम्सन' (1956) प्रस्तुत करते हुए भी बालकृष्णराव ने नयी कविता के उपकरणों का प्रयोग किया है। छायावादोत्तर काल के प्रख्यात गीतकार शंभूनाथ सिंह नयी कविता के साथ यत्नपूर्वक चले हैं। उनका 'स्वधर्म' का परित्याग संभवतः बहुत श्रेयस्कर सिद्ध नहीं हुआ, यद्यपि 'माध्यम मैं' (1958) में संकलित उनकी कुछ कविताएँ विशेष रूप से उल्लेखनीय हैं।

प्रयोगवादी वर्ग के दो कवि नयी कविता के साथ सामंजस्य नहीं स्थापित कर सके। एक तो नरेश मेहता और दूसरे अजितकुमार। नरेश मेहता भाषा तथा शिल्प-प्रयोगों में ऐसे उलझ गये कि उनकी मौलिक प्रतिभा उसी में बिखर गई। 'दूसरा सप्तक' में संकलित उनकी रचनाओं में जो एक ताज़गी थी वह उनके आगे के कृतित्व में सुरक्षित न रह सकी। अजित की गद्यात्मक बौद्धिकता तथा सूक्ति-प्रियता उन्हें आगे न बढ़ा पाई। 'एक विज्ञापन' जैसा सफल प्रयोग उनकी बाद की रचनाओं में कम मिलता है। यदि इन काव्य-प्रतिभाओं का समुचित विकास हुआ होता तो इनका कृतित्व नयी कविता के लिए सचमुच ही स्पृहणीय होता। सप्तक कवियों में प्रभाकर माचवे, भारतभूषण अग्रवाल तथा गजानन माधव मुक्तिबोध की कुछ नयी रचनाएँ महत्त्वपूर्ण हैं।

प्रयोगवाद के अनुकरण पर आविष्कृत तथा मुख्यतः 'पाटल', पटना के माध्यम से प्रचारित प्रपद्यवाद अपनी कृत्रिम प्रकृति के ही कारण कोई स्थायी महत्त्व की रचना न दे सका। यह सही है कि नयी कविता के प्रारंभिक विकास के समय प्रपद्यवाद को कुछ कवियों ने व्यापक रूप से एक फैशन के स्तर पर स्वीकार किया,

परंतु न तो वह नयी कविता के परिष्कार में ही कुछ योग दे सका और न स्वतंत्र रूप से अपने अस्तित्व को ही स्थापित कर सका।

नयी कविता के क्षेत्र में कुछ कवियों के सर्वथा स्वतंत्र प्रयोग विशेष रूप से उल्लेखनीय हैं। रामबहादुर सिंह 'मुक्त' के मुक्तक अत्यंत संक्षिप्त, प्रभावशाली तथा गत्यात्मक चित्र हैं। मध्यमवर्गीय जीवन की एक नये तथा अछूते ढंग से झाँकी उन्होंने प्रस्तुत की है। उनका सम्पूर्ण कृतित्व किसी तेज़ सूझ-बूझवाले फोटोग्राफ़र का एलबम-सा लगता है, जिसके सभी चित्रों का एक निश्चित व्यक्तित्व है। भाषा की सादगी तथा अभिव्यक्ति की अनौपचारिकता 'मुक्त' की अपनी विशेषता है।

पिछले कुछ वर्षों से नयी कविता के तत्त्वावधान में महानगरीय जीवन के एकदम नये अंकन प्रस्तुत किये जा रहे हैं। महानगरी बंबई के विविध संस्कृतिमय रूप के सफल चित्रण 'मुक्त', अनंतकुमार 'पाषाण', वसंतदेव तथा रामावतार 'चेतन' ने विशेष अंतर्दृष्टि के साथ उपस्थित किये हैं। वैसे इस जीवन के प्रमुख विशेषज्ञ 'पाषाण' तथा मुद्राराक्षस (कलकत्ता के प्रसंग में) हैं।

नयी कविता के अन्य स्वच्छंद प्रयोगकर्त्ताओं में कीर्त्ति चौधरी, विजयदेव नारायण साही, राजेंद्र माथुर, केदारनाथ सिंह, मलयज, रवींद्र 'भ्रमर', हरिमोहन, सत्येंद्र श्रीवास्तव, शंकुत माथुर, राजेन्द्रकिशोर, शांता सिनहा, प्रयाग नारायण त्रिपाठी तथा श्रीहरि के नाम विशेष महत्त्व के हैं। 'नयी कविता' के वर्तमान सम्पादक तथा नवलेखन वर्ग के एक विशिष्ट बुद्धिजीवी साही की कविताएँ संख्या की दृष्टि से अपेक्षाकृत कम होने पर भी एक नये काव्य-व्यक्तित्व की परिचायक हैं। पर साही अभी अपने उस काव्य-व्यक्तित्व की मौलिक प्रवृत्ति को पहिचान नहीं पाये हैं। इसीलिए एक ओर उन्होंने जहाँ 'हिमालय के आँसू' तथा नयी पीढ़ी के गीत लिखे हैं, वहीं वे 'हम सभी बेचकर आये हैं अपने सपने' जैसी फ़ैंटेसी भी लिख सके हैं।

साही से काफ़ी भिन्न परंतु, प्रायः उसी संवेदनात्मक स्तर का व्यक्तित्व मदन वात्स्यायन तथा विपिन अग्रवाल का है। सिंदरी फ़ैक्टरी में कार्य करने का जो निजी अनुभव मदन वात्स्यायन को है, उसके आधार पर उन्होंने आधुनिक यांत्रिक संस्कृति के कुछ बड़े चुभते वर्णन प्रस्तुत किये हैं। यांत्रिकता तथा मानवीयता के संघर्ष को सिंदरी के कवि ने गहराई से समझा है। मशीन के संदर्भ में मानव नियति की चिंता विदेशी नवलेखनों में प्रमुख रूप से उभरी है। पर अभी इस देश में उद्योग-संस्कृति के पर्याप्त विकसित न होने के कारण यह समस्या लेखकों तथा कवियों का ध्यान अपनी ओर आकर्षित नहीं कर सकी है।

मदन वात्स्यायन की नव संवेदना तथा अपरिचित शिल्पप्रयोगों के एकदम विपरीत विपिन का कृतित्व है। मानव-जीवन की सामान्य स्थितियों तथा भावनाओं को विपिन ने मूर्त किया है अपने रेखाचित्रों तथा कविताओं के माध्यम से। कवि

की प्राथमिक वफ़ादारी घर के साथ है। विभिन्न घरेलू उपकरणों तथा मनःस्थितियों को एक व्यापक परिवेश में सहज व्यंग के साथ देख सकने की क्षमता विपिन की अपनी है। इसीलिए विपिन की आत्मीयता सामान्यतः नये कवियों में विरल है। लक्ष्मीकांत वर्मा के सहयोग में विपिन का एक काव्य-संकलन प्रकाशित हुआ है–'धुएँ की लकीरें' (1956)। विपिन की काव्य-संभावनाएँ नयी कविता के भविष्य को दूर तक आश्वस्त करती हैं। आधुनिकता की दृष्टि से उनका कृतित्व काफ़ी उन्नत तथा परिष्कृत है। उनकी रचनाओं में भावी काव्य-पद्धति के संकेत मिलते हैं।

नयी कविता वर्ग के सदस्यों तथा सहयोगियों की चर्चा करते समय दो तरुण प्रतिभाओं का स्मरण स्वभावतः हो आता है, जो अपने प्रथम यौवन में ही इस संसार में नहीं रहीं। स्व. सूर्यप्रताप सिंह तथा सतीशचंद्र चौबे की काव्य-प्रतिभा का स्फुरण जिस ढंग से हुआ, उससे उनकी संभावनाओं का अपर्याप्त ज्ञान ही हो पाता है। सूर्यप्रताप के संकलन 'आस्था' (1956) की कुछ कविताओं का भावात्मक गद्दरपन विशेष रूप से आस्वाद्य है। प्रकृति के संबंध में कवि का दृष्टिकोण नयी कविता जैसा ही तटस्थ था।

सतीशचंद्र चौबे का व्यक्तित्व कुछ अधिक बौद्धिक तथा परिपक्व था। 'निकष' के 3-4 अंक के 'फ्रंटिस्पीस' के रूप में प्रकाशित कवि की 'रोशन हाथों की दस्तकें' शीर्षक कविता नयी कविता की एक विशिष्ट उपलब्धि है–

प्राची की साँझ और पश्चिम की रात
इनकी वयःसंधि का जश्न है आज

मज़ारों पर चिराग़ बालने वाले हाथ
(जो शायद किसी रूह के ही हों)
ठहर जायें !

नदियों पर दीये बहानेवाले हाथ
(जो शायद किसी नव वधू के ही हों)
ठहर जायें !

अँधेरी गलियों में लंप जलाने वाले हाथ
(जो शायद किसी मज़दूर के ही हों)
ठहर जायें !

सभी रोशनी देने वाले हाथ

मिलें, और कसकर बाँध लें एक दूसरे को आज
ताकि यहीं से मारना शुरू करें दस्तकें
विश्व के अँधेरे कपाटों पर
वे मिले-जुले-कसकर-बँधे रोशन हाथ !

X X X

नयी कविता के प्रमुख व्यक्तित्वों के स्वतंत्र अध्ययन से कुछ ऐसे निष्कर्ष निकलते हैं, जिनसे इन नव काव्य-आंदोलन की मौलिक प्रवृत्तियों पर प्रकाश पड़ता है। सबसे बड़ी बात यह है कि नयी कविता मूलतः मनुष्य की उसके वास्तविक परिवेश में उसके सारे लघु हर्ष-विषादों के साथ एक मानवीय कथा है। कविता के लिए महान् तथा भव्य उपादानों को आज की जनतंत्रीय संस्कृति ने स्वीकार नहीं किया। इस लघु मानव की कथा को ही विभिन्न नये कवियों ने अपने-अपने ढंग से चित्रित किया है। इस चित्रण-शैली के अलग-अलग रूप हो सकते हैं, पर मूल संवेदना सबके लिए प्रायः एक है।

आज का मानव जिस परिवेश में प्रतिष्ठित है, उसकी समस्याएँ प्रमुख रूप से बौद्धिक हैं। आवेग, आवेश, उत्साह तथा दया वर्त्तमान संदर्भ में अप्रासंगिक हो चले हैं। लोकतंत्र की आधार-शिला तर्क-पद्धति है। भावुकता फ़ासिज़्म, सर्वसत्तावाद, अधिनायकवाद अथवा एकतंत्रीय राज्य-प्रणालियों के अधिक अनुकूल है। प्रजातंत्र की मौलिक मान्यताओं से विकसित नयी कविता को इसीलिए मूलतः बौद्धिक रहना है। पर नयी कविता की बौद्धिकता तर्कशास्त्रीय अथवा दर्शन के ऊहापोह से आच्छादित नहीं है। उसका मूल लक्ष्य है मानवीय चेतना को विकसित करने के लिए प्रजातंत्र के आधारों को अधिकाधिक मज़बूत करना। इसी परिप्रेक्ष्य के अनुरूप नयी कविता में एक तटस्थ तथा संतुलित बौद्धिकता मिलती है, जो आधुनिक व्यक्तित्व का सहज गुण है।

मानव नियति के संबंध में चिंता का एक परिणाम यह हुआ कि प्रकृति के प्रति नयी कविता का दृष्टिकोण आमूल परिवर्त्तित हो गया है। कविता में सामान्यतः प्रकृति को लेकर दो स्थितियाँ मिलती हैं–(1) प्रकृति के साथ सहभोग तथा साहचर्य की स्थिति, जो अँग्रेज़ी के रोमांटिकों तथा आंशिक रूप से हिंदी के छायावादी कवियों में मिलती है, और (2) प्रकृति को काव्य का एक बाह्य उपादान मानकर चलने की प्रवृत्ति, जिसका प्रमुख उदाहरण हिंदी के रीतिकाल में देखा जा सकता है। नयी कविता के संदर्भ में ये दोनों दृष्टिकोण एकांतिक हैं। एक में प्रकृति का महत्त्व दार्शनिक स्तर पर बहुत बढ़ गया है, जब कि दूसरे में प्रकृति को एक नितांत आनुषंगिक तथा बाह्य तत्त्व मान लिया गया है। नयी कविता का प्रकृति के प्रति दृष्टिकोण तटस्थ रागात्मकता का है, जिसके अनुसार मानवीय जीवन-क्रम में प्रकृति का अनिवार्य महत्त्व है तो, पर स्वयं मनुष्य के बराबर नहीं।

इसीलिए रोमांटिक कविताएँ अथवा मानवीय भावनाओं को अभिव्यक्त करनेवाले प्रकृति-चित्र नयी कविता के अंतर्गत नहीं रखे जा सकते। नयी कविता वस्तुतः प्रकृति, यंत्र तथा मानव में सानुपात संबंध स्थिर करती है। प्रकृतिवाद तथा यांत्रिकता दोनों नयी कविता के परिवेश में अधूरे तथा अपर्याप्त हैं। आधुनिक विचार-प्रणाली में दोनों का संपृक्त रूप विज्ञान-युग के अनुकूल एक व्यापक मानवतावाद का निर्माण करता है।

यदि शिल्प की दृष्टि से देखा जाय तो निश्चय ही नयी कविता गद्य के समीप आ गई है। इस विकास का मूल कारण स्वतः नयी कविता की मौलिक प्रकृति में निहित है। बौद्धिक दृष्टिकोण की समुचित अभिव्यक्ति गद्य के माध्यम से हो सकती है। और यही कलात्मक विकास की दिशा भी है। उपकरणों का सूक्ष्म होना कला की श्रेष्ठता का द्योतक है। इसी आधार पर पाँच कलाओं में से हेगेल ने काव्य-कला को सर्वोत्कृष्ट माना था। इस दृष्टि से कविता ने भी अपने उपकरणों को सूक्ष्मतर बनाया है। पहले तुक का आग्रह छोड़ा गया, फिर छंद का और अब ध्वन्यात्मक लय को भी कविता के लिए अनिवार्य नहीं माना जा सकता। इस नये वर्ग की कविताओं के लिए लेखक द्वारा 'गद्य कविता' नाम प्रस्तावित किया गया है, और नयी कविता का अधिकांश शिल्प की दृष्टि से इस श्रेणी के अंतर्गत सुविधापूर्वक रखा जा सकता है।

नयी कविता के शिल्प का दूसरा पक्ष है बिंब-विधान। यह एक आश्चर्यजनक तथ्य है कि प्रयोगवाद तथा नयी कविता को समीक्षक मुख्यतः एक शिल्पगत आंदोलन मानते हैं (द्रष्टव्य—जगदीशचंद्र माथुर का 'भारतीय भाषाओं के साहित्य' शीर्षक आकाशवाणी परिसंवाद में आधुनिक हिंदी साहित्य से संबंधित अंश), जबकि वास्तविकता यह है कि हिंदी नयी कविता का शिल्प-पक्ष अभी बहुत कुछ अविकसित तथा कमज़ोर है। बिंबविधान की दृष्टि से नयी कविता में बहुत सफल प्रयोग नहीं हो सके हैं। वैयक्तिक भाव-चित्र, जो नयी कविता के शिल्प का एक प्रमुख तत्त्व है, प्रधानतः अज्ञेय, शमशेर तथा कुँवरनारायण में मिलते हैं। आधुनिक औद्योगिक तथा युद्ध संस्कृति से लिये गये बिंब भी कम हैं। यह अवश्य है कि परंपरागत बिंब-विधानों को नयी कविता ने स्वीकार नहीं किया। इस अभाव की पूर्ति के लिए कुछ बिंब महज़ चमत्कार उत्पन्न करने की दृष्टि से प्रस्तुत किये गये हैं, जो एक प्रकार से नये कवि के असफल शिल्प के द्योतक हैं। पर यह सही है कि इस देश का जीवन अभी ऐसा नहीं है, जिसमें से सहज-स्वाभाविक रूप से औद्योगिक संस्कृति के बिंब ग्रहण किये जा सकें।

नयी कविता की विशिष्टता की चर्चा करते हुए यह स्मरण रखना चाहिए कि हिंदी नयी कविता की ये प्रवृत्तियाँ विश्व-व्यापी काव्य-आंदोलन की प्रतिनिधि हैं। जो विशेषताएँ हिंदी की नयी कविता में मिलती हैं, वे ही विशेषताएँ

किन्हीं-न-किन्हीं रूपों में भारत की अन्य भाषाओं की आधुनिक कविता में द्रष्टव्य हैं। इसी प्रकार से अन्य देशों के समृद्ध काव्य-साहित्य में भी कविता के विकास में ये प्रवृत्तियाँ मूलतः कार्य कर रही हैं। वस्तुतः ऐतिहासिक तथा तुलनात्मक परिप्रेक्ष्य में नयी कविता का आंदोलन—या कहिए विकास—एक अंतर्राष्ट्रीय स्तर पर हो रहा है। अतः नयी कविता के प्रसंग में विदेशी प्रभावों की कल्पना बहुत कुछ असंगत जान पड़ती है।

संवेदनात्मक शक्ति तथा भावबोध की दृष्टि से नयी कविता की काफ़ी तीखी आलोचना हुई है। इस प्रसंग में यह स्वीकार किया जाना चाहिए कि नयी कविता की संपृक्त अनुभूति के लिए पाठक का कुछ प्रशिक्षण आवश्यक है, क्योंकि यह कविता नयी संवेदना से संबद्ध है। सामान्य तथा औसत पाठक के लिए नयी कविता अभी सहज-संवेद्य नहीं हो सकती। पर जब ये नवीन संवेदनाएँ सामान्य हो चलेंगी तो नयी कविता का आस्वादन भी व्यापक हो जायगा। यहाँ यह स्मरणीय है कि नया कवि कविता को प्रेरणा के क्षण से उद्‌भूत नहीं मान पाता, क्योंकि वह भावुकता की अपेक्षा बौद्धिकता से अधिक सम्पृक्त है। उसके लिए कविता की रचनात्मक प्रक्रिया काफ़ी जटिल तथा लंबी है। इसके विपरीत वह यह समझता है कि उसकी कविता का आस्वादन अवश्य एक विशिष्ट क्षण तथा मनःस्थिति में संभव है। इस प्रकार नयी कविता के सृजन के क्षण उतने विशिष्ट नहीं जितने कि उसके आस्वादन के क्षण। नयी कविता में पाठक की जितनी महत्ता है उतनी अब से पूर्व कभी न थी। नयी कविता का पाठक अपने कवि की संवेदना का वास्तविक साझीदार है। सामान्य मनःस्थिति में वह नयी कविता की मूल प्रकृति तक नहीं पहुँच पाता। नयी कविता का सृजन एक लंबी प्रक्रिया है, पर पाठक के लिए उसकी अनुभूति केंद्रीभूत होकर किसी विशिष्ट क्षण में ही मिल पाती है। यह विशिष्ट क्षण कवि की प्रेरणा का न होकर अब पाठक की प्रेरणा का है।

अंत में एक बात नयी कविता के नामकरण के संबंध में कहनी है। वैसे तो प्रत्येक नवीन युग की कविता में कुछ-न-कुछ नवीनता होती है, परंतु आधुनिक कविता में काव्य के संबंध में समूचा दृष्टिकोण बदल गया है। इस समूचे दृष्टिकोण में परिवर्तन के कारण ही 'नयी कविता' नामकरण की सार्थकता है। कुछ समीक्षकों की आपत्ति यह है कि यदि आधुनिक युग की कविता को नयी कविता की संज्ञा दी गई तो कालांतर में जब यह पुरानी पड़ जायगी तो फिर नयी आनेवाली कविता को क्या कहा जायगा ! इस संबंध में केवल यही कहा जा सकता है कि ठीक इसी प्रकार की 'कठिनाई' साहित्य के इतिहास में 'आधुनिक' काल को लेकर है, क्योंकि यह 'आधुनिक काल' अंततः कब तक चल सकता है ! पर ये नामकरण युगीन प्रवृत्तियों के अनुरूप होते हैं, अतः एक प्रकार से अनिवार्य हैं। भविष्य के इतिहासकारों को भी इस बात को लेकर कोई असुविधा न होगी, क्योंकि तब 'नयी

कविता' या 'आधुनिक काल' जैसे शब्द केवल रूढ़ अर्थ में प्रयुक्त होंगे, और नये विकसित होने वाले साहित्य के दूसरे नये नाम हो सकेंगे। 'नयी' शब्द के संबंध में कुछ समीक्षकों की प्रच्छन्न कठिनाई यह भी जान पड़ती है कि वे 'नयी' तथा 'अच्छी' को समानार्थक मान लेते हैं। पर जैसा कि स्पष्ट है, यह कठिनाई स्वतः उनके मन की है, और यदि वे चाहें तो इसे आसानी से दूर कर सकते हैं। क्योंकि वस्तुतः नयी कविता अच्छी भी हो सकती है और बुरी भी, सफल भी हो सकती है और असफल भी। 'नया' विशेषण नवोन्मेष का सूचक है, उस उन्मेष की सफलता अथवा असफलता का नहीं !

नयी कविता-2

['अंधा युग' : नवलेखन की एक मौलिक अभिव्यक्ति]

उपलब्धि तथा संभावना–दोनों दृष्टियों से हिंदी नवलेखन की अत्यंत महत्त्वपूर्ण कृति है धर्मवीर भारती का दृश्य काव्य 'अंधा युग' (1955)। जिस रचना की समसामयिक संदर्भ में संगति होती है, वही आगे चलकर शाश्वत तथा स्थायी साहित्य का अंग भी बन सकती है। 'अंधा युग' की मूल कथा-वस्तु यद्यपि पौराणिक है, पर उसका रेशा-रेशा आधुनिक युग की समस्याओं तथा स्थितियों से बना है। समसामयिकता के गंभीर दायित्व का पूर्ण निर्वहण भारती की इस कृति में मिलता है। अपने परिवेश में उसकी संगति निर्विवाद है, स्थायी साहित्य का अंग वह बन सकेगी, यह भविष्यवाणी करना समीक्षक का काम नहीं है।

'अंधा युग' की मौलिक प्रेरणा वर्तमान युगीन आस्थाओं का विघटन है। आधुनिक युद्ध-संस्कृति के विकृत मूल्यों तथा जर्जर विश्वासों ने कवि के गहरे भावबोध को विकसित किया है। संकट के इस युग में कवि की आस्था एक आस्तिक की है, धार्मिक की नहीं। 'अंधा युग' के श्रीकृष्ण मर्यादा तथा दायित्व के प्रतीक हैं, निर्भय तथा मुक्त आचरण के प्रतिष्ठापक हैं। वे 'प्रभु' हैं अवश्य, पर उनकी अनासक्त कर्म-पद्धति स्वतः उनसे भी बड़ी है।

पता नहीं
प्रभु हैं या नहीं
किंतु उस दिन यह सिद्ध हुआ
जब कोई भी मनुष्य
अनासक्त होकर, चुनौती देता है इतिहास को
उस दिन नक्षत्रों की दिशा बदल जाती है।
नियति नहीं है पूर्व निर्धारित
उसको हर क्षण मानव-निर्णय बनाता मिटाता है।

इसी संदर्भ में व्यक्ति इतिहास का अंग होते हुए भी उसका निर्माता तथा नियामक भी है। 'अंधा युग' के कृष्ण इतिहास के नियंता होने के कारण ही 'प्रभु' हैं, मानव-नियति हैं, जिसे वे स्वतः बना सकते हैं। कृष्ण का यह चरित्रांकन बहुत कुछ गीता से प्रभावित है। पर द्वापर के इस महापुरुष का मानवतावादी धरातल पर चित्रण कवि ने सर्वथा अपने ढंग से किया है। कृष्ण का चरित्र एक ओर यदि भावुक रहस्यवादिता में अंतर्भुक्त हो जाता है तो दूसरी ओर उसकी नितांत धर्म-निरपेक्ष व्याख्या भी मिलती है। पर उसकी मौलिक भाव-भूमि बौद्धिक है, इसमें संदेह नहीं। सुदृढ़ मानवतावाद पर आधारित कवि की आस्था अजेय है, अटूट है। अश्वत्थामा तथा युयुत्सु जैसे सशक्त चरित्रों को भी उसके सम्मुख झुकना पड़ता है।

ब्रह्मास्त्रों के युग की कथा आणविक संस्कृति से अलग नहीं जान पड़ती। महाभारत के शीत तथा गरम युद्धों को नवीन रूप में अवतरित करने वाली मानव-पीढ़ी के लिए 'अंधा युग' का प्रकाशन नितांत सामयिक है। द्वापर युग की नैतिक तथा राजनैतिक समस्याएँ आज कुछ उन्हीं रूपों में फिर हमारे सम्मुख उपस्थित हैं। भौतिक संस्कृति का चरम उत्कर्ष सही दिशाओं में न जाने पर मानवीय विकृतियों का सबसे बड़ा कारण होता है। इतिहास से व्यक्ति यदि कुछ सीख पाता तो संस्कृति का विकास चक्राकार न होकर संभवतः सीधी रेखा के रूप में होता। अश्वत्थामा को व्यास द्वारा दी गई चेतावनी आज भी उतनी ही सत्य है, जितनी महाभारत के अंत में थी :–

> मैं हूँ व्यास।
> ज्ञात क्या तुम्हें है परिणाम इस ब्रह्मास्त्र का।
> यदि यह लक्ष्य सिद्ध हुआ ओ नरपशु !
> तो आगे आनेवाली सदियों तक
> पृथ्वी पर रसमय वनस्पति नहीं होगी
> शिशु पैदा होंगे विकलांग और कुष्टग्रस्त
> सारी मनुष्य जाति बौनी हो जायगी
>
> जो कुछ भी ज्ञान संचित किया है मनुष्य ने
> सतयुग में, त्रेता में, द्वापर में
> सदा-सदा के लिए होगा विलीन वह
> गेहूँ की बालों में सर्प फुफकारेंगे
> नदियों में बह-बह कर आयेगी पिघली आग।

'अंधा युग' की आधुनिक संगति उस बहुप्रसिद्ध कथन का स्मरण दिलाती है कि

साहित्य में तिथियों और नामों को छोड़कर शेष सब सच होता है। यदि यह बात पहले न कही गई होती तो 'अंधा युग' का अध्ययन निश्चय ही इस तथ्य को आविष्कृत कर सकता था। पौराणिक कथानक को लेकर अपने युग के प्रति इतना गहरा लगाव किसी अन्य रचना में कठिनाई से मिलेगा। और यह स्मरणीय है कि 'अंधा युग' समासोक्ति अथवा रूपक नहीं है, वह इतिहास की पुनरावृत्ति का सहानुभूतिपूर्ण अध्ययन है।

'अंधा युग' का परिवेश युद्ध-संस्कृति तथा आत्मघाती मनोवृत्ति से बना है, और उसमें सत्य, मर्यादा तथा दायित्व के प्रश्नों को उठाया गया है। विकृतियों के संदर्भ में नयी नैतिकता की माँग जितनी स्वाभाविक है, उतनी ही कठिन भी। ऐसे समय में निराशा, पलायनवाद तथा ह्रास से ऊपर उठकर कलाकार का दायित्व नयी मर्यादा के स्थापन का होता है। परंतु यदि यह दायित्व सुधारक अथवा उपदेशक के स्तर का होता है तो उसमें कला का अस्तित्व नहीं रह जाता। मूल्यों के विघटन के समय साहित्य-सृजन इसीलिए कठिन अध्यवसाय तथा गहरी संवेदना की अपेक्षा रखता है। कलाकार को सामाजिक विकृतियों के बीच में रहकर पहले तो अपने व्यक्तित्व की रक्षा करनी पड़ती है और फिर नये मूल्यों तथा प्रतिमानों को विकसित करना होता है। अपने तथा पाठक व्यक्तित्वों के प्रति इस दुहरे दायित्व के बाद उसे अपनी संवेदना को उपदेशात्मक मनोवृत्ति में परिणत हो जाने से बचाना पड़ता है। उपदेशक का कार्य हेय नहीं, पर कवि-कर्म उससे निश्चय ही भिन्न तथा दूसरे स्तर का है।

भारती का प्रस्तुत दृश्य-काव्य इन सभी शर्तों को पूरा करता है। 'अंधा युग' की भूमिका में कवि ने अपनी इस रचनात्मक प्रक्रिया का उल्लेख किया है–"कुंठा, निराशा, रक्तपात, प्रतिशोध, विकृति, कुरूपता, अंधापन–इनसे हिचकिचाना क्या। इन्हीं में तो सत्य के दुर्लभ कण छिपे हुए हैं, तो इनमें निडर क्यों न धँसू ! इनमें धँसकर भी मैं मर नहीं सकता !" और अपनी उपलब्धि की सामाजिक मर्यादा की भी कवि को अनुभूति रही है–"मैंने जब वेदना सबकी भोगी है, तो जो सत्य पाया है, वह अकेले मेरा कैसे हुआ ? एक धरातल ऐसा भी होता है, जहाँ 'निजी' और 'व्यापक' का बाह्य अंतर मिट जाता है। वे भिन्न नहीं रहते। 'कहियत भिन्न न भिन्न'।" इस प्रकार यह लोक संपृक्ति, जो नयी कविता की एक प्रमुख विशेषता है, 'अंधा युग' की भाव-भूमि का अभिन्न अंग है। और इसीलिए इस कृति में यथार्थवाद के अन्वेषण की आवश्यकता नहीं रह जाती, क्योंकि उसका समूचा कथानक तथा प्रेरणा अपने आपमें यथार्थ है। आदर्श अथवा यथार्थ दोनों का आग्रह कला-कृति की श्रेष्ठता का द्योतक नहीं होता। बौद्धिक तटस्थता तथा संतुलन संपृक्त चिंतन की उपलब्धि हैं, और ये दोनों तत्त्व 'अंधा युग' को एक विशिष्ट गरिमा प्रदान करते हैं।

व्यक्ति-स्वातंत्र्य तथा आस्था की भावना एक मनःस्थिति से उद्भूत हो सकती हैं। कृष्ण का चरित्रांकन एक इतिहास-नियामक व्यक्ति के रूप में करके भारती ने इन दोनों स्थितियों को आचरण की मर्यादा के रूप में स्वीकार किया है–

पर एक तत्त्व है बीज रूप स्थित मन में
साहस में, स्वतंत्रता में, नूतन सर्जन में,
वह है निरपेक्ष उतरता है पर जीवन में
दायित्व युक्त, मर्यादित मुक्त आचरण में

उद्धरण की अंतिम दो पंक्तियों में व्यक्ति-स्वातंत्र्य का जो संपृक्त रूप उपस्थित किया गया है, वह वस्तुतः नवलेखन की मानववादी आधारभूमि है। मानव नियति में वरण करने के साथ-साथ जो दायित्व की भावना अविच्छिन्न रूप से संबद्ध है, वह व्यक्तित्व के विकास में आस्था की द्योतक है। और इसी से आधुनिक चिंतन-क्रम में व्यक्ति-स्वातंत्र्य को एक अनिवार्य मूल्य के रूप में स्वीकार किया गया है, क्योंकि दायित्व की भावना तो उसमें स्वतः अंतर्निहित है। डे लुइस के शब्दों में–

फ्रीडम इज़ मोर दैन ए वर्ड, मोर दैन द बेस कौइनेज
ऑफ़ स्टेट्समैन, द टाइरैंट्स डिसऑनर्ड चैक, और द ड्रीमर्स
इनफ़्लेटेड करैन्सी।

इस दृष्टि से समूचे यूरोपियन नवलेखन के आंदोलन को स्वातंत्र्य की भावना से प्रेरित माना जा सकता है–वह स्वातंत्र्य चाहे यांत्रिकता में बद्ध मानवीय आत्मा का हो चाहे फ़ासिस्टों के चंगुल में पड़े स्पेन का हो। इस स्वातंत्र्य आंदोलन का ही राजनीतिक नाम प्रजातांत्रिक समाजवाद है, जो आज के विचारकों, साहित्यकारों तथा बुद्धिजीवियों का मुख्य लक्ष्य है।

हिंदी नवलेखन इस व्यापक अंतर्राष्ट्रीय चिंतन-प्रधान आंदोलन की एक अनिवार्य कड़ी है। आस्था की उपलब्धि के लिए व्यक्ति-स्वातंत्र्य पहली शर्त है, और यही दृष्टि भारती के 'अंधा युग' में व्यक्त हुई है। आस्था का प्रश्न संजय, युयुत्सु तथा अश्वत्थामा के माध्यम से कवि ने प्रस्तुत किया है, और अनास्था को आस्था की आवश्यक भूमिका के रूप में स्वीकार किया है। समस्त मानवता के प्रतीक कृष्ण के प्रति विदुर का आग्रहपूर्ण निवेदन है–

यह कटु निराशा की
उद्धत अनास्था है।
क्षमा करो प्रभु !
यह कटु अनास्था भी अपने

चरणों में स्वीकार करो !
आस्था तुम लेते हो
लेगा अनास्था कौन ?

गीता में कृष्ण का जो नितांत असांप्रदायिक तथा व्यापक रूप प्रस्तुत किया गया है उसका कवि के अंतर्मन में गहरा प्रभाव द्रष्टव्य है। गीता और 'अंधा युग' दोनों में कृष्ण एक इतिहास निर्मात्री चेतना शक्ति के रूप में प्रस्तुत किये गये हैं, जिसका परंपरागत धर्म तथा कर्मकांड से कोई संबंध नहीं है। कृष्ण का यह कथन–

अट्ठारह दिनों के इस भीषण संग्राम में
कोई नहीं केवल मैं ही मरा हूँ करोड़ों बार
जितनी बार जो भी सैनिक धराशायी हुआ
कोई नहीं था
वह मैं ही था
गिरता था घायल होकर जो रणभूमि में।

सर्वात्मवादी दर्शन से उद्‌भूत नहीं वरन् एक व्यापक युग-चेतना की ओर संकेत करता है। यह व्यापक युग-चेतना मनुष्य की आस्था को बराबर वहन करती है, जो वस्तुतः मानवीय मर्यादाओं और मूल्यों का ही पुंजीभूत और गत्यात्मक रूप है। उपर्युक्त उद्धरण इस संदर्भ में गीता के कृष्ण की एक आधुनिक युगीन व्याख्या मात्र है। परंतु युग-युगों से विभिन्न पुराणों, लोक-कथाओं, धार्मिक और साहित्यिक ग्रंथों में उलझे कृष्ण के व्यक्तित्व को वर्तमान में संगति देकर सुलझा पाना भारती जैसे चिंतक-कलाकार का ही काम था।

आस्था के प्रति अनास्था का सबसे गहरा स्वर 'अंधा युग' के युयुत्सु का है, जो आधुनिक आचरण के विभ्रमों का प्रतीक है, जिसका जीवनगत निष्कर्ष है–

अंतिम परिणति में
दोनों जर्जर करते हैं
पक्ष चाहे सत्य का हो
अथवा असत्य का

और प्रेतावस्था में भी उसके हृदय का अंतर्विरोध शांत नहीं होता। वह अट्टहास करके आस्था को घिसा हुआ सिक्का बताता है। पर इस नकली और खोटे सिक्के को फेंककर भी वह उसे दूसरे रूप में ग्रहण करता है–

इसीलिए साहस से कहता हूँ
नियति है हमारी बँधी प्रभु के मरण से नहीं
मानव भविष्य से;
परीक्षित के जीवन से;

मानवीय नियति की यह चिंतना सारे मतवादों और संप्रदायों से ऊपर उठकर सीधे मानव भविष्य से है। नैतिक आचरण के लिए किसी प्रकार के सांप्रदायिक धर्म तथा कर्मकांड की आवश्यकता नहीं है, यही वैज्ञानिक मानववाद की मूल मान्यता है। और इसी संदर्भ में आस्तिक की संगति तथा धार्मिक की अनावश्यकता सिद्ध होती है। भारती की आस्था कृष्ण के माध्यम से व्यक्त व्यापक युग-चेतना तथा संपूर्ण मानव में है।

आस्था से ही संबद्ध 'अंधा युग' में मर्यादित कर्म तथा सत्य की समस्या है। युधिष्ठिर का अर्द्ध-सत्य इतिहास में मिथ्या के साथ सबसे बड़ा समझौता रहा है। धर्मराज द्वारा किया गया धर्म का यह अभिनय समस्त मानवीय संकल्पों के प्रतिकूल था। अश्वत्थामा की प्रतिहिंसा और तज्जन्य संहार मानो महाभारत का एक अपेक्षाकृत बड़ा परिशिष्ट है। इस परिशिष्ट से प्रत्यक्षतः संबद्ध होने के कारण 'अंधा युग' का लेखक इस अर्द्ध सत्य की मीमांसा करता है, और उसकी सहानुभूति के ही कारण यह चरित्र सबसे अधिक जीवंत तथा सशक्त बन पड़ा है। 'अंधा युग' की प्रायः सभी समस्याओं का वह केंद्र-बिंदु है, और प्रस्तुत दृश्य-काव्य के समापन तक उसका चरित्र बराबर निखरता गया है।

आधुनिक संदर्भ में 'अंधा युग' का एक प्रतिपाद्य यह भी है कि युद्ध के समय सारी घोषणाओं के बावजूद सत्य अथवा धर्म किसी पक्ष में अक्षुण्ण नहीं रह पाता। यह उस उक्ति का स्मरण दिलाता है जिसके अनुसार किसी भी युद्ध में सत्य पहला शिकार होता है। पहले अंक के प्रारंभ में कवि कहता है–

टुकड़े-टुकड़े हो बिखर चुकी मर्यादा
उसको दोनों ही पक्षों ने तोड़ा है
पांडव ने कुछ कम कौरव ने कुछ ज्यादा

और इसी बात का अनुभव गांधारी करती है–

मैंने कहा था दुर्योधन से
धर्म जिधर होगा ओ मूर्ख !
उधर जय होगी !
धर्म किसी ओर नहीं था लेकिन !
सब ही थे अंधी प्रवृत्तियों से परिचालित

आज की युद्ध-संस्कृति में भारती द्वारा महाभारत का यह पुनरन्वेषण गंभीर महत्त्व रखता है। शांति की मर्यादा को समझने से पूर्व युद्ध की विकृतियों का समझा जाना आवश्यक है। 'अंधा युग' इस दिशा में एक महत्त्वपूर्ण कदम है।

भारती का मानववाद एक क्रियात्मक तथा रचनात्मक शक्ति है। महाभारत के समान ही 'अंधा युग' के पात्रों में किसी का चरित्र सर्वथा निर्मल नहीं है। पतिव्रता गांधारी, धर्मराज युधिष्ठिर तथा मर्यादा-रक्षक कृष्ण सभी के व्यक्तित्वों में कहीं-न-कहीं धब्बा है, क्योंकि वे सब मानवीय विकास की सीढ़ियाँ हैं। इस विकास को सतत आगे बढ़ाते जाना ही मानववादी की सबसे बड़ी आस्था है। कृष्ण का यह आश्वासन—

मर्यादायुक्त आचरण में
नित नूतन सृजन में
निर्भयता के
साहस के
ममता के
रस के
क्षण में
जीवित और सक्रिय हो उठूँगा मैं बार-बार

संपूर्ण मानव जीवन को एक सार्थकता प्रदान करता है। इस दृष्टि से 'अंधा युग' न पक्षधर है, न सुविचारित तीसरी शक्ति; वह मानवीय मनोवृत्तियों के गंभीर और संतुलित अध्ययन पर आधारित एक रचनात्मक दृष्टि है, जिसका मूलभूत आधार वैज्ञानिक तथा आस्तिक मानववाद है। इसीलिए उसमें ऐतिहासिक संगति और समसामयिकता के दायित्व का निर्वाह दोनों ही हैं।

'अंधा युग' की गणना उन अत्यंत विरल और सशक्त कृतियों में की जा सकती है, जिनकी शक्ति और संवेदना एक ऐसे संपृक्त रूप में उभरती है, जहाँ भाव-पक्ष और कला-पक्ष जैसे विभाजन सचमुच ही कृत्रिम लगने लगते हैं। फिर भी यदि यत्नपूर्वक इस दृश्य-काव्य को तंत्र की दृष्टि से देखा ही जाये तो उसका गठन-कौशल अद्यतन लगेगा। यह निर्धारित कर पाना कि उसमें नाटकीय तत्त्व अधिक हैं अथवा काव्य के, प्रायः दुष्कर है। अँग्रेज़ी नवलेखन के प्रारंभ में 'वर्स प्ले' की जो सशक्त परंपरा थी, उसका मानो सूत्रपात अब हिंदी में हुआ है। पर 'अंधा युग' का महाकाव्यत्व इन अँग्रेज़ी 'वर्स प्ले' की योजना में कहीं नहीं मिलता। महाकाव्य जैसी गरिमा तथा आधुनिक नाटक की तीव्र संवेदनात्मकता को नयी कविता के शिल्प में जो एक सम्पृक्त रूप मिला है, वह प्रयोग, परंपरा तथा उपलब्धि—सभी दृष्टियों से कवि की असाधारण शक्तिसंपन्नता का परिचायक

है। वैयक्तिक उपलब्धि की दृष्टि से 'अंधा युग' नयी कविता का एक अपवाद है। अपनी मौलिक प्रकृति के अनुरूप नयी कविता वास्तविक रूप में एक तीक्ष्ण धारा है, जिसमें द्वीपों का सामान्यतः अस्तित्व नहीं। पर भारती के कवि की यह अद्भुत प्रतिभा नयी कविता को भी महाकाव्यत्व का गौरव दे सकी है, और इस तेज़, सामूहिक धारा में भी एक द्वीप बना सकी है। हिंदी नवलेखन साहित्यिक महापुरुषों को संभवतः जन्म नहीं दे सकता, क्योंकि यह विशुद्ध प्रजातंत्र की उपज है; परंतु सामूहिक उपलब्धि के अंतर्गत भी व्यक्तिगत कृतित्व ऊपर उठ सकेगा, यह 'अंधा युग' के माध्यम से देखा जा सकता है। 'अंधा युग' नवलेखन की मौलिक अभिव्यक्ति होते हुए भी, इस दृष्टि से नवलेखन की सामान्य पद्धति का अपवाद है। और यह अपवाद होना मानो उसकी शक्ति तथा सक्षमता का सूचक है।

असमय वृद्ध कथा-साहित्य

प्रयोगवाद तथा नवलेखन के तत्त्वावधान में लिखे गये हिंदी कथा-साहित्य की स्थिति इतिहास के संदर्भ में कुछ विचित्र-सी लगती है। बिना प्रौढ़ तथा परिपक्व हुए वह प्रयोगशील हो चला है। क्लैसिक्स और मास्टर्स की परंपरा के अभाव में यह यत्न कुछ उपहासास्पद लगता है। क्योंकि विकास की बहुत-सी मंज़िलों को एक साथ पार करने का उद्योग साहित्यिक संवेदन को मोंथरा बना देता है। हिंदी के नये कथा-साहित्य की स्थिति आज बहुत-कुछ ऐसी ही है। परंपरागत समृद्धि के अभाव में आधुनिक अमेरिकन कथा-साहित्य का भी विकास कुछ इसी ढंग से हुआ है। पर उनका तो प्रायः संपूर्ण साहित्य मानो नवलेखन से ही आरंभ होता है।

प्रसंग से अलग होते हुए भी यह प्रश्न संगत है कि हिंदी कथा-साहित्य यूरोप के जैसे उस्तादों को जन्म क्यों नहीं दे सका ? इस समस्या के समाधान का यत्न कई स्तरों पर किया जा सकता है। सामाजिक परिस्थितियों के क्षेत्र में अभी भारतीय जीवन ने वे बहुत-से संघर्ष नहीं देखे जो क्लैसिकल कथा-साहित्य के प्रधान उपजीव्य हैं। व्यापक औद्योगीकरण, धर्म के संगठित रूप का राजनीति में हस्तक्षेप, यांत्रिकता के संदर्भ में मानवीय विवशता और नवीनतम विज्ञान के सहारे लड़े जानेवाले युद्ध–आधुनिक समाज की इन सभी परिस्थितियों का सुना और परिकल्पित ज्ञान तो हमें है, पर उनकी निजी तथा वैयक्तिक अनुभूति नहीं है। इसीलिए इन आधुनिक उपकरणों का कोई भी समुचित उपयोग हमारे कथा-साहित्य में नहीं हो पाया। इसके अतिरिक्त कालक्रम की दृष्टि से हिंदी का उपन्यास अपेक्षाकृत अर्वाचीन होने के कारण शिल्प संबंधी प्रयोगों और निखार को नहीं पा सका (हिंदी का प्रथम मौलिक सामाजिक उपन्यास लाला श्रीनिवासदास कृत 'परीक्षागुरु'– द्वि. सं., 1882 ई. माना जाता है, और प्रथम कहानी किशोरीलाल गोस्वामी की 'इंदुमती'–1900 ई.)। मुख्यतः इन्हीं दोनों कारणों के फलस्वरूप हिंदी में टॉलसटॉय, डॉस्टॉएवस्की, डिकेंस, हार्डी, मोपाँसाँ या स्टीफ़ेन ज़्विग जैसे कथाकारों

की पीढ़ियाँ नहीं देखी जा सकतीं। पाश्चात्य मनोविज्ञान के विकास का भी पूरा लाभ हिंदी कथा-साहित्य नहीं उठा पाया। और इस प्रकार सामान्य घटनाओं की सतह के नीचे जाने की बात हमारे कथाकार अपेक्षाकृत कम सोच सके। नवीन संवेदनाओं को ठीक से व्यक्त न कर सकनेवाली भाषा भी इस अवरोध का एक कारण रही है।

हिंदी के प्रयोगवादी कथा-साहित्य की पृष्ठभूमि में थे जैनेंद्र तथा इलाचंद्र जोशी। यहाँ प्रयोगवादी कथा-साहित्य का अर्थ इतना लिया जा सकता है कि यह साहित्य प्रयोगवाद के समसामयिकों तथा प्रवर्त्तकों ने लिखा था और परिमाण की दृष्टि से सीमित था। 'तारसप्तक' के सात कवियों में से उपन्यासकार केवल अज्ञेय हैं, और इनका 'शेखर : एक जीवनी' ही हिंदी कथा-साहित्य का प्रथम महत्त्वपूर्ण प्रयोग माना जा सकता है। जैनेंद्र तथा जोशी ने अपने आपको परंपरा से कुछ अलग तो किया था, परंतु किसी नवीन मार्ग का अन्वेषण वे न कर पाये। अज्ञेय ने कविता की भाँति उपन्यास को भी एक साहसपूर्ण मोड़ दिया, यद्यपि समृद्ध परंपरा की पृष्ठभूमि के अभाव में उनका यह प्रयोग बहुत सशक्त न था। 'ज्याँ क्रिस्तफ़' से पूर्व के यूरोपीय कथा-साहित्य तथा 'शेखर' के पूर्व के हिंदी कथा-साहित्य में किसी प्रकार की तुलना नहीं देखी जा सकती। और 'शेखर' भी जो अपने रूप में लिखा जा सका, उसका प्रधान कारण यही था कि अज्ञेय अपनी संवेदना को एक विस्तार दे सके थे। संवेदना का यह विस्तार तब से बराबर व्यापक होता गया है, और इसीलिए विभिन्न राष्ट्रों की विभिन्न परिस्थितियों के होते हुए भी आज नवलेखन का आंदोलन एक अंतर्राष्ट्रीय स्तर पर देखा जा सकता है। हिंदी में इस संवेदनात्मक विस्तार के आरंभकर्त्ता थे जैनेंद्र तथा इलाचंद्र जोशी, यद्यपि उसकी सभी संभावनाओं को वास्तविक पूर्णता कुछ समय बाद अज्ञेय के कृतित्व में मिली।

अपनी अपूर्ण पृष्ठभूमि के कारण हिंदी का नया कथाकार एक अजब कठिनाई में पड़ जाता है। एक ही कृति में वह कभी प्रेमचंद की ओर आकृष्ट होता है तो कभी जेम्स ज्वॉयस की ओर। इन दोनों के बीच का व्यवधान इतना अधिक है कि न तो वह उसे पाट सकता है, और न उनके बीच कोई संतुलन ही स्थापित कर पाता है। इस कशमकश का स्वभावतः परिणाम यही है कि वह अपने व्यक्तित्व को एक सुनिश्चित रूप देने में असफल रहता है। जिस प्रकार से हिंदी की नयी कविता की कुछ मौलिक प्रवृत्तियों की ओर संकेत किया जा सकता है, उस प्रकार से हिंदी के नये कथा-साहित्य में किसी आधारभूत भाव-भूमि को नहीं देखा जा सकता। अधिक-से-अधिक यही कहा जा सकता है कि हिंदी का नया कथा-साहित्य कुछ प्रयोगों में संलग्न है। यह प्रयोग 'सूरज का सातवाँ घोड़ा' के रूप में भी हो सकता है, 'मैला आँचल' के रूप में भी और 'बूँद और समूद्र' के बृहद् आकार में भी। आंचलिकता, मुहल्लों का जीवन, 24 घंटों में कथानक

को पूरा कर देना तथा प्रवाहवादी शिल्प-हिंदी उपन्यास की कुछ नयी दिशाएँ हैं, पर उनके लिए नहीं जो टॉमस हार्डी, डी. एच. लौरेन्स अथवा जेम्स ज्वॉयस को पढ़ चुके हैं।

आधुनिक हिंदी उपन्यास में कदाचित् सबसे असफल प्रयोग अज्ञेय द्वारा आयोजित 'बारहखम्भा' (1951-52 ई.) था। 'तारसप्तक' तथा 'दूसरा सप्तक' के वज़न पर अज्ञेय कथा-साहित्य में भी कुछ नवीनता लाने की सजग चेष्टा में थे। परंतु एक सहस्र वर्षों की परंपरा तथा एक सौ वर्षों के प्रारंभ में अंतर है। 'बारहखम्भा' के बारह अध्याय जिनमें से अंतिम नहीं लिखा जा सका, अलग-अलग लेखकों से धारावाहिक क्रम में लिखवाये गये तथा उसी रूप से मासिक 'प्रतीक' में प्रकाशित हुए थे। इस आयोजन के सहयोगियों में थे स्वतः अज्ञेय (जिन्होंने दो अध्याय लिखे), मन्मथनाथ गुप्त, विष्णु प्रभाकर, प्रभाकर माचवे, अमृतलाल नागर, भारतभूषण अग्रवाल, देवराज, धर्मवीर भारती, रांगेय राघव तथा रामचंद्र तिवारी। अलग-अलग किस्तों में लिखे गये इस उपन्यास की आज स्मृति-भर रह गई है। पर इससे यह अवश्य सिद्ध हो गया कि काव्य के समान ही अज्ञेय कथा-साहित्य में भी जो क्रांति लाना चाहते थे, उसके लिए तत्कालीन हिंदी कथा-साहित्य तैयार नहीं था।

सामूहिक उपन्यास-लेखन की आयोजना बनाने के पूर्व कथा-साहित्य के क्षेत्र में अज्ञेय कई प्रकार के प्रयोग कर चुके थे। शिक्षा तथा संस्कृति का आभिजात्य उनके कृतित्व का उस समय असाधारण गुण था। 'शेखर' के बाद 'नदी के द्वीप' तो इस आभिजात्य की कहानी बनकर रह गया। 'शेखर' इससे हटकर भी बहुत-कुछ था।

'शेखर' में जो अग्रणी संवेदना मिलती है, वह उसके तत्कालीन पाठकों को कुछ अजब-सी लगी थी। पर आधुनिक जीवन-क्रम के संदर्भ में यह संवेदना अब सहज-स्वाभाविक बन गई है। 'शेखर' मानसिक विकास के स्तरों की कथा है, बाह्य जीवन से तो उसकी असंगति अधिक ही दिखाई गई है। उत्तम पुरुष का महत्त्व तथा सार्थकता, तथा अन्य पुरुष से उसके तालमेल की समस्या हिंदी के इस प्रथम 'प्रयोगवादी' उपन्यास में बड़े सशक्त ढंग से उभरी है। 'शेखर' इस दृष्टि से नवीन मनोवैज्ञानिक तथा समाजशास्त्रीय अन्वेषणों और सिद्धांतों का रचनात्मक प्रतीक है। अपनी प्रकृति में मध्ययुगीन समाज तथा आधुनिक संवेदनाओं का संघर्ष 'शेखर' के कथानक की मूल भाव-भूमि है। इस संघर्ष में व्यक्तित्व का निखार 'शेखर' के प्रस्तावित तृतीय भाग के बिना भी देखा जा सकता है।

'नदी के द्वीप' अज्ञेय का दूसरा उपन्यास है। वस्तुतः तो यह शेखर का ही परिशिष्ट है, प्रस्तावित तीसरा भाग है, पर अवश्य ही एक विशिष्ट संदर्भ में। शेखर का बहुमुखी जीवन, जो प्रारंभ से एकांतप्रिय है, 'नदी के द्वीप' में अपेक्षाकृत

सीमित हो जाता है। शेखर तथा भुवन के व्यक्तित्व का विस्तार लेखक कथा-साहित्य के माध्यम से पूरा नहीं कर सका। मानव व्यक्तित्व के मूलतः एकाकी तथा प्रतिभा-संपन्न होते हुए भी, उसकी अनिवार्य सामाजिक परिणति की बात अज्ञेय अपनी नवीन कविता में कह सके हैं ('यह दीप अकेला, स्नेह-भरा है गर्वभरा मदमाता, पर इसको भी पंक्ति को दे दो')। संभव है कि कथा के नवीन तथा उपयुक्त उपकरणों और आयामों को ढूँढ़ पाने पर वे अपने किसी आगामी उपन्यास में मानवीय व्यक्तित्व के इस कथानक को आगे बढ़ा सकें।

अपने आप में 'नदी के द्वीप' हिंदी उपन्यास की एक महत्त्वपूर्ण उपलब्धि है, पर विकास की मज़बूत कड़ी नहीं। व्यक्ति का अस्तित्व और उसके सभी संवेदनात्मक खतरे अज्ञेय के इस दूसरे उपन्यास में कुशलता से चित्रित हुए हैं, पर उनका परिवेश सीमित है। किंतु यह भी नहीं माना जा सकता क्योंकि उपन्यासकार ने 'नदी के द्वीप' में व्यक्ति के 'अनिवार्य प्रतिरोधी' समाज को कोई स्थान नहीं दिया, केवल इसीलिए वह असामाजिक हो गया है। 'नदी के द्वीप' विस्तृत पट पर अंकित किये जानेवाले मानव-जीवन के एक सीमित अंग का 'डिटेल' है। इस तथ्य को ध्यान में न रख सकने के कारण ही 'नदी के द्वीप' के दोनों वर्गों के समीक्षकों का परिप्रेक्ष्य दूषित हो गया है। 'डिटेल' को ही पूर्ण चित्र मानना या दूसरी ओर यह आरोप लगाना कि 'डिटेल' ही क्यों है, समस्त चित्र क्यों नहीं है, आधुनिक साहित्य-चिंतन में हठवादिता मानी जायगी।

हिंदी नवलेखन के विशिष्ट सहयोगी धर्मवीर भारती भी कथा-साहित्य को मोड़ देने में अधिक सफल नहीं हो सके। उनकी बहुचर्चित कृति 'गुनाहों का देवता' अपनी सारी लोकप्रियता के बावजूद नये कथा-साहित्य के विकास की सीढ़ी नहीं मानी जा सकती। परंपरा से कुछ हटकर वर्णनों की नवीनता तथा ताज़गी उसकी विशेषता है, पर किसी नयी दिशा का अन्वेषण इस कृति में नहीं है। कथा-साहित्य के सृजन के लिए जीवन के जिन विभिन्न तथा विरोधी स्तरों की जो प्रत्यक्ष जानकारी अपेक्षित होती है, वह हिंदी क्षेत्र के कथाकार को कम मिल सकी है। यूरोप तथा अमेरिका के औसत कलाकार को जीविकोपार्जन के जिन विभिन्न साधनों को अपनाना पड़ता है अपनी संवेदना के सूत्र भी वह वहीं से ग्रहण करता है। अख़बार बेचना, होटल की बैरागीरी, लिफ़्ट चलाना, जूतों के स्टोर में क्लर्की जैसे व्यवसाय यूरोप तथा अमेरिका के सामान्य जनों को जीवन के विभिन्न पहलुओं की जो झाँकी सहज ही दे देते हैं, वह यहाँ का नागरिक परंपरागत एक ही पेशे से संबद्ध होने के कारण या फिर बेकारी के कारण प्रायः नहीं प्राप्त कर पाता। यह सीमित दृष्टि विशेष रूप से कथाकार के लिए विकास का मार्ग अवरुद्ध कर देती है। अमृतलाल नागर की नवीन कृति 'बूँद और समुद्र' समाज के इस बहुमुखी रूप को प्रस्तुत करने के लिए ही प्रसिद्ध है। पर यह उपन्यास भी सजीव चित्रों

का संकलन है; इन चित्रों की पारस्परिक संगति को लेकर वह कोई अंतर्दृष्टि नहीं दे पाता। सच तो यह है कि हिंदी उपन्यास के समक्ष जितनी कम संभावनाएँ रही हैं, उतना ही खेदजनक उसका विकास रहा है। आजीविका प्राप्त करने के संघर्ष की एकरसता उसमें है, पर जीविका के विभिन्न साधनों से गृहीत जीवन की विविधता उसमें नहीं है।

कथा-शिल्पी के व्यक्तित्व में बाह्य जीवन से जिस प्रकार की सम्पृक्ति होनी चाहिए, वह प्रेमचंद के बाद के हिंदी उपन्यासकारों में कम हो गई। अन्यथा देश के सामाजिक-राजनीतिक जीवन में इतनी उथल-पुथल हो जाने पर भी कोई-न-कोई प्रथम श्रेणी का कथाकार उन घटनाओं को अपनी रचना का उपजीव्य अवश्य बनाता। सन् बयालीस का आंदोलन, सांप्रदायिक दंगे, विस्थापितों का पुनःस्थापन जैसी राष्ट्रीय घटनाएँ अथवा प्रयाग में माघ मेले की दुर्घटना और बंगाल का अकाल जैसी क्षेत्रीय घटनाओं ने अभी तक किसी विशिष्ट कथा-कृति को जन्म नहीं दिया। फ्रांस की राज्य क्रांति का जो एकांत मानवीय रूप डिकेंस की 'टेल ऑफ़ टू सिटीज़' में द्रष्टव्य है अथवा नेपालियन की रूस पर चढ़ाई का जो संश्लिष्ट चित्र टॉलसटाय के 'वार एंड पीस' में मिलता है, वे कलाकार की व्यक्तिगत अनुभूतियों के व्यापक प्रसार हैं। प्रख्यात अमेरिकन उपन्यास 'गौन विद द विंड' में भी देश के गृह-युद्ध की व्यापक संवेदना को व्यक्तिगत संदर्भ में रखा गया है। स्थान तथा काल के आयामों में विस्तृत इन घटनाओं को कुछ व्यक्तियों के जीवन में रखकर उनकी मानवीय व्याख्या करना सामान्यतः उपन्यासकार के लिए ही संभव है। किन्तु हिंदी उपन्यास अपने इस दायित्व का निर्वहण नहीं कर सका।

इस ऐतिहासिक पृष्ठभूमि में हिंदी कथा-साहित्य के नये उत्थान को सहानुभूतिपूर्वक देखने की आवश्यकता है। अज्ञेय (1911 ई.) का 'शेखर : एक जीवनी' (प्रथम भाग–1941 ई., द्वितीय भाग–1944 ई.) इस उत्थान का प्रथम परिचायक है। 'शेखर' ने हिंदी उपन्यास की सर्वथा नवीन संभावनाओं को छुआ। उपन्यास के भाव-बोध तथा शिल्प दोनों दृष्टियों से इस कृति ने पाठकों तथा समीक्षकों में एक नयी चेतना का संचरण किया है। समाज की विभिन्न भाव-भूमियों से संपर्कित होकर शेखर का व्यक्तित्व तथा उसकी एकांत वेदना मानो चेतन तथा अर्द्धचेतन मन के विकास का आख्यान है। एक ओर अज्ञेय ने सामान्यतः अस्पृश्य माने जाने वाले कथा-सूत्रों को ग्रहण किया और दूसरी ओर उन्होंने उपन्यास के शिल्प को एक उन्मुक्त रूप दिया। इसके अतिरिक्त 'शेखर' की भाषा भी अपने आप में एक उपलब्धि है। भाषा का इतना परिष्कृत तथा अर्थ-प्रवण रूप हिंदी में इसके पूर्व शायद ही देखा गया हो।

पर इतना सब होते हुए भी 'शेखर' में उस मूल तलप्रवाहिनी दृष्टि का अभाव है, जो उपन्यास-साहित्य की प्राथमिक आवश्यकता है चाहे वह नया हो अथवा

पुराना। इस अर्थ में 'शेखर' में वह मौलिक उपन्यासत्व नहीं मिलता जो पुराने उस्तादों की कृतियों में प्राप्य है या जो और घनीभूत रूप में आधुनिक उपन्यास, उदाहरणार्थ कामूँ के 'द आउटसाइडर', में मिलता है। 'शेखर' जैसी ही स्थिति यूरोपियन कथा-साहित्य में रोलाँ के 'ज्याँ क्रिस्तफ़' की भी है। दोनों कृतियों में एक मूल पात्र की संगुंफित कथा है, भाव-प्रवणता, कहानियत और चरित्र चित्रण है, पर वह विराट दृष्टि नहीं है, जो उपन्यास और उसके प्राचीनतर साहित्य-रूप महाकाव्य का प्राणतत्त्व माना जाता है।

'शेखर' की विशिष्टता ऐसा उपन्यास होने में भले न हो पर एक ऐसी कथा-कृति होने में अवश्य है, जिसने प्रथम बार हिंदी कथा-साहित्य के पाठक को मानवीय स्तर पर एक संवेदनात्मक विस्तार दिया। परंपरागत साहित्य में जो राष्ट्रीय दृष्टि अपने ऐतिहासिक विकास की परिपूर्णता के बाद बिखर रही थी, उससे ऊपर उठकर 'शेखर' के कथाकार ने मानव संघर्ष तथा नियति की एक ऐसी कहानी प्रस्तुत की, जिसका नायक अपने संपूर्ण अंतर्राष्ट्रीय परिवेश के साथ एक आधुनिक व्यक्ति है। शेखर के व्यक्तित्व के निर्माण में भारत-यूरोपीय संस्कृति का मुख्य हाथ है, और उसकी दृष्टि मूलतः मानवीय है, भारतीय नहीं। इसी अर्थ में 'शेखर' हिंदी के नये कथा-साहित्य का प्रवेश-द्वार है।

'नदी के द्वीप' (1952 ई.), जो 'शेखर' के काफ़ी बाद में प्रकाशित हुआ, की भी स्थिति लगभग 'शेखर' जैसी है। उच्चस्तरीय व्यक्तियों के बौद्धिक-सांस्कृतिक प्रेम संबंध का यह घनीभूत आख्यान है, जो वयस्क शेखर की प्रणय-कथा कही जा सकती है। भाषा तथा शैली की प्रौढ़ता और सुरुचि इस कृति की एक-एक पंक्ति से प्रकट होती है। एक सीमित क्षेत्र को लेने पर भी यह 'शेखर' की अपेक्षा उपन्यास अधिक है, यद्यपि उसका आकार और विस्तार कथा-चयन के विपरीत है, अर्थात्, आनुपातिक दृष्टि से फैला हुआ है। 'नदी के द्वीप' इस अर्थ में आधुनिक अधिक है कि उसमें एक विशिष्ट संवेदना को विस्तार मिला है। बौद्धिक दृष्टिकोण की वांछनीय प्रधानता भी इस कृति में देखी जा सकती है। पर न तो क्लैसिक उपन्यास की भाँति उसमें कोई मौलिक दृष्टि-बोध है और न आधुनिक उपन्यास की भाँति उसमें मानवीय मूल्यों के प्रति चिंता (या जिसे यूरोपीय विवेचन की भाषा में 'कंसर्न' अथवा एंगेज़मेंट' कहेंगे) की भावना है। एक सूक्ष्म संवेदना, उसका बौद्धिक और अपेक्षाकृत तटस्थ रागात्मक दृष्टि से चित्रण तथा व्यापक संदर्भों में मानव-जीवन के मूल्यों की व्याख्या आधुनिक कथा-साहित्य की प्रधान विशेषताएँ मानी जा सकती हैं। इनमें से अंतिम उपन्यास के माध्यम में ही अधिक स्वाभाविक और सशक्त अभिव्यक्ति पा सकती है। अज्ञेय की दूसरी कथाकृति इस दृष्टि से आधुनिक उपन्यास के अधिक निकट मानी जा सकती है, यद्यपि संवेदना की सूक्ष्मता, तटस्थ दृष्टिकोण और मूल्यगत चिंता का उसमें अभाव है। भाषा के आभिजात्य

की दृष्टि से 'नदी के द्वीप' का ऐतिहासिक तथा वस्तुगत महत्त्व है, जिसने नयी पीढ़ी के कई कथाकारों को प्रभावित किया।

डॉ. देवराज (1917 ई.) के 'पथ की खोज' (1951 ई.) का कथानक शशि-शेखर संवेदना को एक भिन्न स्तर पर आगे बढ़ाता है। चंद्रनाथ और साधना का संबंध अधिक यथार्थ और प्रगल्भ है। शैली की दृष्टि से विशेष नवीनता न रखते हुए भी 'पथ की खोज' का कथानक नया और साहसिक है। प्रणय की एक अपवारित स्थिति के प्रायः सभी पक्षों का अंकन इस उपन्यास में हुआ है। देवराज की इस प्रथम कथा-कृति में अज्ञेय के प्रणय संबंधों का आभिजात्य नहीं जैसे, मध्यमवर्ग की बौद्धिकता है, जो साधनहीनता से आच्छादित रहती है। शेखर या भुवन को अपनी आजीविका के लिए भी बहुत कुछ करना पड़ता है या उनके कोई पारिवारिक दायित्व भी हैं, यह बहुत स्पष्ट नहीं हो पाता। परंतु चंद्रनाथ का प्रणय जीवन के अन्य संघर्षों के बीच है, और इसीलिए यथार्थ के अधिक निकट है। देवराज की इस समग्र अनुभूति का उदाहरण उनका दूसरा अपेक्षाकृत छोटा उपन्यास 'बाहर-भीतर' (1954 ई.) भी है। शिल्प की दृष्टि से यह कथा-कृति 'पथ की खोज' से कहीं आगे है। उसका विधान परिष्कृत होने के साथ नया अधिक है। समूचे उपन्यास में नायक की अपनी भाभी के प्रति दमित मिथुन-भावना प्रधान होते हुए भी उसके जीवन के शेष संगत संदर्भ को छोड़ नहीं दिया गया है। जिन सामाजिक-आर्थिक-व्यक्तिगत परिस्थितियों के बीच नायक और उसकी सुमित्रा भाभी का अस्पष्ट, अनकहा और बहुत कुछ अर्द्ध-अनुभूत या अनुभूत स्नेह-संबंध विकसित होता है, उन्हें लेखक ने मानवीय व्यक्तित्व की पृष्ठभूमि नहीं वरन् अनिवार्य अंग माना है। किशोरावस्था और प्रथम यौवन की मिथुन-भावना का बड़ा मनोवैज्ञानिक रूप लेखक ने अपनी इन कथा-कृतियों के माध्यम से प्रस्तुत किया है।

'रोड़े और पत्थर' (1958 ई.) देवराज का तीसरा उपन्यास है। इस लघु कथा-कृति में उपन्यासकार की सर्वथा नवीन संभावनाएँ देखी जा सकती हैं। इस रचना में न व्यक्तित्व की अनथाही गहराइयाँ हैं, न सामाजिक संदर्भों की बात उठाई गई है और न कोई शिल्प का ही क्रांतिकारी प्रयोग है। पर इस सबके बावजूद इस कृति में एक स्पृहणीय ताज़गी है। मध्यवर्गीय जीवन में केवल मकान बनाने की प्रक्रिया किस प्रकार एक समग्र अनुभूति के रूप में देखी जा सकती है, 'रोड़े और पत्थर' इसका अच्छा उदाहरण है। किसी प्रकार के संघर्ष से रहित इस उपन्यास का सामान्य और अकिंचन कथानक हिंदी के नये कथा-साहित्य की प्रगति का सूचक है।

'तारसप्तक' के कवियों में जितने उपन्यासकार 'अज्ञेय' हैं, 'दूसरा सप्तक' के कवियों में प्रायः उतने ही उपन्यासकार धर्मवीर भारती (1926 ई.) हैं। इस क्षेत्र

में उनके सहयोगी के रूप में नरेश मेहता (1924 ई.) का नाम लिया जा सकता है। भारती के दो उपन्यास 'गुनाहों का देवता' (1949 ई.) तथा 'सूरज का सातवाँ घोड़ा' (1952 ई.) प्रकृति में एक-दूसरे से काफ़ी भिन्न हैं। यह एक विचित्र तथ्य है कि शिल्प तथा भावगत कच्चेपन के बावजूद 'गुनाहों का देवता' अपेक्षाकृत प्रौढ़ कृति 'सूरज का सातवाँ घोड़ा' से कहीं अधिक लोकप्रिय सिद्ध हुआ है। प्रथम यौवन का गद्दरपन और अल्हड़ता उसमें विशेष रूप से आस्वाद्य हैं और उसके पात्र चन्दर, सुधा या बिनती 'सूरज का सातवाँ घोड़ा' के मानिक मुल्ला या सत्ती से कहीं अधिक मांसल तथा सजीव हैं। 'दूसरा सप्तक' तथा 'ठंडा लोहा' का प्रमुखतः रोमांटिक कवि ही उपन्यासकार के रूप में 'गुनाहों का देवता' में आता है। इस युग के कृतित्व में लेखक की एक विवश ईमानदारी सर्वत्र मिलती है, जिसके कारण उसकी अल्हड़ता सुखद तथा महत्त्व की लगने लगती है। इस प्रसंग में लेखक के सशक्त शिल्प का उल्लेख आवश्यक है, जिसके कारण उसके वर्णनों में कहीं तटस्थ शैथिल्य नहीं आने पाया है।

'गुनाहों का देवता' प्रेम के एक सहज मानवीय रूप को प्रस्तुत करता है, जिसका समुचित वर्गीकरण हिंदी के रीतिशास्त्र में नहीं हुआ है। इसीलिए आलोचक प्रायः उसे अनैतिक अथवा कुंठाग्रस्त कहने लगते हैं। यही कठिनाई 'शेखर : एक जीवनी' में शेखर और शशि के प्रसंग को लेकर उठती है। भारतीय दृष्टि में मनःस्थितियों को विभिन्न खानों में रखकर देखने का जो अभ्यास चला आया है, उससे साहित्य-समीक्षा को तो हानि पहुँची ही है, सामान्य रसबोध भी विकृत हो गया है। समीक्षक के साथ पाठक भी यह जानना चाहता है कि अमुक कथाकृति में वर्णित प्रेम पति-पत्नी के बीच का है, प्रेमी-प्रेमिका के बीच का है, या भाई-बहिन को लेकर है। इससे ऊपर उठकर प्रेम की मौलिक प्रकृति भी कुछ है, जो इस दृष्टि से 'अस्पष्ट' भले हो पर वास्तविक है, यह मानने को समीक्षक उद्यत नहीं। उन्मुक्त तथा सहज प्रेम या सख्य दो प्राणियों में हो सकता है, इस मौलिक सत्य को वे नहीं देख पाते। उनका आग्रह सदैव इस बात पर रहेगा कि प्रेम या तो वात्सल्य के अंतर्गत है, या शृंगार के या फिर भक्ति के; इन परंपरागत विभाजनों में जो स्थितियाँ नहीं रखी जा सकतीं वे निश्चय ही अनैतिक हैं, अतः साहित्य में चित्रण के योग्य नहीं।

हिंदी के नये कथा-साहित्य ['शेखर : एक जीवनी'–अज्ञेय, 'गुनाहों का देवता'–धर्मवीर भारती, 'पथ की खोज'–देवराज, 'तंतुजाल'–रघुवंश] में इन अपेक्षाकृत नयी तथा उलझी संवेदनाओं का जो चित्रण हुआ है, वह मूलतः मानवीय है। यही मुख्य कारण है जिससे 'गुनाहों का देवता' नयी पीढ़ी के पाठकों के निकट इतना अधिक प्रिय बन सका। 'शेखर' का लेखक अपेक्षाकृत परिपक्व था, इसीलिए नैतिक मानदंडों पर उसकी विशेष परीक्षा हुई। 'गुनाहों का देवता' एक युवा कथाकार

की कृति होने के कारण स्वभावतः ही पूर्व-नैतिक मान लिया गया। इस दृष्टि से हिंदी के 'सजग' समीक्षक ने 'शेखर' को तो एक कुंठा के रूप में देखा, पर चन्दर का व्यक्तित्व उसे सहज लगा। 'गुनाहों का देवता' कथाकृति के रूप में अप्रौढ़ होने पर भी सख्य का प्रियतर आख्यान है। यहाँ स्मरणीय है कि कृष्ण और कृष्णा का सहज स्नेह-संबंध पुराणकारों अथवा उत्तरकालीन नीतिशास्त्रियों की दृष्टि में कभी आलोच्य नहीं रहा; फिर वही मानवीय आसक्ति आज नैतिक भाव-भूमि से गिरी क्यों मानी जाती है ?

'सूरज का सातवाँ घोड़ा' कई अर्थों में प्रयोगवादी कृति है, पर उसकी भाव-प्रवणता कम है, शायद इसीलिए कि वह प्रधानतः एक प्रयोग है। अपनी प्रकृति के अनुसार इस कथाकृति के कोई चरित्र उभरकर सामने नहीं आते। विभिन्न चरित्रों की एक पंक्ति हमारे सामने है, पर उनमें से स्मरणीय कोई नहीं बन पाता। भाव-योजना अधिक संतुलित अथवा प्रौढ़ है। पर समूचे कथा-शिल्प के सामने कोई दिशा नहीं है। यही कारण है जिससे 'सूरज का सातवाँ घोड़ा' के बाद इतने लंबे व्यवधान में भारती कोई नवीन कथाकृति नहीं दे पाये। कथाकार इस कृति के साथ मानो किसी अंधी गली में जा पड़ा हो, जिससे बाहर निकलने का कोई मार्ग नहीं दिखाई देता। 'बारह खम्भा' के समान 'सूरज का सातवाँ घोड़ा' एक ऐसा प्रयोग है जो विकास के मार्ग को प्रशस्त नहीं कर सका।

भारती के कथा-शिल्प में वर्णनों की ताज़गी विशेष महत्त्वपूर्ण है। उनका रोमांटिक स्थितियाँ भी अपने आप में नयी हैं। इसीलिए उत्तर रोमांटिसिज़्म के साथ बँधे हुए पानी का-सा जो आभास मिलने लगता है वह भारती की कृतियों में नहीं दिखाई देता। 'गुनाहों का देवता' अथवा 'सूरज का सातवाँ घोड़ा' का रोमांटिसिज़्म अपने विकास की प्रारंभिक अवस्था का है, जिसमें बँधे-बँधाये मानदंडों के ख़िलाफ़ स्वस्थ तथा सबल विद्रोह है; इसीलिए उसकी मूल प्रकृति इलाहाबाद नगर के उस सबेरे जैसी ताज़ी तथा खुशनुमा है, जिसका अत्यंत चित्रात्मक वर्णन लेखक ने 'गुनाहों का देवता' के प्रारंभ में किया है। भारती की रोमांटिक दृष्टि में अँग्रेज़ी, उर्दू तथा हिंदी की स्वच्छंदतावादी मनोवृत्तियों का सुखद सामंजस्य हुआ है, जो उतनी आधुनिक भले न हो, परंतु सामान्यतः आकर्षक तथा प्रिय अवश्य है।

नरेश मेहता के 'डूबते मस्तूल' (1954 ई.) का रोमांटिसिज़्म भिन्न कोटि का है। उसकी रोमांटिसिज़्म मध्ययुगीन और डरावनी ढंग की है, कुछ वैसी ही जैसी समुद्र के किनारे बने किसी पुराने क़िले को देखकर अनुभूत होती है। शायद इतनी पुरानी होने के कारण ही वह कुछ नयी लग सकती है। सीमाप्रांत से लेकर लखनऊ (हॉलेंड होते हुए) तक चलनेवाली इस कथा-कृति में एक आधुनिका का जबरन पकड़कर ले जाया जाना पहिली बार देखने को मिलता है। हिंदी में इस प्रकार

के कथा-अभिप्राय हैं, पर वे अधिकतर प्रेमचंद तथा उनके पूर्ववर्ती कथा-साहित्य में द्रष्टव्य हैं। उनमें भी पकड़कर ले जाई गई स्त्रियाँ अधिकतर मध्यमवर्ग की अशिक्षित तथा अपने अधिकारों से अनभिज्ञ कुमारियाँ होती थीं। बीसवीं शती में प्रतिष्ठित कथानक में इस प्रकार का ख़ौफ़नाक वर्णन कालगत वैषम्य की दृष्टि से कुछ अटपटा लगता है।

'डूबते मस्तूल' में इस पुरानी-नयी रोमांटिसिज़्म के अतिरिक्त कई अन्य विशेषताएँ भी हैं। पुराने-नये शिल्प का आकर्षण भारती के 'सूरज का सातवाँ घोड़ा' जैसा नहीं है। नरेश मेहता का कथा-शिल्प अधुनातन है। 24 घंटे से कम में कथानक को समाप्त कर देनेवाली कथा में एक स्त्री का आठ पुरुषों की पत्नी या प्रणयिनी बनना कुछ कम नया नहीं है। फिर भाषा तथा मुहावरे संबंधी कुछ नये प्रयत्न हैं। कथानक के अंत का 'ओहैनरियन' शिल्प ध्यान आकृष्ट करने वाला है। रंग तथा रूप के संबंध में परंपरागत कुंठाओं से विहीन कथाकार की सहज दृष्टि भी असाधारण है। इसीलिए कुल मिलाकर एक अव्यवस्थित कथाकृति होने पर भी 'डूबते मस्तूल' का नये हिंदी कथा-साहित्य में एक विशेष महत्त्व है, क्योंकि महत्त्व उपलब्धि का ही नहीं प्रयोग का भी होता है।

अभिव्यक्ति की कठिनाई का अनुभव करके नरेश मेहता ने बोलियों तथा प्रांतीय भाषाओं के जो प्रयोग स्वीकार करने चाहे हैं, वे कविता में भले सफल न हो सके हों, उपन्यास के संवादों में अवश्य ही अपेक्षाकृत स्वाभाविक तथा भाव-व्यंजक लगते हैं। यह शायद इसलिए है कि गद्य में संवाद भाषा का परिष्करण आसानी से हो पाता है। सप्तमी अथवा नामधातु के प्रयोग सर्वत्र सहज न लगें, पर कुछ स्थलों पर उनकी सफलता निर्विवाद है। 'डूबते मस्तूल' की सीमा-प्रांती-बंगाली नायिका (तुलनीय 'नदी के द्वीप' की कश्मीरी-बंगाली रेखा) के लहज़े में ये प्रयोग चारित्रिक विशेषता की दृष्टि से भी खप जाते हैं। आधुनिक भाव-भूमि तथा नवीन संवेदनों को व्यक्त करने के लिए नये शब्द-प्रयोग उपन्यासकार को ही बनाने होंगे, कोशकार या भाषा-वैज्ञानिक को नहीं। इसीलिए 'डूबते मस्तूल' की भाषा आधुनिकता को वहन करने में समर्थ है।

एक दिन की सीमित अवधि में कथानक को समाप्त कर देने का टेकनीक मुख्यतः यूरोप के प्रवाहवादी कथा-शिल्प की विशेषता रही है, जो क्लैसिक उपन्यास में अवधि के लंबे विस्तार की प्रतिक्रिया में विकसित हुआ होगा। हिंदी में जो इस प्रकार के दो-एक उपन्यास लिखे गये हैं, उनमें घटनाएँ 24 घंटे की न होकर कथानक की परिसमाप्ति 24 घंटे में हो जाती है। रघुवंश का 'तंतुजाल' या नरेश मेहता का 'डूबते मस्तूल' इस प्रवृत्ति के उदाहरण हैं। इन कथा-कृतियों में 'फ़्लैश बैक' अथवा वर्णन द्वारा प्रमुख पात्र के पिछले जीवन की बहुत-सी महत्त्वपूर्ण घटनाओं को प्रस्तुत किया गया है। शिल्प की इस पद्धति की अपनी विशेषताएँ

तथा सीमाएँ हैं। अपेक्षाकृत सशक्त होने पर भी इस शैली में संवेदना उतनी घनीभूत नहीं रहती जितनी कथा-शिल्प के उस प्रकार में होती है, जिसमें कथानक के 24 घंटों का प्रयोग केवल वर्त्तमान को चित्रित करने के लिए होता है; फ़्लेशबैक के सहारे अतीत को पुनर्जागृत नहीं किया जाता। गिरिधरगोपाल के 'चाँदनी के खँडहर' में इस शिल्प का निर्वाह विशेष सफलतापूर्वक हुआ है। 'डूबते मस्तूल' में भी वर्त्तमान को चित्रित करने वाले कथा-खंड अधिक सशक्त तथा प्राणवान् बन सके हैं। पर उपन्यास का अंत पाठक को जीवन अथवा कला के किसी स्तर पर संतुष्ट नहीं कर पाता।

नारी के रूप-सौंदर्य को सहज तथा उन्मुक्त ढंग से देखने की पद्धति 'डूबते मस्तूल' की अपनी निजी विशेषता है। आधुनिक कथा-साहित्य में प्रेम का सहज तथा मानवीय चित्रण इसके पूर्व भी ('शेखर : एक जीवनी', 'गुनाहों का देवता') हो चुका था, पर नारी के उद्दाम रूप-यौवन की कुंठा-रहित सराहना यहाँ प्रथम बार मिलती है। "शरीर को निस्सार कहने वाले यदि इस तरह बँधे हुए उरोज देख पाते तो मेरा निश्चय है कि वे···मगर मैं महसूस करता हूँ कि मुझे तो उन लोगों से कुछ नहीं कहना है" यहाँ कुछ न कहकर भी उपन्यासकार ने बहुत कुछ कह दिया है। मानवीय सभ्यता तथा संस्कृति के कुंठा तथा वर्जना विहीन जिस प्रारंभिक विधान के चित्र लेखक ने अपनी कविताओं में प्रस्तुत किये हैं, उन्हीं की प्रतिध्वनि नारी के इस स्वच्छ, तरल सौंदर्यांकिन में है। प्रकृति के जड़ तथा चेतन दोनों रूपों का चित्रण कथाकार ने उस रागात्मक तटस्थता के साथ किया है, जो आधुनिक कथा-शिल्प की एक अनिवार्यता हो गई है। 'डूबते मस्तूल' के ये सौंदर्य-चित्र नवलेखन की अपनी प्रकृति के अनुकूल हैं। सौंदर्य में डूब जाने या बह जाने की अपेक्षा उसकी उन्मुक्त सराहना अधिक स्वस्थ तथा नैतिक दृष्टि है, क्योंकि वह किसी रागात्मक कुंठा को जन्म नहीं दे पाती।

नये कथा-साहित्य की सफल कृतियों में लक्ष्मीनारायणलाल (1927 ई.) के उपन्यास 'काले फूल का पौदा' (1955 ई.) का स्थान विशिष्ट है। संस्कारों तथा संस्कृतियों का संघर्ष कथानक का प्रधान उपजीव्य है। आधुनिक जीवन की पारिवारिक अव्यवस्था और असंतुलन की यह कथा शरत् के 'नवविधान' की परंपरा में होते हुए भी युग के नये संदर्भों से संपृक्त है। विरोधी संस्कृतियों के असामंजस्य में जीवन कितना खोखला तथा आस्थाहीन हो जाता है, इसका यथार्थ चित्र प्रस्तुत करने के साथ-साथ मानव व्यक्तित्व में आस्था का प्रश्न भी उपन्यासकार ने उठाया है। देवन, गीता और चित्रा के चरित्रों की पारस्परिक संगति उतनी ही महत्त्वपूर्ण है, जितने उनके अलग-अलग चरित्र। मानव-जीवन उपन्यास में सदैव अपनी समग्रता में ग्रहीत होता आया है। आधुनिक उपन्यास की विशेषता यह है कि वह अपने अपेक्षाकृत संक्षिप्त कलेवर में भी जीवन को उतने ही व्यापक रूप में

स्वीकार करता है जितना कि 19वीं शती के बृहदाकार क्लैसिक कृतियों में चित्रित हुआ है। इसका प्रधान कारण यह है कि नये उपन्यास में घटनाओं की महत्ता न होकर उन घटनाओं द्वारा विकसित भाव स्थितियों के अंकन की महत्ता है। चित्रण की दृष्टि से घटनाएँ साध्य न होकर साधन बन गई हैं। 'काले फूल का पौदा' जीवन की व्यापकता को कई संदर्भों में प्रस्तुत करते हुए भी आकार की दृष्टि से बड़ा नहीं है। आधुनिक कथा-शिल्प में जीवन की सम्पूर्णता उसे फैलाने में न होकर संगत स्थितियों के चयन में है। साथ ही ये स्थितियाँ अपने-आपमें बड़ी तथा महान् हों, यह आवश्यक नहीं। काल की समग्रता अनुभूति की संपूर्णता में है। इसीलिए छोटे-से-छोटा क्षण भी महत्त्वपूर्ण है, यदि वह किसी समग्र अनुभूति को आत्मसात् कराने में सहायक है। यहीं घटना से अधिक महत्त्व उसके संघात का है। कथा-शिल्प के इस आंतरिक परिवर्तन के ही कारण एल्बर्ट कामूँ की कृति 'द आउटसाइडर' प्रायः सवा सौ पृष्ठों में पूरी हो जाने पर भी एक उपन्यास है 'लघु उपन्यास' या बड़ी कहानी नहीं। कथा-पट की व्यापकता का अनुभव उसमें अनुभूतियों की समग्रता के माध्यम से होता है, घटना या स्थितियों के विस्तार से नहीं। दृष्टि की संपूर्णता इस सीमित आकार में अधिक आ सकी है। इस प्रसंग में यह स्मरणीय है कि अनुभूति की समग्रता उसकी तीव्रता से भिन्न है; पहली उपन्यास की विशेषता है तो दूसरी कविता की।

'काले फूल का पौदा' को जब नवलेखन के महत्त्वपूर्ण उपन्यासों में कहा गया तो उसका भाव यही है कि वह एक सफल कथाकृति है और साथ ही आधुनिक अर्थ में उपन्यास है, आकार की दृष्टि से भी और आंतरिक शिल्प की दृष्टि से भी। प्रयोग की अवस्था में सफलता संदिग्ध रहती है। पर लक्ष्मीनारायणलाल की यह कृति प्रयोग भी है और सफल भी, जो निश्चय ही नवलेखन की एक उपलब्धि है। यह दूसरी बात है कि उसे बहुत साहसिक प्रयोग न माना जा सके। पर जैसा कि पहले कहा गया हिंदी उपन्यास में प्रयोग अपेक्षाकृत सीमित दृष्टि से संभव हैं। 'काले फूल का पौदा' उतनी ही हद तक प्रयोग है जितना कि हिंदी उपन्यास के संक्षिप्त इतिहास की पृष्ठभूमि में संभव हो सकता था।

कुछ कथाकृतियों के समग्र वातावरण स्मरणीय रहते हैं। 'नदी के द्वीप' में आभिजात्य का वातावरण, 'गुनाहों का देवता' में अल्हड़पन का, अमृतलाल नागर के 'बूँद और समुद्र' में मुहल्लों की अनौपचारिकता का, या फिर कामूँ के उपन्यास 'द आउटसाइडर' में तीखेपन का वातावरण और हेमिंग्वे के 'फॉर हूम द बैल टोल्स' में युद्ध के असंयम का वातावरण–ये सब मानो इन उपन्यासों के चरित्रांकन या रचनादृष्टि से अलग अपने आप में अनुभूति के विषय हैं। इन वातावरणों की याद पाठक को बराबर बनी रहती है भले वह उन उपन्यासों के प्रधान पात्रों तक को भूल जाये। यह वातावरण उस तत्त्व से भिन्न है जिसे हम 'वातावरण प्रधान

कहानी' में देखते हैं। उपर्युक्त उपन्यासों में यह वातावरण उस कृति का अनिवार्य व्यक्तित्व जैसा है, जो उन पर ऊपर से आरोपित नहीं किया गया वरन् उसी की समग्रता में से उभरता है। सच तो यह है कि उपन्यास का यह व्यक्तित्व किसी हद तक रचनाकार के कथा-गठन की सफलता का परिचायक है, और मूलतः कृति की रचना-दृष्टि से संबद्ध है।

'काले फूल का पौदा' का वातावरण भद्रता का है। समूचे उपन्यास में मनोवैज्ञानिक संघर्षों के बावजूद शांति की अवस्थिति है, जो कथाकृति में तुलसी के पौदे के प्रतीक रूप में प्रतिष्ठित है। यह भद्र वातावरण आधुनिक युग के संदर्भ से बहुत संपृक्त नहीं लगता, यद्यपि अपनी विरलता के कारण नया अवश्य जान पड़ता है। शांति के स्थान पर विक्षुब्ध शांति का वातावरण आज के जीवन के अधिक निकट है। पर दूसरी ओर यह भद्रता अपनी प्रकृति में छायावादी भी नहीं है, क्योंकि यह मूलतः संघर्षों में से विकसित हुई है। पूरे उपन्यास में बल भारतीय संस्कृति की वकालत पर न होकर सांस्कृतिक तत्त्वों के सामंजस्य पर है। आधुनिक जीवन में जिस प्रकार विशुद्ध भारतीय जीवन का पुनरुत्थान सत्य नहीं है, उसी प्रकार पाश्चात्य संस्कृति का आरोप भी संगत नहीं है, क्योंकि वह आरोप जीवन के रेशों में नहीं प्रवेश कर सकता। संस्कृति एक सतत विकासमान तत्त्व है। इन विकासों को अस्वीकार करना प्रतिक्रियावादी दृष्टि है। 'काले फूल का पौदा' इन विकासों को स्वीकार करता है, और उसकी यह प्रगतिशील दृष्टि ही किसी हद तक समूची कृति के भद्र वातावरण का कारण है।

अमृतराय (1921 ई.) का 'नागफनी का देश' दांपत्य जीवन के विघटन का आख्यान है। भावनाओं की दृष्टि से घनीभूत होने पर भी कथानक की संगति कथा-कृति में स्पष्ट नहीं हो सकी है। उपन्यास का अधिकांश चिंतन में है, और उसके माध्यम से मुख्यतः भावात्मक असामंजस्य को विकसित करने की चेष्टा की गई है। पर वह असामंजस्य स्पष्ट नहीं हो सका है। यों, इस छोटे-से उपन्यास का विक्षुब्ध वातावरण भुलाया नहीं जा सकता।

'चाँदनी के खँडहर' (1954 ई.) गिरिधरगोपाल (1926 ई.) का प्रथम तथा अब तक का अंतिम उपन्यास है। इस कथा-कृति में संपूर्ण जीवन के असामंजस्य का चित्रण हुआ है, जिसकी सबसे बड़ी विशेषता यह है कि वह यथार्थवादी न होकर यथार्थ है। शिल्प की दृष्टि से 24 घंटों में सीमित कथानक को लिया गया है। यह इस शिल्प का वास्तविक नमूना है, जिसमें इतनी संक्षिप्त अवधि का प्रत्येक संगत क्षण अंकन पा सका है। कथानक के अनुरूप ही उपन्यास का वातावरण घनीभूत है। आधुनिक युग में मध्यमवर्गीय प्रेम किन विषम परिस्थितियों में चलता है, इसका सहज तथा उन्मुक्त रूप 'चाँदनी के खंडहर' में देखने को मिलता है। कथानक, पात्र तथा भाषा सभी एकदम सामान्य जीवन से लिये गये हैं। उपन्यास

का नायक बसंत अपनी सारी सहजधर्मिता के साथ इस शती का वास्तविक 'हीरो' है। उसके चरित्र की भी सबसे बड़ी विशेषता उसकी भद्रता है, जो समस्त कथानक पर छाई हुई है। 'काले फूल का पौदा' की गीता के समान ही 'चाँदनी के खँडहर' के बसंत की जड़ें सुगठित परिवार की आत्मीयता में हैं। इसीलिए जीवन की सारी कटुता और तिक्तता के बावजूद वे अपनी भद्रता नहीं खोते। आधुनिक यूरोपीय कथा-साहित्य में जिस संघर्ष तथा तनाव का चित्रण है उसके मूल में परिवार का विघटन एक प्रधान कारण है। इस विघटित परिवार की मानवीय असंपृक्ति का सबसे सशक्त उदाहरण कामूँ के 'द आउटसाइडर' में मिलता है, जिसका नायक अपनी माँ के शव के पास बैठकर चाहते हुए भी नहीं रो पाता। व्यक्तित्व के इस निपट एकाकीपन की भयानकता का अनुभव कामूँ का पाठक बराबर करता है। आधुनिक जीवन-पद्धति के एक बड़े ख़तरे की ओर जिस ढंग से उसने हमारा ध्यान आकर्षित किया है, वह स्वतः बहुत निरापद नहीं, क्योंकि कलात्मक संकेत प्रायः दुधारी तलवार का कार्य कर सकते हैं।

ह्रासोन्मुखता तथा विघटन के आधुनिक वातावरण में बसंत आस्था का प्रतीक है। ऐसी आस्था, जो उत्साह मात्र नहीं है, जो ऊपर से आरोपित नहीं, वरन् संकट की सतत अनुभूति से जिसका उदय हुआ है। यह एक विलक्षण सत्य है कि गिरिधर का सारा रोमांटिसिज़्म, और निराशावाद जो उनके गीतों की एक प्रमुख विशेषता थी, इस उपन्यास में एक सक्षम तथा स्वच्छ साहचर्य के रूप में परिणत हो गया है। उपन्यास का शीर्षक ('चाँदनी के खंडहर') तक उनके काव्य की परंपरा में है, पर समूची कथाकृति मानव की जिजीविषा और उसके संघर्ष का चित्रण है। शिल्प की दृष्टि से भी गिरिधर का उपन्यासकार और उनके कवि की अपेक्षा कहीं अधिक आधुनिक है।

नये कथा-साहित्य के अंतर्गत गिने जाने वाले उपन्यासों में कुछ की प्रकृति स्थानीय है। इन्हें आंचलिक, उपनगरीय या मुहल्लों को चित्रित करनेवाला कहा गया है। इनमें से भी आंचलिकता का तत्त्व अपेक्षाकृत प्रबल रहा है, जो पहले तो एक स्वस्थ प्रवृत्ति के रूप में प्रारंभ हुआ पर बाद में जिसकी परिणति धीरे-धीरे एक फ़ैशन के रूप में होने लगी। उपन्यास और कहानी दोनों में यह ग्रामोन्मुखता अब एक ढर्रे के रूप में हो गई है।

नये उपन्यासों में आंचलिकता का प्रारंभ फणीश्वरनाथ 'रेणु' (1921 ई.) के 'मैला आँचल' (1954 ई.) से होता है, जो अपने आप में एक प्रयोग होने के साथ-साथ इस युग की सफलतम कथाकृतियों में से है। उपन्यास का प्रयोग उतना ही सशक्त तथा नया है, जितनी गहरी उसकी दृष्टि है। प्रयोग तथा उपलब्धि का विशिष्ट सामंजस्य इस रचना में देखा जा सकता है।

'मैला आँचल' के माध्यम से गाँधीवादी और कांग्रेस आंदोलन का प्रथम बार

मानवीय पृष्ठभूमि में अध्ययन हुआ है। नैतिकता तथा उच्च आदर्शों की दुहाई देने वाले इस आंदोलन का यथार्थ उद्घाटित करके उपन्यासकार ने एक समसामयिक जीवन-पद्धति तथा राजनीति की कलात्मक विवेचना की है। इसीलिए 'रेणु' की इस कृति का मूल्य कई स्तरों पर है। वर्त्तमान ग्रामीण राजनीति, उसकी खोखली नेतागीरी, समस्त प्रतिक्रियावादी शक्तियों का प्रच्छन्न रूप में कांग्रेस आंदोलन से मिल जाना और अशिक्षा के वातावरण में जनतंत्रात्मक पद्धतियों का शिक्षण–इन सबको मिलाकर हमारे आधुनिक जीवन के रेशों का अत्यंत संवेदनशील अध्ययन 'मैला आँचल' में मिलता है। उसका शिल्प भी नये विकासों के अनुकूल है; 'रेणु' का यह उपन्यास नायक विहीन है। समस्त जन-जीवन ही सामूहिक रूप से उपन्यास का नायक है। इस लोक-संपृक्ति की दृष्टि से 'मैला आँचल' युग के सफल कथा-प्रयोगों में है। शिल्प तथा वस्तु दोनों दृष्टियों से यह कृति एक बदलते हुए समाज का संपूर्ण अनुभावन है। इसीलिए ऊपर से प्रायः असंबद्ध चरित्रों की कथा होते हुए भी 'मैला आँचल' अपने आप में एक समग्र अनुभूति है।

नये कथा-साहित्य की प्रकृति अपेक्षाकृत तीखे चरित्र-चित्रण से संबद्ध है। व्यंग्य के माध्यम से समाज की अव्यवस्था की ओर संकेत हमें नयी कविता में भी मिलते हैं। यह प्रवृत्ति लेखक के मन के असंतोष तथा खीज की उपज है। कलात्मक संघटन के लिए नये साहित्य-शिल्प यह सबसे बड़ा आंतरिक बचाव-साधन है। 'मैला आँचल' का प्रमुख कथा भाग सन् बयालीस के आंदोलन की कुछ अस्वस्थ दिशाओं पर ऐसा ही चित्रण है। बिना किसी पक्षधरता के इसका कलात्मक मूल्य होनें के साथ-साथ विचारात्मक मूल्य भी है। राजनीति के स्तरों का स्पर्श करते हुए 'मैला आँचल' के लेखक ने पक्षधरता को स्वीकार नहीं किया, यह इस कृति की दूसरी प्रमुख विशेषता है। उपन्यास में जिस हद तक राजनीति दृष्टि है, वह दलगत न होकर मानवतावादी है। इस प्रकार के राजनीतिक मूल्यों की स्थापना नये साहित्य की एक नव-विकसित प्रवृत्ति है। समन्वयवाद के सुनहले नियम को छोड़कर आज का लेखक समसामयिक राजनीति के संबंध में अपना सुस्पष्ट मत व्यक्त करता है।

'मैला आँचल' की आंचलिकता इसलिए सार्थक है क्योंकि वह जीवंत चित्रण है। सामान्य और अकिंचन घटनाओं का इतना अंतर्दृष्टिपूर्ण वर्णन हिंदी कथा-साहित्य में कम ही मिलता है। चरित्रगत शिल्प की दृष्टि से उसके प्रत्येक पात्र का महत्त्व है। साथ ही वह कुछ सफल चरित्रों का एल्बम भी नहीं है, जैसा कुछ समीक्षकों ने माना है। आंचलिक उपन्यास की यह प्रकृतिगत विशेषता और इसीलिए सफलता भी है, कि उसमें किसी चरित्र की आपेक्षिक प्रधानता न होकर समस्त अंचल के एक संघटित जीवन का अंकन होता है। इस दृष्टि से 'मैला आँचल' की सफलता स्पृहणीय रही है।

अपनी प्रथम कृति की सफलता से प्रेरित होकर 'रेणु' ने 'परती परिकथा' (1957 ई.) लिखी। पर इस दूसरी रचना में लेखक की आंचलिकता उतने जीवंत रूप में प्रकट न हो सकी। 'मैला आँचल' के जो तत्त्व पाठक को नये तथा ताजे लगे थे वे ही एक फ़ैशन के रूप में ग्रहीत होने के कारण 'परती परिकथा' में उबा देने वाले हो गये हैं। पर इस सबके बावजूद लेखक की अंतर्दृष्टि जहाँ-जहाँ उभरी है, वहाँ कथा की रसमयता 'मैला आँचल' का अवसादपूर्ण स्मरण दिला देती है। 'रेणु' के इस दूसरे उपन्यास का शिल्प कई दृष्टियों से महत्त्वपूर्ण है। अतीत और वर्त्तमान की सीमाओं को न स्वीकार करते हुए उपन्यासकार ने अपने शिल्प में चारित्रिक संवेदना की संबद्धता को प्रधानता दी है। राजकीय योजनाओं का सहानुभूतिपूर्ण अंकन भी इस कथा-कृति की एक अन्य विशेषता है–इस अर्थ में कि योजना को उपन्यास में मानवीय दृष्टि से देखा गया है दलगत राजनीति अथवा आर्थिक दृष्टि से नहीं।

'परती परिकथा' की सबसे बड़ी कमी उसका उलझा हुआ चरित्र-चित्रण है। इसके दो कारण हो सकते हैं। एक तो ताजमनी को छोड़कर उपन्यास के अन्य पात्रों में चारित्रिक संवेदना का अभाव है, और दूसरे अतीत तथा वर्तमान को कथा की पट-भूमि में एक साथ रखने की वजह से पात्रों का मनोविज्ञान तथा सामाजिक परिस्थितियाँ एक-दूसरे से उलझ गई हैं। ऐसा नहीं कि यह इस प्रकार के कथा-शिल्प का स्वभावगत दोष है। बँगला के प्रसिद्ध उपन्यासकार ताराशंकर बनर्जी ने अपने 'आरोग्य निकेतन' में शिल्प की इस पद्धति को बड़े सक्षम रूप से निभाया है। पर 'रेणु' इस कठिनतर शिल्प का सही निर्वाह नहीं कर सके हैं, कम-से-कम चरित्रांकन की दृष्टि से।

आंचलिक उपन्यासों के क्षेत्र में दूसरे प्रयोगकर्त्ता नागार्जुन (1911 ई.) हैं। 'रतिनाथ की चाची', 'बलचनमा' तथा 'बाबा बटेसरनाथ' उनके स्थानिक रंगों से युक्त उपन्यास थे। इधर प्रकाशित 'वरुण के बेटे' (1957 ई.) उनकी प्रधानतः आंचलिक कथा-कृति है। वैसे इस उपन्यास में आंचलिक जीवन की अपेक्षा एक व्यावसायिक जाति का जीवन अधिक अंकित हुआ है। मिथिला के कुछ मछुओं को उनके नये विद्रोही स्वर में प्रदर्शित किया गया है। पर विद्रोह के इस स्वर के अतिरिक्त इस छोटे-से उपन्यास में संघटन, रचना-दृष्टि तथा कलात्मक चित्रण की दृष्टि से कुछ महत्त्वपूर्ण नहीं है। सीमित आकार के कारण जातीय जीवन का भी कोई संश्लिष्ट चित्र उभर नहीं सका है। शीर्षक की कलात्मक व्यंजना और उपन्यास के रचना-विधान में कोई समानता नहीं। एक ग्रामीण उद्योग के कुछ पक्षों को कथा के रूप में रख देना ही 'आंचलिक उपन्यास' नहीं है, क्योंकि 'आंचलिक उपन्यास' में अंततः आंचलिकता की अपेक्षा उपन्यासत्व कहीं अधिक महत्त्वपूर्ण है।

उदयशंकर भट्ट (1897 ई.) का 'सागर, लहरें और मनुष्य' (1956 ई.) महानगरी बंबई के उपनगरीय जीवन और उसकी एक प्रमुख व्यावसायिक जाति मछुओं की कथा को प्रस्तुत करता है। प्रकाशित होने के समय इस उपन्यास ने पाठकों तथा समीक्षकों का काफ़ी ध्यान आकर्षित किया। बंबई के उपनगरों और उसकी मिली-जुली बोली (हिंदी, मराठी, गुजराती और गोआनीज़ के संयोग से निर्मित) के संबंध में हिंदी प्रदेश के लोगों का अपेक्षाकृत कम ज्ञान इस आकर्षण का एक प्रमुख कारण था। मछुओं के जीवन का वर्णन भी स्वाभाविक तथा जीवंत है, मानो मछली की पनीली गंध तक उसमें आती है। पर उपन्यास के समूचे कथानक में विशेष नयापन नहीं है। रत्ना, यशवंत तथा माणिक के चरित्र और इस त्रिकोण के संदर्भ में रत्ना का आचरण प्रायः परंपरागत है। लेखक ने जितना साहस एक नया जीवन उठाने में किया है, यदि उतने ही साहस से वह कथानक का नियोजन भी करता तो प्रस्तुत उपन्यास और अधिक महत्त्वपूर्ण हो सकता था। फिर भी एक विशेष क्षेत्रीय और जातीय जीवन के अंकन में उपन्यासकार को काफ़ी सफलता मिली है, इसमें संदेह नहीं।

पिछले कुछ वर्षों के महत्त्वपूर्ण उपन्यासों में अमृतलाल नागर (1916 ई.) का 'बूँद और समुद्र' (1956 ई.) प्रमुख है। नागरिक जीवन के केंद्र मुहल्ले को लेकर इतना सूक्ष्म तथा मनोवैज्ञानिक अध्ययन अभी तक नहीं हुआ। सच तो यह है कि एक विशेष क्षेत्रीय जीवन को उभारने की दृष्टि से हिंदी में जो उपन्यास लिखे गये हैं, उनमें नागर की यह कृति शीर्षस्थ है। चरित्रांकन, घटनाक्रम का वर्णन तथा पात्रों के मनोवैज्ञानिक संघर्ष की यथार्थ पकड़ 'बूँद और समुद्र' के लेखक में देखी जा सकती है। उपन्यास की क्लैसिक तथा आधुनिक दोनों पद्धतियों में जिस सूक्ष्म अंतर्दृष्टि और परख की आवश्यकता होती है, वह नागर में इतनी है कि उसके माध्यम से एक उत्कृष्ट तथा सफल उपन्यास का सृजन हो सके। पर महान् उपन्यास लिखने के लिए इससे भी अधिक कुछ और चाहिए जिसे वे अभी पूर्णतः उपलब्ध नहीं कर सके हैं। वे तत्त्व हैं कथा संघटन की गहराई और समूची कृति की रचना-दृष्टि।

इसमें संदेह नहीं कि यह गहराई और दृष्टि यदि लेखक में सानुपातिक दृष्टि से और होती तो 'बूँद और समुद्र' की स्थिति कहीं अधिक स्पृहणीय होती। क्योंकि जितना विस्तृत पट उपन्यासकार ने स्वीकार किया है, उसके निर्वाह के लिए बहुत गहरी और बहुमुखी रचना-दृष्टि अपेक्षित थी। चरित्र की मौलिक संवेदना और उसके आचरणों के बीच की संगति को नागर अच्छी तरह पकड़ सके हैं। उपन्यास की 'ताई' विश्व कथा-साहित्य के किसी भी सफल चरित्र की तुलना में रखी जा सकती है। पर समूचे उपन्यास की रचना-दृष्टि में वह कुछ अधिक जोड़ नहीं पाती। वह एक समूचे युग की संवेदना, आचरण तथा अंधविश्वासों को अपने में समेटे

हुए है–एक ऐसा युग जो शताब्दियों तक भारतवर्ष के इस प्रदेश पर छाया रहा, पर जो नवीन संदर्भों के बीच अब विघटित हो रहा है।

'बूँद और समुद्र' का समाज जिन विभिन्न रेशों से प्रस्तुत हुआ है, वे कलात्मक दृष्टि से सदैव मेल नहीं खाते। तंत्र के इस अभाव में उपन्यास का कथानक ठीक से संगठित नहीं हो पाया है। ताई, सज्जन और महिपाल की कथा-धाराएँ आवश्यक अन्विति नहीं प्राप्त कर सकी हैं। इसके अतिरिक्त अन्य कई कथा-तत्त्व उपन्यास की भाव-धारा को आगे बढ़ाने में अनावश्यक सिद्ध होते हैं। रेडियो पर महिपाल की कहानी, कृष्ण-भक्त साधु के आश्रम की कथा अथवा ब्रज की नौटंकी जैसे स्थलों की कथानक में कोई संगति नहीं दिखाई देती। सज्जन ताई का नाती है और महिपाल का मित्र, इस एक वस्तुगत तथ्य से ही 'बूँद और समुद्र' की तीन कथाओं को परस्पर संबद्ध किया जा सकता है। विस्तृत कथा-पट भी संगत तथा संबद्ध घटनाओं और स्थितियों का चयन ही उपन्यासकार के सफल कथा-कौशल का प्रमाण है। इस दृष्टि से नागर का शिल्प जगह-जगह कमज़ोर है।

'बूँद और समुद्र' के सफलतम अंश ताई के चरित्र और लखनऊ के चौक मुहल्ले के जीवन से संबद्ध हैं। इन दोनों कथा-तत्त्वों को लेखक ने असाधारण कौशल और अंतर्दृष्टि से समन्वित किया है। समाज के अपेक्षाकृत पिछड़े जीवन के मनोभावों, संस्कारों और ईर्ष्या-द्वेषों का गहरा अध्ययन लेखक ने किया है। पर इतने सशक्त चित्रण की सबसे बड़ी कमी यह है कि उसमें किसी तलवर्त्ती दृष्टि का अभाव है। इस कमी को लेखक ने समाजशास्त्रीय सिद्धांतों की चर्चा करके पूरा करना चाहा है, पर इससे उपन्यास की कलात्मक उपलब्धि को क्षति ही पहुँची है। सज्जन, महिपाल और कर्नल की त्रयी में कर्नल का चरित्र सबसे अधिक सशक्त है, क्योंकि वह लेखक की कलात्मक संवेदना के निकट है। उपन्यास का नायक होते हुए भी सज्जन का व्यक्तित्व बहुत उभर नहीं सका है, क्योंकि वह अतिभावुक और पुस्तकीय है, जो 'बूँद और समुद्र' की सबल और व्यावहारिक प्रकृति के अनुकूल नहीं। उसका परिष्कृत और कुंठाओं से युक्त चरित्र उसकी हवेली और मुहल्ले के वर्जना-मुक्त जीवन से मेल नहीं खाता। यहाँ तक कि वनकन्या के सहज और किसी हद तक उन्मुक्त व्यक्तित्व के समक्ष भी वह कुछ घुटा-घुटा-सा लगता है। यहीं पर कर्नल की व्यावहारिकता उपन्यास को एक गति प्रदान करती है और सज्जन के पुस्तकीय विवेचन कथा-क्रम में एक ठहराव उत्पन्न कर देते हैं।

उपन्यास का दूसरा महत्त्व उसमें चित्रित यथार्थ के नये स्वरूप के कारण है। यथार्थ का यह चित्रण यथार्थवादी न होकर एक दम सहज-स्वाभाविक है, और एक से अधिक स्तरों का स्पर्श करता है। संस्कारों और कुंठाओं से लेकर लोगों के दैनिक व्यवहारों, यहाँ तक कि उनकी भाषा तक इस व्यापक यथार्थ के अंतर्गत

आ जाती है। भाषा-प्रयोगों और संवादों की दृष्टि से नागर की सफलता स्पृहणीय रही है। प्रस्तुत कृति में इन प्रयोगों के कुछ और नये आयाम विकसित हुए हैं। मुहल्लों के जीवन की सारी अनौपचारिकता, निकटता और अश्लीलता भी 'बूँद और समुद्र' के लेखक ने गहराई से पकड़ी है। साथ ही यह अंकन किसी वैचित्र्य-प्रदर्शन के लिए न होकर चरित्र-संवेदन में सहायक होता है और मुहल्ले के मध्यवर्गीय जीवन के रंगों को और उभार देता है।

मध्यवर्गीय जीवन को उसके व्यापक परिवेश में देखने का जितना बड़ा और सफल प्रयास 'बूँद और समुद्र' में नागर ने किया है उतना शायद ही किसी अन्य हिंदी उपन्यासकार ने किया हो। नागरिक मध्यवर्ग के वास्तविक केंद्र नगरों के मुहल्ले होते हैं, इसे लेखक ने भली-भाँति पहिचाना है। इन मुहल्लों की बैठकों, हलवाइयों और पानवालों की दूकानों और खोंचावालों में यह मध्यवर्गीय जीवन अपनी उन्मुक्त अभिव्यक्ति पाता है। व्यक्ति और समाज का बहुत कुछ अनिवार्य संबंध इस जीवन-पद्धति का विशेष अंग है। और इस संबंध के असंतुलन को लेखक ने कई स्थलों पर व्यंजित किया है। इस असंतुलन की सबसे बड़ी प्रतीक है स्वतः वनकन्या, जो बहुत दिनों तक सज्जन के संपर्क में रहने पर भी अपना सहज स्वाभाविक संतुलन नहीं प्राप्त कर पाती।

समाज और व्यक्ति के संतुलित संबंध का चित्रण करते समय लेखक ने मध्यवर्गीय परिवार के संगठन को सदैव ध्यान में रखा है। वस्तुतः यहाँ इस असंतुलन का एक प्रधान कारण विघटित परिवार है। मध्यवर्गीय परिवार की भावना के टूट जाने पर आधुनिक व्यक्ति उसके स्थान पर किसी अन्य संगठन का समाधान नहीं प्राप्त कर सका है। व्यक्ति और समाज के बीच की कड़ी परिवार के विघटित हो जाने पर आधुनिक सामाजिक जीवन में जो गत्यवरोध उत्पन्न हो गया है, उसका यथार्थ अंकन 'बूँद और समुद्र' के लेखक ने किया है। इस गत्यवरोध को प्रतिफलित करनेवाले मुहल्लों के सूक्ष्म और सहानुभूतिपूर्ण अंकन की दृष्टि से नागर का यह उपन्यास हिंदी कथा-साहित्य की एक महत्त्वपूर्ण उपलब्धि है। 'सहानुभूतिपूर्ण' इसलिए विशेष रूप से क्योंकि नागर में व्यंग और आक्रोश की भावना नहीं है, और शायद यह एक कारण है जिससे कि विगलित समाज का चित्र उपस्थित करने पर भी 'बूँद और समुद्र' में हमें कोई मौलिक दृष्टि नहीं मिल पाती।

किसी विशेष क्षेत्रीय जीवन को प्रस्तुत करने वाले उपन्यासों के अतिरिक्त हिंदी के नये कथा-साहित्य में कुछ और प्रयोग भी हुए हैं। भाव-बोध तथा शिल्प दोनों दृष्टियों से 'तंतुजाल' (रघुवंश), 'खाली कुर्सी की आत्मा' (लक्ष्मीकांत वर्मा) और 'सोया हुआ जल' (सर्वेश्वरदयाल सक्सेना) का विशेष महत्त्व है। रघुवंश (1921 ई.) का 'तंतुजाल' (1958 ई.) प्रणय की एक आधुनिक परिस्थिति को एक नये शिल्प के माध्यम से प्रस्तुत करता है। यह एक विचित्र तथ्य है कि भारतीय

सामाजिक जीवन में प्रेम के सहजतम रूप को सबसे अधिक कुंठाग्रस्त और अनैतिक माना गया है। इस अपवारित संबंध का बड़ा पारिवारिक चित्र रघुवंश ने प्रस्तुत किया है। 'तंतुजाल' में नीरा और नरेश का स्नेह-संबंध प्रचलित कोटियों के संदर्भ में स्पष्ट नहीं है। उपन्यासकार ने उसे इसी रूप में चित्रित करना चाहा है। मानव-जीवन अंकगणित की भाँति सदैव स्पष्ट और निश्चित हो भी नहीं सकता। जो कुछ अस्पष्ट है, उसे उसी अस्पष्टता में प्रस्तुत करना नये कथा-शिल्प की विशेषता है। 'तंतुजाल' का कथा संगुंफन इस दृष्टि से सफल है।

'तंतुजाल' का प्रणय एक रुग्णा का है। अतः संपूर्ण कथानक में एक अजब-सी अवशता का वातावरण है। नीरा वर्षों से बीमार चारपाई पर पड़ी है। उसकी इस अवस्था के चिंतन और उसे देखने के लिए आते हुए नरेश भैया के ट्रेन में भाव-चित्रों के माध्यम से कथानक को बुना गया है। अपनी रुग्णता के संदर्भ में नीरा की बौद्धिक भावुकता हिंदी कथा-साहित्य के लिए अपेक्षाकृत नयी है। नीरा के भाव-चित्र पर ही सारा उपन्यास आधारित है–'विराट् पीपल का एक पत्ता है··· हरा-भरा, चंचल, अस्थिर और जीवन से स्पंदित !··· उसके कोमल तरंगित अस्तित्व के नीचे सहस्रों पतले सूक्ष्म तंतुओं का बेहद उलझाव है जिनमें उसकी चेतना का स्रोत प्रवाहित है। लेकिन···लेकिन उसके साथ एक कीड़ा भी है जो उस पत्ते में लगता है, धीरे बहुत धीरे हरियाली को चाटता है, चाटता जाता है।···पत्ता सूखता जाता है, उसकी अनंत चेतना का स्रोत उसी के साथ विलीन हो जाता है। फिर एक दिन अपनी समस्त पिछली स्मृतियों के रूप में रह जाता है···तंतुजाल !' उपन्यास के समूचे ढाँचे में यह रुग्णता और ह्रास तथा उसके साथ एक अनिवार्य अवशता की भावना बराबर बनी रहती है। पर इसका यह अर्थ नहीं कि 'तंतुजाल' में किसी प्रकार की विकृति अथवा निराशा की भावना है। उसके कथानक की अतिभावुकता कहीं-कहीं खटकने लगे, यह दूसरी बात है।

कथा-शिल्प के क्षेत्र में 'तंतुजाल' एक विशिष्ट प्रयोग है। एक ओर तो वह सीमित अवधि की कथा है और दूसरी ओर उसका संपूर्ण कथानक उपन्यास के दो प्रमुख पात्रों के चिंतन में ही विकसित होता है। इस प्रकार की शिल्प-पद्धति की अपनी कमियाँ और सीमाएँ भी हैं। यदि वह सारे कथानक को अत्यंत घनीभूत बना देता है तो उसमें स्थान-स्थान पर एकरसता की भावना भी उत्पन्न हो सकती है। सूक्ष्म, जटिल और अपेक्षाकृत नयी मनोवैज्ञानिक परिस्थितियों को व्यक्त करने वाले शब्द-प्रयोगों का अभाव उपन्यासकार की कठिनाई को और बढ़ा देते हैं। पर इतने खतरों के होने पर भी लेखक का यह साहसिक प्रयोग सराहनीय है।

अपनी कहानियों में रघुवंश की मुख्य संवेदना पारिवारिक रही है। पर उनका यह परिवार रक्त-संबंधों पर ही आधारित न होकर सहज-स्नेह संबंधों को भी अपना आधार बनाता है। इसीलिए परंपरागत परिवार की भावना के विघटन के इस युग

में भी उनकी पारिवारिकता अकालिक नहीं लगती। वरन् वह नयी और व्यापक नागरिक संस्कृति के संदर्भ में प्राचीन सीमित परिवार के संगठन का एक आधुनिक रूप है, जो नये मानव के एकाकीपन और रिक्तता को एक नया और सुदृढ़ आधार प्रदान करती है। सीमित ग्रामीण जीवन का परिवार आज के नगरों की जीवन-पद्धति में अधूरा और अनुपयुक्त लगता है। उसका आधुनिक रूप किन स्तरों पर विकसित होकर भारतीय जीवन के माधुर्य और आत्मीयता को बनाये रख सकता है, इसके कुछ महत्त्वपूर्ण संकेत रघुवंश का कथा-साहित्य दे सकता है।

'तंतुजाल' के गठन की एक बड़ी कमी है उसके नायक का कमज़ोर व्यक्तित्व, जो आधुनिक स्थितियों और संदर्भों के अनुकूल नहीं बन पाता। नरेश का चरित्र प्रारंभ से अंत तक भावुक बना रहता है; उसकी यह प्रवृत्ति उपन्यास के समस्त वातावरण पर छा गई है, जिसके कारण उपन्यास की गहराई को क्षति पहुँची है। रुग्ण के प्रेम का थोड़ा भावुक होना तो स्वाभाविक है, पर 'तंतुजाल' के अन्य पात्रों में प्रतिफलित यह प्रवृत्ति कथा-शिल्प को कमज़ोर बनाती है, विशेष रूप से आधुनिक साहित्य के बौद्धिक वातावरण के संदर्भ में। नीरा के पापा और डाक्टर अंकिल के चरित्र यदि कुछ विस्तार पा सकते तो उपन्यास में भावात्मक संतुलन अधिक होता। नीरा और नरेश की अतिभावुकता का प्रभाव उपन्यास की भाषा तक पर पड़ा है, जो वाक्य-भंग और शब्द-पर्यायों की आवृत्ति के कारण कहीं-कहीं व्यंजना-शक्ति खो बैठती है। अँग्रेज़ी शब्दों के बार-बार प्रयोग कुछ तो उपन्यास के प्रमुख पात्रों के व्यक्तित्व के कारण हैं, और कुछ अपेक्षाकृत नवीन मनःस्थितियों को व्यक्त करने के उद्देश्य से।

नये कथा-साहित्य में चरित्रों के मनस्तत्त्व की बारीकियों को पकड़ने की ओर अधिक ध्यान दिया जाने लगा है। क्लैसिकल उपन्यास में यह प्रवृत्ति पात्रों की व्यक्तिगत शैलियों और आचरण की विशिष्टताओं के अंकन में अभिव्यक्ति पाती थी। यह सूक्ष्म का स्थूल के प्रति विद्रोह नहीं वरन् स्थूल का ही सूक्ष्म के स्तर पर रूपांतरण है। आचरण की विशिष्टताओं के स्थान पर उसके पीछे के मनसतत्त्व को पकड़ पाने का महत्त्व अब अधिक है। 'तंतुजाल' के कुछ चरित्रांकनों में इस बात का सफल प्रयास दिखाई देता है। शांता बींदनी या सुंदरी जैसे पात्र मुख्यतः मनोवैज्ञानिक भाव-भूमि पर आधारित होते हुए भी मांसल हैं। स्थूल की सूक्ष्म में परिणति और फिर उस सूक्ष्म की अपेक्षाकृत स्थूल प्रतीति नव कथा-शिल्प के विकास की परिचायक हैं।

लक्ष्मीकांत वर्मा का प्रथम उपन्यास 'खाली कुर्सी की आत्मा' (1958 ई.) नये कथा-शिल्प का एक दूसरा रूप प्रस्तुत करता है। मुख्यतः सामाजिक व्यंग से अभिप्रेरित यह कथा-कृति समसामयिक जीवन-पद्धति के संबंध में एक रचनात्मक दृष्टि सामने रखती है। अपेक्षाकृत बड़े आकार में होने के कारण उपन्यास का

शिल्प कहीं-कहीं बिखर भले गया हो, पर उसकी रचना-दृष्टि समग्रतः सुरक्षित रह सकी है। लेखक की यह मूल दृष्टि कथा के माध्यम से भी अभिव्यक्त हुई है और विभिन्न पात्रों के मुख से भी कहलाई गई है। नये कथा-साहित्य की बौद्धिक विशिष्टता के कारण उसमें यह 'स्वशब्दवाच्यत्व दोष' पहले जितना अवांछनीय चाहे न भी माना जाता हो, पर वह कथा-शिल्प की सफलता का परिचायक तो नहीं ही है। उपन्यास के केंद्र में नया मनुष्य है जो एक बेहतर व्यवस्था को स्थापित कर सकेगा। 'साहित्यकार सोचता है यह बालक और यह अपाहिज ऐसे लगते हैं जैसे भावी संतति अपने पीछे पंगु, अपाहिज संस्कारों को छोड़कर आगे बढ़ने का प्रयास कर रही हो।' यद्यपि कुछ ही आगे चलकर उसे अपने इस विश्वास में शंका होने लगती है 'लेकिन उसने फिर सोचा और उसे लगा यह सब व्यर्थ है, इसमें न तो कभी भावना को तीव्र बनाने की क्षमता है और न शक्ति है। यह केवल एक दुर्घटना है जो किसी दूसरी दुर्घटना को जन्म देकर समाप्त हो जाती है।' इस आस्था और अनास्था के बीच उसका विश्वास उभरता है, जो किसी हद तक भविष्यवादी है। उपन्यास का अंत होता है, 'और बच्चा चीख़ रहा है...चीख़...जिसका अर्थ अभी बन नहीं पाया है।' तीखे व्यंग की निराशा में परिणति के स्थान पर भविष्य की आस्था में यह परिणति नवलेखन की अपनी विशेषता है।

नागर के 'बूँद और समुद्र' में मध्यवर्गीय समाज के आचरणों का जितना सजीव अंकन मिलता है, 'खाली कुर्सी की आत्मा' में मध्यवर्गीय जीवन के चिंतन और मनोवैज्ञानिक अभिप्रायों का उतना ही सहज संवेदन है। घड़ी की टिक-टिक में अपने यौवन को बेच देने वाले डाक्टर बनडोले से लेकर रिश्वत और रामनाम बैंक का हिसाब एक ही कापी में रखने वाले जनार्दन गार्ड तक उपन्यासकार ने आधुनिक मध्यवर्ग के मानसिक अवरोध को व्यंग और प्रतीक की भाषा में व्यक्त किया है। वेटिंगरूम का अपाहिज डाक्टर कहता है, "आदमी आज अपने केंद्र-स्थल से विस्थापित हो चुका है—उसके दिमाग़ में तरह-तरह के कीड़े पैदा हो गये हैं जो उसे चैन से बैठने नहीं देते—केकड़े की तरह तीखी चुभनेवाली टाँगें लेकर जब ये कीड़े अपनी सारी भूख उसके पिलपिले भेजे में चुभा देते हैं तो फिर आदमी आदमी नहीं रहता।" आदमियत के इस ह्रास के प्रति ही लेखक की मुख्य चिंता है।

लक्ष्मीकांत वर्मा की शैली की कई विशेषताएँ ऐसी हैं, जो उनकी कविता और कथा-साहित्य में प्रायः समान रूप से देखी जा सकती हैं। प्रतीक-पद्धति का प्रयोग ऐसी ही विशेषता है। लौह पुरुष, डॉ. बनडोले की घड़ियाँ या डा. संतोषी के चूहों संबंधी प्रयोग लेखक के कथ्य को प्रतीक रूप में व्यक्त करते हैं। पर ये प्रतीक परंपरागत पद्धति से भिन्न हैं, और अपनी प्रकृति में सामान्य और अकिंचन हैं। 'खाली कुर्सी की आत्मा' के प्रतीकों का महत्त्व तो कुछ और भी अधिक है। लोहे के खिलौनों के पारस्परिक संवाद उपन्यास की घटनाओं पर जो विवेचन करते

हैं, वह अनायास ग्रीक 'कोरस' का स्मरण दिला देता है। पर इस प्रचलित शैली का एक नया रूप लक्ष्मीकांत वर्मा ने ग्रहण किया है। ये खिलौने अपने आप में कथानक के महत्त्वपूर्ण अंग भी हैं, और उनके संवादों का विवेचन-मूल्य अलग से है। कुछ इसी प्रकार का प्रतीक लेखक ने खटमल और दीमक के माध्यम से रखा है, यद्यपि इस युग्म को उन्होंने आगे नहीं बढ़ाया। पर केवल प्रतीकों के माध्यम से ही लेखक ने अपनी बात कहनी चाही हो, ऐसा भी नहीं है। प्रतीक-योजना उपन्यास के कथानक को अपने ढंग से आगे बढ़ाती है, पर अपने आप में निरपेक्ष और स्वतंत्र नहीं है।

लेखक की शैली की एक दूसरी विशेषता है सामान्य घटनाओं, वस्तुओं या परिस्थितियों को तात्त्विक दृष्टि से देखने की प्रवृत्ति। पर यह शैलीगत विशेषता स्थान-स्थान पर कथाकार की एक कमज़ोरी भी हो गई है। उपन्यास के संवादों और वर्णनों की अनावश्यक दुरूहता का यह प्रधान कारण है। 'खाली कुर्सी की आत्मा' के वृद्ध पैटमैन की बातचीत का अंदाज़ यों है, "सिगनल की हरी बत्ती दो···क़ायदा है···सिर्फ़ हरी बत्ती सलामती का सूचक है और नहीं तो सिर्फ़··· लाल···लाल रोशनी···जो ठहराव है···खामोशी है···आतंक है··· ।" बातचीत के टुकड़ों के बीच के विराम स्पष्ट ही इस तात्त्विकता के आवरण को और गहरा करने के प्रयास हैं। खाली कुर्सी के मालिक हवल्दार का एक वाक्य है "आदमी की तस्वीर उस कागज़ के पुतले के समान है जो आतशबाजों द्वारा आसमान में टाँग दिया जाता है लेकिन जिसके पैर में बारूद-भरी चर्खी और माथे पर ठोस जस्ते की गोलियाँ रहती हैं··· । कोई आतशबाज नीचे पैर में आग लगा देता है और दिमाग की गोलियाँ निकलने लगती हैं, लेकिन उन्हीं के बीच जो गल नहीं पाता, जल नहीं पाता वह ठोस कारतूस की गोली है और वही ज़िंदगी है।" यह मौक़े-बेमौक़े तत्त्व-दर्शन की प्रवृत्ति अपने आपमें तो अनावश्यक है ही, साथ ही उपन्यास के अधिक गंभीर स्थलों के रसबोध को भी हल्का बना देती है। अपने सारे क्रांतिकारी प्रयोगों के बावजूद लेखक इस परंपरागत तत्त्व-दर्शन की प्रवृत्ति से अपने को मुक्त नहीं कर सका है, यह एक विलक्षण तथ्य है।

कविता के समान ही लक्ष्मीकांत के उपन्यास में तीखे व्यंग शैली के प्रमुख अंग हैं। पर इन व्यंगों के पीछे आक्रोश है, जब कि उनकी कविता की मूल भाव-भूमि सहानुभूतिपूर्ण है। उपन्यास का व्यापक परिवेश इस आक्रोश के अधिक अनुकूल है भी। तीखा व्यंग जिस मनःस्थिति का प्रतीक है वह सामान्यतः निराशावादी होती है, पर नयी कविता और नये कथा-साहित्य में यह मनःस्थिति आस्थाहीन नहीं है, क्योंकि आक्रोश और निराशा साथ-साथ नहीं चल सकते। आक्रोश व्यक्तित्व की सबलता का परिचायक है, विघटन का नहीं। इसीलिए नये साहित्य का व्यंग प्रधानतः रचनात्मक है।

'खाली कुर्सी की आत्मा' का शिल्प मिश्रित और नया है। कई शिल्प-पद्धतियों के संयोग से उसमें कुछ अस्पष्टता अवश्य है, पर कुल मिलाकर मध्यवर्ग के जिस बहुमुखी समाज का लेखक चित्र प्रस्तुत करना चाहता है वह उस आवश्यकता के प्रायः अनुरूप है। आत्मकथात्मक शैली से लेकर प्रवाहवादी शिल्प तक के नमूने 'खाली कुर्सी की आत्मा' में देखे जा सकते हैं। समूचे उपन्यास में एक छोटे-से नगर के जीवन की कथा है, जिसके अलग-अलग टुकड़े कथानक की 'नायिका' कुर्सी द्वारा जुड़े हुए हैं, वह कुर्सी जो बहुतों के एकांत क्षणों की सहचरी रही है। बौद्धिक प्रतिभाओं, सामान्य पंडितों और ज्योतिषी तथा बिगड़े शायर के नितांत व्यक्तिगत जीवन का आख्यान लेखक ने प्रायः समान रुचि और अंतर्दृष्टि से प्रस्तुत किया है। उनके मनस्तत्त्व का विश्लेषण आधुनिक मनोविज्ञान पर आधारित होते हुए भी पुस्तकीय नहीं है। वह प्रत्यक्ष जीवन से ग्रहीत है।

मानवीय संबंधों की विविध भाव-भूमियों का अध्ययन लक्ष्मीकांत वर्मा के उपन्यास में व्यंग की प्रधानता के कारण अतिरंजित रूप में हुआ है। फिर भी वे अपनी स्वाभाविकता से विरहित नहीं हैं। दिव्या देवी और सारथी ज्वालाप्रसाद के संवादों में उनका संबंध जिस रूप में उभरा है, वह एक स्तर पर व्यंग-प्रधान अवश्य है, किंतु अपनी सारी अतिरंजना में भी वास्तविक है। इसका प्रधान कारण यह है कि लक्ष्मीकांत ने यथार्थ को बड़े सबल हाथों से पकड़ा है। निम्न मध्य वर्ग के मनोविज्ञान को उसकी समस्त गहराइयों में अंकित करना 'खाली कुर्सी की आत्मा' की पहली और सबसे बड़ी विशेषता है। इस क्षेत्र में 'बूँद और समुद्र' के साथ उसकी गणना नये कथा-साहित्य की महत्त्वपूर्ण कृतियों में होगी। इस कृति का महत्त्व इसलिए और अधिक है कि उसमें प्रयोग की कई नयी और अछूती संभावनाएँ विकसित हुई हैं।

वर्तमान दशक के कथा-साहित्य का एक अन्य महत्त्वपूर्ण प्रयोग सर्वेश्वरदयाल सक्सेना के 'सोया हुआ जल' (1955 ई.) में मिलता है। किसी यात्रिशाला की एक रात में हुई घटनाओं को सिनेरियो शिल्प के माध्यम से इस कृति में प्रस्तुत किया गया है। प्रतीकों का नया और सफल प्रयोग सर्वेश्वर की अपनी विशेषता रही है, जो इस कृति में भी देखी जा सकती है। पर कवि की इस गद्य कृति में प्रतीकों और अभिप्रायों की योजना बहुत कुछ अतियथार्थवादी है। बूढ़े पहरेदार के माध्यम से लेखक ने विभिन्न यात्रियों की मनोभावनाओं और संघर्षों को एक रागात्मक तटस्थता के साथ देखा है। अपने-अपने कमरे में हर एक का नितांत व्यक्तिगत जीवन है, उनके अपने अवसाद-विषाद हैं, जिन्हें पहरेदार एक अवशता के साथ देखता है, और इन विभिन्न संवेदनों को एक साथ झेलने का यत्न करता है। पर इन सबको एक साथ ले चल पाना उसके मान का नहीं रहा है। नये सबेरे के आने तक की वह प्रतीक्षा नहीं कर पाता, पर मृत्यु के बाद भी उसकी अनुभूति

समाप्त नहीं हुई है; वह देखता है, "उसकी लाश बेंच के पास ज़मीन पर पड़ी है। पास बैठा एक कुत्ता मोटी, काली, रूखी रोटियाँ चबा रहा है। नया सबेरा उग रहा है। किशोर और रतना गाड़ी पर बैठ चले गये हैं। विभा और राजेश जाग उठे हैं। कमरे में हरी रोशनी अब भी जल रही है। ताल की सीढ़ियों पर घूमता हुआ दिनेश गुनगुना रहा है...

फूलों की क्यारियों में
रात, शराब की खाली बोतल दफन कर गयी है
ताकि नया सबेरा उसे न देख सके।"

शिल्प के साहसिक प्रयोग की दृष्टि से सर्वेश्वर के उपन्यास 'सोया हुआ जल' का विशिष्ट महत्त्व है। जिस प्रकार नयी कविता के वर्तमान रूप में पाठक के सहभोग की अनिवार्य स्थिति है, उसी प्रकार से इस उपन्यास में आस्वादात्मक प्रक्रिया लंबी और जटिल है। जीवंत और सक्रिय पाठक का जितना महत्त्व नवलेखन में है, उतना इसके पूर्व कभी न था। ('निकष' 1 के संपादकीय में पाठक के इस नये दायित्व के संबंध में महत्त्वपूर्ण संकेत मिलते हैं) नये साहित्य में उसकी सत्ता रसग्राहक की नहीं, वरन् रस निष्पत्ति के एक सहायक अंग के रूप में है। 'सोया हुआ जल' अमूर्त्त कला की भाँति निष्क्रिय पाठक की दृष्टि में प्रायः निरर्थक हो सकता है। नयी कला का अनुभावन अपनी मौलिक प्रकृति के कारण पाठक, श्रोता या दर्शक से पहले की अपेक्षा अधिक समय, सहानुभूति और सहभोग की अपेक्षा रहता है। कथा-साहित्य के शिल्प के क्षेत्र में सर्वेश्वर का उपन्यास इस बदले हुए संबंध का प्रथम सशक्त प्रतीक है।

हिंदी उपन्यास में नये शिल्प की दृष्टि से कुछ अन्य प्रयोग भी हुए हैं, पर इन कथा-कृतियों में शिल्प का महत्त्व अपेक्षाकृत अधिक हो गया है। प्रभाकर माचवे (1917 ई.) के उपन्यास 'द्वाभा' (1955 ई.) का कथा-संगठन प्रयोग की दृष्टि से सबसे अधिक असाधारण है। शिल्प की इस प्रधानता ने कथानक को कमज़ोर कर दिया है, यद्यपि कथा-कृति की मौलिक दृष्टि कहीं आच्छादित नहीं हो सकी है। भारतीय नारी के विभिन्न रूपों और स्तरों को 'द्वाभा' में एक नयी दृष्टि से प्रस्तुत किया गया है। स्कैच, कविता, डायरी, निबंध, कहानी साहित्य के इन विभिन्न माध्यमों को लेखक ने बड़े कौशल से एक साथ नियोजित किया है। उपन्यास की भूमिका, जो सबके अंत में दी गयी है, संपूर्ण कथा का एक अनिवार्य अंश बन गई है। कुल मिलाकर नयी शिक्षा और संस्कृति के संदर्भ में भी भारतीय नारी कितनी अवश तथा एकाकिनी है, इस तथ्य की कलात्मक व्यंजना माचवे की इस कृति में एक नये ढंग से हो सकी है। समूचे कथा-शिल्प में वैचित्र्य-प्रदर्शन की प्रवृत्ति भले न हो, पर विधान के समक्ष कथानक का अवमूल्यन उपन्यास की मौलिक

प्रकृति से मेल नहीं खाता। इस प्रसंग में यह स्मरणीय है कि सभी प्रयोग सुखद और हृदय को छू लेनेवाले हों, यह भी आवश्यक नहीं। क्योंकि प्रयोग तो प्रमुखतः अनेक आगामी सफलताओं की भूमिका होता है। इस दृष्टि से उसकी अपनी सफलता जितनी वर्त्तमान में है, उससे कहीं अधिक भविष्य में प्रक्षिप्त है। इसके अतिरिक्त 'द्वाभा' की रचना-दृष्टि का मूल्य भी कम नहीं है। शिक्षा और सामाजिक स्वतंत्रता से ही नारी की मुक्ति संभव नहीं हो पाती, उसके पनुरन्वेषण के लिए कुछ और परिष्कार आवश्यक है। 'द्वाभा' का आधुनिक नारी के संबंध में यह विश्लेषण शरच्चंद्र के बाद की स्थिति का एक महत्त्वपूर्ण पर्यावलोकन है। शिल्प की आनुपातिक प्रधानत्ता होने पर लेखक की यह दृष्टि और तीव्रता से उभर सकती थी। पर उपन्यास के मौलिक स्वरूप में परिवर्त्तन करके भी माचवे का यह संकेत स्पष्ट रह सका है, यह कम सफलता की बात नहीं है।

केशवचंद्र वर्मा की कथा-कृति 'काठ का उल्लू और कबूतर' (1955 ई.) शिल्प के संबंध में एक दूसरे प्रकार का प्रयोग है। कई-कई रातों तक चलनेवाली क़िस्सागोई का यह नया संस्करण है। लेखक ने किंचित् हास्य के पुट के साथ मध्यवर्ग का सर्वेक्षण अपने ढंग से किया है। पर शिल्प के वैचित्र्य में उपन्यास का कथानक बिखर गया है। प्रत्यक्षतः असंबद्ध कथासूत्रों को जोड़ने के लिए जिस रचनात्मक अंतर्दृष्टि की आवश्यकता होती है, वह इस उपन्यास की हल्की-फुल्की प्रकृति के बहुत अनुकूल नहीं पड़ती। शिल्प और कथानक के इस विरोधाभास ने उपन्यास की संभावनाओं को पूरा नहीं होने दिया। भाव-व्यंजना से असंपृक्त शिल्प वैसे भी असहाय हो जाता है। इसके बावजूद 'काठ का उल्लू और कबूतर' की प्रतीक-योजना तथा व्यंग प्रभावपूर्ण हैं। मध्यवर्गीय जीवन के कुछ नये और अछूते चित्र अपने अतिरंजित रूप में भी यथार्थ-अंकन की नवीन दिशाओं के सूचक हैं।

यथार्थ की पकड़ की दृष्टि से नयी पीढ़ी के कथाकारों में कमलेश्वर का स्थान विशिष्ट है। उनका प्रथम उपन्यास 'एक सड़क सत्तावन गलियाँ' सजग शिल्प और कौशल का उदाहरण अधिक हो गया है। क़स्बे की ज़िंदगी का बड़ा सूक्ष्म अध्ययन लेखक की कहानियों में मिलता रहा है। उस जीवन के विशिष्ट पक्षों को यदि इस उपन्यास में और उभारा जा सकता तो वर्त्तमान कृति का भावबोध कहीं ऊँचे स्तर का होता। चरित्रों की दृष्टि से 'एक सड़क सत्तावन गलियाँ' का विन्यास अधिक सफल है। यों उपन्यास का विधान कुछ बहुत नया नहीं है, पर उसकी सजगता ने लेखक के उस अकृत्रिम भाव-बोध को क्षति पहुँचाई है, जो उसकी कहानियों की एक प्रमुख विशेषता रही है। शिल्प के सजग प्रयोग के लिए सुचिंतित कथानक चाहिए, जो कमलेश्वर की सहज कथा-पद्धति के अनुकूल नहीं पड़ता।

कथा-शिल्प के प्रयोग के क्षेत्र में हिंदी उपन्यास का विकास स्वभावतः कई

दिशाओं में हुआ है। प्रायः हर महत्त्वपूर्ण कथा-कृति में एक नयी पद्धति को देखा जा सकता है, यद्यपि किसी उपन्यास की सफलता के लिए यह शर्त नहीं है कि वह शिल्प के किसी नये प्रकार में लिखा गया हो। पर प्रयोग की संभावना शिल्प में अधिक असानी से पूरी हो सकती है, अतः नये कथा-साहित्य में 'सूरज का सातवाँ घोड़ा' (1952 ई.) से लेकर 'खाली कुर्सी की आत्मा' (1958 ई.) तक कथा-विधान के विभिन्न रूप देखे जा सकते हैं। चौबीस घंटों में सीमित कथानक के ही कई प्रकार द्रष्टव्य हैं। 'चाँदनी के खँडहर' (गिरिधरगोपाल), 'डूबते मस्तूल' (नरेश मेहता) तथा 'तंतुजाल' (रघुवंश) में इस एक ही शिल्प-विधि का निर्वाह अलग-अलग ढंग से किया गया है। कथा के अंदर कथा की पुरानी-नयी शैली 'सूरज का सातवाँ घोड़ा' तथा 'काठ का उल्लू और कबूतर' में देखी जा सकती है। 'नदी के द्वीप' और 'काले फूल का पौदा' में कथानक को प्रधान पात्रों की दृष्टि से खंडों में विभक्त किया गया है। 'नागफनी का देश', 'परती परिकथा' तथा 'द्वाभा' में प्रवाहवादी शिल्प की प्रधानता है। 'खाली कुर्सी की आत्मा' आत्मकथात्मक शैली का एक सर्वथा नया रूप है। यह एक जड़ पदार्थ की संवेदनात्मक कथा है। 'बाहर-भीतर' में भी इस प्रकार की शिल्प-विधि का नया प्रयोग मिलता है। और सर्वेश्वर का 'सोया हुआ जल' सिनेरियो शैली में लिखा गया है। इसके अतिरिक्त परंपरागत शैली में लिखे गये उपन्यासों की भी कमी नहीं है; 'गुनाहों का देवता', 'पथ की खोज', 'मैला आँचल', 'वरुण के बेटे', 'सागर, लहरें और मनुष्य' और 'बूँद और समुद्र' शिल्प-विधि की किसी नवीन पद्धति को नहीं प्रस्तुत करते।

हिंदी के इन नये उपन्यासों में फ़्लैशबैक का प्रयोग भी कई रूपों में हुआ है। 'डूबते मस्तूल' की सारी कथा रंजना के द्वारा प्रायः जबरन सुनवाई गई है। इस प्रकार में फ़्लैशबैक की मनोवैज्ञानिक भाव-भूमि नहीं उभर पाती। इस शैली का स्वाभाविक निर्वाह 'तंतुजाल' में हुआ है, जहाँ नायक-नायिका के चिंतन के टुकड़ों के माध्यम से सारी कथा प्रस्तुत की गई है। इस शिल्प का एक अत्यंत सफल रूप ताराशंकर वंद्योपाध्याय के 'आरोग्य निकेतन' में देखने को मिलता है। 'तंतुजाल' का कथानक भी बड़ी सावधानी के साथ बुना गया है। नीरा और नरेश की जो मनःस्थिति है उसमें अतीत का खंडशः अवलोकन नितांत स्वाभाविक है। और जगह-जगह ये फ़्लैशबैक टूटकर वास्तविक जीवन में आ जाते हैं। इस प्रकार वर्त्तमान और अतीत का यह मनोवैज्ञानिक और कलात्मक सामंजस्य काफ़ी सफल बन पड़ा है।

सीमित अवधि (एक दिन) के कथानक के संबंध में पहले भी कहा जा चुका है। इस शिल्प का वास्तविक निर्वाह 'चाँदनी के खँडहर' में हुआ है। नायक के इलाहाबाद स्टेशन पर आने से शुरू होकर कथानक दूसरे दिन सबेरे तक चलता

है, और इस बीच की सभी संगत परिस्थितियों और घटनाओं का अंकन इस उपन्यास में हुआ है। 'डूबते मस्तूल' का कथानक भी समयावधि की दृष्टि से सीमित है, पर उसमें रंजना की आत्मकथा का विस्तार अनेक वर्षों के व्यवधान में फैला हुआ है। इसी प्रकार से 'तंतुजाल' में दिल्ली से लेकर जयपुर तक की एक्सप्रेस ट्रेन की यात्रा का समय लिया गया है। पर इतने ही काल में नरेश और नीरा के अतीत-दर्शन के माध्यम से काफ़ी लंबा कथानक प्रस्तुत किया गया है। इस दृष्टि से 'चाँदनी के खँडहर' का कथानक जितना घना है, उतना शेष दो कथा-कृतियों का नहीं। यह अवश्य है कि जिस दिन का वर्णन इस उपन्यास में किया गया है, वह असाधारण है, वह कई वर्षों के बाद बसंत के विदेश से आगमन का दिन है। साधारण दिन और साधारण क्षणों को संगत तथा घनीभूत बना देने वाले कथानक और शिल्प का हिंदी में अभी प्रयोग नहीं हुआ है।

क़िस्सागोई की अत्यंत प्राचीन शैली को नये संदर्भों में 'सूरज का सातवाँ घोड़ा' तथा 'काठ का उल्लू और कबूतर' में लिया गया है। इस प्रकार का शिल्प व्यंग्य के लिए अधिक उपयुक्त हो सकता है, और इन दोनों कथा-कृतियों में शिल्प की इस आंतरिक प्रकृति को पहिचाना भी गया है। इस सबके बावजूद इस कथा-विधि का इतना संस्कार नहीं किया जा सका जिससे कि वह नवीन और आधुनिक लगने लगे। यह अवश्य है कि 'काठ का उल्लू और कबूतर' में इस प्राचीन शिल्प का जितना अपरिवर्त्तित रूप है, उसी के अनुरूप उसके कथा-अभिप्राय हैं। इसके विपरीत 'सूरज का सातवाँ घोड़ा' में इस शिल्प को यथासंभव स्वाभाविक बनाने का प्रयत्न किया गया है।

खंडों में विभक्त कथानक की शैली अपेक्षाकृत पुरानी है। एक ही घटना तथा परिस्थिति को विभिन्न पात्रों की दृष्टि से देखने का इसमें अच्छा अवसर रहता है। साथ ही पात्रों की पारस्परिक स्थितियाँ और आंतरिक मनोभाव भी इस शैली में काफ़ी स्पष्ट हो सकते हैं। 'काले फूल का पौदा' में इस शिल्प की पहली संभावना पूरी हुई है, और 'नदी के द्वीप' में दूसरी। पर इस शिल्प का एक बड़ा दोष यह है कि समय कथानक को एकबारगी न ले सकने के कारण उसमें पर्याप्त नाटकीयता और कथात्मक संगति नहीं आ पाती। पूर्ण आत्मकथात्मक शैली का ही यह एक विकसित रूप है, पर उसकी तुलना में इसकी संभावनाएँ अपेक्षाकृत कम सिद्ध हो सकी हैं।

उपन्यास का प्रवाहवादी शिल्प अपने आप में एक स्थिरीकृत रूप नहीं है। हिंदी में भी इसके कई प्रकार देखे जा सकते है। 'नागफनी का देश', 'परती परिकथा' तथा 'द्वाभा' में कुछ इसी प्रकार का विधान है। उपन्यास-शिल्प के लचीलेपन तथा संभावना की दृष्टि से 'द्वाभा' की स्थिति नये कथा-साहित्य में असाधारण है। प्रवाहवादी शैली की विशेषता है जीवन को उसके सहजतम रूप में ग्रहण करने

की क्षमता। सामान्य और निरर्थक क्षणों को भी उसमें समुचित स्थान मिलता है। 'द्वाभा' का कथा-संघटन इसी प्रकार का है। विभिन्न प्रकार की अनुभूतियों को व्यक्त करने के लिए ही उसमें साहित्य के कई रूपों का प्रयोग हुआ है। पर इस शिल्प-विधि में अभी काफ़ी परिष्करण की आवश्यकता है।

उपन्यास की अपेक्षाकृत एक पुरानी शिल्प-विधि–आत्मकथात्मक शैली के कई नवीन रूप नये कथा-साहित्य में देखने को मिलते हैं। 'खाली कुर्सी की आत्मा' का कथा-विधान इस ढंग का एक सशक्त प्रयोग है। जिस प्रकार से आधुनिक आत्मकथाओं में चरितनायक प्रधान न होकर उनका युग अधिक प्रधान हो गया है, उसी प्रकार से आत्म-कथात्मक उपन्यास में भी नायक एक माध्यम-मात्र है, मानव-जीवन के कुछ पक्षों को संवेदित करने के लिए। आत्म-कथात्मक उपन्यास का एक अन्य पक्ष विकसित हुआ है, जिसमें कथा का नायक अपने श्रोता या पाठक को अपना निकट विश्वासपात्र बनाता है, और उसे एक सक्रिय सहभोगी के रूप में ग्रहण करता है। 'बाहर-भीतर' इस शिल्प-विधान का एक अच्छा उदाहरण है। इस संदर्भ में उपन्यास का प्रारंभिक परिच्छेद विशेष रूप से उल्लेखनीय है, और अंत में भी इस प्रारंभ के निर्वाह का ध्यान रखा गया है।

संबद्ध कलाओं से गृहीत शिल्पों में सिनेरियो शिल्प आंशिक या पूर्ण रूप से नये कथाकारों में कुछ अधिक प्रिय हुआ है। 'सोया हुआ जल' प्रारंभ से अंत तक इसी शैली में लिखा गया है। पर उसके चित्र-खंडों को साकार करके देखने में हिंदी पाठक अभी कहाँ तक समर्थ है, यह कहना कठिन है। यह लघु-उपन्यास कथा-साहित्य में पाठक के बढ़ते हुए सहभोग का द्योतक है। उसका यह दायित्व सिनेरियो शिल्प में और अधिक बढ़ जाता है, जहाँ कि वह मुद्रित पृष्ठ को चलचित्र के रूप में देखने का यत्न करता है।

नये कथा-शिल्प के विकास में पाठक के सहभोग की भावना अधिक मुखर हो रही है। इस संदर्भ में अभी उसकी स्थिति एकदम नयी कविता जैसी तो नहीं है, पर वह अपने पाठक को पहले की अपेक्षा अधिक निकट पा रहा है, प्रायः 'डूबते मस्तूल' की नायिका रंजना के सदृश ही। आवश्यक घटनाओं, पात्रों तथा स्थितियों का वह चयन करता है। अधिकांश तथ्यों को वह पाठक की कल्पना पर छोड़ देना चाहता है। किंतु कविता की अपेक्षा उपन्यास में पाठक इस आत्मीयता की भावना का प्रतिदान अधिक आसानी से दे पाता है, क्योंकि गद्य में इस सीधे संबोधन की संभावना और शक्ति कहीं अधिक है। प्राचीन साहित्य-शास्त्र के साधारणीकरण-सिद्धांत की अपेक्षा आधुनिक कविता और कथा-साहित्य में पाठक के इस सहभोग की स्थिति समूचे काव्य-व्यक्तित्व को अधिक पुष्ट और विकसित करती है। साधारणीकरण की अनुभूति बहुत कुछ निष्क्रिय हो सकती है, सहभोग में एक अनिवार्य सक्रियता की भावना है।

पर अपने नवीन विकासों के बावजूद हिंदी के नये कथा-साहित्य में पाठक के सक्रिय सहभोग के स्थान पर शिल्पगत वैचित्र्य ही अधिक प्रधान है। जैसा पहले भी कहा गया, शिल्प के क्षेत्र में प्रयोग अपेक्षाकृत असानी से हो सकते हैं। आवश्यकता इस बात की है कि मानव-जीवन के आत्मीय प्रसंगों में से नये प्रकार के कथानक लिये जायँ। कथानक और अनुभूति संबंधी प्रयोग भले उतने क्रांतिकारी न हो सकें जितने शिल्प के हैं, पर वे निश्चय ही अधिक सशक्त तथा स्थायी महत्त्व के सिद्ध होंगे। नवलेखन के कथा-साहित्य में इस प्रकार के प्रयोग हुए हैं, पर अपेक्षाकृत कम। 'चाँदनी के खँडहर', 'तंतुजाल', 'नागफनी का देश', 'काले फूल का पौदा', 'बाहर-भीतर' और 'बूँद और समुद्र' के नाम इस दृष्टि से उल्लेखनीय हैं। शिल्प का कौशल साधारण को असाधारण बना देने में है, जब कि आधुनिक कथानक असाधारण को भी साधारण रूप से ही प्रस्तुत करना चाहता है, जो अधिक कठिन है। परंपरा से विहीन प्रयोग करनेवाले हिंदी के नये कथा-साहित्य की वास्तविक दिशा यही है, अन्यथा केवल शिल्प संबंधी नवीनताएँ अंधी गली की ओर ले जाने का प्रयास हैं। आधुनिकता के संदर्भ में और अपने समूचे इतिहास के संदर्भ में नवलेखन के कथा-साहित्य को उसके सही परिप्रेक्ष्य में स्थापित करने के लिए यह आवश्यक है कि मानवीय संवेदनाओं का अन्वेषण तथा पुनरन्वेषण हो। उससे संपृक्त नया शिल्प तो अपने आप उभरेगा। प्रयोग और परंपरा की अधिक संघटित भाव-भूमि में ही हिंदी का उपन्यास आगे बढ़ सकेगा।

नयी हिंदी-कहानी की स्थिति उपन्यास से भिन्न है, यद्यपि हिंदी-नवलेखन के प्रसंग में नयी कविता और नयी समीक्षा की तुलना में दोनों पिछड़े रूप हैं। कहानी में किसी भी दिशा में महत्त्वपूर्ण प्रयोग प्रायः नहीं हुए हैं। इसका एक कारण यह हो सकता है कि वह अपने आपमें एक नया साहित्य-रूप है। और हिंदी-नवलेखन के प्रसंग में तो उसका इतिहास कुल पचास वर्षों का है। अपेक्षाकृत नये साहित्य-रूप होने के कारण उसमें विकास तथा प्रयोग की संभावनाएँ कम हैं। और दूसरी ओर यह साहित्य-रूप इतना नया भी नहीं है कि उसमें आधुनिक संदर्भों और संवेदनाओं की सही-सही अभिव्यक्ति हो सके। नये और पुराने के बीच इस माध्यम की स्थिति कुछ अजब-सी है। प्रायः सभी उन्नत साहित्यों में वह लोकप्रिय तो है, पर आधुनिक नहीं।

कहानी के अकालिक होने का एक दूसरा कारण भी है। कहानी का जन्म मुख्यतः मनोरंजन की उद्देश्य-पूर्त्ति को ध्यान में रखकर हुआ। आधुनिक युग और साहित्य अपनी समग्र प्रकृति में प्रधानतः बौद्धिक हैं। इस दृष्टि से कहानी का रूप-गठन ही आधुनिक संवेदना का विरोधी है, या कम-से-कम उसके अनुकूल नहीं। कथा-साहित्य में जिस रचना-दृष्टि की प्रधानता होती है, वह उसके माध्यम से

अभिव्यक्त नहीं किया जा सकता, कुछ तो उसके आकार के कारण और कुछ उसकी स्फुट प्रवृत्ति के कारण। इसीलिए कहानी एकांकी नाटक के समान लोकप्रिय है, पर वह नवलेखन का अंग नहीं बन सकी है। आधुनिक युग के प्रायः सभी महत्त्वपूर्ण कथाकारों ने कहानियाँ लिखी हैं—सार्त्र ने, कामूँ ने, हेमिंग्वे ने, पर उनका यश इन कहानियों के कारण नहीं है। या जिन कथाकारों की कहानियाँ प्रख्यात हैं, जैसे सोमर्सेट मॉम या ओ, हेनरी की, उन्हें नवलेखन के अंतर्गत नहीं रखा जाता।

हिंदी में कहानियों के क्षेत्र में प्रयोग की संभावनाओं के कम होने का एक और भी कारण है। जिन व्यावसायिक पत्र-पत्रिकाओं ने कहानियों के मुख्य तत्त्व मनोरंजन को एक दम सस्ता और वासनात्मक बना दिया, उन्हें इस प्रदेश में काफ़ी लोकप्रियता मिली। प्रणय की विषम सामाजिक परिस्थितियों और अशिक्षा तथा अर्द्ध-शिक्षा की वजह से छिछले स्तर का मनोरंजन जनता के अधिक निकट सिद्ध हुआ। और इस एक विशेष प्रकार की कहानी-कला ने हिंदी कहानी के उन्मुक्त मार्ग में अवरोध उत्पन्न कर दिया। इन व्यावसायिक पत्र-पत्रिकाओं के समक्ष हिंदी के वास्तविक कहानीकार कम टिक सके और धीरे-धीरे व्यापक समाज में इन कम मूल्य वाली, सस्ती पत्रिकाओं का बोलबाला हो गया। इस दृष्टि से उच्च साहित्यिक स्तर के कहानीकारों का पाठक-वर्ग सीमित हो गया, और किसी प्रकार के प्रोत्साहन के अभाव में कहानीकार ने या तो लिखना बंद कर दिया या फिर उसने भी फ़ॉरमूला-कहानियाँ लिखना प्रारंभ कर दीं। यही कारण है कि प्रेमचंद के बाद जैनेंद्र ('पत्नी', 'जाह्नवी') और 'अज्ञेय' ('रोज़') के शिल्प में जो नवीन विकास दिखाई दिये थे, हिंदी का कहानी-साहित्य उनसे आगे नहीं बढ़ सका।

हिंदी की नयी कहानी ने प्रयत्नपूर्वक दो-एक दिशाएँ ग्रहण कीं। चमत्कारी शिल्प और ओहैनरियन ढंग की कहानियाँ कमल जोशी ने लिखीं। लक्ष्मीनारायणलाल, केशवप्रसाद मिश्र, फणीश्वरनाथ 'रेणु', मार्कण्डेय, शिवप्रसादसिंह आदि ने कहानी के आंचलिक रूप को उभारा। इसके अतिरिक्त राजेंद्र यादव और मोहन 'राकेश' ने नागरिक जीवन के कुछ पहलू प्रस्तुत किये। पर ये कथाकार कहानी की आंतरिक प्रकृति को कोई मोड़ नहीं दे सके। रघुवीरसहाय ने अवश्य इस क्षेत्र में महत्त्वपूर्ण प्रयोग किये हैं। उनकी 'सेव', 'लड़ंके' या 'खेल' जैसी कहानियाँ नये साहित्य की भावभूमि के काफ़ी निकट हैं। सहज और सूक्ष्म संवेदनाओं के चित्र उन्होंने बड़े आत्मीय ढंग से अंकित किये हैं। इन कहानियों में जीवन का उल्लास, उद्वेग बिना किसी साहित्यिक अतिरंजना के प्रस्फुटित हुआ है। लेखक की कहानियाँ संख्या में अधिक नहीं हैं, पर कहानी जैसे सुस्थिर माध्यम में उसके ये सर्वथा नये प्रयोग ऐतिहासिक महत्त्व के हैं। कुछ इसी प्रकार के यत्न मनोहरश्याम जोशी ('उसका बिस्तर') ने भी किये हैं।

नयी कहानी के क्षेत्र में मौलिक प्रयोग करनेवालों में दूसरा उल्लेखनीय नाम कमलेश्वर का है। कहानी कमलेश्वर का प्रधान कार्य-क्षेत्र रहा है। 'राजा निरबंसिया' (1957 ई.) और 'कस्बे का आदमी' (1957 ई.) में संकलित उनकी कहानियाँ कुछ नवीन भावभूमियों और शिल्पविधियों को प्रस्तुत करती हैं। 'सुबह का सपना' और 'राजा निरबंसिया' जैसी रचनाएँ हिंदी की नयी कहानी में 'नयी' विशेषण को कुछ सार्थक बनाती हैं। इसके बावजूद प्रथम कहानी-संकलन की भूमिका में लेखक ने समीक्षकों से जो शिकायत की है, वह न्याय्य नहीं मानी जा सकती। नयी कहानी कही जाने वाली अधिकांश रचनाएँ तो जैनेंद्र और 'अज्ञेय' के बाद पीछे प्रेमचंद की तरफ अधिक झुकी हुई हैं।

हिंदी की 'नयी' कहानी मुख्यतः दो प्रकार के लेखकों द्वारा प्रस्तुत हो रही है। कुछ कहानीकार तो लगभग प्रयोगवाद के समकालीन हैं और इस क्षेत्र में प्रायः छिटपुट ढंग से प्रयोग कर रहे हैं। यहाँ प्रभाकर माचवे की 'पहली अप्रैल', धर्मवीर भारती की 'गुलकी बन्नो' या केशवचंद्र वर्मा की 'काले डिब्बों की चरखी' विशेष रूप से उल्लेखनीय है। माचवे की कहानी का सर्वथा अछूता शिल्प और केशव की रचना की हास्य अवसाद मिश्रित संवेदना हिंदी कथा-साहित्य की उपलब्धि है। शांति मेहरोत्रा की कुछ कहानियाँ भी नयी भाव-भूमि को छूने में सफल हुई हैं। द्विजेंद्रनाथ मिश्र 'निर्गुण' के स्तर के कहानीकार हिंदी में कम हुए हैं। विशेष परिस्थितियों और संदर्भों के कारण उनकी प्रतिभा की नयी दिशाएँ नहीं देखी जा सकीं, यह हिंदी कहानी का दुर्भाग्य ही माना जायेगा। प्रचलित शिल्प का अनुकरण करनेवाली उनकी कहानी 'रावण' मानवी संवेदना का एक गंभीर आख्यान है। रघुवंश ने इधर कहानियाँ नहीं लिखीं, पर उनके 'छायातप' संकलन और साप्ताहिक 'संगम' में प्रकाशित कहानियों का एक अपना व्यक्तित्व रहा है। भारतीय सामाजिक जीवन के केंद्र बिंदु परिवार का सहानुभूतिपूर्वक अध्ययन उनकी कहानियों में द्रष्टव्य है।

दूसरे वर्ग के नये कहानीकारों में कुछ प्रतिभाएँ ध्यान आकृष्ट करती हैं। ओंकारनाथ श्रीवास्तव, अमरकांत, शेखर जोशी, मालती परुलकर, मुद्राराक्षस, कृष्णा सोबती, मन्नू भंडारी, सैयद शफ़ीउद्दीन तथा शांता सिन्हा की कहानियाँ पत्र-पत्रिकाओं में बराबर निकलती रहती हैं। कुछ के संकलन भी प्रकाशित हुए हैं। कहानी के नये रूप मुद्राराक्षस, शफ़ीउद्दीन तथा शांता सिन्हा की रचनाओं में प्रतिफलित हुए हैं। यदि इस प्रकार के कुछ प्रयोगों को निश्चित दिशा मिल सके तो हिंदी की नयी कहानी शायद उभर सकेगी, चाहे वह फिर उतनी आधुनिक भले न हो जितने साहित्य के कुछ अन्य रूप हैं।

व्यंग कहानी में कुछ नवीनता लाने का यत्न शिक्षार्थी, केशवचंद्र वर्मा तथा हरिशंकर परसाई द्वारा हुआ है।

कुल मिलाकर हिंदी का नया कथा-साहित्य आधुनिक संदर्भों से अलग जान पड़ता है। नयी कविता या नये साहित्य-चिंतन जैसी आधुनिकता उसमें नहीं आ पाई है। उपन्यास में कुछ प्रयोग हुए हैं, पर सशक्त परंपरा के अभाव में उनकी संगति और सार्थकता स्पष्ट नहीं हो सकी। कहानी में प्रयोग एक तो प्रकृत्या संभव कम हैं, दूसरी ओर हिंदी कहानी के सीमित इतिहास के संदर्भ में उनकी संभावना और कम हो गई। इस दृष्टि से नया कथा-साहित्य नवलेखन का अपेक्षाकृत पिछड़ा हुआ अंग है, क्योंकि आधुनिकता के लक्षण तो सभी साहित्य-रूपों में एक से होने चाहिए।

नाटक की चर्चा

[व्यक्तित्व-संघटन की चिंता]

हिंदी-नवलेखन के तत्त्वावधान में नाटक कम लिखे गये हैं, उनकी चर्चा सैद्धांतिक और व्यावहारिक अधिक हुई है। एकांकी के कारण भी संपूर्ण नाटक के विकास को क्षति पहुँची है। पर नये नाटक संख्या की दृष्टि से चाहे जितने कम लिखे गये हों, उनकी आधुनिकता निर्विवाद है। नाटक आधुनिक युगीन संवेदना को व्यक्त करने के लिए सबसे उपयुक्त और सशक्त माध्यम है। फ्रेंच (सार्त्र, कामूँ आनुई), जर्मन (ब्रैख़्ट), अँग्रेज़ी (ऑस्बर्न) तथा अमेरिकन (टैनेसी विलियम्स, आर्थर मिलर) नाट्यकार तथा उनकी कृतियाँ अपने समूचे साहित्य के संदर्भ में प्रायः सर्व प्रमुख हैं। आधुनिक युग की जटिल, अर्द्ध-अनुभूत और अननुभूत संवेदनाओं की अभिव्यक्ति के लिए नाटक जैसा उपयुक्त अन्य साहित्य-रूप नहीं है।

हिंदी में नाटक की परंपरा संस्कृत-प्राकृत और अपभ्रंश से प्रायः अविच्छिन्न रूप से आई है, पर हिंदी के नाटक अपनी प्रकृति में मध्ययुगीन ही बने रहे। नाट्य का तो हिंदी-साहित्य में लगभग पूर्णतः अभाव रहा है। इसके दो मुख्य कारण हैं–व्यवस्थित साहित्यिक रंगमंच की कमी और एकांकी नाटकों का प्रचार-प्रसार। इन परिस्थितियों के कारण प्रसाद के बाद पूर्ण नाटक लिखना प्रायः समाप्त हो गया। एक प्रकार से प्रसाद हिंदी के प्रथम तथा अंतिम नाटककार होकर रह गये।

नवलेखन के तत्त्वावधान में नाटक को पुनरुज्जीवित करने के प्रयास कई दृष्टियों से हुए। नाटक को उसका रंगमंच प्रदान करने की चेष्टा की गई, पूर्ण नाटक की मर्यादा का निर्वाह ध्यान में रखा गया और नाटक के आधुनिक आयाम भी विकसित किये गये। यह सही है कि इस प्रकार के नाटक नवलेखन में चार-छः ही हैं, पर उनसे इन नये नाटककारों की जागरूकता स्पष्ट हो जाती है। और

रंगमंच प्राप्त कर लेने पर यदि किसी युग में दो-चार नाटक सफल लिखे जायँ तो भी पर्याप्त हैं। अपने कुल तीन नाटकों और उनमें से भी प्रधानतः एक ही नाटक 'लुक बैक इन एंगर' द्वारा जॉन ऑस्बर्न ने कई दशाब्दियों से चले आने-वाले अँग्रेज़ी नाट्य साहित्य के समकालीन गत्यवरोध को दूर कर दिया।

हिंदी के नये नाटक को एक आधुनिक और सशक्त रूप देने में लक्ष्मीनारायणलाल (1927 ई.) का विशिष्ट योग रहा है। उनका नाटक 'मादा कैक्टस' (1957 ई.) इस क्षेत्र में प्रमुख माना जा सकता है। प्रणय के जिस सहज, सरल रूप का चित्रण अज्ञेय, देवराज और रघुवंश ने क्रमशः 'शेखर', 'पथ की खोज' तथा 'तंतुजाल' में किया है, उसका एक दूसरा पहलू 'मादा कैक्टस' में अंकित हुआ है। कलकार का वायवीय प्रेम सामान्य स्नेह-संबंधों से अलग है क्योंकि उसका प्रधान दायित्व अपने व्यक्तित्व तथा अपनी कला के प्रति हो जाता है। एक ओर प्रणय और दूसरी ओर अपने व्यक्तित्व तथा अपनी कला के बीच चित्रकार अरविंद किस प्रकार से अपनी पत्नी सुजाता और मित्र तथा शिष्य आनंदा के जीवन को निस्सार तथा निरर्थक बना देता है, इसका मार्मिक अंकन 'मादा कैक्टस' में हुआ है। अरविंद का विश्वास है कि जैसे 'मादा कैक्टस' के संपर्क में आने पर नर कैक्टस सूख जाता है, रसविहीन हो जाता है, उसी तरह से किसी स्त्री के निकट संपर्क में कलाकार की कला निष्प्राण हो जाती है। इस संदर्भ में मादा कैक्टस का प्रतीक जितना आधुनिक है उतना ही यथार्थ भी।

लाल के इस नाटक का समूचा वातावरण बौद्धिक आभिजात्य का है, जिससे कथानक की मूल संवेदना बराबर सुनियोजित रही है। व्यक्तित्व को संघटित बनाये रखने की चिंता आधुनिक है। अरविंद नारी संपर्क को मूल व्यक्तित्व के ऊपर आरोपित मानता है, और इसीलिए उसे अवांछनीय समझता है। कलाकार के सतही दृष्टिकोण से उद्‌भूत कृत्रिमता आनंदा के जीवन-रस को सोख लेती है, मादा कैक्टस सूख जाती है। वनस्पति शास्त्र की इस जनश्रुति को मानवीय संदर्भों में उल्टा सिद्ध करके नाटककार ने मानो प्राणिजगत् की संवेदनशीलता को वैज्ञानिक पद्धतियों से भिन्न ठहराया है। व्यक्तित्व की संपूर्णता में से नारी को अलग हटाकर अरविंद ने जिन प्राकृतिक शक्तियों की अवहेलना की है, वे नाटककार की दृष्टि से अनिवार्य अतः स्वीकार्य हैं। डी. एच. लॉरेंस के जीवन के अंतिम भाग को चित्रित करने-वाले टैनेसी विलियम्स के प्रसिद्ध लघु नाटक 'आई राइज़ इन फ़्लेम्स, क्राइड द फ़ोनिक्स' में भी कुछ इसी प्रकार की समस्या उठाई गई है। लॉरेंस तो नारी को शायद मांस-पिंड के अतिरिक्त और कुछ मानता ही न था, पर अरविंद का दृष्टिकोण इसका विरोधी है। उसके अनुसार 'किसी स्त्री-पुरुष के संबंध में ब्याह से भी बड़ी कोई चीज़ होती है।' ये दोनों दृष्टियाँ जीवन को अधूरा ग्रहण करती हैं। संपूर्णता की व्यंजना अरविंद और बेबी के बीच में है। ये दोनों चरित्र एक-दूसरे के प्रतिरोधी हैं।

रंग-विधान और शिल्प की दृष्टि से 'मादा कैक्टस' आधुनिक नाट्य-पद्धतियों के काफ़ी निकट है। नीलाम की डुगडुगी के साथ बेबी का मंच पर प्रवेश नाटक की प्रतीक-योजना को एक गति देता है, जो अंत तक अनवरुद्ध रहती है। अंत में आनंदा के फेफड़ों के चित्र को जिस ढंग से प्रस्तुत किया गया है, वह काफ़ी प्रभावपूर्ण है। यहाँ लेखक का विधान कुछ चमत्कृत करनेवाला अवश्य है, पर उससे नाटक की स्वाभाविक परिणति में कोई बाधा नहीं पहुँचती। पहले अंक में अनाथालय के बच्चों का प्रवेश अरविंद के व्यक्तित्व पर एक टिप्पणी करता है। शिल्प के ये उपकरण प्रभावपूर्ण ढंग से प्रस्तुत हुए हैं, और नाटक की योजना के अभिन्न अंग है। संगीत और प्रकाश के निर्देश पठित नाटक की कल्पना में कुछ-न-कुछ जोड़ते हैं।

आधुनातन नाट्य-विधान में घटनाओं के स्थान पर संवेदनों को अधिक महत्त्व दिया गया है, पर कुछ नाटक ऐसे भी हैं जो घटनापूर्ण होते हुए भी प्रकृति में एकदम नये हैं; जैसे ऑस्बर्न का 'लुक बैक इन एंगर'। लाल का 'मादा कैक्टस' कुछ इसी प्रकार का है। इस दृष्टि से उनकी नाट्य-शैली प्रख्यात आधुनिक नाट्यकारों से भिन्न है। पर हिंदी में संवदेन-प्रधान नाटक लिखने में अभी कई कठिनाइयाँ हैं–मुख्यतः भाषा तथा अनुभूतिगत वैभिन्य से संबद्ध। मनोविज्ञान के अंतरालों का उतना साहसिक अनुभावन हिंदी में अभी संभव नहीं जितना फ्रेंच, जर्मन या अमेरिकन नाट्य-कृतियों में मिलता है।

हिंदी के नये नाटकों के क्षेत्र में नरेश मेहता का 'सुबह के घंटे' (1956 ई.) विशेष महत्त्व रखता है। इस नाट्य कृति में भी व्यक्तित्व की संपूर्णता का चिंतन हुआ है पर अपेक्षाकृत भिन्न और अधिक व्यापक स्तर पर। 'मादा कैक्टस' का अरविंद और 'सुबह के घंटे' का एमन दोनों कलाकार हैं, और दोनों के सम्मुख अपने व्यक्तित्व के संघटन का प्रश्न है। पर अरविंद की अपेक्षा एमन की दृष्टि अधिक पूर्ण और समग्र है। अरविंद के सामने केवल नारी, प्रणय और कला की समस्या है, जबकि एमन इनके अतिरिक्त और शायद कुछ उससे ऊपर उठकर राजनीति, सामाजिक व्यवस्था और नैतिक पद्धतियों की भी चिंता करता है।

'सुबह के घंटे' मूलतः समसामयिक राजनीतिक जीवन का एक संपृक्त चित्र है। परंतु नाटककार की राजनीतिक दृष्टि इस कृति में पक्षधर नहीं है। स्वतः राजनीति के भाव को ही एक व्यापक धरातल पर प्रस्तुत किया गया है। इस दृष्टि से सैद्धांतिक संघर्ष और कशमकश के बीच एमन का चरित्र एक संघटित व्यक्तित्व है। वह कम्युनिस्ट पार्टी का सदस्य है, पर पार्टी को उसने अपने चिंतन की स्वाधीनता नहीं बेच दी है। अपनी बात को वह खुलकर कहता है, और अपने सहयोगियों को प्रभावित भी करता है। दक्षिणा उसकी मित्र, प्रेयसी, पत्नी है, जिसके सम्मुख उसकी विनोदप्रियता और मुखर होती है। क्रांतिकारी और समाजवादी होते

हुए भी वह प्रधानतः मानववादी है। जगजीत के यह कहने पर कि 'यह राजनीति है। एवरी थिंग इज़ फ़ेयर इन लव एंड वार' वह उत्तर देता है, 'नो, माई ब्वाय, लाइफ इज़ नॉट पॉलिटिक्स बट एथिक्स। मेरे लिए जीवन पूजा है, प्रत्येक व्यक्ति देवता है।' एमन के ये वाक्य कोरे तत्त्व-दर्शन न होकर जीवन के कटु संघर्षों की पृष्ठभूमि में कहे गये हैं, इसीलिए उनकी संगति और सार्थकता है।

आधुनिक भारतीय जीवन में मार्क्सवाद और साम्यवाद को लेकर काफ़ी तर्क-युद्ध हुए हैं! 'सुबह के घंटे' का लेखक साम्यवादी सिद्धांतों से सहानुभूति रखते हुए भी विवेक-बुद्धि और मानवीय आस्था को सबसे ऊपर रखता है। क्रांतिकारी और साम्यवादी आंदोलन का नरेश मेहता ने इस नाटक में बड़ा संतुलित अध्ययन प्रस्तुत किया है। एमन की वैयक्तिक स्वाधीनता पार्टी अनुशासन से ऊपर है। भारतीय स्वतंत्रता संग्राम की अंतिम लड़ाई के संदर्भ में एमन का विद्रोह मानवीय और ऐतिहासिक है। एमन और दक्षिणा का एक संवाद इस प्रकार है–

दक्षिणा–यह क्या किया आपने ?

एमन–कुछ नहीं दक्षिणा ! गौतम के लिए जीवन दुःख था; मार्क्स के लिए वर्ग-क्रांति और गांधी के लिए उपवास !–ये सब आंशिक सत्य हैं दक्षिणा ! गांधीवादियों के अपने साँचे हैं तो कम्यूनिस्टों के भी साँचे हैं। इन्हें अपने ही अनुरूप लोग चाहिए–ये लोगों के अनुरूप नहीं होना चाहते। मार्क्स ने इतिहास के आधार पर नीति बनाई थी। ये नीति के माध्यम से इतिहास बनाते हैं।

दक्षिणा–मार्क्सवाद कोई डॉग्मा नहीं, वह परिवर्तनशील जीवन-दर्शन है।

एमन–यही तो चीन में माओ ने सिद्ध किया है, किंतु हमारे यहाँ···अपने से बाहर के निरीक्षणों को भी सच्चे कम्यूनिस्ट को समेटना होगा और यह चीनवाले तभी कर सके, जब वे पहले चीनी बने। हम कम्यूनिस्ट भारतीय नहीं हैं। यहाँ की परंपरा और संस्कृति को वैज्ञानिक दृष्टि हमने नहीं दी। इस अर्थ में गांधी भारतीय राजनीति के गुरु हैं। साहित्यकार दत्तात्रेय होता है दक्षिणा ! वह कई गुरुओं का एक साथ शिष्य हो सकता है, लेकिन राजनीति असहिष्णुओं का दल होता है।

वर्त्तमान युग में एमन की यह दृष्टि बड़े महत्त्व की है। सत्य को संपूर्ण, समग्र दृष्टि से देखने की लेखक की यह सतत चेष्टा नवलेखन की अपनी विशेषता है। इसीलिए उसके तत्त्वावधान में अन्वेषण तथा पुनरन्वेषण की प्रक्रिया बराबर चलती रहती है। एमन चिंतक और अपने तईं ईमानदार है। वह दो पक्षों के बीच के मध्यम मार्ग को नहीं खोजता, वरन् अपनी निजी स्थिति को स्पष्ट करता है। पक्षों के शीत-युद्ध के प्रसंग में उसकी विधेयात्मक दृष्टि चिंतन की नयी दिशाओं की सूचक है, और संघर्ष तथा तनाव को शांत करने में काफ़ी हद तक सफल है।

'सुबह के घंटे' का प्रायः पूरा कथा-भाग फ़्लैशबैक की शैली में प्रस्तुत किया गया है। फाँसी के लिए प्रस्तुत एमन अपने जीवन की अंतिम रात और सुबह में अपने अतीत का जो पर्यवेक्षण करता है उसी को नाटक में कई टुकड़ों में बाँटा गया है। यह फ़्लैशबैक की काफ़ी स्वाभाविक स्थिति है, तथा शिल्प की यह पद्धति कथानक की माँग है। बीच-बीच में एमन की तन्मयता भंग होने पर वर्त्तमान के अंतराल आ गये हैं जिनसे पाठक-सामाजिक का भावात्मक तनाव कुछ विश्राम पा लेता है। राजनीति, प्रणय, लेखक की विपन्नता, भाषा की समस्या–मानव-जीवन की इन विभिन्न स्थितियों को एक रागात्मक तटस्थता के साथ नरेश मेहता ने अंकित किया है, और इसीलिए नाटक घटनाओं से भरपूर होने पर भी संवेदनों की प्रधानता बनाये हुए है। व्यक्तित्व और उसकी सुरक्षा की चिंता आधुनिक आयामों को उसके प्रायः सभी संदर्भों में 'सुबह के घंटे' में अभिव्यक्ति मिली है। नाटक का बौद्धिक आभिजात्य सुखद और जीवंत है।

लक्ष्मीकांत वर्मा का 'आदमी का ज़हर' (1957 ई.) संपूर्ण नाटक और एकांकी के बीच के स्थिति है। और यह संयोग विलक्षण लग सकता है, पर 'मादा कैक्टस' तथा 'सुबह के घंटे' के समान ही यह नाटक भी एक कलाकार के व्यक्तित्व-संघटन की चिंता का आख्यान है। नाटक का नायक शरन यद्यपि कथा-भाग में अपेक्षाकृत कम स्थान पा सका है, पर अन्य सभी पात्रों के द्वारा वह विस्तार में अंकित हुआ है। और शरन का ही प्रतिरूप महिम है, जो 'नाटक में नाटक' की नयी शैली द्वारा बड़े प्रभावपूर्ण ढंग से प्रस्तुत किया गया है। कलाकार के ये दोनों प्रतिरूप आर्थिक विषमता और तिरस्कार के बीच अपने व्यक्तित्व को सँजोये रखने की चेष्टा करते हैं। इस चेष्टा को उसकी सारी उदात्तता और अवशता के साथ लक्ष्मीकांत ने 'आदमी का ज़हर' में चित्रित किया है।

लेखक की मौलिक प्रकृति के अनुरूप ही 'आदमी का ज़हर' व्यंग प्रधान कृति है। मनुष्य की क़ीमत पर पशु की चिंता की जो प्रवृत्ति धीरे-धीरे आधुनिक सभ्यता में प्रवेश कर रही है, उस पर एक तीखी परंतु संयमित दृष्टि इस नाटक की मूल कथा-स्थिति है। समूची कृति इसी विशिष्ट संवेदना पर आधारित है, जिसके विभिन्न पक्ष बड़े तीव्र ढंग से अभिव्यक्त हुए हैं। मानवीय व्यक्तित्व में आस्था तथा निष्ठा उसकी प्रधान दृष्टि है जो शरन के साथियों के सतही मानववाद के संदर्भ में और भी स्पष्टता से उभरी है। तितिक्षा और आस्था का बड़ा प्रभावपूर्ण समन्वय 'आदमी का ज़हर' में हुआ है। व्यंग की यह नयी परिणति लक्ष्मीकांत की अपनी विशेषता तो है ही, साथ ही समस्त नवलेखन की अंतवर्त्ती दृष्टि भी है। नये लेखक के व्यक्तित्व में एक झुँझलाहट की भावना है, पर कड़ुआपन या निराशा नहीं है। वह छिछले मूल्यों और मानदंडों पर आक्रमण करता है किंतु अपना संतुलन खोकर नहीं। इसीलिए उसमें हठवादिता या पक्षधरता नहीं है।

लक्ष्मीकांत के समक्ष व्यक्तित्व की सुरक्षा का प्रश्न एक दूसरे ढंग से आता है। शरन के लिए अपने व्यक्तित्व की ही समस्या प्रमुख नहीं है। वह तो जीवन के समस्त मूल्यों और प्रतिमानों को लेकर चिंतित है। 'पशु रक्षिणी समिति' का संयोजक होते हुए भी वह ज़हरीले और पागल आदमी को अपने यहाँ शरण देता है। अपने साथियों की दृष्टि में वह इसीलिए बेज़िम्मेदार और लापरवाह है। कुत्ते को काट लेने वाले आदमी की अवश और दीन मनःस्थिति आज के युग का एक बड़ा सत्य है जिसे लेखक ने बड़ी मज़बूती से पकड़ा है। कुत्ते के लिए शरन के मन में चिंता हो सकती है, पर आदमी को तो वह सारी जोखिम उठाकर बचाना चाहता है। यह मूल्यों की प्राथमिकता का प्रश्न है।

मूल्यगत चिंतन, सूक्ष्म संवेदन और शिल्प--इन सभी दृष्टियों से 'आदमी का ज़हर' आधुनिक नाटक का निकटतम रूप है। 'नाटक में नाटक' पद्धति के प्रयोग से समूची कृति के आयाम मानो और गहरे हो गये हैं। शरन के चरित्र की एक अधिक गहरी और सूक्ष्म संवेदना महिम में मिलती है। दोनों चरित्र एक अविभाज्य व्यक्तित्व के अंग हैं। शरन का साहित्यिक व्यक्तित्व उसके रेडियो नाटक 'टूटा आदमी' में व्यक्त हुआ है। शरन-महिम का समूचा व्यक्तित्व समाज में आदमी का ज़हर फैलने की महत्त्वपूर्ण चेतावनी देता है। जिस समाज में 'पशु रक्षिणी समिति' की स्थापना होती है, उसमें अभी आदमी के मूल्यांकन संबंधी धारणाओं में परिवर्त्तन होने की आवश्यकता है। अंतराल नाटक के टुकड़े इस स्थिति को और अधिक प्रभावपूर्ण बनाते हैं। इन अंशों में व्यंग बिलकुल नहीं है, एक गंभीर करुणा है। मूल नाटक के व्यंग के साथ यह करुणा व्यक्तित्व-संघटन के प्रश्न को और अधिक यथार्थ तथा मानवीय बना देती है। महिम की गिरी हुई आर्थिक स्थिति वर्ग-संघर्ष की भावना से अधिक आत्म-बोध को जाग्रत करती है।

'आदमी का ज़हर' यहीं एक सफल कला-कृति होने के बाद एक महत्त्वपूर्ण दस्तावेज़ भी हो जाता है। किसी शताब्दी की सभ्यता और संस्कृति में पशु और मानव के बीच इतनी अधिक प्रतिद्वंद्विता हो गई थी, यह इस नाटक से सहज जाना जा सकेगा। 'आदमी का ज़हर' और उसका कुत्ते को काट लेना कबीर की उलटबाँसी नहीं है, किसी हद तक वह प्रतीक और अतिशयोक्ति भी नहीं है। वह एक यथार्थ स्थिति का अनुभावन और उद्घोष है, मूल्यगत विघटन का महत्त्वपूर्ण संकेत है। ज़हरीला आदमी और पागल कुत्ता आधुनिक सभ्यता के प्रतिमानों को स्पष्ट करते हैं। उन्हें केवल प्रतीक कहकर टाल देना एक बड़े सत्य की ओर से आँख मूँद लेना होगा।

हिंदी के नये नाटक की नई दिशाएँ और हैं, पर इनकी संवेदन-पद्धति नवलेखन की मूल प्रकृति से मेल नहीं खाती। गीति नाट्य या काव्य-नाटक गिरिजाकुमार माथुर, धर्मवीर भारती, सिद्धिनाथकुमार, भारतभूषण अग्रवाल और

लक्ष्मीनारायणलाल ने लिखे हैं। रेडियों के माध्यम ने इस काव्य-रूप को अधिक प्रभावित किया है, इसीलिए इसमें आलेख की अपेक्षा ध्वनि का अधिक महत्त्व है। एकांकी नाटक भी बड़ी संख्या में लिखे जा रहे हैं पर सबके सब प्रायः एक परंपरा में। इस क्षेत्र में किसी महत्त्वपूर्ण प्रयोग का संकेत नहीं मिलता। संपूर्ण नाटक थिएटर से विच्छिन्न बना है। जब तक यह संबंध जोड़ा नहीं जाता तब तक नाटक के विकास की सारी संभावनाएँ अवरुद्ध हैं। एकांकी आधुनिक युग का जनप्रिय काव्य-रूप अवश्य है, पर नये संदर्भों से उसकी सम्पृक्ति नहीं है। नयी संवेदना को व्यक्त करने के लिए नाटक सशक्त माध्यम है, और उसके पुनरुत्थान से हिंदी नवलेखन का एक महत्त्वपूर्ण अंग पुष्ट होगा।

साहित्य-चिंतन के नये स्तर

समीक्षात्मक साहित्य में कृति-साहित्य की अपेक्षा आधुनिकता का प्रवेश शीघ्रतर होता है। समीक्षा या साहित्य-चिंतन जागरूक और स्वचेतन अधिक होता है, अतः नयी पद्धतियों का उसमें अंतर्भाव सुगम है। कृति-साहित्य के पीछे अनुभूतियों, संवेदनों और संस्कारों की अनिवार्य पृष्ठभूमि कार्य करती है, जिनमें परिवर्त्तन अपेक्षाकृत धीरे-धीरे होता है। इसीलिए प्रायः देखा जाता है कि एक ही लेखक का साहित्य-चिंतन आधुनिक परिवेश में आ जाता है, पर उसका कृति-साहित्य रूढ़ियों से मुक्त नहीं हो पाता। कुछ तो इस कारण से और कुछ अतीत की विशाल तथा व्यापक पृष्ठभूमि के कारण हिंदी नवलेखन का साहित्य-चिंतन समृद्ध होने के साथ-साथ काफ़ी आधुनिक है। यह सही है कि हिंदी समीक्षा के क्षेत्र में अभी कोई एक महत्त्वपूर्ण चिंतक मिलना कठिन है, पर विभिन्न चिंतन-धाराओं के सामूहिक अंतर्भाव के फलस्वरूप नयी समीक्षा पर्याप्त विकसित हो चली है।

नया साहित्य-चिंतन न केवल किसी एक लेखक में नहीं मिलता, वरन् किसी एक अकेली समीक्षा-कृति में भी द्रष्टव्य नहीं है। आधुनिक चिंतन-पद्धतियाँ पत्र-पत्रिकाओं में प्रकाशित स्फुट निबंधों में अधिक विकास पा रही हैं। इसके अतिरिक्त यह भी स्पष्ट कर देना उचित होगा कि नया साहित्य-चिंतन सैद्धांतिक अधिक है, उन सिद्धांतों का व्यावहारिक प्रयोग अभी कम हुआ है। आधुनिक समीक्षा पद्धतियों ने कुछ नयी दिशाओं के द्वार खोले हैं, जैसे—कलाकार की रचनात्मक प्रक्रिया का विश्लेषण, नवीन मूल्यों और प्रतिमानों का विवेचन, साहित्य का इतिहास-दर्शन तथा समूची शिल्प-प्रक्रिया का विकास। इसके अतिरिक्त साहित्य, राजनीति, दर्शन तथा समाज-शास्त्र के संयोजन से विचारों का साहित्य भी मुख्यतः इसी तत्त्वावधान में पनप रहा है। इसी अर्थ में समीक्षा या आलोचना की पद्धतियाँ साहित्य-चिंतन के व्यापक विस्तार के अंतर्गत आ जाती हैं। पुस्तक-समीक्षा, काव्यालोचन, कवि-परिचय आदि इसी चिंतन के अभिन्न अंग हैं। नये हिंदी

साहित्य-चिंतन का यह बहुमुखी प्रसार नवलेखन की चतुर्मुख जागरूकता का सूचक है।

हिंदी साहित्य-चिंतन का आधुनिक रूप वहाँ से प्रारंभ होता है जहाँ मार्क्सीय और फ्रॉयड की मनोविश्लेषणशास्त्रीय समीक्षा से असंतुष्ट होकर हिंदी के समीक्षक ने एक व्यापक भाव-भूमि की खोज प्रारंभ की थी। पर इसमें कोई संदेह नहीं कि इस प्रकार का साहित्य-चिंतन मार्क्स और फ्रॉयड की दृष्टियों का बहुत हद तक ऋणी है। अपने-आपमें अपूर्ण होते हुए भी इन दृष्टियों ने मानव व्यक्तित्व के कुछ नये तथा अछूते पक्ष हिंदी समीक्षक के सम्मुख रखे। आज के साहित्य-चिंतक की संघटित पद्धति और दृष्टि के सम्मुख ये समीक्षा-पद्धतियाँ भले जीर्ण तथा पुरानी लगें पर सूर-तुलसी तथा देव-बिहारी विवाद से ऊँचे उठकर इन्होंने हिंदी के समीक्षक को एक अधिक गहरी और तलवर्ती दृष्टि दी थी। पं. रामचंद्र शुक्ल के महत्त्वपूर्ण साहित्य-अनुभावन के आगे की दिशाएँ इन्होंने खोलीं, यद्यपि शुक्ल जी जैसी पैनी समीक्षक-दृष्टि किसी आगे आनेवाले साहित्य-चिंतक को न मिल सकी। शुक्ल जी तथा उनके बाद पं. हजारीप्रसाद द्विवेदी की पद्धति का कुछ अंश यदि आधुनिक साहित्य-चिंतन में आ सका होता, तो उसकी रचनात्मकता और अधिक बढ़ सकती। नयी समीक्षा-पद्धति अपने आपमें एक रचनात्मक प्रक्रिया है, अतः कृति-साहित्य और समीक्षा-साहित्य के बीच का अंतर अब पहले जैसा नहीं रहा। कलाकार की रचनात्मक प्रक्रिया जैसी है, वैसी ही स्थिति समीक्षक की आस्वादात्मक प्रक्रिया की है।

कलाकार की रचनात्मक प्रक्रिया का विश्लेषण आधुनिक मनोविज्ञान की खोजों के प्रकाश में हो सका है। यह विश्लेषण स्वतः लेखक द्वारा अथवा उसके किसी सहानुभूतिपूर्ण समीक्षक द्वारा हुआ है। पहली पद्धति में लेखक के अधिक सजग हो जाने का ख़तरा बराबर रहता है। इसीलिए इस वर्ग के विवेचन सदैव बहुत संतोषजनक नहीं रह सके हैं। अधिकांश व्याख्याएँ कविता को लेकर हुई हैं। नयी कविता के आधुनिक तत्त्वों की मीमांसा ने हिंदी समीक्षा के कुछ नये आयाम विकसित किये हैं। आकाशवाणी के कार्यक्रमों तथा विभिन्न पत्र-पत्रिकाओं में सव्याख्या काव्य-पाठ और प्रकाशन ने कविता की मौलिक प्रकृति को स्पष्ट किया है। रचनात्मक प्रक्रिया के विश्लेषण से कलाकार को पहले की अपेक्षा अधिक सहानुभूति प्राप्त हुई है। यही नहीं कला में पाठक, श्रोता या दर्शक के बढ़ते हुए सहभोग के पीछे भी यह व्याख्यात्मक दृष्टि प्रधान रही है। साधारणीकरण के आगे सहभोग की स्थिति कलाकार की रचनात्मक प्रक्रिया के विश्लेषण द्वारा संभव हो सकी है। व्याख्या की इस पद्धति से काव्य के संगत परिप्रेक्ष्य उभरते हैं और कवि के प्रेरणा-स्रोतों पर प्रकाश पड़ता है। साहित्य-सृजन का 'रहस्य' अब बौद्धिक स्तर पर किसी क़दर विश्लेषण-गम्य बन गया है। लक्ष्मीकांत वर्मा की समीक्षा-कृति 'नयी

कविता के प्रतिमान' (1957 ई.) इस क्षेत्र का प्रथम महत्त्वपूर्ण प्रयोग है। नयी कविता की व्यापक सृजन-प्रक्रिया इस पुस्तक के माध्यम से समझी जा सकती है। 'संकेत' (1956 ई.) का परिसंवाद 'प्रेरणा के स्रोत' भी इस दिशा का एक महत्त्वपूर्ण प्रयास कहा जा सकता है।

आधुनिक साहित्य-चिंतन की सबसे बड़ी विशेषता उसके अंतर्गत व्यापक मूल्यों और प्रतिमानों का विवेचन है। सैद्धांतिक संघर्ष के इस युग में मानवीय आस्थाओं और विश्वासों का प्रश्न बहुत महत्त्वपूर्ण रहा है। विरोधी जीवन-पद्धतियों और दर्शनों के संदर्भ में साहित्यकार का स्वतः अपना मार्ग-निर्देशन आवश्यक था। समीक्षा के मानदंड इन मौलिक मान्यताओं पर ही आधारित होते हैं। हिंदी के नये साहित्य-चिंतकों ने इस क्षेत्र में काफ़ी सोचा-समझा है। व्यक्तिगत स्वातंत्र्य और सामाजिक दायित्व जैसे जटिल प्रश्न पर 'आलोचना' त्रैमासिक में महत्त्वपूर्ण विचार-विनिमय हुआ। पत्रिका के एक संपादकीय ('स्वातंत्र्य और दायित्व : अविच्छिन्न मूल्य', आलोचना 16-17) ने इस समस्या का अत्यंत स्पष्ट और संतुलित विवेचन प्रस्तुत किया। इससे भी अधिक विवादास्पद विषय 'राज्य और साहित्यकार' का सिद्ध हुआ। 'परिमल' द्वारा आयोजित एक विचार-गोष्ठी के संदर्भ में इस प्रश्न पर व्यापक रूप से विचार-विनिमय हुआ है। हिंदी की प्रायः सभी पत्र-पत्रिकाओं ने इस चिंतन में अपना सहयोग दिया। इन दोनों समस्याओं पर बहुत-से जागरूक लेखकों ने मत व्यक्त किया, जिससे चिंतन की एक सुस्पष्ट दिशा विकसित हो सकी। अज्ञेय, अमृतलाल नागर, देवराज, धर्मवीर भारती, शिवदानसिंह चौहान, विजयदेवनारायण साही, रघुवंश, लक्ष्मीकांत वर्मा, जगदीश गुप्त, बालकृष्णराव प्रभृति ने कई दृष्टियों से उलझी हुई इन समस्याओं पर प्रकाश डाला। राज्य और लेखक से संबंधित विचार-गोष्ठी पर 'परिमल' की रिपोर्ट इस क्षेत्र का एक महत्त्वपूर्ण दस्तावेज़ है। इन दोनों विचार-विनिमयों में साहित्यकार के व्यक्तित्व की सुरक्षा को लेकर गंभीर चिंता व्यक्त की गई।

इन व्यापक प्रश्नों के अतिरिक्त कुछ ऐसी समस्याएँ भी उठाई गईं जिनका प्रत्यक्ष संबंध साहित्य से है। नायक का विघटन और लघु-मानव के उत्थान के संबंध में विजयदेवनारायण साही तथा लक्ष्मीकांत वर्मा ने विस्तार से विवेचन किया। लक्ष्मीकांत की 'नयी कविता के प्रतिमान' में इन संबद्ध समस्याओं की गंभीर मीमांसा हुई है। नामवर सिंह आदि कुछ प्रगतिवादी समीक्षक इसे यूरोप का अनुकरण करना चाहते हैं, पर हिंदी में हर महत्त्वपूर्ण चीज़ को विदेशी उधार कहने वाले समीक्षकों की कमी नहीं है। इस सूची को नामवरसिंह जैसी समझ-बूझ के नये लेखक ने बढ़ाया है, यह खेद का विषय है। साहित्य में अश्लीलता जैसे पुराने पर चिरनवीन प्रश्न के कुछ पहलुओं पर भी विचार हुआ है। शिवदानसिंह चौहान, अज्ञेय, शंभूनाथसिंह तथा विजयदेवनारायण साही ने 'आलोचना' के कुछ अंकों में इस प्रसंग

की नई दिशाएँ खोली हैं। 'ज्ञानोदय' के अक्टूबर '58 के अंक में प्रकाशित अज्ञेय द्वारा कुछ प्रश्नों के दिये गये उत्तर विशेष महत्त्व के हैं। उन्होंने कलाकार तथा सामाजिक दोनों की समग्र दृष्टि को वास्तविक रसास्वादन के लिए आवश्यक बताया है। कला के क्षेत्र में अधूरी दृष्टि ही उनके अनुसार अश्लीलता को जन्म देती है। स्थायी साहित्य के मानदंडों तथा साहित्य में गतिरोध की समस्या पर भी कुछ नये समीक्षकों ने विचार किया है। इन्हीं स्थितियों को ध्यान में रखकर साहित्य के नवीन दायित्व और मर्यादा के संबंध में भी चिंतन हुआ।

पिछले कुछ वर्षों में साहित्यकार की आस्था के विषय में कुछ विचार हुआ है। 'आलोचना'–11 में प्रकाशित 'साहित्य की नयी मर्यादा' शीर्षक एक लंबे निबंध में धर्मवीर भारती ने इस प्रश्न को व्यापक परिवेश में उठाया था। राजनैतिक और आर्थिक सिद्धांतों के कुहरे में साहित्यकार की आस्था के उलझे हुए भाव को लेखक ने इस निबंध में गंभीर अध्ययन तथा मनन के आधार पर स्पष्ट किया है। इस प्रसंग में यह प्रथम महत्त्वपूर्ण और काफ़ी हद तक सफल प्रयत्न है। व्यापक मानववादी दृष्टि से साहित्यकार के व्यक्तित्व को संघटित बनाये रखना ही भारती की दृष्टि में आस्था की सुरक्षा के लिए पहली शर्त है। जब व्यक्तित्व नहीं रहेगा तो आस्था का प्रश्न नहीं उठता। इस प्रश्न पर कुछ अन्य लेखकों ने भी अपना मत दिया है। 'हंस' अर्द्धवार्षिक के प्रथम अंक में तो एक पूरी लेखमाला इस विषय पर दी गई है, जिसे कुछ नये तथा पुराने लेखकों ने प्रस्तुत किया है। पर यह प्रयत्न कई दृष्टियों से असफल हुआ। एक तो इस परिसंवाद में लेखकों का ठीक प्रतिनिधित्व नहीं है (यद्यपि अपने-आपमें यह बात बहुत आवश्यक नहीं), दूसरे इस समूचे चिंतन की दृष्टि रचनात्मक नहीं है। अधिकांश लेखक पक्षधरता के प्रवाह में बह गये हैं। उन्होंने दूसरों की आस्था को खोखला और मिथ्या बताया है, पर उनकी अपनी आस्था क्या है, इसे वे स्पष्ट नहीं कर सके हैं। वस्तुतः आधुनिक हिंदी समीक्षा का ही यह एक बड़ा दोष है, जो 'हंस' के इस परिसंवाद में प्रतिफलित हुआ है।

विशिष्ट मूल्यों और प्रतिमानों की विवेचना के साथ नये साहित्य-चिंतन के अंतर्गत विभिन्न साहित्यिक वादों का परीक्षण भी हुआ है। हिंदी में प्रगतिवाद को स्थापित करने के लिए जितना आग्रह रहा है, उतना ही प्रबल उसका विरोध हुआ है। पर नये समीक्षकों ने हठवादिता से ऊपर उठकर प्रगतिवाद का वैज्ञानिक विश्लेषण किया। धर्मवीर भारती की 'प्रगतिवाद : एक समीक्षा' एक विचारोत्तेजक कृति थी। हिंदी के प्रगतिवादियों की सतही विचार-धारा का लेखक ने इस कृति में तीखा विरोध किया है। प्रगतिवाद के संबंध में दो बड़ी मौलिक कठिनाइयाँ थीं। एक तो यह कि क्या प्रगति का भी कोई वाद माना जा सकता है, और दूसरे यह कि प्रगतिवाद का मूल प्रेरणा-स्रोत भारतवर्ष न होकर कम्यूनिज़्म का

वर्तमान केंद्र सोवियत रूस है। पहली स्थिति की अत्यंत तार्किक विवेचना शिवदानसिंह चौहान ने 'आलोचना'-4 के संपादकीय में की है। वहीं उन्होंने प्रगतिशील और प्रगतिवादी साहित्य के बीच की सीमा भी स्पष्ट की है। इसके बावजूद दूसरी आपत्ति ज्यों-की-त्यों बनी रहती है। विजयदेवनारायण साही ने 'आलोचना'-9 में इस प्रश्न को एक संपृक्त रूप में प्रस्तुत किया। उनका निबंध 'मार्क्सवादी समीक्षा और उसकी कम्यूनिस्ट परिणति' मार्क्सवाद और भारतीय प्रगतिवाद के बीच के अंतर को उसके वास्तविक संदर्भ में उपस्थित करता है। इस गहरी खाई को जल्दबाज़ी में पाटनेवाली प्रगतिवादी पद्धति के खतरों की ओर उन्होंने संकेत किया है। इन विवेचनों के प्रसंग में रघुवंश की संतुलित दृष्टि का उल्लेख होना आवश्यक है। प्रगतिवादी स्थिति का एक वस्तुपरक मूल्यांकन उनकी समीक्षा में विशेष रूप से मिलता है।

प्रगतिवाद के अतिरिक्त छायावाद और प्रयोगवाद का भी विवेचन हुआ है, पर अपेक्षाकृत कम। देवराज, शिवदानसिंह चौहान, रघुवंश, नामवर सिंह, लक्ष्मीकांत वर्मा आदि ने इन विषयों पर अपने-अपने ढंग से प्रकाश डाला है। पर यह विचार-विनिमय बहुत गहरे नहीं उतर सका। यहाँ तक कि शिवदानसिंह चौहान तथा नामवरसिंह और विशेष रूप से नामवरसिंह तो प्रयोगवाद को गाली तक देने पर उतर आये (यह स्मरणीय है कि प्रयोगवाद का पक्ष-समर्थन लगभग नहीं के बराबर हुआ है)। 'प्रयोगवाद' शीर्षक निबंध का अंत करते हुए नामवरसिंह लिखते हैं–'प्रयोगवाद त्रिशंकु ! प्रयोगवाद नदी का द्वीप ! प्रयोगवाद साँप ! महत्त्वाकांक्षी ! अस्तित्ववादी ! मोहक ! दयनीय ! निरीह ! बेध्य !' ('हिंदी काव्य की प्रवृत्तियाँ') इस स्तर का असंतुलन हिंदी आलोचना के किसी भी दौर में मुश्किल से मिलेगा। पर प्रयोगवाद का विकास जिस ढंग से हो रहा था उसमें किसी ने इन गालियों की परवाह नहीं की। कारवाँ आगे बढ़ता गया !

वाद-विवेचन का समग्रतर रूप साहित्य के इतिहास-दर्शन के रूप में विकसित हुआ। यह सोचा गया कि जिस प्रकार से इतिहास के विकास के कुछ अपने नियम होते हैं, उसी प्रकार से साहित्य के विकास के पीछे भी कुछ नियम कार्य करते होंगे। इस दिशा में प्रथम महत्त्वपूर्ण संकेत नामवरसिंह के 'आलोचना' के इतिहास-अंक में प्रकाशित निबंध में मिलता है। पर इस क्षेत्र में उन्होंने आगे कोई विशेष कार्य नहीं किया। हर्षनारायण ने इतिहास-दर्शन तथा संस्कृतियों के व्यापक अध्ययन को और अधिक गहराई तथा पूर्णता दी। 'प्रतीक' तथा 'आलोचना' में इन विषयों से संबद्ध उनके कई निबंध प्रकाशित हुए हैं। संस्कृति और इतिहास के साथ साहित्य की किस स्तर पर संगति होती है, इसका गंभीर और रोचक अध्ययन हर्षनारायण प्रस्तुत कर सके हैं। देवराज तथा 'मुद्राराक्षस' ने भी इस दिशा में कार्य किया है।

नये साहित्य-चिंतन के अंतर्गत शिल्प-संबंधी अध्ययन पहले की अपेक्षा अधिक पूर्ण संदर्भों में हुआ है। इस दृष्टि में शिल्प कोई ऊपर से आरोपित चीज़ न होकर, कलाकार के संवेदनों का अनिवार्य बाह्य प्रतिरूप है। पर इसके बावजूद उसकी चिंता तथा आयोजना कलाकार के लिए स्वाभाविक है। इसीलिए नये समीक्षक ने शिल्प का महत्त्व गौण नहीं माना। नवलेखन में यह शिल्पगत विवेचन मुख्यतः नयी कविता को लेकर हुआ है। जगदीश गुप्त, लक्ष्मीकांत वर्मा, कृष्णनारायण कक्कड़ तथा अन्यों ने शिल्प को उसकी समग्रता में देखना चाहा है। जगदीश गुप्त का अर्थ की लय के संबंध में विवेचन तथा कक्कड़ का नयी कविता की भाषा का विश्लेषण इस नयी समीक्षा-पद्धति के परिचायक हैं। कविता के अत्यंत सूक्ष्म तथा अमूर्त उपकरणों को उन्होंने पकड़ने का प्रयास किया है। भाषा तथा लय के सर्वथा अछूते आयाम इन विवेचनों के माध्यम से प्रकाश में आ सके हैं, जिनसे नयी कविता की मौलिक प्रकृति को समझने में काफ़ी सहायता मिलती है। शिल्प-संबंधी यह अध्ययन अभी अन्य दिशाओं में नहीं जा सका है, और न इस पद्धति की सभी संभावनाएँ खुली हैं। पर इस प्रारंभ ने इस क्षेत्र की कई नयी दिशाओं का उद्घाटन किया है। अज्ञेय सफल भाषा को अपने-आपमें एक उपलब्धि मानते हैं, और विचारों के अभाव में भाषा की कल्पना नहीं हो सकती। उन्होंने स्थिति को एक दूसरे महत्त्वपूर्ण पहलू से देखा है, जो अभी तक प्रायः तिरस्कृत रहा है।

मूल्यगत विवेचन तथा चिंतन का एक और विकसित रूप विचारों के साहित्य में मिलता है, जिसका उदय प्रमुखतः नवलेखन के तत्त्वावधान में हुआ। आधुनिक युग में राजनीति साहित्य के लिए अस्पृश्य नहीं रह गई है। साथ ही मनोविज्ञान, दर्शन, समाजशास्त्र तथा अन्य सामाजिक विज्ञानों ने भी साहित्य के विकास में महत्त्वपूर्ण योग दिया है। साहित्य के तत्त्वावधान में ज्ञान के इस समन्वित रूप को विचारों का साहित्य कहा जाता है। सह-अस्तित्व के प्रश्न से लेकर समसामयिकता के दायित्व की समस्या तक इस नये साहित्य-रूप के अंतर्गत आ जाती है। यहीं आज का नया साहित्यकार चिंतक का पर्याय बन गया है। समीक्षात्मक साहित्य के साथ-साथ कृति-साहित्य में भी इन विचारों के साहित्य का संघात देखा जा सकता है। नवलेखन की मूल बौद्धिक मनोवृत्ति विचारों के साहित्य में बड़े सशक्त ढंग से प्रतिफलित हुई है।

आधुनिक लेखक की चतुर्मुख जागरूकता ने विचारों के साहित्य का प्रणयन किया। हिंदी समीक्षा में धर्मवीर भारती, रघुवंश, विजयदेवनारायण साही आदि नयी पीढ़ी की विचार-धारा का प्रतिनिधित्व करते हैं। इस प्रसंग में पहला महत्त्वपूर्ण प्रश्न नयी पीढ़ी और पुरानी पीढ़ी के पारस्परिक संबंधों को लेकर ही उठा था। साही ने 'राष्ट्रवाणी' के 'जलते प्रश्न' के अंतर्गत इस ऐतिहासिक समस्या का

विश्लेषण किया। इसी स्थिति का एक दूसरा महत्त्वपूर्ण पक्ष भारती ने अपने सुप्रसिद्ध 'धुरीहीनता' शीर्षक निबंध में उठाया। आधुनिक परिवेश में पुराने लेखकों के असंगत आचरण और निष्क्रिय तटस्थता के प्रति भारती का आक्रोश ऐतिहासिक महत्त्व रखता है। इसी चिंतन को आगे बढ़ाकर नये लेखक के दायित्व-बोध को विकसित किया गया। 'जलते प्रश्न' लेखमाला के निबंध विचारों के साहित्य के श्रेष्ठ नमूने हैं। साही का 'नितांत समसामयिकता का दायित्व' शीर्षक निबंध एक बड़ी महत्त्वपूर्ण समस्या का गंभीर विश्लेषण है। इस क्षेत्र में शिवदानसिंह चौहान के योग का उल्लेख भी आवश्यक है। कुल मिलाकर हिंदी का यह नया विचारों का साहित्य नवलेखन की एक विशिष्ट उपलब्धि है, जिसने सह-चिंतन की पद्धति को काफ़ी मज़बूत बनाया है। समूची विचार-परंपरा को विकसित करने तथा उसके नये आयामों के आविष्करण में यह साहित्य असाधारण महत्त्व का सिद्ध हो रहा है। हिंदी साहित्य-चिंतन की मौलिक प्रकृति बहुत कुछ इसी के आधार पर निर्मित हुई है। चिंतन की इस पद्धति को गोष्ठी-साहित्य तथा परिसंवादों ने विशेष रूप से समृद्ध किया, जिसका उल्लेख एक स्वतंत्र अध्याय ('नवलेखन का वातावरण') में किया गया है।

जैसा पहले कहा जा चुका है, हिंदी नवलेखन का साहित्य-चिंतन किसी एक विशिष्ट लेखक की उपलब्धि नहीं है। अन्य साहित्य-रूपों के समान नवलेखन का यह पक्ष भी सामूहिक प्रयास से पुष्ट हुआ है। इस नये समीक्षक-वर्ग की एक दूसरी विशेषता यह है कि इसमें से अधिकांश प्रमुखतः कृति-साहित्यकार हैं या कृति-साहित्यकार भी हैं। इस स्थिति से सामान्यतः दृष्टिबोध में समग्रता ही आई है। इसके अतिरिक्त उनका चिंतन मूलतः संपृक्त है, बहुत-सी समस्याओं को एक साथ उठाता है। इसीलिए ब्यौरों की ओर ध्यान न देकर संप्रति नया समीक्षक साहित्य के समूचे भावबोध को अपनी दृष्टि में लाना चाहता है। इसकी संतुलित और पूर्णतर दृष्टि का यह दूसरा कारण है। और इस तरह साहित्य के विभिन्न पक्षों की मीमांसा हो जाने पर भी व्यक्तिगत समीक्षकों का कार्य परिमाण की दृष्टि से बहुत कम है। अधिकांश ने केवल आधे दर्जन के लगभग निबंध प्रकाशित किये हैं। पुस्तक रूप में यह चिंतन और भी विरल है।

नयी समीक्षा और नये भाव-बोध की ओर संकेत करने वाले समीक्षकों में देवराज का नाम अग्रणी है। व्यवस्थित रूप से तो उन्होंने छायावाद का अध्ययन ('छायावाद का पतन'–1948 ई.) प्रस्तुत किया है, जो अपनी प्रकृति में कई दृष्टियों से नया है, साहित्य की नवीनतम प्रवृत्तियों की उन्होंने स्फुट ढंग से विवेचना की है। देवराज मूलतः साहित्य के क्लैसिक रूप को मान्यता देकर चलते हैं, पर इसके बावजूद प्रयोगवाद तथा नयी कविता जैसे नवोन्मेषों को उन्होंने जिस सहानुभूति के साथ समझा है, वह सचमुच श्लाघ्य है। दर्शन-मनोविज्ञान तथा संस्कृति के गंभीर

अध्येता होने के कारण कला के मर्म और स्रोतों को वे आसानी से पकड़ सके हैं। उनका शोध-प्रबंध 'संस्कृति का दार्शनिक विवेचन' (1957 ई.) विचारों के साहित्य के अंतर्गत आता है। वर्तमान संकट के युग में संस्कृति के दायित्व को उन्होंने सावधानी के साथ स्पष्ट किया है।

देवराज कृति-साहित्यकार के रूप में प्रयोगवाद के एक विशिष्ट सहयोगी रहे हैं। नयी कविता तक आते-आते उनकी समीक्षा-पद्धति कुछ अधूरी-सी लगने लगती है। आवश्यक सहानुभूति तथा सूक्ष्म पकड़ का उनमें अभाव नहीं है, पर नये संवेदनों के साथ उनका ठीक-ठीक तादात्म्य नहीं हो पाता। साथ ही दार्शनिक होने के कारण वे कुछ शंकालु भी रहते हैं। सामान्य नये लेखक की दृढ़ आस्था तथा विश्वास से उनकी स्थिति भिन्न है। प्रयोगवाद के प्रति भी उनकी शंकाएँ बराबर बनी रहीं। उनकी चिंतन-शैली की एक और कमी यह है कि स्थान-स्थान पर उनके विचारक-रूप में उद्‌बोधन-वृत्ति का प्रवेश हो जाता है। 'प्रयोगवादी कवि : एक चेतावनी' ('नयी कविता'–2) शीर्षक निबंध इस प्रवृत्ति का अच्छा उदाहरण है। यह सही है कि उनकी उद्‌बोधन-वृत्ति के लिए हिंदी-साहित्य में आलंबनों की कमी नहीं है। पर इस कार्य को करने वाले लोग भी बहुत-से हैं, जिनका अध्ययन-मनन से कोई वास्तविक संबंध नहीं है। देवराज मूलतः चिंतक हैं, और इस दृष्टि से उनका दायित्व भिन्न है।

अपनी समीक्षा-शैली में ज्ञात अथवा अज्ञात रूप से देवराज ने इतिहास-दर्शन की पृष्ठभूमि को स्वीकार किया है। इस दिशा के श्रेष्ठतम साधन उन्हें उपलब्ध हैं। 'संस्कृति का दार्शनिक विवेचन' अधिक एकेडेमिक कार्य है, पर उनकी स्फुट समीक्षा-कृतियों ('साहित्य चिंता'–1950 ई.) में भी यह दृष्टि किसी-न-किसी रूप में देखी जा सकती है, जिसका एक महत्त्वपूर्ण परिणाम यह हुआ है कि उनकी चिंतन-पद्धति में किसी प्रकार की पक्षधरता नहीं आई। छायावाद से लेकर नयी कविता तक का विश्लेषण वे निरुज दृष्टि से कर सके हैं। बिना एकेडेमिक स्तर को स्वीकार किये हुए उनका यह यत्न सचमुच स्पृहणीय है।

प्रमुखतः कृति-साहित्यकार अज्ञेय की समीक्षा-पद्धति में भी यह दृष्टि की निरुजता मिलती है। पर इसके साथ-साथ उनकी रस-ग्राहिणी वृत्ति भी अप्रतिम है। साहित्य के संघटित भाव-बोध का वे वैसा ही संपृक्त विश्लेषण कर पाते हैं। नये साहित्य के विषय में उन्होंने जो भी थोड़ा-बहुत लिखा है वह उनकी इस संतुलित और समग्र दृष्टि के कारण काफ़ी महत्त्वपूर्ण है। 'आधुनिक भारतीय भाषाओं के साहित्य' शीर्षक परिसंवाद में संकलित उनके हिंदी से संबद्ध निबंध की तीखी और कहीं-कहीं अभद्र आलोचना तो हुई है, पर इस निबंध में प्रस्तुत आधुनिक साहित्य के विश्लेषण का मूल्यांकन प्रायः किसी ने नहीं किया है। नाम-परिगणन के संबंध में उनसे मतभेद समझा जा सकता है, पर आलोचनाओं के इस घटाटोप में लेखक

की मूल दृष्टि को ही खो दिया जाय, यह सचमुच खेद का विषय है।

अज्ञेय के समीक्षात्मक निबंधों का संकलन ('त्रिशंकु'–1945 ई.) काफ़ी पहले प्रकाशित हुआ था। इसके उपरांत विशेष रूप से आधुनिक साहित्य के संदर्भ में कई महत्त्वपूर्ण प्रश्नों पर वे स्फुट ढंग से विचार करते रहे हैं। 'आलोचना' के आलोचना-अंक में समीक्षा के नैतिक मानों से संबद्ध उनका निबंध विशेष रूप से उल्लेखनीय है। इसी प्रकार से 'नयी कविता'–2 में सर्वेश्वरदयाल सक्सेना का जो परिचय उन्होंने प्रस्तुत किया है, उससे नयी कविता की कई समस्याओं पर प्रकाश पड़ता है। 'तारसप्तक' तथा 'दूसरा सप्तक' में उनकी भूमिकाएँ तो अब ऐतिहासिक महत्त्व की हैं। 'प्रतीक' में भी आधुनिक भारतीय तथा यूरोपीय साहित्य के कुछ प्रसंगों पर उनके महत्त्वपूर्ण अध्ययन प्रकाशित हुए थे। साहित्य, कला तथा विचार पर उनकी समन्वित दृष्टि नये साहित्य-चिंतन के विकास में बहुत सहायक रही है। इस दिशा में यदि वे कुछ और अधिक कार्य कर सकते तो बहुत-सी उलझी हुई समस्याओं को लेकर कुछ सही परिप्रेक्ष्य नवलेखन के पाठक और समीक्षक के सम्मुख उभरते।

नयी पीढ़ी के उन समीक्षकों में जिन्होंने एक संपृक्त दृष्टि से साहित्य-चिंतन प्रस्तुत किया, अधिकांश ऐसे हैं जो विश्वविद्यालयों में प्राध्यापक हैं, तथा जिन्होंने शोध-कार्य भी किया है। एकेडेमिक तथा साहित्य-संवेदनात्मक तत्त्व उनके व्यक्तित्व में घुल-मिल गये हैं। साहित्य-चिंतन की वास्तविक दिशा वस्तुतः इन समीक्षकों से ही प्रारंभ होती है। रघुवंश, धर्मवीर भारती, नामवरसिंह तथा विजयदेवनारायण साही ने अलग-अलग तथा 'आलोचना' त्रैमासिक के संपादन द्वारा नयी हिंदी समीक्षा को उसका आधुनिक रूप दिया है। संवेदनाओं के समग्र परीक्षण, नये संदर्भों को व्यक्त करनेवाली भाषा तथा शैली और साहित्य की केंद्रीय समस्याओं से लेकर उसके सीमांतों तक की छान-बीन ने इन नये समीक्षकों को चिंतन का एक व्यापक और पूर्णतर परिवेश प्रदान किया।

रघुवंश की विशेष ख्याति उनकी संतुलित तथा वस्तुपरक समीक्षा-शैली को लेकर मुख्यतः है। आधुनिक युग में तर्क-पद्धति पर उनका अटूट विश्वास है; उत्तेजना के माध्यम से वे किसी सत्य को सिद्ध नहीं करना चाहते। साहित्य के स्थायी मानदंडों के संबंध में उनकी चिंता विशेष है। क्लैसिक्स के विस्तृत अध्ययन के कारण उनकी समीक्षा-पद्धति को सुदृढ़ आधारभूमि मिल सकी है। उनमें निष्कर्ष का उतना आग्रह नहीं जितना विश्लेषण का है। इस दृष्टि से उनकी समीक्षा-शैली व्यंजनात्मक ही अधिक मानी जायगी, जिनमें उनके पाठक को निष्कर्ष तक पहुँचने की अपेक्षाकृत अधिक छूट रहती है। प्रयोगवाद के वे प्रारंभिक समीक्षकों में रहे हैं, छायावाद का भी उन्होंने विश्लेषण किया है, और इधर नयी कविता के बारे में विचार करते रहे हैं। पर वे विचारों को रोक कर उन्हें निश्चित मत के रूप में व्यक्त करना

उतना वांछनीय नहीं समझते, जितना चिंतन की गतिशीलता को उसके समस्त आयामों में प्रस्तुत कर देना उचित समझते हैं। प्रयोगवाद तथा नयी कविता के विवेचन में ('नयी कविता'–2) अथवा 'हिंदी काव्य की प्रवृत्तियाँ' की भूमिका में लेखक की यह प्रवृत्ति देखी जा सकती है।

दूसरे शब्दों में रघुवंश की समीक्षा-पद्धति प्रमुखतः गत्यात्मक है। लेखक की क्लैसिक्स में आस्था के साथ यह गत्यात्मक प्रवृत्ति एक विचित्र संयोग मानी जायगी। पर नवलेखन की मौलिक संपृक्त प्रकृति का ही यह एक प्रतिफलन है। यह स्थिति सह-अस्तित्व की नहीं वरन् समग्रता की द्योतक है। रघुवंश में साहित्य-चिंतन की यह समग्र दृष्टि एकेडेमिक स्पर्श भी पा सकी है। लेखक का नयी कविता पर प्रस्तुत लंबा निबंध ('कल्पना', अक्टूबर-नवम्बर 58) इसका अच्छा प्रमाण है। नयी कविता के संबंध में सभी प्रकार के पूर्वाग्रहों से ऊपर उठकर समीक्षक ने एक स्वस्थ और संतुलित विवेचन उपस्थित किया है। यही विशेषता उसके जनवादी साहित्य के मूल्यांकन में भी देखी जा सकती है। काफ़ी विवादास्पद विषयों में पड़कर भी लेखक अपने व्यक्तित्व की मर्यादा को स्थापित कर सका है। साहित्यिक समस्याओं के अतिरिक्त लेखक ने भाषा संबंधी प्रश्नों को भी एक नये रचनात्मक ढंग से देखा है। अँग्रेज़ी तथा आधुनिक भारतीय भाषाओं की पारस्परिक स्थिति को लेकर रघुवंश के विचार इस जटिल प्रसंग में बड़ी सावधानी से व्यक्त किये गये हैं।

हिंदी के नये साहित्य-चिंतन में धर्मवीर भारती का योग कई दृष्टियों से महत्त्वपूर्ण है। उनका आधुनिक पाश्चात्य साहित्य तथा चिंतन प्रणालियों का गंभीर अध्ययन उनकी समीक्षा-पद्धति को एक व्यापक स्तर पर प्रतिष्ठित करता है। इसके अतिरिक्त उनके विचारों की स्पष्टता और तेज़ी भी असाधारण हैं। ये सभी प्रवृत्तियाँ उनकी प्रथम समीक्षा-कृति 'प्रगतिवाद : एक समीक्षा' (1949 ई.) में प्रतिफलित हुई हैं। पर उसके विचारों में वह मँजाव नहीं है, जिससे किसी विशिष्ट कृति को एक मर्यादित रूप मिलता है। इसका एक प्रमुख कारण यह हो सकता है कि यह एक प्रतिक्रिया में लिखी गई रचना है। मार्क्सवाद के अध्ययन से लेखक को जितना संतोष तथा शांति मिली है हिंदी की प्रगतिवादी समीक्षा से उसे उतना ही असंतोष मिला है (द्रष्टव्य लेखक के उपन्यास 'सूरज का सातवाँ घोड़ा' का वक्तव्य)। इस असंतोष तथा खीज की अभिव्यक्ति निश्चय ही उतने संतुलित रूप में नहीं हो सकती जितने संतुलित ढंग से लेखक के अपने निजी विचार प्रस्तुत किये गये हैं। 'प्रगतिवाद : एक समीक्षा' तथा 'साहित्य की नयी मर्यादा' में काल-क्रम के अंतर के साथ इस रचना-दृष्टि का भी अंतर है।

'साहित्य की नयी मर्यादा' ('आलोचना'-11) नये साहित्य-चिंतन को स्थापित करने और उसके आंतरिक मूल्यों को प्रस्फुटित करनेवाली निबंध-रचना है।

नवलेखन के क्षेत्र में विचारों के अभियान का यह पहला महत्त्वपूर्ण पथ-चिह्न है। चिंतन-प्रणाली और भाषा-प्रयोगों की नयी दिशाओं का उद्घाटन करने के साथ इस प्रबंध ने साहित्य की नयी मर्यादा और दायित्वों का जो बोध कराया है हिंदी-समीक्षा में उसका ऐतिहासिक महत्त्व है। भारती की समीक्षा-पद्धति वैसे भी सैद्धांतिक पक्ष की ओर अधिक प्रवृत्त रही है। 'प्रतीक' में प्रकाशित निबंध अथवा 'राष्ट्रवाणी' के 'जलते प्रश्न' के अंतर्गत प्रस्तुत चिंतन-प्रसंग आधुनिक विचारों के साहित्य को समृद्ध बनाते हैं। लेखक की दृष्टि में व्यापक मानववादी दृष्टि तथा उसके साथ मानवीय व्यक्तित्व की अनिवार्य सुरक्षा और स्वतंत्रता नये समाज के विकास की आवश्यक भाव-भूमियाँ हैं। उसके अनुसार इन प्रवृत्तियों से संपृक्त साहित्य ही इस संकट-काल को दूर करके नव-निर्माण में सहयोग दे सकता है।

विजयदेवनारायण साही की समीक्षा-पद्धति कुछ विशेष क्षेत्रों में सीमित रही है। मार्क्सवाद के प्रसंग में सैद्धांतिक दृष्टि से साहित्य-चिंतन उनकी अपनी विशेषता है। इस क्षेत्र में उनकी व्याख्याएँ और निष्कर्ष दोनों महत्त्वपूर्ण हैं। 'आलोचना'-9 में प्रकाशित 'मार्क्सवादी समीक्षा और उसकी कम्यूनिस्ट परिणति' शीर्षक निबंध, उनके इस विषय से संबद्ध विचारों को बड़े सुगठित रूप में प्रस्तुत करता है। साहित्यिक रस-बोध का विवेचन भी उन्होंने किया है, पर यह उनकी मुख्य रुचि नहीं मानी जा सकती। 'नयी कविता'–1 में लक्ष्मीकांत वर्मा का कवि-परिचय उन्होंने अंतर्दृष्टि और सहानुभूति के साथ दिया है। उनकी कुछ पुस्तक-समीक्षाओं की भी विशेष चर्चा रही है। पर उन्हें सबसे अधिक ख्याति मिली 'राष्ट्रवाणी' के 'जलते प्रश्न' लेखमाला के अंतर्गत कुछ महत्त्वपूर्ण समस्याओं के विवेचन से।

'राष्ट्रवाणी' में प्रकाशित निबंधों में साही ने नयी पीढ़ी–पुरानी पीढ़ी, नायकत्व का विघटन, समसामयिक दायित्व का बोध जैसे बौद्धिक प्रसंगों की मीमांसा की है। समस्याओं के विश्लेषण में उनकी तर्क-पद्धति काफ़ी व्यवस्थित रहती है। इसीलिए इन चिंतन-प्रसंगों की ओर काफ़ी लोग आकृष्ट हुए। पर शैलीगत अस्पष्टता और कभी-कभी अनावश्यक विस्तार के कारण लेखक की मान्यताएँ स्पष्ट रूप से उभर नहीं पातीं। व्यवस्थित तर्क-पद्धति के साथ यदि सुस्पष्ट शैली का भी संयोग हो सकता तो साही के विचारों की प्रभविष्णुता और बढ़ सकती थी।

साही के 'प्रतिपक्ष' के रूप में नामवरसिंह का अध्ययन किया जा सकता है। मार्क्सवाद से प्रभावित प्रगतिवादी दृष्टि-बिन्दु उनकी समीक्षा की केंद्रीय स्थिति है। पक्षधरता को स्वीकार करके चलने के कारण लेखक के निष्कर्ष तो ग़लत हो ही जाते हैं, व्याख्या-पद्धति भी दूषित हो जाती है। प्रयोगवाद तथा नयी कविता के प्रसंग में उनके पूर्वाग्रह सबसे प्रबल हैं। प्रतिक्रिया-स्वरूप लिखे जाने के कारण इन विषयों से संबद्ध उनके विवेचन समीक्षक के आवश्यक संतुलन से रहित हैं।

इसके विपरीत जहाँ उन्होंने अपने ढंग से किसी प्रसंग की मीमांसा की है वहाँ उनकी समीक्षा-शैली अत्यंत स्थिर और प्रभावोत्पादक बन गई है। 'संकेत' में प्रकाशित 'व्यापकता और गहराई' शीर्षक निबंध (अथवा 'हंस' में प्रकाशित साहित्यकार की आस्था से संबंधित वक्तव्य) तथा 'आलोचना' के इतिहास-अंक में साहित्य की ऐतिहासिक व्याख्या से संबद्ध निबंध लेखक की इन दोनों शैलियों के अच्छे उदाहरण हैं। शिवदानसिंह चौहान के साथ उन्होंने नवलेखन के क्षेत्र में 'प्रगतिवादी' या 'प्रगतिशील' दृष्टिकोण प्रस्तुत किया है।

विशेष रूप से नयी कविता के शिल्प का अध्ययन जगदीश गुप्त ने किया है। कविता की लय तथा उसके आंतरिक विन्यास का विश्लेषण उनकी समीक्षा का प्रधान क्षेत्र है। इस दृष्टि से 'नयी कविता' में प्रकाशित उनके निबंधों का अपना महत्त्व है। शिल्प के समग्र रूप के संबंध में उनके विचार उलझी हुई परिस्थितियों को काफ़ी स्पष्ट करते हैं क्योंकि लेखक का यह अध्ययन बहुत व्यापक धरातल पर हुआ है। कविता के साथ-साथ नवीन कला-आंदोलनों का सूक्ष्म विवेचन उनकी दृष्टि को और भी पूर्ण बनाता है।

नये साहित्य-चिंतन को विकसित करनेवाले लेखकों में लक्ष्मीकांत वर्मा का नाम प्रमुख है। 'नयी कविता के प्रतिमान' (1957 ई.) के लेखक के रूप में उनके विचार काफ़ी व्यवस्थित रूप से सबके सम्मुख आ चुके हैं। इसके अतिरिक्त नयी समीक्षा की विशिष्ट शब्दावली को विकसित करने में उनका योग अन्यतम है। नये भावों को व्यक्त करने के लिए परंपरागत शब्द-प्रयोगों से पूरा पड़ते न देखकर उन्होंने कई प्रकार के शब्द गढ़े हैं, जिनमें से कुछ अब धीरे-धीरे गृहीत भी हो चले हैं। इस नयी शब्दावली को देखकर कुछ लोग प्रायः चौंक उठते हैं और लक्ष्मीकांत की शैली पर दुरूहता का आरोप लगाते हैं। पर निश्चय ही यह स्थिति वास्तविक नहीं मानी जा सकती।

लक्ष्मीकांत की शैली दुरूह नहीं है। पर उनके विचार बहुत कुछ अनुभूति के स्तर पर रह जाते हैं, इसीलिए वे सर्वत्र बोधगम्य नहीं हो पाते। उनकी चिंतन-पद्धति धीरे-धीरे भौतिक से सूक्ष्म की ओर जाने लगती है। इस दृष्टि से उच्चतर गणित, भौतिकशास्त्र और उसके साथ ही साहित्यशास्त्र की भी परिणति अपनी-अपनी प्रक्रिया से दर्शन में होती है। लक्ष्मीकांत का साहित्य-चिंतन कहीं-कहीं इस तथ्य की व्यंजना करता है। किंतु यह भी सही है कि यह स्थिति उनकी समीक्षा-पद्धति की यथार्थ दिशा नहीं कही जा सकती।

अपनी समीक्षा की मौलिक प्रकृति के अनुरूप लक्ष्मीकांत की शैली काव्य की सृजन-प्रक्रिया को समझाने के लिए उपयुक्त है। 'नयी कविता के प्रतिमान' समूची नयी कविता की सृजन-प्रक्रिया का विवेचन है। समाजिक परिवेश की अपेक्षा व्यक्तित्व की गहराइयों के संदर्भ में उन्होंने साहित्य को अधिक अच्छे ढंग से परखा

है। शायद यही कारण है कि सैद्धांतिक समीक्षा से ऊपर उठकर विचारों के साहित्य के क्षेत्र में उन्होंने अब तक कोई विशेष कार्य नहीं किया है। इस दिशा में उनका कृति-साहित्य अधिक सशक्त माना जा सकता है।

'नयी कविता के प्रतिमान' का महत्त्व एक से अधिक कारणों से है। नयी समीक्षा का प्रथम ग्रंथ होने के कारण नये भाषा-प्रयोगों को गढ़ने का दायित्व उसी के ऊपर आ पड़ा। इसके अतिरिक्त रचनात्मक प्रक्रिया का मौलिक विवेचन होने से वह नयी कविता का पक्षधरता से हीन पर सहानुभूतिपूर्ण अध्ययन है। इस प्रसंग में कवि-विवेचक के दायित्व का जिस ढंग से निर्वाह लक्ष्मीकांत ने किया है वह सराहनीय है। फिर, शैली की दृष्टि से 'नयी कविता के प्रतिमान' में एकेडेमिक और अनौपचारिक पद्धतियों का सम्मिश्रण हुआ है। एक ओर लेखक की तथ्य-परिगणन तथा सूत्र-शैली है तो दूसरी ओर मनोवैज्ञानिक अंतःप्रक्रियाओं का उन्मुक्त विवेचन है। और इन सबसे ऊपर लेखक का एक नयी दिशा खोलने का प्रयास है। इस रूप में एक ओर जहाँ यह कृति इतनी विवादास्पद सिद्ध हुई है, वहीं दूसरी ओर इसने अन्य बहुत-से प्रतिभाशाली नये कवियों को लिखने की प्रेरणा दी है। नये साहित्य-चिंतन का एक प्रमुख भाग नयी कविता पर आधारित है, और इस पृष्ठभूमि में इस ग्रंथ का अपना विशिष्ट योग है। इस कृति से हिंदी के अपने समीक्षा-शास्त्र की संभावनाओं के संबंध में भी महत्त्वपूर्ण संकेत मिलता है।

नये समीक्षकों तथा उनके कृतित्व के सर्वेक्षण से स्पष्ट हो जाता है कि नवीन साहित्य-चिंतन का परिमाण यद्यपि कम है, पर उसकी तेजस्विता कहीं अधिक है। सह-चिंतन में व्यक्तित्व की असाधारणता के विकसित होने का अवसर कम रहता है। हिंदी की नयी समीक्षा में इसीलिए किसी एक व्यक्तिगत समीक्षक की अपेक्षा त्रैमासिक 'आलोचना' (1951-59) का योग अधिक महत्त्वपूर्ण जान पड़ता है। पहले शिवदानसिंह चौहान तथा उनके बाद धर्मवीर भारती, रघुवंश, ब्रजेश्वर वर्मा और विजयदेवनारायण साही के संयुक्त संपादन में इस पत्रिका ने हिंदी समीक्षा को काफ़ी ऊँचे धरातल पर प्रतिष्ठित किया। अधिकांश नया साहित्य-चिंतन 'आलोचना' के माध्यम से सामने आया है। कई महत्त्वपूर्ण प्रश्नों पर स्वतंत्र निबंध तथा परिसंवाद प्रकाशित करके इस पत्रिका के संपादकों ने हिंदी समीक्षा में एक संतुलन और विचरोत्तेजन उत्पन्न किया।

वैसे तो नयी समीक्षा के कई क्षेत्रों में अभी कार्य होना है, पर पुस्तक-समीक्षा का अंग अपेक्षाकृत कमज़ोर है। सच तो यह है कि पुस्तक-समीक्षा की न तो अभी तक कोई पद्धति ही विकसित हो सकी है, और न उसे अभी पर्याप्त रूप से आदृत तथा सम्मानित माना जाता है। व्यावहारिक समीक्षा के अविकसित रहने से भी पुस्तक-समीक्षा की कला उन्नत नहीं हो सकी। इस क्षेत्र में स्वस्थ और निरुज

व्याख्यात्मक दृष्टि का अभाव है। इसीलिए संतुलित पुस्तक-समीक्षा एक विरल परिस्थिति बन गई है। व्यक्तिगत संबंधों से ऊपर उठकर निर्भीक परंतु मूलतः सहानुभूतिपूर्ण पुस्तक-समीक्षा हिंदी साहित्य के बहुत-से ग़लत चरणों को रोक सकती है। परंतु अभी तक तो पुस्तक-समीक्षा का वास्तविक महत्त्व और दायित्व ही नहीं समझा जा सका है।

पर नये साहित्य-चिंतन के एक मार्ग के किंचित् अवरुद्ध होने से उसका समूचा विकास अवरुद्ध नहीं हो सका है। वरन् कुछ अन्य माध्यमों से इस पक्ष को सहायता मिली है। गोष्ठी-संलापों तथा परिसंवादों, टिप्पणियों और ध्वनिवार्त्ताओं द्वारा भी यह साहित्य-रूप समृद्ध हुआ है। यही नहीं, विशुद्ध समीक्षकों के अतिरिक्त बहुत-से कृति-साहित्यकारों ने भी इस दिशा में महत्त्वपूर्ण विचार प्रस्तुत किये हैं। विचार-राशि के विभिन्न तंतुओं से निर्मित होने के कारण नवलेखन का साहित्य-चिंतन एक समग्र और संपूर्णतर दृष्टिकोण का परिचायक है, जो वस्तुतः स्वतः साहित्य-सृजन का प्रमुख उद्देश्य है।

गद्य के अन्य रूप

नवलेखन के तत्त्वावधान में गद्य के अन्य रूप भी विकसित हुए हैं, पर उनका महत्त्व केवल परिमाण की दृष्टि से आँकना भ्रमात्मक सिद्ध हो सकता है। यात्रा-संस्मरण, डायरी, जर्नल तथा ललित निबंधों के क्षेत्र में जो प्रयोग हुए हैं, उनकी ताज़गी विशेष रूप से आकर्षित करती है। सामान्यतः बौद्धिक आभिजात्य से विहीन ये गद्य-रूप औसत पाठकों को भी रुचिकर सिद्ध हो सकते हैं। उनके लेखक की आत्मीयता व्यक्तित्व-विघटन के इस युग में व्यापक तनाव की भावना से मुक्ति देती है। इस अर्थ में ये साहित्य-रूप अधिक प्रजातांत्रिक तथा मानववादी हैं।

यात्रा-वर्णन हिंदी गद्य में बहुत प्रारंभ से मिलते हैं। पर उन सबकी प्रकृति मुख्यतः वर्णनात्मक रही है। यात्रा विषयक नयी कृतियों में यात्रा तथा संस्मरण का बड़ा सुखद सम्मिश्रण हुआ है। अपरिचित स्थलों तथा व्यक्तियों का संवेदनशील चित्रण और विश्लेषण—एक सहज और प्रायः अनौपचारिक शैली में, इन यात्रा-वर्णनों की अपनी विशेषता है। अकिंचन और सामान्य स्थितियों तथा क्षणों का महत्त्व नवलेखन की प्रकृति के अनुरूप ही इस गद्य-रूप में भी देखा जा सकता है। अज्ञेय के यात्रा-स्मरण 'अरे यायावर रहेगा याद' (1953 ई.) नयी शैली की प्रथम सशक्त कृति है।

इस स्थल पर एक प्रसंगेतर तथ्य का उल्लेख आवश्यक है। प्रस्तुत समीक्षा-कृति में कुछ ऐसे नाम मिल सकते हैं जो कमोबेश प्रायः सभी अध्यायों में चर्चित हुए हैं। अज्ञेय का नाम ऐसा ही है। नामों की पुनरावृत्ति के पीछे कोई पक्षपात नहीं है, यह सफ़ाई देना कुछ हास्यास्पद-सा लगता है। पर यह भी समझा जाना चाहिए कि इन कुछ लेखकों ने, विशेषतः अज्ञेय ने, साहित्य की सभी विधाओं में जो लिखा है सो इसलिए नहीं कि ये लेखक सजग रूप से साहित्य के सभी अंगों की श्रीवृद्धि करना चाहते थे। यह स्थित वस्तुतः नये लेखक की बहुमुखी

जागरूकता का परिचायक है, उसके व्यक्तित्व की समग्रता का सूचक है। कविता, कहानी, उपन्यास, नाटक, समीक्षा, यात्रा-संस्मरण, डायरी आदि विभिन्न काव्य-रूप एक ही लेखक के व्यापक व्यक्तित्व की अभिव्यक्ति अपेक्षाकृत आसानी से होने देते हैं। यों इन सभी माध्यमों में एक मूलभूत एकता भी है जो सर्जक के व्यक्तित्व की मौलिक संवेदना से तुलनीय है।

अज्ञेय का यात्रा-संस्मरण नये गद्य की सामर्थ्य का द्योतक है। नये भाव-बोध तथा संवेदनों को अभिव्यक्त करने के लिए उनकी भाषा पर्याप्त रूप से परिष्कृत तथा अर्थ-प्रवण है। अच्छी भाषा को लेखक ने अपने आपमें एक उपलब्धि माना है। इसका कारण यह नहीं है कि अज्ञेय भाषा को भाव-विधान से कोई अलग तत्त्व मानते हैं। एक संपृक्त रूप में उभरने पर भी रचनाकार का तंत्र-कौशल या भाषा सतत परिष्करण की अपेक्षा रखती है। इतनी चिंता रखने के कारण ही अज्ञेय की कविता, उपन्यास अथवा यात्रा-संस्मरणों की भाषा अलग-अलग रूपों में विकसित हुई है। पर इसमें कोई संदेह नहीं कि उनका गद्य अधिक पुष्ट, शिल्पित तथा समृद्ध है। 'अरे यायावर रहेगाा याद' लेखक की विरल अनौपचारिकता क परिचायक है।

यात्रा-संस्मरणों की इस कला को मोहन राकेश (1925 ई.) की 'आखिरी चट्टान तक' (1953 ई.) ने और विकसित किया है। 'वांडर लस्ट' शीर्षक आमुख में लेखक ने अपनी मानसिक यात्राओं के जो चित्र प्रस्तुत किये हैं, वे उतने ही यथार्थ हैं जितनी कि उसकी वास्तविक यात्राएँ। वह कहता है, "मुझे लगता है कि ये चित्र बहुत पहले पढ़ी हुई यात्रा संबंधी पुस्तकों के किन्हीं अंशों की छाप हैं, जिन्हें मैं वैसे भूल चुका हूँ।" वांडर लस्ट के द्योतक चित्रों में से पहला है–"दूर-दूर तक फैला हुआ एक खुला समुद्र तट है, जहाँ रेत में जगह-जगह पत्थर और बड़ी-बड़ी चट्टानें हैं। फूटी सराय है। सराय में रात को मटियाली-सी रोशनी होती है और उस रोशनी में बैठकर कुछ जुआरी जुआ खेलते हैं। एक व्यक्ति जिसकी दाढ़ी डेढ़-दो महीने की उग रही है और जो आयु में पचपन वर्ष से ऊपर लगता है, चिरमिराती हुई खाने की मेज़ पर कुहनियाँ टिकाये, एक लकड़ी की कुर्सी पर बैठा कोई पुराना अख़बार पढ़ता है। मैं सामने बैठकर पानी पीता हुआ उसके अर्द्ध-श्वेत बालों को ध्यान से देखता हूँ। ठंडी हवा के एक-दो झोंके आते हैं, मेरे शरीर में थोड़ी कँपकँपी आती है और मैं पानी का गिलास होंठों के पास रोक कर मुसकराता हूँ, कि यह सब वैसे ही घटित हो रहा है, जैसे मैं उसकी कल्पना किया करता था··· " स्वप्न के अंदर स्वप्न जैसी यह स्थिति मूलतः रोमांटिक है। इससे लेखक का 'असाधारण के प्रति आकर्षण' व्यक्त होता है, जो प्रायः सभी यात्रा-प्रिय व्यक्तियों की मनःस्थिति का अनिवार्य अंग है। इस विशेष प्रकार की मनःस्थिति का परिचय मूल यात्रा-संस्मरण के चित्रों में बड़े सशक्त ढंग से मिलता है। अब्दुल

जब्बार का जो पहला चित्र मिलता है वह बड़ी आसानी से 'वांडर लस्ट' में परिगणित दिवा-स्वप्नों की कोटि में रखा जा सकता है। सच तो यह है कि इन दिवा-स्वप्नों और संस्मरण-चित्रों में कोई मौलिक अंतर नहीं है। यथार्थ और कल्पना के बड़े मोहक वातावरण में इन यात्रा-संस्मरणों का सृजन हुआ है।

'आखिरी चट्टान तक' में दक्षिण भारत की यात्रा के संस्मरण हैं। समुद्र, डोंगियों और मछलीमारों के चित्र उत्तर भारत में कुछ और भी आकर्षक लगते हैं। कभी-कभी वे लेखक के समान ही 'बहुत पहले पढ़ी हुई यात्रा संबंधी पुस्तकों के किन्हीं अंशों की छाप' से जान पड़ते हैं। केवल प्रकृति के दृश्य 'पाठक को उबाने वाले सिद्ध हो सकते हैं, पर उनके साथ व्यक्तियों के रेखाचित्र अनिवार्य मानवीय तत्त्व को प्रस्तुत करते हैं। प्रकृति और मानव का यह सहचरण यात्रा-संस्मरण की कला का मूल रहस्य है। प्रस्तुत कृति के उपशीर्षक (हुसैनी, समुद्र तट का होटल, पंजाबी भाई, मलबार) इस स्थिति को और भी स्पष्ट करते हैं। किंतु इस समन्वित कला के निर्वाह के लिए रोमांटिसिज़्म ही पूरा नहीं पड़ सकता। मानव-चरित्र में एक अपनी दिलचस्पी होना इस काव्य-रूप की रचना-प्रक्रिया में अनिवार्य है। मोहन राकेश इन दोनों शर्तों को पूरा करते हैं। प्रकृति के प्रति उनकी उन्मुक्त ललक और व्यक्तियों के प्रति सहज आत्मीयता ने उनके यात्रा-संस्मरण को सूचना और मनोरंजन के अतिरिक्त गहरे आयाम प्रदान किये हैं। ये संस्मरण-चित्र लेखक की अनुभूतियों का सफलतापूर्वक पुनःसृजन करते हैं। इस एक मौलिक अंतर के कारण ही नये यात्रा-संस्मरण उपयोगी कला से हटकर ललित-कला के अंग बन गये हैं।

यात्रा-संस्मरण की इस अपेक्षाकृत कठिन कला को रघुवंश ने फिर से उठाया है। 1958 ई. की 'कल्पना' तथा 'अजन्ता' के कुछ अंकों में उनके दो यात्रा-संस्मरण अलग-अलग धारावाहिक रूप से प्रकाशित होते रहे हैं। 'हरी घाटी' हज़ारीबाग (बिहार) की यात्रा है और 'मृगमरीचिका के देश में' राजस्थान के कुछ हिस्से का भ्रमण है। लेखक की कला की मौलिक आत्मीयता और सहजता ने इन संस्मरणों को अद्‌भुत भाव-प्रवणता प्रदान की है। यात्रा, रेखाचित्र, संस्मरण और इन सबका डायरी के रूप में प्रस्तुतीकरण—अभिव्यक्ति के ये सभी अनौपचारिक माध्यम 'हरी घाटी' में संपृक्त भाव से सामने आते हैं। कथा-साहित्य के अतिरिक्त गद्य के शेष प्रायः सभी रूप इस यात्रा-संस्मरण में एक साथ प्रयुक्त हुए हैं। और इन सबसे ऊपर लेखक की शैली की सादगी है जो पाठक को विशेष रूप से आकर्षित करती है।

रघुवंश के कथा-साहित्य की सहज पारिवारिकता उनके यात्रा-संस्मरणों में भी द्रष्टव्य है। स्वीकृत गद्य-माध्यम की अनौपचारिकता के साथ वह समूची कृति की भद्रता और आत्मीयता को और अधिक मार्मिक बना देती है। 'हरी घाटी'

की प्रारंभिक कई किश्तें यात्रा की तैयारी और तत्संबंधी मनःस्थिति को नये और अछूते ढंग से प्रस्तुत करती हैं। व्यक्ति के सामान्य क्षणों का संगत ढंग से चित्रण पाठक के सहज सहभोग को आमंत्रित करता है। इन स्थितियों का अनुभावन उसे बोझीला नहीं लगता। यही कारण है कि आज की विषम जीवन-प्रक्रिया में साहित्य की ये विधाएँ अधिक लोकप्रिय हो रही हैं। जीवन और साहित्य के संघर्षों तथा चरम सीमाओं से ऊबा हुआ व्यक्ति सामान्य और सरल क्षणों में अधिक जीना चाहता है। रघुवंश के यात्रा-संस्मरण इस माँग को बड़ी अच्छी तरह से पूरा करते हैं। इस प्रसंग में एक अन्य उल्लेखनीय नाम प्रभाकर द्विवेदी का है, जिनकी रचना 'पार उतरि कहँ जइहौं' यात्रा-संस्मरण के विकास का एक नया और समर्थ चरण है।

यात्रा-संस्मरण की सरल कला का एक दूसरा रूप ललित निबंधों में देखने को मिलता है। हिंदी में इस प्रकार के निबंध पहले भी लिखे गये हैं, और उनकी शैली में परिवर्त्तन के कोई विशिष्ट लक्षण नहीं देखे जा सकते। इस प्रसंग में कुट्टिचातन के नये विषयों का चयन अवश्य उल्लेखनीय है। 'मार्ग दर्शन' इस दृष्टि से एक अत्यंत सफल रचना कही जा सकती है। विद्यानिवास मिश्र (1925 ई.) ने भी इस दिशा में विशेष कार्य किया है। उनके निबंध मूलतः भारतीय संस्कृति के तत्त्वों से अनुप्राणित हैं, पर पांडित्य के बोझ से दबे नहीं हैं। 'छितवन की छाँह' तथा 'प्रभुजी तुम चंदन हम पानी' शीर्षक संकलनों में लेखक के इसी प्रकार के निबंध प्रस्तुल हैं। विषय-वैभिन्य न होने से इन निबंधों की एकरसता कभी-कभी खटकने लगती है। इस दृष्टि से प्रभाकर माचवे के निबंधों का उल्लेख होना आवश्यक है, जो संख्या में कम होने पर भी नवलेखन की प्रकृति के निकट हैं।

डायरी तथा नोटबुक कुछ नये लेखकों ने प्रस्तुत की हैं। पुरानी परिपाटी के अनुसार ये सहज तथा अकृत्रिम ढंग से लिखी नहीं कहीं जा सकतीं। उनका अंतिम रूप बहुत कुछ सहज कौशल का परिणाम लगता है। वस्तुतः गद्य के सभी माध्यम स्वतंत्र कला के रूप में विकसित हो रहे हैं, किये जा रहे हैं। अजितकुमार तथा लक्ष्मीकांत वर्मा की डायरी इस नयी शैली के उदाहरण के रूप में देखी जा सकती हैं। अजितकुमार ने इस क्षेत्र में विशेष रूप से कार्य किया है और उनकी डायरी या नोट्स काफ़ी विभिन्न और अटपटी मनःस्थितियों का परिचय देते हैं। समय-समय पर प्रकाशित उनकी डायरी के पृष्ठ आधुनिक गद्य-शिल्प के श्रेष्ठ नमूने हैं। प्रमुख रूप से कुछ साहित्यिक समस्याओं को लेकर लिखी गईं शमशेर-बहादुरसिंह तथा रघुवीरसहाय की लेखकीय नोटबुक इस क्षेत्र के नये प्रयोग हैं। दोनों लेखकों ने इस माध्यम से कलाकार की सृजन-प्रक्रिया के संबंध में कुछ महत्त्वपूर्ण विचार व्यक्त किये हैं। नोटबुक के एक अधिक व्यक्तिगत तथा विचार-प्रधान रूप 'जर्नल'

का प्रयोग अज्ञेय ने किया है। इन सभी माध्यमों की संभावनाओं की ओर नये लेखक का ध्यान आकृष्ट हुआ है; उनकी परिपूर्णता निश्चय हो समय-साध्य है।

गद्य के कुछ अन्य माध्यमों में लक्ष्मीचंद्र जैन ('जो वे स्वयं न कह पाये' शीर्षक रचना-माला), श्रीलाल शुक्ल (हास्य-व्यंग्य प्रधान निबंध) तथा रघुवीरसहाय (रिपोर्टिंग) ने विशिष्ट कृतियाँ प्रस्तुत की हैं। भाषागत अर्थ-क्षमता की दृष्टि से इन रचनाओं का योगदान उनके अपने कलात्मक मूल्य जैसा ही महत्त्वपूर्ण है।

नवलेखन का वातावरण

नवलेखन का सृजन केवल पुस्तकों तथा पत्र-पत्रिकाओं के माध्यम से नहीं हुआ है; वह समस्त साहित्यिक वातावरण में छा गया है। इन जीवंत प्रक्रियाओं का अध्ययन नवलेखन के आंदोलन को समझने के लिए अत्यंत आवश्यक है, यद्यपि इस प्रकार के अध्ययन और विश्लेषण में प्रक्रियाओं का जीवंत रूप कहाँ तक सुरक्षित रह सकेगा, यह कहना कठिन है। नये साहित्यकार के लिए साहित्य-सृजन एक पूरे समय का कार्य है। प्रेरणा के कुछ चुने हुए क्षणों के स्थान पर वह संपूर्ण जीवन को ही रचनात्मक व्यापार के रूप में स्वीकार करता है। इसीलिए नवलेखन के बहुत-से सूक्ष्म तत्त्व आधुनिक साहित्यिक वातवरण में घुल-मिल गये हैं। या यों कहना चाहिए कि इस प्रकार का वातावरण हिंदी में पहली बार बना है।

नवलेखन के इस वातावरण को निर्मित करने में विभिन्न प्रकार की साहित्यिक गोष्ठियों का बड़ा हाथ रहा है। यह सही है कि नये लेखकों के इन संघों ने बहुत-सी अवांछनीय प्रवृत्तियों को भी पोषित किया है। पर कुल मिलाकर उनके अस्तित्व ने आधुनिक साहित्य की मौलिक भाव-भूमि को अधिक विकसित किया है। प्रारंभ में इनमें से अधिकांश संघ कुछ-कुछ वीर-पूजा की भावना को लेकर चले थे। किंतु कुछ पकने पर इन संस्थाओं ने अनुभव किया कि उनके बौद्धिक अभियान में यह दृष्टिकोण बहुत मेल नहीं खाता। और इस प्रकार धीरे-धीरे अभिनंदनों तथा जयंतियों का स्थान परिसंवादों तथा उन्मुक्त विचार-विमर्श ने ले लिया।

नये लेखकों के इन संघों में परिमल, प्रयाग (1944 ई.) का हिंदी-नवलेखन से घनिष्ट संबंध रहा है। सच तो यह है कि नवलेखन वर्ग के अधिकांश लेखक किसी-न-किसी रूप में परिमल से संबद्ध रहे हैं। 'नये पत्ते', 'नयी कविता' तथा 'निकष' जैसी नवलेखन की प्रतिनिधि पत्रिकाएँ और संकलन परिमल के सदस्यों द्वारा परिचालित रही हैं। 'आलोचना' त्रैमासिक को नये साहित्य-चिंतन का माध्यम बनाने में भी उसके दूसरे संपादक-मंडल का विशिष्ट योग रहा है, जिसके तीन

सहयोगी परिमल के सदस्य थे। इसके अतिरिक्त 'व्यक्ति स्वातंत्र्य तथा सामाजिक दायित्व' और 'लेखक तथा राज्य' जैसे आधुनिक विषयों पर परिसंवाद भी परिमल ने आयोजित किये थे। इस दृष्टि से नवलेखन के साहित्यिक सृजन में तथा इसका वातावरण बनाने में परिमल ने अपने ऐतिहासिक दायित्व का निर्वाह किया है।

प्रयाग के कुछ उत्साही नये लेखकों द्वारा संस्थापित तथा परिचालित आधुनिक हिंदी साहित्य की सर्वाधिक चर्चित संस्था परिमल अपने जन्मकाल से ही नवीन प्रवृत्तियों की वाहक रही है। प्रगतिवाद और प्रयोगवाद के संधि-काल में प्रारंभ होकर उसको परिपूर्णता नयी कविता तथा नवलेखन के विकास में मिली। साहित्य की राजनैतिक तथा सांप्रदायिक वादों से मुक्त करके परिमल ने उसे जिस ढंग से मानववादी धरातल पर प्रतिष्ठित किया वह मानो नये हिंदी साहित्य के संदर्भ में प्रौमेथ्यूज़ की कथा की पुनरावृत्ति है। यद्यपि अपने इस यत्न के लिए भी उसे पक्षधर ठहराने की पूरी कोशिश की गई। पर परिमल की संपूर्ण प्रजातंत्रात्मक गतिविधि ने सदैव यह स्पष्ट किया है कि यदि वह किसी के पक्ष में है तो साहित्य और मानव-व्यक्तित्व के पक्ष में है। राजनीति को उसने अस्पृश्य नहीं माना, पर उसका एक संपृक्त रूप विचारों के साहित्य में पोषित किया।

विशिष्ट परिसंवादों के अतिरिक्त परिमल की सामान्य गोष्ठियों में भी उन्मुक्त जिज्ञासा का स्वर बराबर जाग्रत रहा है। कृति साहित्य तथा समीक्षा दोनों प्रकार की गोष्ठियाँ अपने निर्भीक परंतु मूलतः सहानुभूतिपूर्ण वातावरण के लिए प्रसिद्ध रही हैं। साहित्य में गंभीर निष्ठा और मौलिक बौद्धिक दृष्टिकोण के बावजूद परिमल का अनौपचारिक वातावरण कम महत्त्वपूर्ण नहीं है। उन्मुक्त बोलने का अधिकार और खुलापन परिमल की किसी भी गोष्ठी की पहली शर्त रही है। साहित्येतर संदर्भों को उसने कभी स्वीकार नहीं किया। यदि प्रदेश के राज्यपाल भी उसमें आमंत्रित हुए हैं तो साहित्यकार के रूप में, राज्यपाल के रूप में नहीं। साहित्य को राजनीति की दासता उसने कभी नहीं मानने दी। परंपरावादी तथा राजनीतिक लेखकों का कोप-भाजन उसे प्रत्यक्ष अथवा अप्रत्यक्ष रूप से बराबर रहना पड़ा है, पर 'परिमल' स्वतः शिथिल भले हो गया हो, उसने घुटने नहीं टेके, आत्मसमर्पण नहीं किया।

इन कई दृष्टियों से हिंदी नवलेखन तथा परिमल की मौलिक मान्यताएँ एक-सी रही हैं। बहुत-से विधानों तथा बाह्य रीतियों से जकड़ना दोनों को ही स्वीकार नहीं रहा। बौद्धिक स्वातंत्र्य उनके किसी स्तर पर गठन की पहली माँग है। इस मौलिक स्वातंत्र्य और दायित्व की भावना तथा व्यक्तित्व की सुरक्षा पर ही परिमल के सदस्य एकमत कहे जा सकते हैं। और यही स्थिति नवलेखन की है, जिसमें अनेक विचार-धाराओं के लेखक एक दिशा की ओर अग्रसर हो रहे हैं। परिमल के मुख्य मंच के अतिरिक्त कॉफ़ी हाउस तथा रेस्तराओं की गोष्ठियाँ

भी विचारों के अभियान में अपने ढंग से सहयोग देती रही हैं, जहाँ विभिन्न वर्गों के लेखक बिना किसी संकोच तथा औपचारिकता के बातचीत करते हैं। स्पष्ट ही इस प्रकार की गोष्ठियों पर कोई रिपोर्ट प्रस्तुत नहीं की जा सकती, परंतु अप्रत्यक्ष रूप से उनका प्रभाव नये लेखकों की भाव-भूमि पर बराबर पड़ता रहता है। नवलेखन के वातावरण के सूक्ष्म तत्त्वों का निर्माण इन पूरक गोष्ठियों द्वारा सबसे अधिक होता है। साहित्य की जागरूकता को बनाये रखने में इन गोष्ठी संलापों का योग अप्रतिम है।

परिमल (प्रारंभ में जिसकी शाखाएँ कई नगरों में थीं) के अतिरिक्त प्रगतिशील लेखक संघ की बैठकों ने नये साहित्य के विकास में अपना सहयोग दिया है। एक सीमित दृष्टिकोण रखने पर भी साहित्य के कुछ पहलुओं को लेकर उनकी चर्चाओं के महत्त्व को अमान्य नहीं ठहराया जा सकता। प्रयाग तथा लखनऊ की शाखाओं ने इस संबंध में विशेष कार्य किया है। देश-विभाजन के समय सांस्कृतिक जागृति तथा एकता के लिए प्रगतिशील लेखक संघ ने जो यत्न किये थे, उनका नये लेखकों पर काफ़ी स्वस्थ प्रभाव पड़ा। नये लेखकों की अन्य गोष्ठियों में लेखक संघ (लखनऊ), साहित्यकार संघ (वाराणसी) तथा चेतना (वाराणसी) विशेष रूप से उल्लेखनीय हैं।

नवलेखन की चेतना को व्यापक बनाने में परिमल तथा कुछ अन्य साहित्यिक संस्थाओं के तत्त्वावधान में हुए परिसंवादों और परिगोष्ठियों ने महत्त्वपूर्ण योग दिया है। इस प्रकार के आयोजनों में सबसे पहला था परिमल का 'व्यक्तिगत स्वातंत्र्य तथा सामाजिक दायित्व' विषय पर परिसंवाद। 1955 ई. के बसंत में परिमल ने इस विषय पर एक आलेख प्रस्तुत करके उसके आधार पर एक द्विदिवसीय चर्चा का आयोजन किया था। एक बड़ी संख्या में हिंदी के नये तथा पुराने लेखक इस विचार-विमर्श में सम्मिलित हुए। स्वातंत्र्य तथा दायित्व को अविच्छिन्न मूल्य के रूप में स्वीकार करते हुए परिमल ने प्रत्यक्ष तथा अप्रत्यक्ष ढंग के विचार-नियंत्रण के ख़तरों की ओर संकेत किया था। दायित्व की अनुभूति के लिए स्वतंत्र मानव व्यक्तित्व की सत्ता अपेक्षित है। अतः मानव व्यक्तित्व की सुरक्षा सांस्कृतिक मूल्यों के विकास की आधार-शिला है।

1956 ई. के वर्षांत में नई दिल्ली में आयोजित एशियाई लेखक सम्मेलन के एक आयोग में भी इस महत्त्वपूर्ण विषय को विचार के लिए प्रस्तुत किया गया था। वस्तुतः यह लेखक-सम्मेलन का प्रमुख आयोग था। पर परिमल परिसंवाद जैसा सुगठित विचार-विमर्श दिल्ली की भीड़-भाड़ में संभव नहीं था। वहाँ विषय के सैद्धांतिक और दार्शनिक पक्षों पर बल देकर ही बात मानो समाप्त कर दी

गई। हिंदी के कई महत्त्वपूर्ण नये लेखकों ने एशियाई-सम्मेलन के विचार-विमर्श में भाग लेकर अपने पक्ष को प्रस्तुत किया। इन दोनों विचार-विनिमयों के फलस्वरूप इस सामयिक महत्त्व के प्रश्न की ओर अधिकाधिक लोगों का ध्यान आकृष्ट हुआ।

'व्यक्तिगत स्वातंत्र्य तथा सामाजिक दायित्व' के एक विशिष्ट पहलू को लेखकों के संदर्भ में परिमल ने फिर से प्रस्तुत किया। 1957 ई. के ग्रीष्मारंभ में प्रयाग में एक त्रिदिवसीय परिगोष्ठी का आयोजन करके परिमल ने 'लेखक तथा राज्य' विषय को विचारार्थ सामने रखा। इस आयोजन में हिंदी के अतिरिक्त बंगाली, मराठी, गुजराती, उड़िया, असमी, कन्नड़, उर्दू तथा अँग्रेज़ी लेखकों ने उपस्थित होकर तथा पत्र-व्यवहार के माध्यम से भाग लिया। पहली बार देश-व्यापी स्तर पर इस समस्या के असाधारण महत्त्व को लोगों ने समझा। ताराशंकर वंद्योपाध्याय (बंगाली), संदरम् (गुजराती), आर. बी. जोशी, प्रभाकर पाध्ये, लक्ष्मण शास्त्री जोशी (मराठी), बी. के. भट्टाचार्य (असमी), शिवराम कारंथ (कन्नड) प्रभृति प्रांतीय भाषाओं के लेखक नये हिंदी साहित्य-चिंतन के प्रति आशंसा और कृतज्ञता का भाव लेकर वापस गये। भाषाई स्तर के भेदों को भुलाकर लेखकों के मन में एक व्यापक चेतना और सौहार्द्र विकसित हुआ। प्रकारांतर से विभिन्न भाषाओं के नवलेखन की तुलना और विवेचना हुई। चार आयोगों में विभक्त इस परिगोष्ठी की एक संक्षिप्त रिपोर्ट परिमल ने बाद में प्रकाशित की है। आयोजन के प्रारंभ में विषय से संबद्ध एक विस्तृत प्रश्नावली तथा विभिन्न लेखकों से प्राप्त उत्तर विचारार्थ प्रस्तुत किये गये थे।

'लेखक तथा राज्य' से संबद्ध परिमल परिगोष्ठी की भारतीय प्रेस में व्यापक समीक्षा हुई। नये उगते प्रजातंत्र के संदर्भ में बुद्धिजीवियों पर राजनीति के हावी हो जाने के विभिन्न परिणामों की ओर महत्त्वपूर्ण संकेत किये गये।

संरक्षण संबंधी मध्यकालीन सामंतीय भावना को आधुनिक युग के संदर्भ में लेखक की स्वतंत्रता के प्रतिकूल माना गया। परिमल द्वारा आयोजित यह दूसरी परिगोष्ठी विचारों के साहित्य की एक सशक्त अभिव्यक्ति थी। पहले परिसंवाद की अपेक्षा यह परिगोष्ठी अपनी प्रकृति में व्यावहारिक समस्याओं को लेकर अधिक चली थी।

'व्यक्तिगत स्वातंत्र्य तथा सामाजिक दायित्व' और 'लेखक तथा राज्य' जैसे विषयों पर विचार-विनिमय आयोजित करने वाली संस्था परिमल को कई क्षेत्रों से कटु आलोचना का भी सामना करना पड़ा। पुराने परंपरावादी लेखक इन ख़तरनाक विषयों पर कोई स्पष्ट मत नहीं देना चाहते थे; मुख्यतः इसीलिए वे इन सारे आयोजनों के प्रति सशंक तथा असंतुष्ट थे। दूसरे, विचारों के इस साहित्य को ठीक-ठीक समझने के लिए उनके पास उपयुक्त साधन भी नहीं थे। कम्यूनिस्ट लेखक इन परिगोष्ठियों के पीछे अमेरिकन दुरभिसंधि देख रहे थे, और दिखाने

की कोशिश भी कर रहे थे। स्थापन इन नये लेखकों की निर्भीकता से अप्रसन्न था। यहाँ तक कि सामान्य प्रकाशक भी बहुत दूर तक इनका साथ देने को तैयार न थे। पर इन विषम परिस्थितियों में नये लेखकों ने साहस नहीं छोड़ा। सहकारी प्रकाशन के बल पर उन्होंने अपना मंतव्य बराबर साहसपूर्ण ढंग से व्यक्त किया। स्वभावतः ही परिमल के हिस्से में इस निर्बल क्रोध का भाग सबसे अधिक आया था। पर हर ख़तरे को स्वीकार करके भी नये लेखकों के इस संघ ने अपनी मौलिक मान्यताओं के प्रति विश्वास को अडिग रखा। इन प्रतिभाशाली कलाकारों ने कोई समझौता स्वीकार नहीं किया। सैद्धांतिक संघर्षों के युग में नई पीढ़ी ने अपनी ईमानदारी को अधिक ऊँचा साबित किया।

परिमल परिगोष्ठियों तथा एशियाई लेखक सम्मेलन के बाद 1857 ई. के वर्षांत में कलकत्ता में भी एक अखिल भारतीय लेखक सम्मेलन का आयोजन हुआ। पर इसके पीछे मुख्य रूप से भाषा संबंधी विवाद के उद्देश्य थे। और इसीलिए विचारात्मक साहित्य की चर्चा वहाँ कम हुई। इस सम्मेलन के कुछ पहले प्रयाग में एक बृहत् लेखक सम्मेलन बुलाया गया। यह सम्मेलन मुख्यतः हिंदी के कुछ नये लेखकों द्वारा परिचालित था, और हिंदी लेखकों में ही सीमित था। प्रगतिशील लेखक संघ के कुछ नये और कर्मठ सदस्यों ने यह आयोजन प्रस्तुत किया था, यद्यपि इसके लिए किसी संस्था का तत्त्वावधान नहीं लिया गया था। इस लेखक-सम्मेलन के समक्ष प्रधानतः नये साहित्य की कुछ समस्याएँ थीं, जिन पर काफ़ी व्यापक ढंग से विचार-विनिमय हुआ। किसी केंद्रीय समस्या के न होने के कारण सम्मेलन की कार्यवाही बहुत सुगठित और संतुलित तो न हो सकी, पर नवलेखन की कई शाखाओं के शिल्प-पक्ष पर इस आयोजन में कुछ अच्छे और विचारोत्तेजक पत्रक पढ़े गये तथा उन पर विचार-विमर्श भी हुआ। इस लेखक सम्मेलन में काफ़ी बड़ी संख्या में हिंदी के सभी वर्गों के लेखक जमा हुए। पर इतनी बड़ी उपस्थिति का उतना संतोषप्रद लाभ नहीं उठाया जा सका।

हिंदी नवलेखन की प्रवृत्तियाँ प्रथमतः पत्र-पत्रिकाओं में परिलक्षित हुई हैं। कृति साहित्य तथा समीक्षात्मक वाद-विवाद पहले सामयिक पत्रिकाओं में स्थान पाकर विकसित हुए हैं। हिंदी की नवीन साहित्यिक प्रवृत्तियाँ अज्ञेय द्वारा संपादित 'प्रतीक' (1947) में विशेष रूप से पुष्ट हुई थीं। प्रयोगवादी साहित्य का वह मुख पत्र कहा जा सकता है। द्वितीय महायुद्ध के आस-पास की नयी साहित्यिक चेतना 'प्रतीक' के माध्यम से ही सबसे पहले मुखरित हुई थी। और इसीलिए 'तारसप्तक' के साथ-साथ 'प्रतीक' का भी आधुनिक साहित्य को एक विशिष्ट मोड़ देने में ऐतिहासिक योग रहा है।

नवलेखन के लिए 'प्रतीक' ने पृष्ठभूमि का कार्य किया है। सजग रूप से यह नवोन्मेष रामस्वरूप चतुर्वेदी तथा बाद में लक्ष्मीकांत वर्मा के सहयोग में संपादित 'नये पत्ते' (1953) में प्रतिफलित हुआ था। 'प्रतीक' का प्रकाशन तो कई वर्षों तक चला था, पर 'नये पत्ते' चार अंकों के बाद ही बंद हो गया। किंतु कुछ ही समय बाद यह अवरुद्ध रचनात्मक उन्मेष जगदीश गुप्त तथा रामस्वरूप चतुर्वेदी द्वारा संपादित 'नयी कविता' (1954 ई.) में अभिव्यक्त हुआ। नवलेखन के आंदोलन को एक सुस्थिर रूप देने में अकेले इस एक अर्द्धवार्षिक संकलन ने जितना योग दिया, उतना योग कई व्यक्तिगत संकलन मिलकर नहीं दे सके। 'नयी कविता' के साथ साहित्यिक संकलनों की एक महत्त्वपूर्ण शृंखला का भी आरंभ हुआ जो अब तक चल रही है। अन्य पत्र-पत्रिकाओं में 'कल्पना', 'युगचेतना', 'ज्ञानोदय', 'राष्ट्रवाणी' प्रभृति ने नवलेखन की रचनाओं के महत्त्व को समझ कर उन्हें विशिष्ट रूप में प्रकाशित किया।

पर नवलेखन की धारा आगे चलकर संकलनों में अधिक गति प्राप्त कर सकी। 'नयी कविता' नये लेखकों की बहुत-सी स्थितियों को स्पष्ट कर चुकी थी। विभिन्न नये कवियों की रचनाएँ प्रस्तुत करने के साथ-साथ 'नयी कविता' ने कुछ महत्त्वपूर्ण साहित्यिक प्रश्नों पर हिंदी के नये समीक्षकों के विचार भी सामने रखे थे। अब तक कुल तीन अंक प्रकाशित होने पर भी 'नयी कविता' जितनी अधिक चर्चित रही है, आधुनिक हिंदी साहित्य में उतनी चर्चा शायद किसी भी एक कृति की नहीं हुई। अपने विपक्षियों और विरोधियों में भी वह एक नवीन चेतना का संचार कर सकी है। नवलेखन को पहली प्रतिष्ठा 'नयी कविता' के माध्यम से मिली।

इस शृंखला की दूसरी महत्त्वपूर्ण और सशक्त कड़ी 'निकष' थी। नये साहित्य की सभी विधाओं को प्रतिफलित करने वाला यह अर्द्धवार्षिक संकलन एक विशिष्ट और आकर्षक रूप में धर्मवीर भारती तथा लक्ष्मीकांत वर्मा के संपादन में 1955 ई. में प्रकाशित हुआ। 'निकष' ने नवलेखन को कुछ और अधिकार तथा आत्मविश्वास के साथ प्रस्तुत किया। नवलेखन की कुछ महत्त्वपूर्ण तथा उत्कृष्ट कृतियाँ पहले 'निकष' में ही प्रकाशित हुई हैं। यह संकलन पुस्तक-पत्रिका के रूप में नवलेखन के समर्थकों द्वारा अपनी बात को कहने का अधिक सजग प्रयत्न था। 'नयी कविता' सहकारी प्रकाशन के क्षेत्र में प्रथम महत्त्वपूर्ण प्रयोग था। प्रयाग के नये लेखकों के संस्थान 'साहित्य सहयोग' के तत्त्वावधान में इसका प्रकाशन प्रारंभ हुआ। 'निकष' 'साहित्य सहयोग' का दूसरा प्रयत्न था, पर एक प्रकाशक का सहयोग उसे मिल सका था; यद्यपि बहुत दिनों तक वह नहीं चल सकता। 'निकष' के अभी तक कुल चार अंक प्रकाशित हुए हैं जिनमें अंतिम संयुक्तांक था। किंतु इन चार अंकों में ही हिंदी नवलेखन के कृति पक्ष का बड़ा श्रेष्ठ

प्रतिनिधित्व हुआ है, साथ ही नये लेखकों का व्यापक सहयोग भी उसे प्राप्त हो सका है।

अन्य साहित्य संकलनों में 'कविता', 'सूत्रधार', 'विविधा', 'समवेत', 'सृजन', 'क्षितिज', 'आधार', 'कृति', 'संकेत' तथा 'हंस' महत्त्वपूर्ण हैं। 'कविता' और 'विविधा' प्रमुखतः नयी कविताओं के संकलन हैं। 'सूत्रधार' में नाट्य कृतियों को प्रमुखता मिली है, और 'आधार' में ललित कलाओं के विवेचन को। शेष संकलनों में साहित्य की प्रायः सभी विधाएँ रखी गई हैं। इनमें से 'संकेत' तथा 'हंस' आकार और आयोजन की दृष्टि से बड़े और महत्त्वाकांक्षी संकलन हैं। उपेन्द्रनाथ 'अश्क' के संपादन में प्रकाशित 'संकेत' वर्ष-भर की कृतियों का संकलन है; व्यापकता का उसमें अभाव स्पष्ट परिलक्षित होता है। संकलन की अपेक्षा उसे संग्रह कहना अधिक उपयुक्त होगा। 'हंस' के संपादक-द्वय बालकृष्ण राव तथा अमृतराय ने एक विशेष दृष्टि से सामग्री का चयन किया है। तथाकथित प्रगतिशील दृष्टिकोण उसमें विशेष रूप से उभर कर आया है। कुल मिलाकर नये लेखकों के एक विशिष्ट वर्ग का यह अच्छा प्रतिनिधित्व करता है।

उपर्युक्त संकलनों में से अधिकांश की दृष्टि सीमित रही है। पर अलग-अलग पक्षों को प्रतिफलित करते हुए भी सबको मिलाकर एक साथ देखने पर नवलेखन का काफ़ी प्रतिनिधि रूप देखने को मिल जाता है। यदि 'नयी कविता' और 'निकष' की भाँति समूचे नये कृतित्व और नयी विचार-धारा को प्रदर्शित करने वाले संकलन और निकल पाते तो नवलेखन का स्वरूप कुछ और सुगठित हो पाता। किंतु मौलिक मान्यताओं के साथ-साथ विभिन्न पक्षों का अध्ययन भी उतना ही महत्त्वपूर्ण और आवश्यक है। इस दृष्टि से ये छोटे-बड़े संकलन एक-दूसरे के पूरक सिद्ध होते हैं, और इसी रूप में इन्हें ग्रहण करना चाहिए।

विभिन्न तत्त्वावधानों में आयोजित संकलनों के अतिरिक्त कविताओं तथा कहानियों के वार्षिक संकलन भी प्रकाशित हुए हैं। इनमें आधुनिकता के स्थान पर समसामयिकता का आधार अधिक प्रधान है। अजितकुमार तथा देवीशंकर अवस्थी के संपादन में 'कविताएँ : 1954' इस प्रकार का प्रथम प्रयास था। बाद में रामबहादुर सिंह 'मुक्त', सुरेंद्र चतुर्वेदी तथा वसंतदेव के सहयोग में कहानी और कविताओं के दो वार्षिक संकलन और प्रकाशित हुए। विशिष्ट संपादकीय दृष्टि न होने पर भी ये संकलन नवलेखन की प्रवृत्तियों को प्रतिबिंबित करते हैं, क्योंकि समसामयिक साहित्य में आधुनिक और जीवंत धारा नवलेखन की ही है।

समुचित आर्थिक सहयोग के अभाव में इस प्रकार के संकलन दो-तीन अंकों से अधिक नहीं चल पाते। इनके कारण प्रकाशित और मुद्रित साहित्य का महत्त्व भी कभी-कभी घटता जान पड़ता है, परंतु उनके माध्यम से नये लेखक की रचनात्मक स्फूर्ति और उन्मेष का अच्छा परिचय मिलता है। नवलेखन के प्रति

जागरूकता उत्पन्न करने में इन संकलनों का योग रहा है। पर कभी-कभी पारस्परिक लांछन और द्वेष की प्रवृत्ति भी इनमें व्यक्त हुई है।

नयी विचारधाराओं की अभिव्यक्ति का एक और माध्यम कुछ पत्र-पत्रिकाओं ने प्रस्तुत किया है। कुछ विशिष्ट विषयों (व्यक्ति स्वातंत्र्य और जनहित, लेखक तथा राज्य-संरक्षण, नई पीढ़ी-पुरानी पीढ़ी, धुरीहीनता) पर विवाद तथा परिसंवाद परिचालित करने के अतिरिक्त इन पत्रिकाओं ने टिप्पणियों का भी एक क्रम चलाया है। स्फुट और सामयिक दिलचस्पी के विषय इन टिप्पणियों में चर्चित होते हैं। समसामयिक साहित्य और कला से संबंधित विचारों को व्यक्त करने के लिए कुछ कॉलम अलग से निर्धारित रहते हैं। सामान्य पाठकों और समीक्षकों के विचारोत्तेजन का यह एक अच्छा माध्यम सिद्ध हुआ है। 'कल्पना', 'युगचेतना', 'ज्ञानोदय' प्रभृति पत्रिकाएँ इस प्रकार की टिप्पणियों को अतिरिक्त रुचि के साथ प्रकाशित करती हैं। कुछ महत्त्वपूर्ण प्रासंगिक समस्याओं की ओर ध्यान आकृष्ट करने में ये टिप्पणियाँ विशेष रूप से सफल हुई हैं।

आकाशवाणी के माध्यम से प्रस्तुत साहित्य के श्रव्य रूप की चर्चा के बिना यह अध्याय अधूरा रहेगा, यद्यपि अपने-आपमें यह एक स्वतंत्र विवेचन का विषय है। वातावरण के साथ आकाशवाणी का घनिष्ट संबंध यों भी है। सामान्यतः साहित्य के प्रस्तुतीकरण के अतिरिक्त इस आधुनिक माध्यम ने नवलेखन के कुछ पक्षों को भी विकसित किया है। ध्वनि नाट्य की शैली में नवलेखन की कई कृतियाँ अधिक प्रभावोत्पादक रूप में प्रस्तुत हुई हैं। 'कल्पांतर' (गिरिजाकुमार माथुर), 'अंधा युग' (धर्मवीर भारती), 'सूखा सरोवर' (लक्ष्मीनारायणलाल) तथा 'अर्थ पुरुष' (लक्ष्मीकांत वर्मा) ध्वनि-प्रसारण की दृष्टि से सफल रचनाएँ सिद्ध हुई हैं। सुमित्रानंदन पंत और डॉ. रामकुमार वर्मा के बाद गिरिजाकुमार माथुर ('जनम क़ैद'), भारतभूषण अग्रवाल ('और खाई बढ़ती गई') तथा सिद्धिनाथ कुमार ('सृष्टि की साँझ') के ध्वनि-रूपकों का उल्लेख इस प्रसंग में आवश्यक है। नयी कविता के संबंध में अज्ञेय का ध्वनि-संवाद ऐतिहासिक महत्त्व का है। पंतजी द्वारा प्रोत्साहित और प्रयाग से प्रसारित 'नयी कविता' की गोष्ठियाँ साहसपूर्ण प्रयोग थीं।

ध्वनि-नाटक अतिरिक्त के वार्त्ताओं तथा परिसंवादों के माध्यम से भी आकाशवाणी ने नवीन विचार-पद्धतियों के विकास में योग दिया है। प्रयोगवाद तथा नयी कविता के संबंध में आकाशवाणी, इलाहाबाद के कई परिसंवाद नये साहित्य-चिंतन के विशिष्ट अंग हैं। नयी कविता की गोष्ठियों और नये साहित्य की ध्वनि-पत्रिकाओं का विशिष्ट महत्त्व है। हिंदी के कई साहित्यकारों के आकाशवाणी के अंतर्गत कार्य करने का यह एक वांछनीय प्रभाव है। इस प्रसंग में समित्रानंदन पंत, गिरिजाकुमार माथुर, भारतभूषण अग्रवाल और नरेश मेहता जैसे लेखकों का आयोजन अनिवार्यतः उल्लेखनीय है। वैसे अधिकांश नये लेखक

किसी न किसी रूप में आकाशवाणी से संबद्ध रहे हैं। भवानी मिश्र, सत्येंद्र शरत्, सर्वेश्वर, राजनारायण बिसारिया, रमानाथ अवस्थी प्रभृति लेखकों ने रेडियो-माध्यम को उसके वास्तविक रूप में पहिचाना है।

प्रचार, प्रसार और चर्चा के जितने माध्यम तथा साधन नवलेखन को उपलब्ध हैं, उतने इसके पूर्व के किसी उन्मेष को प्राप्त न थे। इसके अतिरिक्त नवलेखन का मानव जीवन से सीधा संबंध उसे अधिक वास्तविक और सन्नद्ध बना देता है। मानव-नियति और परिपूर्णता के संबंध में उसकी चिंता उसे पिछले सभी साहित्य आंदोलनों से भिन्न कर देती है। जीवनोन्मेष और साहित्यिक कृतित्व का यह घनिष्ट संबंध नवलेखन को समसामयिक वातावरण से विशेष रूप से संपृक्त बनाये हुए है। इसीलिए नवलेखन की उपलब्धियाँ और संभावनाएँ पुस्तकों के अतिरिक्त अन्य बहुत-से उपादानों में निहित हैं, जो मानवीय विकास-प्रक्रिया के अभिन्न अंग हैं। चिंता, लगाव और प्रतिबद्धता के जटिल और आधुनिक प्रश्न नवलेखन के इस जीवंत वातावरण के संदर्भ में अधिक संगत और विवेचनीय लगते हैं, क्योंकि ये सभी समस्याएँ विकसनशीलता से संबद्ध हैं। नया जागरूक पाठक सबसे पहले इस वातावरण के संपर्क में आता है, पर बाद में भी इसके महत्त्व को कम नहीं पाता। नवलेखन एक जीवित प्रक्रिया है, अतः उसका यह वातावरण सहज-स्वाभाविक ही नहीं अनिवार्य भी है।

नवलेखन का शिल्प

नवलेखन के शिल्प के प्रश्न को अलग से उठाने का यह अर्थ नहीं कि यह शिल्प नये भावोन्मेष से कोई अलग तत्त्व है, या ऊपर से आरोपित है। वास्तविक कला में भाव और शिल्प का संपृक्त होना अनिवार्य शर्त है। यह अवश्य है कि नवलेखन का शिल्प अधिक सुचिंतित है, पर सजग नहीं। दूसरी ओर यह कहना भी ग़लत है कि नवलेखन मुख्यतः शिल्पगत आंदोलन है। छायावाद के संबंध में आचार्य रामचंद्र शुक्ल के कथन की यह पुनरावृत्ति वस्तुतः नये संदर्भों में निराकरण की भी अपेक्षा नहीं रखती।

हिंदी नवलेखन का उदय परिवर्तित जीवन-दृष्टिकोण को लेकर हुआ। पर रचनात्मक प्रक्रिया के क्षेत्र में प्रेरणा के क्षण को मान्यता न दे पाने के कारण नया लेखक शिल्प को भी आनुपातिक महत्त्व देता है। शिल्प-प्रयोग की संभावनाएँ अपेक्षाकृत अधिक होने के कारण इस दिशा में उसकी प्रतिभा के निखार को बराबर अवसर मिला है। शिल्प उसके लिए चमत्कार-प्रदर्शन का साधन न होकर अपनी बात को अधिक उपयुक्त और संगत ढंग से कहने का माध्यम है।

विभिन्न साहित्य-रूपों के शिल्प की विवेचना अलग-अलग की गई है। पर ऊपर से भिन्न दीखनेवाली इन शिल्प-प्रणालियों में एक मौलिक एकता है, क्योंकि वे कलाकार की मूलभूत संवेदना से उद्भूत हैं। अतः शिल्प के कुछ तत्त्व ऐसे हैं, जो प्रमुखतः नवलेखन की विशेषता कहे जा सकते हैं और जिनकी व्याप्ति संपूर्ण नये साहित्य के परिवेश में है।

नवीन कृति-साहित्य में आंतरिक संवेदना से संपृक्त वातावरण मिलता है। ध्वनियों, प्रतीकों और अभिप्रायों का चयन इस दृष्टि से किया जाता है कि यह परिव्याप्त वातावरण बराबर बना रहे। पर साथ ही उसमें विशेष भावात्मक गहराई भी वांछनीय नहीं मानी जा सकती। मूल संवेदना की अपेक्षा वातावरण अधिक प्रधान न हो जाए, इस संबंध में सावधानी बरतनी पड़ती है। सर्वेश्वर की 'सरकंडे

की गाड़ी' शीर्षक कविता, लक्ष्मीकांत वर्मा का उपन्यास 'खाली कुर्सी की आत्मा', धर्मवीर भारती का काव्य-नाटक 'अंधा युग' और नरेश मेहता के नाटक 'सुबह के घंटे' में इस प्रकार का तटस्थ परंतु सक्रिय वातावरण देखा जा सकता है। रघुवीर सहाय की कविताएँ और कहानियाँ इस वातावरण की अनुभूति की दृष्टि से अच्छे उदाहरण हैं। उपन्यास में अन्य माध्यमों की अपेक्षा वातावरण का यह आभास अपेक्षाकृत अधिक सफलता के साथ उभर सकता है। पाठक के मन पर मूल संवेदना के क्रमिक संघात को बनाने में यह वातावरण की अनुभूति काफ़ी सहायक होती है। प्राचीन कथा साहित्य में भी इस वातावरण का अनुभव किया जा सकता है, पर नये शिल्प में यह सफल कथा-कृति का परिणाम नहीं वरन् कारण भी है। उसके सृजन की चेष्टा अब सजग है। इलाचंद्र जोशी के उपन्यास 'संन्यासी' तथा गिरिधरगोपाल के 'चाँदनी के खंडहर' की तुलना से यह स्थिति अधिक स्पष्ट हो जाती है।

उपयुक्त वातावरण के सृजन में भाषा का योग निश्चय ही सबसे अधिक है। नवलेखन में यथासंभव भाषा के मौखिक रूप को ग्रहण करने की चेष्टा की गई है। 'बूँद और समुद्र' (अमृतलाल नागर) में गालियों का प्रयोग, 'डूबते मस्तूल' (नरेश मेहता) में प्रांतीय भाषाओं का मिश्रण, लक्ष्मीकांत वर्मा की कविताओं में बिन्दुओं तथा विराम-चिह्नों का प्रयोग और 'मादा कैक्टस' (लक्ष्मीनारायण लाल) में भाषा का आभिजात्य इसी प्रवृत्ति को प्रकट करते हैं। अंततः यह नये लेखक का यथार्थ को अधिक मज़बूती से पकड़ने के प्रयत्न का फल है। मौखिक प्रकृति को स्वीकार करने के परिणामस्वरूप भाषा के शब्द-समूह और रूप-तत्त्व के अतिरिक्त वाक्य-विन्यास में महत्त्वपूर्ण परिवर्तन हुए हैं। नया लेखक संवाद लिखता नहीं, उसका पात्र बोलता है।

शब्द-प्रयोग के क्षेत्र में कुछ लेखकों ने बड़े साहस का परिचय दिया है। लोक-जीवन से शब्द ग्रहण करने के अतिरिक्त सामान्य स्तर से बहुत-से प्रयोग लिये गये हैं। रघुवीरसहाय की कविता 'हमारी हिंदी' की कटु आलोचना बहुत-कुछ इसी कारण से हुई है। पर उनकी अन्य कविताओं (दुनिया एक चुरमुराई-सी चीज़ हो गई है) में भी यह प्रवृत्ति उतने ही सफल रूप में देखी जा सकती है। भाषा का भदेसपन भी नये लेखक को स्वीकार्य है यदि वह उपयुक्त वातावरण के निर्माण में योग देता है। धर्मवीर भारती की कहानी 'गुलकी बन्नो' की प्रकृति कुछ इसी प्रकार की है।

शैली की दृष्टि से नये लेखक की खोज बहुत-सी दिशाओं में हुई है। अनेक शिल्प-विधियों ने उसे आकृष्ट किया है। पर अपने कई रूपों में प्रवाहवादी पद्धति उसे विशेष प्रिय जान पड़ती है। कहानी (शांता सिनहा की 'सिंफ़नी' तथा नर्मदेश्वर प्रसाद की 'निकटतम अवस्त्रा'), उपन्यास ('द्वाभा'–प्रभाकर माचवे), कविता ('निर्मल

के नाम'—मनोहरश्याम जोशी) तथा नाटक ('सुबह के घंटे'—नरेश मेहता) में इस शिल्प के कुछ नवीन आयाम देखने को मिलते हैं। क्षण का विस्तार तथा उसकी अनुभूति नवलेखन की विशिष्ट प्रकृति है, और प्रवाहवादी शिल्प उसकी अभिव्यक्ति का उपयुक्त माध्यम है।

भाव-चित्रों तथा प्रतीकों का नया प्रयोग नये साहित्य में विशेष रूप से मिलता है। परंपरा से चले आनेवाले रूप-विधान आधुनिक युग की संवेदना के अनुकूल सिद्ध नहीं हुए। इसके अतिरिक्त नये लेखक अपनी प्रेरणाएँ बदलती हुई संस्कृति से ले रहे हैं। नयी पद्धति में आदिकाल से लेकर छायावाद तक चले आनेवाले चाँद, बादल और उषा के प्रतीक पुराने तथा निरर्थक पड़ गये। इन प्रयोगों का साहचर्य मानो समाप्त हो गया। नयी संस्कृति प्रमुखतः मशीनी है। अपने अपरिष्कृत और सहज रूप में प्रकृति नयी संवेदना से कुछ दूर हो चली है। नये लेखक ने इस महत्त्वपूर्ण परिवर्तन को लक्षित करके नये भाव-बोध की माँग के अनुसार ही अपने भाव-चित्रों और प्रतीकों का चयन किया है। मदन वात्स्यायन, सर्वेश्वर, विपिन आदि की कविताओं में अधिकांश प्रतीक-योजना इन नवीन उपकरणों पर आधारित है। यांत्रिक सभ्यता से गृहीत प्रतीक मदन वात्स्यायन की 'एक्सपर्ट' शीर्षक कविता में शिल्प के प्रमुख अंग हैं। अज्ञेय की 'हवाई यात्रा' में संपूर्ण प्रतीक इसी तरह का है। सर्वेश्वर की युद्ध संबंधी कविताओं ('बेबी का टैंक', 'पीस पैगोडा', 'कलाकार और सिपाही') अथवा 'घास काटने की मशीन' जैसी कविता में औद्योगिक संस्कृति के प्रतीक और भावचित्र हैं। लक्ष्मीकांत वर्मा के उपन्यास 'खाली कुर्सी की आत्मा' में डॉ. संतोषी के चूहों संबंधी प्रयोगों का प्रतीकात्मक महत्त्व है। 'मादा कैक्टस' (लक्ष्मीनारायण लाल) में कैक्टस का प्रतीक नाटक और नाटककार दोनों के संदर्भ में इस परिवर्त्तित दृष्टिकोण का सूचक है। सामान्यतः भाव-चित्रों अथवा बिंबों का प्रयोग कविताओं में अधिक हुआ है। लक्ष्मीकांत वर्मा की अधिकांश कविताएँ इस नयी पद्धति का उदाहरण-सा प्रस्तुत करती जान पड़ती हैं। 'इतिहास और कीड़ा' में नेपोलियन का भाव-चित्र अथवा 'सन् तिरपन' में भाव-चित्रों की संपूर्ण माला शिल्प के आधुनिकतम रूप के अंतर्गत रखे जायेंगे। प्रकृति से जो भी प्रतीक अथवा भाव-चित्र सीधे लिये गये हैं, उनकी पृष्ठभूमि में व्यंग्य की प्रधानता है। लक्ष्मीकांत दूज के चाँद को मूँज का बना हुआ देखते हैं।

समग्र शिल्प-पद्धति की दृष्टि से नवलेखन की अपनी कई प्रवृत्तियाँ विकसित हुई हैं। इस प्रसंग में सबसे पहली बात है। संगत का चुनाव। मनःस्थितियों, परिस्थितियों यहाँ तक कि शिल्प के बाह्य उपकरणों में भी नितांत संगति का ध्यान नया लेखक बराबर रखता है। इसका अर्थ यह नहीं कि पुराने साहित्य में संगत तत्वों का चुनाव नहीं होता था। वस्तुतः आधुनिक शिल्प के संदर्भ में संगत की परिभाषा और क्षेत्र संकुचित हो गये हैं। बाल्ज़क के लिए जो विधान संगत थे

वे एल्बर्ट कामूँ के लिए नहीं हो सकते। इसी तरह से प्रेमचंद और रेणु के साहित्यिक संगति संबंधी विचारों में अंतर है। अधिक काल तक चलनेवाली नवलेखन की सृजन-प्रक्रिया में संगत का यह चुनाव अधिक कड़ाई के साथ होता है। नया लेखक अपने एक-एक विराम-चिह्न की आवश्यकता और संगति के प्रति सतर्क है। इसीलिए बृहदाकार उपन्यास आज भी लगभग पहले जैसे शौक़ से पढ़े जाते हैं, पर आधुनिक युग में उनका सृजन विरल हो गया है।

संगत तत्त्वों के चयन के फलस्वरूप नये साहित्य का शिल्प अधिक संघटित है। टुकड़े-टुकड़े करके उसका विश्लेषण करना कठिन है। भाषा, शब्द-प्रयोग, शैली तथा प्रतीक एक-दूसरे के अधिक घनिष्ट हो गये हैं। उदाहरण के लिए हम धर्मवीर भारती के 'अंधा युग' को ले सकते हैं। शिल्प के परंपरा से मान्य उपकरणों के रेशे एक-दूसरे से इतनी बारीक़ तहों में लिपटे हैं कि उनका स्वतंत्र अस्तित्व मानो लुप्त हो गया हो। शिल्प का यह संपूर्ण रूप अपने सारे तत्त्वों के साथ एकबारगी प्रभावित करता है। फलतः पाठक द्वारा अन्वेषण और पुनरन्वेषण कृति की संवेदना का अधिक होता है।

नया शिल्प अपनी मूल प्रेरणा सौंदर्य की बदली हुई धारणा से लेता है। कमल से कैक्टस की ओर ले जानेवाला सौंदर्य-बोध नयी मानव संवेदना पर आधारित है जिसके अनुसार मसृण और खुरदरेपन में एक आंतरिक संगति है। नवलेखन का शिल्प बहुचिंतित होते हुए भी कुछ खुरदुरापन और अनगढ़ है, कंक्रीट के पलस्तर की तरह। यह खुरदुरापना बहुत कुछ नये पाठक की आवश्यकता-जन्य है। परिपूर्ण शिल्प में पाठक के सक्रिय सहभोग की संभावना कम रहती है। भाषा, संगीत और शैली की बारीक पच्चीकारी संवेदनात्मक विस्तार को रोक सकती है। भाव-बोध की इस त्रुटि को दूर करने के लिए नया कलाकार बहुत कुछ अमूर्त और अनगढ़ शिल्प का सहारा लेता है अमूर्तन के सिद्धांत के पीछे भाव-बोध को अधिक से अधिक व्यापक स्तर पर ले जाने की बात है। साहित्य तथा अन्य ललित कलाओं में अमूर्त प्रयोग इसी दृष्टिकोण को सामने रखकर किये गये हैं। चित्रों के समान विपिन अग्रवाल की कविताएँ भी अमूर्तन की प्रवृत्ति के सक्षम प्रयोग उपस्थित करती हैं।

शिल्प का अनगढ़पन सौंदर्य को नये और अछूते आयाम प्रदान करता है। इस नवीन पद्धति को नयी कविता में विशेष रूप से ग्रहण किया गया है। लक्ष्मीकांत, विपिन, रघुवीरसहाय तथा भवानी मिश्र में इस अनगढ़पन के नये-नये स्वरूप विकसित हुए हैं। गद्य के आभिजात्य को निखारनेवाले अज्ञेय की कविताओं में भी यह खुरदुरापन शिल्प के एक विशिष्ट तत्त्व के रूप में देखा जा सकता है। उनकी प्रसिद्ध कविताओं ('यह दीप अकेला', 'मेरे आह्वान से यदि प्रेत जागते हैं', 'नयी कविता : एक संभाव्य भूमिका') में शिल्प का और अधिक परिष्करण अकल्प्य

है। पर यह एक विचित्र तथ्य है कि उन्होंने सर्वेश्वर की कविताओं में तंत्र-कौशल की कमी बताई है ('नयी कविता'–2)। सर्वेश्वर के साथ 'तंत्र-कौशल के कुछ आधिक्य की ही शिकायत हो सकती थी; और अधिक तंत्र-कौशल से तो उनके संवेदनात्मक विकास को क्षति पहुँच सकती है। इस प्रसंग में लक्ष्मीकांत वर्मा का संतुलित शिल्प विशेष रूप से उल्लेखनीय है।

नयी कविता के अतिरिक्त शिल्प का यह 'अपरिष्कृत' रूप अन्य साहित्य-रूपों में भी द्रष्टव्य है। कहानी में इसका प्रयोग शायद सबसे कम है। प्रभाकर माचवे की 'पहली अप्रैल' तथा अजितकुमार की 'झुकी गरदनवाला ऊँट' जैसी कहानियों में यह प्रवृत्ति किसी हद तक मिलती है। कहानी के शिल्प में नयेपन को समाहित करने की संभावना ही अपेक्षाकृत कम है। रेणु तथा लक्ष्मीकांत के उपन्यास, 'द्वाभा' (प्रभाकर माचवे) तथा 'सोया हुआ जल' (सर्वेश्वर) जैसी कथा-कृतियों में शिल्प की मसृणता को बचाया गया है। नये ढंग के यात्रा-संस्मरणों तथा डायरियों में भी शिल्प का यह नया रूप स्वीकार हो चला है। नाटक के क्षेत्र में इस शिल्प-विधि की संभावनाएँ सबसे अधिक हैं, पर हिंदी में इस दृष्टि से अभी तक कोई साहसपूर्ण प्रयोग नहीं हुआ। टैनेसी विलियम्स, ऑस्बर्न अथवा कामूँ जैसे नये नाट्यकारों ने इस नये ढंग के विधान का बड़ा समर्थ उपयोग किया है।

प्रस्तुत अध्ययन को समाप्त करने के पूर्व एक संभाव्य भ्रम का निराकरण आवश्यक है। यह सही है कि नवलेखन के शिल्प की उपर्युक्त प्रवृत्तियाँ बहुत व्यापक नहीं मानी जा सकतीं। पर महत्त्वपूर्ण बात यह है कि वे नये लेखकों की कृतियों में अतिरिक्त सजगता से विकसित हुई हैं, और आधुनिक शिल्प के अभियान की वास्तविक दिशाएँ हैं। ये कुछ निष्कर्ष इसीलिए ऊपर से आरोपित न होकर प्रतिनिधि रचनाओं से प्रतिफलित हैं। साथ ही सभी क्षेत्रों में नवलेखन का आधारभूत वैविध्य भी विस्मृत नहीं किया जाना चाहिए।

नवलेखन : स्थापनाएँ तथा समस्याएँ

निरंतर विकसन-शील प्रक्रिया होने के बावजूद अब तक प्रस्तुत साहित्य के आधार पर नवलेखन की कुछ मौलिक स्थापनाओं और कई दिशाओं से उठनेवाली समस्याओं की ओर संकेत किया जा सकता है। मूलतः एक बौद्धिक उन्मेष होने के कारण नये साहित्य की मान्यताएँ काफ़ी स्पष्ट रूप में देखी जा सकती हैं। मानव-जीवन और उसके आधारभूत प्रतिमानों में होनेवाले परिवर्तन का बड़ा यथार्थ प्रतिफलन इस कृतित्व में हुआ है। युद्ध, शांति, समाजवाद, धार्मिक विघटन, औद्योगिक संकट, व्यक्तित्वहीनता, व्यापक शंका का वातावरण और आस्था के पुनःस्थापन की कहानी आधुनिक साहित्य की प्रधान उपजीव्य है। इसीलिए नवलेखन का दृष्टिकोण एक व्यापक और संपृक्त दृष्टिकोण है, जिसके अंतर्गत नयी और महत्त्वपूर्ण साहित्यिक मर्यादाओं का उदय हुआ है।

सबसे पहली बात बौद्धिक उन्मेष की ही आती है। अब तक की साहित्यिक विचार-धाराओं में कलात्मक सृजन के लिए बुद्धिवाद की प्रधानता अवांछनीय समझी जाती थी। विज्ञान के विकास के साथ कविता के ह्रास की बात इसी दृष्टि से कही गई थी। पर अणु-युग और नयी कविता के सह-अस्तित्व ने इस आशंका को निर्मूल सिद्ध कर दिया है। वस्तुतः नया लेखक किसी प्रकार के रहस्यवाद को स्वीकार नहीं कर पाता। उसके लिए मानव-जीवन एक रहस्य नहीं, प्रक्रिया है। ईश्वर अथवा आस्था जैसी भावनाओं को उसने बलपूर्वक धार्मिक आचारों से अलग कर लिया है। नवलेखन मूलतः मानववादी आस्था का साहित्य है, अतः उसे किसी भी संप्रदाय–अपने भी संप्रदाय पर विश्वास नहीं है। स्वातंत्र्य उसके लिए प्रथम और अंतिम मूल्य है, क्योंकि वह दायित्व-निर्वहण की पहली शर्त है। अज्ञेय के कृति साहित्य और नये साहित्य-चिंतन ने विशेष रूप से इस स्थिति को स्पष्ट कर दिया है। वरण करने की क्षमता और स्वतंत्रता मानव का मौलिक अधिकार है, यह भावना नवलेखन की प्रमुख प्रेरक शक्तियों में है।

सामाजिक दायित्व के निर्वहण की बात महसूस करने के लिए संघटित व्यक्तित्व चाहिए। नया लेखक इस संदर्भ में व्यक्तित्ववादी है, व्यक्तिवादी नहीं। मानव व्यक्तित्व को संपृक्त और संघटित बनाये रखना संस्कृति का मुख्य उद्देश्य है। व्यक्तित्व का अन्वेषण और पुनरन्वेषण पूर्ण नहीं हो पाता, इसीलिए संस्कृति, सभ्यता और साहित्य गत्यात्मक सत्य हैं। सभी प्रकार के विचार-नियंत्रण और केंद्रीकृत सत्ता को नयी चिंतन-पद्धति में प्रतिक्रियावादी माना गया है। इसका यही कारण है। विवेक के प्रयोग की स्वाधीनता मानव-अस्तित्व की अनिवार्यता है। स्वातंत्र्य और दायित्व, आस्था और विवेक का तात्विक तथा संगत विवेचन भारती के 'अंधा युग' में हुआ है। इस काव्य-नाटक के समापन में विशेष रूप से नये मानवीय संदर्भों और मूल्यों का स्पष्टीकरण बड़े कलात्मक ढंग से किया गया है। अज्ञेय ओर सर्वेश्वर ने इस प्रसंग में वेदना के अतिरिक्त आयाम को स्वीकार किया है। उनकी कविताओं में इस अनुभूति की सशक्त अभिव्यक्ति मिलती है।

बौद्धिक जागरूकता के कारण नवलेखन में एक तटस्थता की भावना विकसित हुई है। नया लेखक किसी भावावेश को नहीं मानता। कोई भी परिस्थिति उसके लिए ऐसी नहीं जो उसे संवेदना के ज्वार में बहा दे। अतः वह प्रकृति या मानवीय मनोभावों में अपने को निमग्न नहीं कर देता। वह उन परिस्थितियों में सक्रिय रूप से भाग लेता है और उस सहभोग को अपने पाठक तक व्यापक कर देना चाहता है। 'सिर चालन' उसकी रचनात्मक प्रक्रिया में तो होता ही नहीं उसके पाठक की आस्वादात्मक प्रक्रिया में भी नहीं होता। पर उसकी यह तटस्थता निष्क्रिय अथवा शिथिल न होकर जागरूक है।

इन नवीन परिस्थितियों में आधुनिक कलाकार अपने पाठक, श्रोता या दर्शक की उपस्थिति के प्रति पहले की अपेक्षा बहुत अधिक सजग है। उनसे यह यथासंभव सीधा और प्रत्यक्ष संबंध स्थापित करना चाहता है। इस उद्देश्य की पूर्ति के लिए वह अनौपचारिकता और आत्मीयता के माध्यम से काम लेता है। नवलेखन के सभी काव्य-रूपों में ये प्रवृत्तियाँ देखी जा सकती हैं। 'निकष'-1 के संपादकीय में कृतिकार और पाठक के सीधे संबंध की बात बड़े प्रभावपूर्ण ढंग से कही गई है। पाठक के प्रति लेखक का सीधा संबोधन नवलेखन की महत्त्वपूर्ण उपलब्धि है। साधारणीकरण से आगे यह पाठक को अनुभूति का साझीदार बनाने की प्रक्रिया है। और यों नये पाठक की ज़िम्मेदारी और समझदारी पहले की अपेक्षा बढ़ गई है। वह निष्क्रिय रसभोगी मात्र नहीं वरन् एक व्यापक अनुभावन में सक्रिय भागीदार है।

नये लेखक की रागात्मक तटस्थता के पीछे उसकी ऐतिहासिक विकासवादी दृष्टि है। नवलेखन के साहित्य-चिंतन में स्थान-स्थान पर इतिहास की अनिवार्य शक्ति को स्वीकार किया गया है। पर इस ऐतिहासिक संचरण को असाधारण

व्यक्तित्व मोड़ भी सकता है, जैसा कि 'अंधा युग' के कृष्ण के चरित्र से व्यक्त होता है। कृष्ण की अनासक्ति इतिहास में, या महाभारत की भाषा में, नक्षत्रों की गति में, विपर्यय उत्पन्न कर देती है। व्यक्ति और इतिहास की इस पारस्परिक संगति में अनेक द्वंद्वों का समाहार हो जाता है। नवलेखन में द्वंद्व वहीं तक सत्य है जहाँ कि वह किसी समाहार को जन्म देता है। अपने-आप में द्वन्द्व को साध्य नहीं माना जा सकता। नये साहित्य में इसीलिए संघर्ष, सुखांत या दुखांत का प्रश्न नहीं उठता। 'चाँदनी के खंडहर' (गिरिधर गोपाल), 'काले फूल का पौदा' (लक्ष्मीनारायण लाल) या 'सुबह के घंटे' (नरेश मेहता) जैसी कृतियों में इस समाहार के संकेत मिलते हैं। फलागम, कैटोस्ट्रोफ़ी तथा सुखांत-दुखांत से कहीं आगे की स्थिति कथानक की इस परिपूर्णता में देखी जा सकती है। बसंत, देवन या एमन जीवन की अनुभूति सुख-दुख के माध्यम से नहीं करते। व्यापक इतिहास के संदर्भ में उनकी अपनी संगति उनके आचरण की नियामक गति है। विकसनशील संस्कृति के तत्त्वों से अनिवार्य किंतु फिर भी सजग प्रक्रिया आधुनिकता का द्योतक है। इसी अर्थ में नवलेखन समसामयिक होने के साथ-साथ आधुनिक है।

आधुनिकता को एक अनिवार्य मूल्य स्वीकार कर लेने पर नये लेखक ने कई और स्थापनाएँ विकसित की हैं। विचारों के क्षेत्र में राजनीति का प्रवेश, सामाजिक चित्रण में नव्य यथार्थवादी दृष्टि और शिल्प की दृष्टि से संघटन नवलेखन की मौलिक मान्यताओं में से हैं। संपृक्त और संपूर्ण दृष्टि लेकर चलने के कारण नया लेखक आधुनिक संस्कृति के महत्त्वपूर्ण उपकरण राजनीति से अपने को अलग नहीं रखना चाहता। सैद्धांतिक संदर्भों में उसका राजनैतिक दृष्टिकोण काफ़ी सुस्पष्ट और उभरा हुआ है। वह समन्वय के नाम पर मतहीनता को ग्रहण नहीं करना चाहता। सारे संसार को दो शिविरों में बाँटकर कोई भी शक्ति मध्यस्थ का रूप धारण कर सकती है। नया लेखक इसे विचारात्मक कायरता मानता है। वह दो अतियों और शिविरों के बीच का मध्यम मार्ग नहीं ढूँढ़ता। सारे आदर्शात्मक संघर्ष में अपनी स्थिति वह अपने चिंतन के आधार पर निर्धारित करना चाहता है। इसीलिए वह तर्क की आगमनात्मक प्रणाली को स्वीकार करता है और अपने रचनात्मक दृष्टिकोण को बलपूर्वक पर विनम्रता के साथ स्थापित करता है। विनम्रता इसलिए कि वह यह हठ नहीं कर सकता कि उसका विचार ही अंतिम सत्य है। ऐतिहासिक विकासवाद को स्वीकार करनेवाला व्यक्ति यह दुराग्रह कर भी कैसे सकता है ? पर वह अपनी तर्क-पद्धति के संबंध में संदेहास्पद नहीं है। प्रजातंत्रात्मक समाजवाद की भावना से पोषित होकर नवलेखन उसके विकास और परिष्करण में योग दे रहा है।

कृति-साहित्य इस प्रकार के राजनैतिक दृष्टिकोण की अभिव्यक्ति का उपयुक्त माध्यम नहीं हो सकता। फिर भी कई कथा-कृतियों और नाटकों में इन

प्रश्नों को बड़े सक्षम ढंग से उठाया गया है। 'सुबह के घंटे' (नरेरश मेहता), 'खाली कुर्सी की आत्मा' (लक्ष्मीकांत वर्मा) तथा 'सूरज का सातवाँ घोड़ा' (धर्मवीर भारती) में समसामयिक राजनीति का काफ़ी संतुलित विवेचन हुआ है। सर्वेश्वर तथा लक्ष्मीकांत की कविताओं में भी इस विचारधारा को व्यक्त किया गया है। पर रघुवंश, धर्मवीर भारती तथा विजयदेवनारायण साही के साहित्य-चिंतन में नवीन विचार-पद्धतियाँ अधिक प्रभावोत्पादकता के साथ स्पष्ट हुई हैं। भारती का 'साहित्य की नई मर्यादा' इस कोटि का अत्यंत समर्थ निबंध है।

सुस्पष्ट राजनैतिक दृष्टिकोण के साथ नये लेखक ने सामाजिक चित्रण के क्षेत्र में नव्य यथार्थवादी पद्धति को अपनाया है। ये दोनों स्थितियाँ उसके सही परिप्रेक्ष्य की द्योतक हैं। नव्य यथार्थवाद में वस्तुतः यथार्थ को एक वाद के रूप में नहीं ग्रहण किया जाता। यथार्थ के नाम पर जीवन की कुरूपताओं का वर्णन अथवा सामाजिक यथार्थवाद के अंतर्गत संभाव्य उज्ज्वल भविष्य का चित्रण–इन दोनों पद्धतियों को नवलेखन में पक्षधर और खंड सत्य के रूप में माना गया है। संपृक्त और समग्र चित्र को प्रस्तुत करना नव्य यथार्थवाद का मुख्य उद्देश्य है। नयी कविताओं और कथा साहित्य में इस यथार्थ का ही अंकन हुआ है। और इस प्रकार व्यंग की शैली को स्वीकार करने पर भी मूल रचनात्मक दृष्टि का सदैव ध्यान रखा गया है। प्रमुखतः मध्यवर्ग की समस्याओं को लेकर चलनेवाले साहित्य में इस नये यथार्थ का उदय आवश्यक था। अन्यथा संपूर्ण समाज का एक कुंठाग्रस्त और कुत्सित चित्र ही सामान्य पाठक के सामने आ पाता जो नव विकसित प्रजातंत्र की प्रगति के लिए काफ़ी घातक सिद्ध हो सकता था।

संपृक्त और समग्र दृष्टि को प्रस्तुत करने के लिए परिवर्तित शिल्प-विधान की भी आवश्यकता हुई। अब तक के बिखरे हुए शिल्प से यह समग्रतर चित्रण संभव न था। नये लेखक ने भाषा, शैली, संगीत आदि विभिन्न उपकरणों को संघटित शिल्प के रूप में ग्रहण किया। विदेशी तत्त्वों को भी स्वीकार किया गया, पर अपनी रचना की मौलिक प्रकृति को भुला कर नहीं। यह संघटित शिल्प साहित्य-शास्त्र की प्रचलित सभी मान्यताओं से अलग और उसके ऊपर है। इसीलिए नवलेखन के प्रसंग में हिंदी के अपने समीक्षा-शास्त्र की जितनी आवश्यकता है, उतनी इसके पूर्व कभी न थी। शिल्प की यह पद्धति नियमों को ध्यान में रखकर नहीं वरन् रचना की आवश्यकताओं को ध्यान में रखकर गठित हुई है। कुछ नये और स्वतंत्र काव्य-रूपों का जन्म इस नवीन शिल्प-प्रणाली द्वारा संभव हो सका है। सच तो यह है कि नवलेखन की अधिकांश उत्कृष्ट कृतियों का अपना अलग संघटित रूप है, जो सहज ही तुलनीय नहीं। यही कारण है कि कविता या उपन्यास जैसे नामकरण अपर्याप्त और असंतोषजनक जान पड़ते हैं। कविता के क्षेत्र में 'गद्य-कविता' विभाजन का सुझाव (रामस्वरूप चतुर्वेदी : 'नयी कविता'–2) इसी

दृष्टिकोण का परिचायक है।

पर नवलेखन की उपलब्धियों तथा स्थापनाओं के साथ-साथ उसके संबंध में उठनेवाली कई समस्याएँ भी विचारणीय हैं। इस प्रकार की समस्याओं में सबसे प्रमुख है सामान्य पाठक की। प्रायः यह सुनने को मिलता है कि नये साहित्य का रसबोध औसत पाठक के लिए सुलभ नहीं है। किसी हद तक यह कठिनाई वास्तविक भी कही जा सकती है; क्योंकि नवलेखन ने पाठक के ऊपर कई ज़िम्मेदारियाँ डाल दी हैं। रसबोध के लिए विशेष प्रकार से दीक्षित पाठक की बात मान लेने पर भी संवेदनीयता की समस्या सुलझ नहीं जाती ! पर इस कठिनाई के पीछे कई अनिवार्य कारण हैं जिन्हें सहानुभूतिपूर्ण ढंग से समझा जाना चाहिए। सबसे महत्त्वपूर्ण बात नये लेखक की अग्रणी संवेदना की है। सभी युगों के लेखक अपने समय से आगे रहते हैं, पर नये लेखक में व्यवधान की यह मात्रा और बढ़ गई है। समसामयिक संदर्भ से संपृक्त होने पर भी उसका दृष्टिकोण सर्वथा नया और साहसपूर्ण है। समग्र जीवनगत दृष्टिकोण में परिवर्तन के कारण उसके विचार अपने पाठक से काफ़ी आगे हैं। आधुनिक पूरा-का-पूरा समाज एक साथ नहीं हो जाता। अग्रणी संवेदनावाले कुछ गिने-चुने व्यक्ति समसामयिक से असंतुष्ट होकर वर्तमान में भविष्य को प्रतिष्ठित करना चाहते हैं। आधुनिकता आगे देखने-वाली दृष्टि है। द्वितीय महायुद्ध और स्वतंत्रता-संग्राम के बाद से भारतीय समाज में जो परिवर्तन स्पष्ट हुए हैं वे अपनी प्रकृति में काफ़ी विद्रोही हैं। इतनी बड़ी और मौलिक सामाजिक क्रांति इस देश में पहले कभी नहीं हुई। नवलेखन इन परिवर्त्तनों को और इनसे भी आगे की स्थितियों को प्रतिफलित करता है। दूसरी ओर अधिकांश सामान्य पाठक इन नये परिवर्त्तनों को स्वीकार कर लेने पर भी उन्हें आंतरिक रूप से मान नहीं सके हैं। और इस तरह समसामयिक तथा आधुनिक का अंतर गहरा हो गया है। नवलेखन के माध्यम से वह किसी हद तक दूर हो रहा है, पर यह स्थिति सारे प्रयत्नों के बावजूद अभी समय साध्य है। तब तक के लिए लेखक और पाठक के बीच जो थोड़े-बहुत व्यवधान हैं, न उनका निषेध या तिरस्कार किया जा सकता है और न ही उनके आधार पर नये लेखक के ऊपर कठिन संवेदनीयता का आरोप लगाया जा सकता है।

नवलेखन के संबंध में दूसरी शिकायत उसकी क्षीण रसमयता को लेकर की जाती है। यह स्थिति भी वस्तुतः पहली जैसी ही है, और उसका विश्लेषण प्रायः उसी प्रकार का है। यह सत्य है कि नये साहित्य की रसमयता पुराने की अपेक्षा क्षीणतर है, क्योंकि उसमें बौद्धिक उन्मेष कहीं अधिक है। साथ ही पाठक की आस्वादात्मक प्रक्रिया के लंबे और जटिल हो जाने से भी उसका रसबोध परंपरागत ढंग की तुलना में कम हो सकता है। पर यह रसबोध की स्थिति अपने-आप में आधुनिक मनोवृत्ति के अनुकूल नहीं है। साहित्य का दायित्व अब मूलतः रुचिर

होना ही नहीं है। अपने नये दायित्वों के निर्वहण में नया साहित्य अपनी रुचिरता जितनी बनाये रख सके वह अच्छा है, पर अंततः नये भाव-बोध के सम्मुख प्राचीन ढंग की रसग्राहिता महत्त्व नहीं पा सकेगी। कलात्मक मनोरंजन के अधिकाधिक नये साधनों (सिनेमा, टेलीविज़न, रेडियो) के विकसित हो जाने से साहित्य का वह मनोरंजन संबंधी दायित्व अब पूर्ववत् नहीं रहा। उसके दायित्व पहले भी गंभीर थे, अब शायद कुछ और अधिक हैं, और इस अतिरिक्त दायित्व के बदले में उसे अपनी मनोरंजन वृत्ति को छोड़ देना पड़ा है। कुछ पाठकों के लिए यह स्थिति खेदज़नक हो सकती है, पर यह परिवर्त्तित दायित्व-बोध साहित्यिक विकास की अनिवार्य दिशा है।

इन कठिनाइयों से कहीं अधिक बड़ी एक और कठिनाई है। प्रायः सभी नये साहित्यिक आंदोलनों का मिथ्या अनुकरण होता रहा है। अभी तक छायावादी शैली के गीतों की भरमार से हिंदी-जगत् मुक्त नहीं हुआ। कुछ शब्दों, शिल्प-विधानों आदि के प्रयोग से किसी वास्तविक प्रवृत्ति का झूठा आभास करा देना बहुत कठिन नहीं है। साधारण पाठक के लिए असली और नक़ली का विवेक करना कठिन हो जाता है। नवलेखन का फ़ैशन की तरह प्रयोग करना अपेक्षाकृत और आसान है, क्योंकि शिल्प के आंतरिक अनुशासन के समक्ष वह बहुत-से बाह्य विधानों को छोड़ चुका है। यही कारण है कि नवलेखन की नक़लें देखने को बहुत-सी मिल जाती हैं।

इस प्रसंग में एक और तथ्य का उल्लेख होना आवश्यक है। हिंदी नवलेखन का विकास बताता है कि उसके कुछ सहयोगियों ने बिना किसी विशिष्ट आंतरिक अनुभूति के ऊपरी खोलों को ओढ़ना प्रारंभ कर दिया। उनमें से कुछ की संवेदना कालांतर में नयी प्रवृत्तियों से संपृक्त होती चली गई और अब उनका वर्त्तमान कृतित्व नवलेखन की उपलब्धियों में गिना जा सकता है। जेम्स-लैंग के सिद्धांत के अनुसार मानो अनुभावों को प्रकट करते-करते भाव की उत्पत्ति हो गई हो, कुछ ऐसी ही स्थिति ऐसे लेखकों की मानी जा सकती है। पर ऐसे उदाहरण विरल हैं, जब कि झूठे अनुकरण की प्रवृत्ति बहुत व्यापक है। नवलेखन के प्रवर्त्तक और पुरस्कर्त्ता इन अवांछनीय सहयोगियों का ज़िम्मा कैसे ले सकते हैं ? पाठक वर्ग की संवेदना धीरे-धीरे विकसित होने पर ही इस मिथ्या आचरण की संभावना कम हो सकती है।

नवलेखन अपने-आप में एक संपूर्ण अस्तित्व है। उसके विभिन्न अंगों और काव्य-रूपों में जितनी संवेदनात्मक समानता और तारतम्य है उतना इसके पूर्व शायद ही कभी रहा हो। कविता, समीक्षा, यात्रा-संस्मरण आदि गद्य के अन्य रूपों और किसी हद तक नाटक और उपन्यास में थोड़े-बहुत अंतर के साथ एक-सी प्रवृत्तियाँ कार्य कर रही हैं। साथ ही अधिकांश नये लेखक प्रायः सभी प्रमुख

काव्य-रूपों में प्रयोग कर रहे हैं, सभी काव्य-रूप बराबर आधुनिक हों, ऐसा तो नहीं, पर उनकी दिशा अंततः एक है। कुछ ऐसी ही स्थिति नवलेखन के सहयोगियों की भी है। उनका अस्तित्व एक संपूर्ण उपलब्धि है। नये साहित्य में साहित्यिक महापुरुष नहीं हैं, वह सामूहिक अभियान का फल है। इस तरह एक समग्र चेतना के रूप में नवलेखन साहित्य में आधुनिक दृष्टिकोण की स्थापना का सफल और साहसपूर्ण प्रयत्न है, तथा इसी में उसकी संगति और सार्थकता है।

नवलेखन : टिप्पणियाँ

नवलेखन : विदेशी प्रभाव ?

हिंदी में किसी भी नवीन स्फूर्ति से युक्त साहित्यिक आंदोलन को विदेशी उधार या प्रभाव मान लेने की प्रथा नयी नहीं है। इस प्रकार का सबसे अधिक प्रचार पहले छायावाद और इधर प्रयोगवाद को लेकर हुआ है। नवलेखन के संबंध में भी सामान्य समीक्षकों की दृष्टि प्रायः इसी प्रकार की रही है। विदेशी प्रभाव से आतंकित रहने का वास्तविक कारण यह है कि प्रायः एक सहस्र वर्षों की निरंतर दासता ने हमारे मन में कई प्रकार की कुंठाएँ उत्पन्न कर दी हैं। हीनता ग्रंथि उनमें से एक है। आत्मविश्वास की कमी के कारण हम यह नहीं मान पाते कि इस देश में उत्पन्न व्यक्ति भी मौलिक प्रतिभा-संपन्न हो सकते हैं। विदेशियों द्वारा दिया गया सम्मान ही हमारे लिए कसौटी का काम करता है। इस कटु तथ्य का बड़ा तीखा अनुभव रवि ठाकुर को हुआ था, जब उन्हें नोबुल पुरस्कार मिलने पर अपने देश में सम्मानित किया गया।

और फिर प्रभाव है क्या ? विज्ञान के आधुनिक युग में जब कि संचरण के साधन दिन-प्रतिदिन विकसित हो रहे हैं, कोई देश एक विशिष्ट प्रकार की अंतर्राष्ट्रीयता से अपने को अलग नहीं रख सकता। ऐसी स्थिति में संस्कृतियों के पारस्परिक आदान-प्रदान का अधिकाधिक विकसित होना स्वाभाविक है। कलाकार के व्यक्तित्व के संदर्भ में भी यह सत्य है कि उसकी अपनी मौलिकता बहुत-सी आंतरिक परिस्थितियों और बाह्य प्रभावों के संयोग से निर्मित होती है। मनोविज्ञान में किसी प्रकार की कल्पना को पूर्व अनुभवजन्य ज्ञान पर आधारित बताया गया है। तब 'विशुद्ध' मौलिकता की कल्पना एक हवाई बात है। इस दृष्टि से विदेशी प्रभाव की चर्चा करने के अभ्यस्त समीक्षकों को पहले प्रभाव की अपनी मर्यादा और सीमा को समझ लेना चाहिए।

अत्यंत संवेदनशील प्राणी होने के कारण साहित्यकार में अन्यों की अपेक्षा

ईर्ष्या-द्वेष की भावना भी शायद कुछ अधिक रहती है। किसी सहधर्मी की उत्कृष्ट कृति को विदेशी उधार सिद्ध करने की पृष्ठभूमि में इस तथ्य का ध्यान रखना आवश्यक है। इस सबके अतिरिक्त किसी अन्य विशिष्ट देश के संदर्भ में प्रायः प्रत्येक राष्ट्र की मनोभावना एक हद तक हीनता-ग्रंथि से युक्त रहती है। राजनैतिक पराधीनता के कारण भारतवर्ष और इंग्लैंड की जो स्थिति रही है, सांस्कृतिक पराधीनता के कारण प्रायः वैसी ही स्थिति इंग्लैंड और फ्रांस की रही है। अतियथार्थवाद का आंदोलन जब इंग्लैंड में विकसित हुआ तो अधिकांश कला-समीक्षकों ने उसे फ्रांस का उधार मानकर उसका विरोध किया। बड़ी कठिनाई से हर्बर्ट रीड यह सिद्ध कर पाये की अतियथार्थवाद इंग्लैंड की अपनी परिस्थितियों और मनोभावनाओं की उपज है।

कला-आंदोलनों का चक्र आगे या पीछे सभी विकसित संस्कृति के देशों में पहुँचता है। जो राष्ट्र जितना आधुनिक होता है, वहाँ का इतिहास उतना ही गतिशील होता है। भारतवर्ष और उसमें भी हिंदी-भाषी प्रदेश का इतिहास सामान्य स्तर से प्रायः पचास वर्ष पीछे रहा है। यह व्यवधान पहले इससे भी अधिक था, अब शायद धीरे-धीरे कम हो रहा है। अतः नवलेखन का जो आंदोलन इंग्लैंड में सन् '30 के आसपास प्रारंभ हुआ था, वह यदि हिंदी में सन् '50 के बाद विकसित हो तो इसमें कोई आश्चर्य या खेद की बात नहीं है। सूर्य का उदय सब देशों में एक साथ न होकर आगे-पीछे होता है। यह भौगोलिक स्थिति अपरिवर्त्तनीय है, जबकि सांस्कृतिक चक्र को तेज़ किया जा सकता है। हिंदी में गद्य का आंदोलन, कथा-साहित्य का विकास, छायावाद और प्रगतिवाद ये सभी परिस्थितियाँ अँग्रेज़ी की तुलना में बाद में आईं। पर इसके बावजूद हिंदी में इन साहित्यिक स्थितियों का विकास अँग्रेज़ी के प्रभाव के रूप में नहीं देखा जा सकता। यह दूसरी बात है कि हमारी पूरी संस्कृति ही यूरोप और विशेषतः इंग्लैंड के संपर्क में परिवर्त्तित—या विकसित—हो रही हो।

इस संदर्भ में नवलेखन के अध्ययन से यह स्पष्ट हो जाता है कि उसमें विदेशी उधार कम है। सीमित ढंग के प्रभाव भी यत्र-तत्र ही परिलक्षित होते हैं। पर यह सही है कि नवलेखन के उन्नायकों ने विदेशी साहित्य के अध्ययन से बहुत कुछ सीखा है। 'न्यू सिग्नेचर्स' और 'तारसप्तक' की तुलना से लेकर रोज़ामंड लेहमन की बी. बी. सी. पर प्रसारित रेडियो-पत्रिका तथा अज्ञेय द्वारा संपादित प्रथम आकाशवाणी पत्रिका की तुलना तक यह बात देखी जा सकती है। पर एक से प्रेरणा ग्रहण करने पर भी दूसरे की मौलिकता सुरक्षित रह सकती है, और रही है।

किन्हीं-किन्हीं प्रसंगों में विदेशी प्रभाव का आरोप निराधार प्रक्षेपण सिद्ध होता है। धुरीहीनता और क्रुद्ध युवकों के आंदोलन के बीच में यही स्थिति रही है। इन दोनों बौद्धिक उन्मेषों में इतना अधिक साम्य है कि कुछ समय के बाद ही

हिंदी के विद्वान् समीक्षक यह सिद्ध कर सकते हैं कि हिंदी के नये लेखकों ने अँग्रेज़ी के 'एंग्री यंग मैन' आंदोलन की नक़ल की है। पर वास्तविक परिस्थिति इससे एकदम भिन्न है। धर्मवीर भारती का 'धुरीहीनता' शीर्षक निबंध 1956 ई. की ग्रीष्म में प्रकाशित हुआ था, जब कि 'एंग्री यंग मैन' के वर्ग को स्थापित करनेवाला प्रथम महत्त्वपूर्ण संकलन 'डिक्लेरेशन' 1957 ई. में प्रकाशित हुआ है। इससे तो यही सिद्ध होता है कि विभिन्न देशों की साहित्यिक और राजनीतिक परिस्थितियों में लगभग एक-से प्रभाव कार्य कर रहे हैं। उनमें पारस्परिक प्रभाव या उधार की कल्पना असंगत होगी।

पराधीन देश पर शासक राष्ट्र का प्रभाव बहुत कुछ अस्वाभाविक ढंग से पड़ता है। फिर भी हिंदी के छायावादी आंदोलन को अँग्रेज़ी रोमांटिसिज़्म के प्रभाव के रूप में नहीं देखा जा सकता। अपने साहित्य के इतिहास के संदर्भ में वह पुनर्जागरण चेतना का प्रतिफलन तथा द्विवेदी युगीन इतिवृत्तात्मकता की प्रतिक्रिया है। और अब जब देश स्वतंत्र है तब तो अँग्रेज़ी का अनिवार्य प्रभाव और अकल्प्य है। हिंदी नवलेखन ने सभी आधुनिक साहित्यों की संवेदनाओं से कुछ-न-कुछ ग्रहण किया है, पर यह उसकी रचनात्मक प्रक्रिया का एक अभिन्न अंग है। समसामयिक साहित्य का तो अनुकरण ही किया जा सकता है, और इस अर्थ में हिंदी नवलेखन अँग्रेज़ी न्यू राइटिंग का अनुकरण किसी प्रकार नहीं माना जा सकता। अँग्रेज़ी 'न्यू राइटिंग' की पृष्ठभूमि में है मशीनी और युद्धप्रिय संस्कृति, हिंदी नवलेखन मुख्यतः आर्थिक और सामाजिक विषमता तथा व्यक्तित्व के विघटन का आख्यान है तथा उसकी पुनर्व्यवस्था की चिंता। दोनों लेखन पद्धतियों में बहुत-सी समानताएँ हैं, पर उनके संदर्भ अलग-अलग हैं।

बात को और अधिक स्पष्ट करने के लिए नवलेखन की कुछ प्रतिनिधि कृतियों को लिया जा सकता है। 'अंधा युग', 'मैला आँचल', 'सुबह के घंटे', 'मादा कैक्टस' और 'नयी कविता के प्रतिमान'—इनके प्रेरणा-स्रोत यदि अँग्रेज़ी साहित्य में कहीं हैं भी तो निश्चित रूप से इलियट और उनके पहले। इलियट के बाद का कृतित्व इन रचनाओं की सृजनात्मक प्रक्रिया में समाविष्ट नहीं हो सकता था। स्वयं इलियट, ऑडन और ईशरवुड के सारे काव्य नाटकों में 'अंधा युग' का बीज तत्त्व नहीं है। पौराणिकता की आधुनिक संगति को प्रदर्शित करने वाले नाटक उन्होंने नहीं लिखे। यही नहीं उनके काव्य-नाटकों के शिल्प और भारती के 'अंधा युग' के शिल्प में भी अंतर है। 'अंधा युग' का नाटकीय महाकाव्यत्व अँग्रेज़ी के नये काव्य-नाटक में नहीं देखा जा सकता। नवलेखन की इन कृतियों की निर्विवाद सफलता किसी भी अनुकरण का निषेध करती है। 'रेणु' का उपन्यास 'मैला आँचल', रघुवीरसहाय तथा विपिन अग्रवाल की कविताएँ किसी से प्रभावित तो हैं ही नहीं, अनुकरणीय भी नहीं हैं। एक अनुकृति आगे भी अनुकृति को प्रेरित करती है;

पर मौलिकता की परंपरा प्रायः नहीं बनती।

नवलेखन के उन्मेष को परिचालित करने वाले कुछ उपकरण अवश्य यूरोप के समान संदर्भों से गृहीत कहे जा सकते हैं। कविताओं तथा अन्य कृति-साहित्य के संकलन, साहित्यकारों के सहकारी प्रयास, पुस्तक-पत्रिकाओं का प्रकाशन आदि के लिए नवलेखन जॉन लेमेन तथा उनके सहयोगियों के प्रति ऋणी है। यद्यपि ये पद्धतियाँ भी अपने-आप में नये साहित्य की वास्तविक दिशा बन रही हैं, पर इन बाह्य उपकरणों की स्वीकृति नवलेखन की आंतरिक अनुभूति को किसी स्तर पर प्रभावित नहीं करती। अपने-अपने संदर्भ में यूरोप की न्यूराइटिंग और हिंदी नवलेखन ऐतिहासिक अनिवार्यताएँ हैं।

नवलेखन का अंतर्राष्ट्रीय स्तर

समस्त नये साहित्य का अध्ययन विदेशी प्रभावों के रूप में न होकर एक अंतर्राष्ट्रीय स्थिति के रूप में होना चाहिए। बीसवीं शती के पूर्वार्द्ध में यूरोप, अमेरिका तथा एशिया के कुछ देशों की समस्याएँ एक-सी रही हैं। औद्योगिकता की प्रवृत्ति, महायुद्ध की विभीषिका, एक व्यापक शंका का वातावरण और मानवीय व्यक्तित्व के ख़तरे, विज्ञान के नये चरण, धार्मिकता का विघटन और आस्थाहीनता, समाजवादी प्रजातंत्र का उदय तथा एक व्यापक मानववाद में आस्था का पुनःस्थापन—आधुनिक इंडो-यूरोपीय संस्कृति के विकास के पद-चिह्न हैं। प्रायः सभी देशों में किसी-न-किसी रूप में ये परिस्थितियाँ कुछ आगे-पीछे बीसवीं शती के प्रारंभ से रही हैं। साहित्यिक गतिविधि का अध्ययन भी इसके समानांतर रूप में किया जा सकता है। भारोपीय राष्ट्रों के साहित्य में एक नवीन चेतना का संचरण हो रहा है। अपनी बौद्धिकता और मानववादी पीठिका के साथ नयी कविता का जन्म, कहानी और एकांकी का अपनी सीमाओं के कारण सारी लोकप्रियता के बावजूद पृष्ठभूमि में चला जाना, अधिक संक्षिप्त तथा गठित रूप में उपन्यास तथा नाटक की स्थापना आधुनिक साहित्य की प्रमुख प्रवृत्तियाँ हैं। इसी प्रकार से संवेदनात्मक सूक्ष्मता, रागात्मक तटस्थता और बौद्धिकता तथा लोकसंपृक्ति नये भावबोध की अनिवार्य दिशाएँ हैं। ये सभी स्थितियाँ एक विशिष्ट सीमा तक विकसित भारोपीय संस्कृति द्वारा पोषित साहित्यों में प्रस्तुत हैं। और यही नवलेखन का मौलिक अंतर्राष्ट्रीय संदर्भ है।

अंतर्राष्ट्रीय स्तर पर नये साहित्य की कुछ और भी प्रवृत्तियाँ देखी जा सकती हैं। आधुनिक लेखक ने राजनीति को सृजनात्मक प्रक्रिया के एक अनिवार्य अंग के रूप में स्वीकार किया है। राजनैतिक स्तर पर पूर्ण रूप से जागरूक होते हुए भी वह असहिष्णु नहीं है। इसीलिए विभिन्न मतवादों से संबद्ध लेखकों की साहित्यिक दिशाएँ एक-सी रही हैं। यही नहीं किन्हीं-किन्हीं राजनीतिक प्रश्नों की मानवतावादी भाव-भूमि में सभी वर्गों के लेखकों ने एक संयुक्त मोर्चा बनाया है।

स्पेन के लिए लेखकों द्वारा प्रस्तुत 'इंटरनेशनल ब्रिगेड' में कम्यूनिस्ट और ग़ैर कम्यूनिस्ट सभी लेखकों ने भाग लिया था। गोआ के प्रश्न को लेकर प्रयाग के कुछ साहित्यिकों की स्थिति भी इसी रूप में देखी जा सकती है, यद्यपि सक्रिय स्तर पर कुछ करने में वे असमर्थ रहे।

विकसित राजनीतिक बोध के संदर्भ में किसी हद तक सभी नये लेखक वामपक्षी रहे हैं। पर एक फ़ैशन के रूप में साम्यवाद का ग्रहण किया जाना उन्होंने अवांछनीय समझा। इसके अतिरिक्त साम्यवाद के मौलिक सांप्रदायिक रूप को लेकर बहुत-से लेखकों को गहरी निराशा भी हुई। 'द गौड दैट फ़ेल्ड' (कोस्लर, स्पेंडर, जीद, रिचर्ड राइट, सिलोने तथा लुई फ़िशर द्वारा प्रस्तुत), 'ऐरो इन द ब्लू' और 'इनविज़िबल राइटिंग' (कोस्लर), 'वर्ल्ड विदिन वर्ल्ड' (स्पेंडर) तथा 'द नेकेड गौड' (हॉवर्ड फ़ास्ट) जैसे आत्मकथात्मक प्रसंगों में यूरोप तथा अमेरिका के नये परंतु प्रतिष्ठित लेखकों ने कम्यूनिज़्म के प्रति अपना आकर्षण, स्वीकृति और फिर अंततः मतभेद एवं अविश्वास की क्रमिक कथा प्रस्तुत की। भूतपूर्व-कम्यूनिस्ट लेखकों का एक वर्ग ही बन गया, जिसमें अंतिम महत्त्वपूर्ण नाम हावर्ड फ़ास्ट का जुड़ा है। उसके मन की सारी ईमानदारी, अंतर्विरोध और जुगुप्सा बड़े मार्मिक ढंग से उसकी कृति 'द नेकेड गौड' (1958 ई.) में व्यक्त हुई है।

नये हिंदी लेखकों की स्थिति भी कुछ-कुछ ऐसी ही रही है। उनमें से अधिकांश अपनी प्रथम युवावस्था में किसी-न-किसी रूप में प्रगतिशील लेखक संघ से संबद्ध रहे हैं। पर लेखक के मौलिक स्वातंत्र्य के प्रश्न पर बहुतों ने अपना संबंध विच्छेद कर लिया। वामपक्षी राजनीति से संपृक्त रहने पर भी उन्होंने साम्यवाद का प्रकट विरोध किया। किंतु नवलेखन की मौलिक प्रकृति में साम्यवादी, ग़ैरसाम्यवादी तथा सहयात्री सभी समाविष्ट हो सके, क्योंकि राजनैतिक बोध रखते हुए भी उसकी आधारभूत मान्यताएँ मानववादी रही हैं। यह स्थिति भी यूरोपीय न्यू राइटिंग के उस स्तर का स्मरण दिलाती है, जहाँ विभिन्न राजनीतियाँ एक विशिष्ट साहित्यिक सृजनात्मक प्रक्रिया में अपना-अपना सहयोग दे सकीं।

नवलेखन के अंतर्राष्ट्रीय संदर्भ में पिछले दिनों एक स्थिति और जुड़ गई है। यह स्थिति है धुरीहीनता के आंदोलन (हिंदी) तथा क्रुद्ध युवकों (अँग्रेज़ी) की। 'ऐस्टेब्लिशमेंट' के प्रति गहरा विरोध इन दोनों बौद्धिक उन्मेषों के मूल में है। वस्तुतः बड़ों की धुरीहीनता ने ही क्रुद्ध युवकों की मनःस्थिति को जन्म दिया है। प्रजातंत्र के असफल प्रयोग, पुराने और जर्जर मूल्यों के प्रति मोह और आदर्शों के क्षेत्र में एक निष्क्रिय तटस्थता नये लेखक के मन में श्रद्धा को आहत करके आक्रोश को विकसित करती है। जॉन ऑस्बर्न के नाटक 'लुक बैक इन एंगर' ने इंग्लैंड में जो उथल-पुथल कर दी, कुछ वैसी ही स्थिति हिंदी प्रदेश में भारती के 'धुरीहीनता' शीर्षक निबंध ने उत्पन्न की है। और यह भी सही है कि दोनों

ही जगह इन प्रश्नों की चर्चा भर हुई है, मौलिक समस्या की विवेचना से लोग जैसे जानबूझ कर बचे हों। धुरीहीनता और क्रुद्ध युवकों के प्रसंग में एक स्वतंत्र नोट अलग से दिया जा रहा है।

नवलेखन और राजनीति

नये साहित्य की रचना-प्रक्रिया के संघटन में राजनीति का काफ़ी सजग सहयोग देखा जा सकता है। बौद्धिकता की स्वीकृति और विचारों के साहित्य के विकास ने कृति-साहित्य और समीक्षा-साहित्य में राजनीति के प्रवेश को और सुगम बना दिया है। राजनीतिक दर्शन की समस्याओं का विवेचन तो नये साहित्य में नवीन मूल्यों और मर्यादाओं के प्रसंग में हुआ ही है, व्यावहारिक राजनीति के विभिन्न पक्षों की मीमांसा भी हुई है। पहले प्रकार की स्थिति 'अंधा युग' जैसे कृति-साहित्य और नये साहित्य-चिंतन में मिलती है, दूसरे वर्ग की राजनीति 'बूँद और समुद्र' (अमृतलाल नागर), 'सूरज का सातवाँ घोड़ा' (धर्मवीर भारती) 'वरुण के बेटे' (नागार्जुन), 'मैला आँचल' और 'परती परिकथा' (फणीश्वरनाथ 'रेणु'), 'खाली कुर्सी की आत्मा' (लक्ष्मीकांत वर्मा), 'सोया हुआ जल' (सर्वेश्वर) और 'सुबह के घंटे' (नरेश मेहता) जैसे उपन्यास और नाटकों में द्रष्टव्य है। राजनीति की चर्चा हिंदी उपन्यासों में पहले भी हुई है, पर एक स्थिति के चित्रण के रूप में अथवा बाह्य प्रक्षेपण के ढंग से। प्रेमचंद की 'गोदान' , 'प्रेमाश्रम' आदि महत्त्वपूर्ण कथा-कृतियों से तथा कुछ प्रगतिवादी रचनाओं से तत्कालीन राजनीति की जानकारी मिल सकती है। पर सृजन-प्रक्रिया के एक आंतरिक तत्त्व के रूप में राजनीति की स्वीकृति सबसे पहले नवलेखन में ही हुई है।

नये लेखक की राजनीति में पक्षधर चिंतन कम है। अधिकतर वामपक्षीय होने पर भी वह संस्कृति के मौलिक उपादानों और व्यापक मानवतावादी विरासत से अपने को संपृक्त किये है। इसीलिए साम्यवाद के अर्थशास्त्र को कहीं स्वीकार करने पर भी वह उसके दर्शन को मान्यता नहीं दे पाती। अधिकांश नये साहित्य की मौलिक राजनैतिक स्थिति यही है। नरेश मेहता के नाटक 'सुबह के घंटे' का नायक एमन कहता है, "गांधीवादियों के अपने साँचे हैं तो कम्यूनिस्टों के भी साँचे हैं। इन्हें अपने ही अनुरूप लोग चाहिए—ये लोगों के अनुरूप नहीं होना चाहते। मार्क्स ने इतिहास के आधार पर नीति बनाई थी। ये नीति के माध्यम से इतिहास बनाते हैं...अपने से बाहर के निरीक्षणों को भी सच्चे कम्यूनिस्ट को समेटना होगा और यह चीनवाले तभी कर सके, जब वे पहले चीनी बने। हम कम्यूनिस्ट भारतीय नहीं हैं। यहाँ की परंपरा और संस्कृति को वैज्ञानिक दृष्टि हमने नहीं दी। इस अर्थ में गांधी भारतीय राजनीति के गुरु हैं।" राजनीति के संदर्भ में यह आत्ममंथन की प्रवृत्ति नवलेखन की विशिष्ट दृष्टि है। हठवादिता के स्थान पर

आत्म-परीक्षण की भावना नये साहित्य के प्रायः सभी राजनैतिक चरित्रों में देखने को मिलती है।

राजनैतिक दर्शन के विभिन्न पक्षों का अंकन अज्ञेय और धर्मवीर भारती की कृतियों में विशेष रूप से हुआ है। भुवन और माणिक मुल्ला या 'अंधा युग' के कृष्ण राजनीतिक न होकर राजनीति के तत्त्वदर्शी हैं। वे उन मर्यादाओं और मूल्यों के प्रति सचेत हैं जिनके आधार पर किसी काल-विशेष की राजनीति का गठन होता है। वे एक ऐसी व्यापक मानववादी व्यवस्था का विधान चाहते हैं जिसमें संघटित व्यक्तित्व के लिए कम-से-कम ख़तरे हों और मुक्त भाव से दायित्व निर्वहण की पूरी सुविधा हो। नये साहित्य के चिंतन-प्रसंगों में भी इसी मूल मान्यता को विभिन्न संदर्भों में प्रस्तुत किया गया है। स्वभावतः ही इस प्रकार के विवेचन के लिए कृति-साहित्य की अपेक्षा साहित्य-चिंतन का माध्यम अधिक उपयुक्त सिद्ध हुआ है।

जहाँ तक समसामयिक व्यावहारिक राजनीति का प्रश्न है, कांग्रेसी, साम्यवादी तथा समाजवादी आंदोलनों का तात्त्विक अध्ययन नवलेखन में देखने को मिलता है। कांग्रेसी आंदोलन के कई पक्षों का बड़ा सशक्त और मार्मिक अंकन रेणु के 'मैला आँचल' में हुआ है। 'परती परिकथा' (रेणु), 'बूँद और समुद्र' (नागर), 'वरुण के बेटे' (नागार्जुन) तथा 'सुबह के घंटे' (नरेश मेहता) में भी इस मूलतः राष्ट्रीय आंदोलन का आधुनिक चित्र प्रस्तुत किया गया है। पर 'मैला आँचल' का मानवीय संदर्भ सारी स्थिति को और करुण तथा विचारणीय बना देता है। आत्मत्याग के बाद भोग की लालसा का व्यापक परिवेश सभी कृतियों में द्रष्टव्य है। साथ ही समूची स्थिति के ऐतिहासिक परिप्रेक्ष्य को भी नहीं भुला दिया गया है। पर आलोचना के बावजूद कटुता कहीं नहीं आई है। 'परती परिकथा' तो पुनर्जागरण का संदेश भी देती है। नवीन निर्माण की योजनाओं से प्रेरित यह अकेली उल्लेखनीय कथा-कृति है।

वाम-पक्षीय राजनीति की भी नये साहित्य में प्रधानतः आलोचना हुई है। यही वांछनीय स्थिति है। राजनीतिक दर्शन के क्षेत्र में लेखक रचनात्मक संकेत बराबर देता है, पर व्यावहारिक राजनीति में उसके लिए आलोचना का मार्ग अधिक उचित है। एमन के शब्दों में, "लाइफ़ इज़ नॉट पॉलिटिक्स बट एथिक्स। मेरे लिए जीवन पूजा है, प्रत्येक व्यक्ति देवता है।" अतः यह स्वाभाविक है कि नया लेखक मूल्यों और मर्यादाओं के प्रश्न पर विचार करता हुआ पार्टी पौलिटिक्स को अधिक उन्नत तथा रचनात्मक बनाने का प्रयास करे। यहीं वह राजनीतिक दर्शन का नियामक होते हुए भी व्यावहारिक राजनीति के संदर्भ में पक्षधर की अपेक्षा आलोचक अधिक होता है।

साम्यवाद वामपक्षीय राजनीति की एक प्रधान दिशा रही है। पर मूलतः एक

समग्र दृष्टि न होने के कारण उसके कई पक्षों से सहमत होता हुआ भी नया लेखक उसे स्वीकार नहीं कर पाता। भारती के 'सूरज का सातवाँ घोड़ा' में इस स्थिति का महत्त्वपूर्ण विवेचन हुआ है। लेखक के अनुसार मार्क्स और भारतीय कम्यूनिज़्म में इतना तात्त्विक अंतर हो गया है कि सच्चे मार्क्सवादी के लिए कम्यूनिस्ट हो पाना संभव नहीं। सीमित कथानक में इस दृष्टि को कलाकार ने काफ़ी स्पष्टता के साथ प्रस्तुत किया है। लक्ष्मीकांत वर्मा के उपन्यास 'खाली कुर्सी की आत्मा' में अधिक विस्तार के साथ साम्यवादी राजनीति का परीक्षण हुआ है। स्थान-स्थान पर प्रतीकों का सहारा लेकर लेखक ने अपने मंतव्य को अधिक स्पष्ट और प्रभावपूर्ण बनाना चाहा है। उपन्यास के लंबे संवादों में स्वतः पात्रों के विवेचन के माध्यम से भी राजनैतिक विवेचना हुई है। 'सोया हुआ जल' तथा 'सुबह के घंटे' में साम्यवादी राजनीति की तीखी आलोचना कृति के आंतरिक संगठन में व्याप्त दिखाई देती है। कृति-साहित्य में राजनैतिक चेतना के ये श्रेष्ठतम उदाहरण हैं। अपनी पुस्तक 'पॉलिटिक्स एंड द नॉवल' के प्रारंभ में इरविंग हो ने स्टेंढल का एक उद्धरण दिया है, "साहित्यिक कृतित्व में राजनीति संगीत-सभा में दागी गई पिस्तौल की आवाज़ के समान है, काफ़ी ज़ोरदार और बेहूदी; किंतु फिर भी उसकी ओर ध्यान न जाय, ऐसा नहीं हो सकता।" वो इस कथन को दिलचस्प मानते हुए भी इसका समर्थन नहीं करना चाहते। वे जानना चाहते हैं कि क्या पिस्तौल की आवाज़ को किसी प्रकार से समूचे प्रदर्शन का एक अंग माना जा सकता है? उनकी मुख्य विवेचना इस जिज्ञासा पर आधारित है। हिंदी का नया साहित्य काफ़ी हद तक अब तक बाह्य प्रक्षेपण और व्याघात समझे जानेवाले इस राजनैतिक तत्त्व को अपनी सृजन-प्रक्रिया में समाहित कर चुका है। पिस्तौल की आवाज़ अब संगीत-सभा के तारतम्य को भंग नहीं करती, वरन् वह संपूर्ण कार्यक्रम का एक अंग बन गई है।

कथा-साहित्य और नाटक की अपेक्षा नयी कविता में राजनैतिक विमर्श के लिए कम अवसर है। पर परंपरागत कविता की तुलना में उसकी राजनैतिक चेतना बहुत अधिक विकसित है। छायावादी कविता तक राजनीति का अर्थ मुख्यतः राष्ट्रीयता रहा है। पर नये साहित्य और संदर्भ ने कवि को राष्ट्रीयता से ऊपर उठने के लिए मानो विवश कर दिया। शीतयुद्धों, शांति भंग करनेवाले प्रतिक्रियावादियों और दुराग्रही राजनैतिकों का गहरा विरोध नयी कविता में देखा जा सकता है। अज्ञेय, धर्मवीर भारती, सर्वेश्वर, भवानी मिश्र प्रभृति कवियों में यह राजनैतिक चेतना काफ़ी गहरे उतरी है। अज्ञेय की कुछ कविताओं ('यह दीप अकेला') में तो राजनैतिक दर्शन की विवेचना हुई है। भारती ने नयी तानाशाही के प्रति सचेत किया है और बताया है कि इस प्रकार के नक़ली चेहरे लगाकर विध्वंसक पहले भी आये हैं। साथ ही राजनैतिक स्तर पर खरीदनेवाली शक्तियों

को कवि ने सावधान किया है कि 'हर भूखा आदमी बिकाऊ नहीं होता।' सर्वेश्वर की शांति संबंधी कविताओं का तो ऐतिहासिक महत्त्व है। विशिष्ट घटनाओं से संबद्ध 'पीस पैगोडा' जैसी कविताओं का भी भावबोध अत्यंत गहरा है। इस प्रसंग में विपिन अग्रवाल की 'लड़ाई के बाद' शीर्षक रचना का उल्लेख आवश्यक है।

कुल मिलाकर नये साहित्य की राजनीतिक चेतना प्रजातंत्रात्मक समाजवाद के तत्त्वों से निर्मित हुई है। नवलेखन की मूल प्रवृत्तियाँ प्रजातंत्र की पद्धति में जन्मी हैं, और उसकी परंपरा को आगे भी बढ़ाती हैं। साथ ही इस प्रजातंत्रात्मक समाजवाद के अनिवार्य संदर्भ मानववाद की स्थिति उसके लिए उतनी ही महत्त्वपूर्ण है। नये साहित्य और युवा राजनीति में तात्त्विक संबंध है, जिसका सबसे अच्छा प्रतिफलन हिंदी के आधुनिक साहित्य-चिंतन में देखा जा सकता है।

धुरीहीनता और क्रुद्ध युवक

नवलेखन के अंतर्राष्ट्रीय स्तर के प्रसंग में यह चर्चा की गई है कि क्रुद्ध युवक आधुनिक साहित्य की एक महत्त्वपूर्ण स्थिति है। अँग्रेज़ी के प्रसिद्ध समीक्षक प्राइस-जोंस ने अपनी एक ध्वनि-वार्ता 'ए रोड विद नो टर्निंग' में नव-विकसित अँग्रेज़ी तथा अमेरिकन परिस्थितियों की तुलना करते हुए कहा है, "यह स्पष्ट है कि माइकेल ब्यूटर तथा जैक कैरोएक के बीच कोई प्रत्यक्ष संबंध नहीं है और न जॉन ऑस्बर्न के 'लुक बैक इन एंगर' के तीव्र आदेशों और सैलन होम्स के 'गो' में कोई समता है। पर सारे संसार के नवयुवक एक बड़ी संख्या में लगभग एक ही मर्ज़ के शिकार हैं।" अँग्रेज़ी साहित्य के क्रुद्ध युवकों और हिंदी में धुरीहीनता से त्रस्त नये लेखकों की तुलना अपेक्षाकृत विस्तार से की जा सकती है।

यहाँ यह स्मरणीय है कि हिंदी आलोचना के क्षेत्र में कुछ ही समय के बाद हिंदी के इस नये बौद्धिक उन्मेष को बड़ी आसानी के साथ अँग्रेज़ी के क्रुद्ध युवकों के साथ नत्थी किया जा सकता है; और हिंदी के इस आंदोलन को अँग्रेजी का अनुकरण सिद्ध किया जा सकता है। इस प्रसंग में तिथियों के उल्लेख से शायद इस भ्रम की संभावना दूर हो सके। क्रुद्ध युवकों की प्रथम महत्त्वपूर्ण आवाज़ सम्मिलित सहयोग से लिखित संकलन 'डिक्लेरेशन' में उभरी थी। समसामयिक अँग्रेज़ी साहित्य की इस बहुचर्चित कृति का प्रकाशन 1957 ई. में हुआ। पर हिंदी में 'राष्ट्रवाणी' में प्रकाशित 'जलते प्रश्न' की शृंखला 1956 ई. की ग्रीष्म से ही प्रारंभ हो गई थी। इस लेखमाला का प्रथम महत्त्वपूर्ण निबंध धर्मवीर भारती का 'धुरीहीनता' था। कुछ अन्य नये लेखकों ने भी इस तत्त्वावधान में अपने विचार प्रस्तुत किये।

अलग-अलग संदर्भों में होने पर भी 'जलते प्रश्न' तथा 'डिक्लेरेशन' की आधारभूत समस्याएँ बहुत-कुछ एक-सी हैं। उनका आक्रोश मुख्यतः परंपरा से

स्थापित प्रतिमानों और व्यवस्था के प्रति है। अँग्रेज़ी में इसे एक शब्द में 'एस्टेब्लिशमेंट' कहा गया है। 'डिक्लेरेशन' के भूमिकाकार टॉम मैशलर ने बताया है कि 'एंग्री यंग मैन' के द्वारा उस एक प्रकार के लेखकों को अभिहित किया जाता है जिनके मन में अपने समसामयिक वातावरण की उदासीनता, आत्म-तुष्टि और आदर्शात्मक दिवालियेपन के प्रति एक तीखे आक्रोश की भावना है। हिंदी के समसामयिक वातावरण में भी लगभग इन्हीं परिस्थितियों ने 'जलते प्रश्न' के लेखकों को प्रेरित किया है। विशेष रूप से स्थापितों का आदर्शात्मक और बौद्धिक दिवालियापन उनके आक्रोश का प्रधान कारण है

'डिक्लेरेशन' में संकलित निबंधों के शीर्षक उनके लेखकों की मनःस्थिति को बहुत-कुछ स्पष्ट करते हैं। 'द स्मॉल पर्सनल वॉइस', 'एलाँग द टाइट रोप', 'गेट आउट एंड पुश' तथा 'ए सेंस आफ़ क्राइसिस' जैसे शीर्षक पाठक के मन में किसी गंभीर ख़तरे की ओर संकेत करते हैं। समूचे संकलन में अनेक महत्त्वपूर्ण प्रश्नों को उठाया गया है। यदि सम्मिलित लेखकों में से सबसे अधिक चर्चित सहयोगी जॉन ऑस्बर्न के निबंध 'दे कॉल इट क्रिकेट' का विश्लेषण किया जाय तो कुछ निश्चित विचार-दृष्टियाँ उभरकर आती हैं। इंग्लैंड की शासन-व्यवस्था में राजा की पदवी का बना रहना, स्वेज़ के मामले को लेकर ईजिप्ट पर आक्रमण तथा क्रिसमस आइलैंड्स में उद्जन बम के परीक्षण—इन तीन मौलिक समस्याओं को लेकर लेखक ने वर्तमान सरकार की आलोचना की है और उससे भी अधिक समसामयिक जनमत की, जिसका इंग्लैंड जैसे उन्नत राष्ट्र में उत्तरदायित्व कहीं अधिक है। इन सबके मूल में ऑस्बर्न ने विचारात्मक कायरता को पाया है। और इस संदर्भ में लेखक की ज़िम्मेदारी और अधिक बढ़ गई है। बिल हॉपकिंस के निबंध का प्रथम वाक्य है, "पिछले दशक का साहित्य किसी निश्चित दिशा, उद्देश्य तथा शक्ति के अभाव के कारण स्मरणीय है" (तुलनीय 'धुरीहीनता' की भाव-भूमि) और उसका वक्तव्य समाप्त होता है इस विचार से, "इन्हीं कारणों से मेरा विश्वास है कि साहित्य को भावी धर्म, दर्शन तथा नेतृत्व का आधार बनना है। इस विश्वास में मैं लेखक के असाधारण दायित्व का अनुभव करता हूँ, यदि हमारी संस्कृति को जीवित रहना है तो।" नये लेखक का यह दंभ नहीं वास्तविकता का अनुभावन है। एक ओर यह बढ़ते हुए दायित्व की भावना है और दूसरी ओर है विचारात्मक कायरता तथा दिवालियापन। क्रुद्ध युवक और धुरीहीनता की यह पृष्ठभूमि है। इस दृष्टि से नये लेखक का क्रोध सकारण ही नहीं आवश्यक भी है, फिर वह चाहे इंग्लैंड में हो, या भारत में अथवा अमेरिका में। नया लेखक साहित्य को बौद्धिक प्रक्रिया मानता है और पुराना मनोरंजन का एक साधन।

'जलते प्रश्न' के अंतर्गत उठाई गई समस्याएँ प्रमुखतः दो हैं। एक तो राज्य और लेखक का संबंध तथा दूसरे विचारों के क्षेत्र में उत्तरोत्तर बढ़ती हुई एक

निष्क्रिय मध्यस्थता की भावना। 'कमिटमेंट', 'कंसर्न' तथा 'एंगेजमेंट' के आधुनिक युग में विचारात्मक कायरता से अधिक अकालिक और कोई स्थिति नहीं है। किंतु हिंदी के अधिकांश लेखकों में विचार की कोई दिशा नहीं है। नवलेखन के सहयोगियों ने इस स्थिति के ख़िलाफ़ विद्रोह किया। इस दृष्टि से विचारों के साहित्य के क्षेत्र में 'जलते प्रश्न' लेखमाला का अप्रतिम योग है। उपर्युक्त दोनों समस्याओं का विवेचन इस तत्त्वावधान में धर्मवीर भारती ने अपने बहुचर्चित निबंध 'धुरीहीनता' में किया।

साम्राज्यवादी और सामंतवादी पद्धतियों के बाद भारत के नवविकसित प्रजातंत्र में लेखक और राज्य का पारस्परिक संबंध एक विचारणीय स्थिति है। पर देश में शासन को अधिकाधिक महत्त्व मिलते देखकर मानो लेखक ने भी आत्म-समर्पण कर दिया हो। सरकारी तथा अर्द्धसरकारी संस्थाओं, पुरस्कारों, पदों, पदकों और पदवियों के माध्यम से राज्य ने लेखक पर प्रत्यक्ष और उससे भी अधिक अप्रत्यक्ष प्रभाव डाला। फलतः अधिकांश लेखक अपनी विद्रोह-धर्मा प्रकृति को भुलाकर स्थापन के साथ हो गये। जनतंत्र के विकास की पद्धति में इस अवरोध का अनुभव नये लेखकों को हुआ और उन्होंने विभिन्न माध्यमों से अस्वस्थ मनोवृत्ति की कटु आलोचना की। पत्र-पत्रिकाओं में चर्चाएँ हुईं, संपादकीय लिखे गये, परिसंवाद आयोजित हुए और अंततः 'परिमल' द्वारा आयोजित 'लेखक और राज्य' परिगोष्ठी में भारतीय लेखकों का एक सम्मिलित स्वर उभरा, जिसने इस मूल समस्या की ओर व्यापक स्तर पर लोगों का ध्यान आकृष्ट किया।

परिमल परिगोष्ठी के बाद भी यह विवाद आगे चला। राज्य-संरक्षण का रूप विस्तृत होने से तो रुक गया, पर उसकी नीति में कोई मौलिक परिवर्तन नहीं हुआ। कुछ समय पूर्व लखनऊ में स्थापित 'भारती' संस्था और उसके परिपत्र के संबंध में एक नये लेखक की टिप्पणी विचारणीय है, "परिपत्र में आगे जो कहा गया है, वह एक गंभीर समस्या प्रस्तुत करता है। यहाँ पर पूर्ण प्रकरण उद्धृत करना उचित होगा। 'इस ओर काम करना, साहित्य और संस्कृति को प्रोत्साहित करना, भाषा का निर्माण करना आज के दिन राज्य का उत्तरदायित्व हो गया है, क्योंकि निर्माण-काल में मत-विभिन्नता की प्रवृत्ति द्वारा शक्ति के क्षय को रोकना अत्यावश्यक है। साथ ही देश में समाजवादी व्यवस्था लागू होने के कारण वह आर्थिक सहायता, जो साहित्यिक एवं सांस्कृतिक संस्थाओं को पूँजीपतियों या सामंतों से प्राप्त होती थी, मिलनी बंद हो गई है।' बहुत गौर से पढ़ने के बावजूद भी सारे प्रकरण की तर्क-संगति को समझ सकना किसी के लिए भी असंभव हो जाना ही संभव है। मत-विभिन्नता की प्रवृत्ति द्वारा शक्ति के क्षय को रोकने की अत्यावश्यकता को कारण-स्वरूप बतलाकर राज्य को साहित्य एवं संस्कृति के प्रोत्साहन तथा भाषा के निर्माण का दायित्व-वाहक घोषित करने में क्या तर्क है—यह

समझना बड़ा कठिन ज्ञात होता है। इस सारी बात को केवल इसी प्रकार समझा जा सकता है कि मत-विभिन्नता की प्रवृत्ति द्वारा शक्ति के क्षय को रोकना भी राज्य का एक दायित्व है—शक्ति की क्षय का कारण स्पष्टतः मत-विभिन्नता की प्रवृत्ति है, तो मत-विभिन्नता की प्रवृत्ति को रोकना भी राज्य का दायित्व हो जाता है। परिपत्र-लेखक, ऐसा लगता है, भारतीय संविधान में दिये गये विचार-स्वातंत्र्य के विरुद्ध हैं और संभवतः परिवर्तन चाहते हैं···साथ ही इस प्रकरण के दूसरे वाक्य से यह ध्वनित होता है कि 'समाजवादी व्यवस्था लागू होने' से तो कहीं अच्छा था कि 'पूँजीपतियों और सामंतों' का युग ही बना रहता—कम-से-कम साहित्यिक तथा सांस्कृतिक और संस्थाओं को आर्थिक सहायता तो मिलती रहती। समाजवादी व्यवस्था के संबंध में 'लागू' शब्द के प्रयोग के औचित्य-अनौचित्य के विवेचन की यहाँ आवश्यकता नहीं है।" (कृष्णनारायण कक्कड़—'युगचेतना' नवंबर '58) इस लंबे उद्धरण से हिंदी लेखक की समसामयिक स्थिति का वास्तविक चित्र उपस्थित होता है। स्मरण रहे कि उक्त परिपत्र पर 63 सदस्यों के हस्ताक्षर हैं, जिनमें से कई हिंदी के लब्धप्रतिष्ठ और चोटी के साहित्यकार हैं।

राजकीय स्तर पर साहित्यिक और सांस्कृतिक समारोहों के मनाये जाने पर भी विचार हुआ है। संस्कृति का राज्य-सत्ता में केंद्रीभूत हो जाना उसके विघटन की निशानी है और नया लेखक इस स्थिति के प्रति सतर्क है। लक्ष्मीकांत वर्मा की 'कल्पना' अक्टूबर '58 में प्रकाशित टिप्पणी इस ओर ध्यान आकृष्ट करती है। पर हिंदी के अधिकांश बुद्धिजीवियों में इन स्थितियों के प्रति उदासीनता और तटस्थता की भावना दिखाई देती है। यह लक्षण अपने-आप में बहुत स्वस्थ नहीं है।

'धुरीहीनता' का दूसरा प्रसंग हिंदी लेखकों की विचारात्मक कायरता है। बिना किसी विश्वास के वैचारिक दृढ़ता संभव नहीं है। और हिंदी लेखक, यदि उसके पास विश्वास था भी तो उसे छोड़ चुका है। व्यावहारिक प्रलोभनों और जनतंत्र में अनास्था के कारण वह कोई स्पष्ट मत व्यक्त करने में डरता है। मानववाद का ढोंग बनाकर वह सभी को प्रसन्न करना चाहता है। समन्वय के नाम पर विचारों का गला घोंट देना चाहता है। इस खेदजनक स्थिति को ही भारती ने 'धुरीहीनता' कहा है, जिसकी ओर अँग्रेज़ी के संदर्भ में बिल हॉपकिंस ने संकेत किया है। 'वर्चू लाइज़ इन द मिडिल' इस सिद्धांत-कथन को आँख मींचकर मान लेने में ही हिंदी लेखक अपनी भलाई समझता है। इस सिद्धांत में उसका विश्वास भले न हो, पर ऐसा मानने में उसे सुविधा अवश्य है। उसके सोचने का श्रम बिलकुल बच ज़ाता है, और साथ ही सोचने के ख़तरे भी उसे नहीं उठाने पड़ते।

साहित्य में ही नहीं राजनीति में भी वह इसी मतहीनता से काम चलाना चाहता है। उसके लेखे जनसंघ और साम्यवादी पार्टी दोनों बराबर हैं, क्योंकि वह

मानववादी है। राजनीतिक अवसरवादिता का यह विचारों के क्षेत्र में प्रवेश साहित्य के स्वस्थ विकास के लिए घातक है। नया लेखक इस स्थिति पर खेद ही नहीं प्रकट करता उसका तीखा विरोध भी करता है। पर अपने इस आक्रोश के लिए उसे कई वर्गों का क्रोध झेलना पड़ता है। यह सम्मिलित प्रतिरोध उसे आगे बढ़ने की प्रेरणा देता है। धुरीहीनता से उत्पन्न उसका क्रोध निर्बल नहीं वरन् दृढ़ और रचनात्मक है, क्योंकि उसे जनतंत्रात्मक शक्तियों की विजय पर भरोसा है; पर इसके लिए नये लेखक को अपनी ईमानदारी अक्षुण्ण रखनी होगी।

साहित्य में आधुनिक संवेदना

नवलेखन को समसामयिक साहित्य में आधुनिकता की स्थापना कहा गया है। पर साहित्य में आधुनिक संवेदना की प्रकृति को समझ पाना अपने आप में एक कठिन कार्य है। आधुनिकता एक मनोवृत्ति है जो विविध स्थितियों में प्रतिफलित होती है। विकसनशील संस्कृति के तत्त्वों के अनुरूप अपने आपको परिष्कृत करते चलना ही आधुनिकता का प्रथम लक्षण है। इस दृष्टि से वह एक गत्यात्मक सत्य है और भविष्य में प्रक्षिप्त दृष्टि है। दृष्टि में आधुनिकता का विकास भविष्य की संभावनाओं को ध्यान में रखकर होता है। इसीलिए समसामयिक और आधुनिक में बराबर अंतर बना रहता है। पूरा का पूरा समाज आधुनिक नहीं हो पाता; कुछ अग्रणी संवेदनावाले भविष्यद्रष्टा आधुनिकता की ओर उन्मुख रहते हैं। अतः आधुनिकता वर्त्तमान के संदर्भ में भविष्योन्मुख दृष्टि है।

इतिहास-चक्र के अंतर्गत आधुनिकता बहुत-कुछ एक अनिवार्य स्थिति है। पर इस चक्र को अधिक गति से प्रवर्त्तित करना उसी प्रकार आवश्यक है, जैसे प्रोलेतेरियत शासन को एक अपरिहार्य स्थिति मानकर भी साम्यवादी दल उसे प्रयत्नपूर्वक शीघ्रतर स्थापित करना चाहता है। इस दृष्टि से अनिवार्य होते हुए भी आधुनिकता एक यत्नज प्रक्रिया है। सभ्यता और संस्कृति के विभिन्न उपकरणों में यह प्रवृत्ति बराबर देखी जा सकती है। हिंदी साहित्य में नवलेखन आधुनिक प्रवृत्तियों का वाहक है।

साहित्य में आधुनिक संवेदना कई उपकरणें से निर्मित हुई है। सबसे पहली बात क्षण के महत्त्व की है। जीवन की अनुभूति दे सकने वाले प्रत्येक क्षण का महत्त्व है। अतः केवल घटनापूर्ण क्षणों का चित्रण करनेवाली बात पुरानी पड़ गई। सामान्य और अकिंचन क्षणों का उनकी संपूर्ण संगति में अंकन आधुनिक भाव-बोध की स्थिति है। इस परिवर्त्तन का सबसे अधिक प्रभाव नाटक पर पड़ा जिसके कारण उसकी सारी तथाकथित नाटकीयता ही समाप्त हो गई। प्रख्यात नाटककार टैनेसी विलियम्स के नाटक इस कथन के अच्छे उदाहरण हैं। उपन्यास के क्षेत्र में क़ामूँ की कथाकृतियाँ इसी स्थिति की परिचायक हैं। किसी एक विशिष्ट संवेदना का

सूक्ष्म चित्रण, जिसमें घटनाओं पर आग्रह न होकर घटनाओं द्वारा उत्पन्न भावात्मक संघात पर आग्रह है, आधुनिक साहित्य की एक महत्त्वपूर्ण प्रवृत्ति है। घटनाओं के प्रसंग में संघर्ष का नये साहित्य में महत्त्व नहीं रहा। सामान्य और अकिंचन क्षणों का अंकन इस परंपरागत संघर्ष की भावना से विहीन रहेगा ही। इस स्थिति को कुछ समीक्षकों ने कथा-वस्तु का विघटन भी कहा है। पर यह विघटन न होकर विकास अधिक है। घटनात्मक संघर्ष की सहज भाव-बोध में परिणति है।

आधुनिक संवेदना का दूसरा महत्त्वपूर्ण तत्त्व बौद्धिकता का है। साहित्य की ही नहीं समूचे युग की प्रवृत्ति इसी ओर है। वैज्ञानिक और मशीनी संस्कृति इस विकास की पृष्ठभूमि में देखी जा सकती है। धार्मिकता का विघटन एक अन्य कारण माना जा सकता है। साहित्य की नयी आस्था और मर्यादा बौद्धिकता की आधार-शिला पर स्थित है। इसीलिए उसकी रुचिरता में काफ़ी कमी हो गई है, जिसकी पूर्त्ति नव-विकसित कलात्मक मनोरंजन के साधनों जैसे, सिनेमा, टेलिविज़न तथा रेडियो ने की है। साहित्य का एक भाग विचारों का साहित्य हो चला है। जीवन के व्यापक मूल्यों का विवेचन उसकी प्रधान दृष्टि है। यह इसी का फल है कि अपनी सृजनात्मक प्रक्रिया में उसने व्यावहारिक राजनीति को भी समाविष्ट कर लिया है। कुल मिलाकर अब उसके दायित्व और गंभीर हैं। 'डिक्लेरेशन' के एक सहयोगी लेखक के मतानुसार "मेरा विश्वास है कि साहित्य को भावी धर्म, दर्शन तथा नेतृत्व का आधार बनना है। इस विश्वास में मैं लेखक के असाधारण दायित्व का अनुभव करता हूँ, यदि हमारी संस्कृति को जीवित रहना है तो।" यह दायित्व-बोध लेखक को अनिवार्यतः चिंतक बनने की ओर प्रवृत्त करता है। नये साहित्य के स्रष्टा अधिकांशतः चिंतक-लेखक हैं। व्यापक मानव-मूल्यों के प्रति उनकी चिंतना सहज है।

बौद्धिकता की प्रवृत्ति ने नये साहित्य में एक रागात्मक तटस्थता को जन्म दिया है। भावात्मक आवेश नये लेखक की विशेषता नहीं मानी जा सकती। मानवीय परिस्थितियों का द्रष्टा न होकर वह भोक्ता है। यह सहभोग की स्थिति वह अपने पाठक तक व्यापक कर देना चाहता है। परंतु प्रकृति के संदर्भ में उसकी स्थिति इससे भिन्न है। न वह उसके लिए बाल-सुलभ आश्चर्य का कारण है और न किसी गहरे स्तर पर वह उससे एकात्मता का अनुभव करता है। मनुष्य ने उसकी संवेदना को इतना अधिक व्यस्त कर रखा है कि प्रकृति के लिए उसके पास विशेष अवकाश नहीं। अज्ञेय के कविता-संकलन का शीर्षक 'हरी घास पर क्षण भर' तथा उनकी कविता 'दूर्वाचल' की अंतिम पंक्ति 'अरे यायावर रहेगा याद !' नये लेखक की इसी प्रवृत्ति के द्योतक हैं।

आधुनिक संवेदना में लेखक का नया सौंदर्य-बोध विशेष महत्त्व रखता है। सौंदर्य तथा कुरूपता की भावना अब बाह्याकारों पर आधारित नहीं है। कैक्टस

मानो नयी सौंदर्य-चेतना का प्रतीक है। ऊपर से काँटे परंतु अंदर मरुथलों का सामना करनेवाला रस। परंपरागत सौंदर्य-बिंबों से नये लेखक का मन भर गया है। (अज्ञेय के शब्दों में इन प्रतीकों के देवता कूच कर गये हैं) दूज का चाँद उसे मूँज से बना दिखाई देता है। उसके लिए सौंदर्य एक समग्र दृष्टि है। समूचे व्यक्तित्व की परख वह इसी सौंदर्य की कसौटी पर करना चाहता है। नये साहित्य के नायक-नायिकाओं को शारीरिक सौंदर्य की ही अपेक्षा नहीं है। नायिका का बाह्याकार अतीव सौंदर्यशाली होना चाहिए, इस मान्यता को अस्वीकार कर दिया गया है। इसीलिए छायावादी ढंग का भी नख-शिख वर्णन आज स्वीकार्य नहीं। सौंदर्य की कसौटी संघटित मानव व्यक्तित्व है, जो जड़ अनुभूति नहीं वरन् एक गत्यात्मक सत्य है।

सौंदर्य-बोध के साथ-साथ नये नैतिक प्रतिमानों की ओर भी नवलेखन की चिंता रही है। प्रणय के जिस सहज रूप को परंपरा से कुंठाग्रस्त और अनैतिक माना गया है, नये लेखक ने उसका अत्यंत स्वाभाविक अंकन किया है। शेखर और शशि के संबंधों को लेकर हिंदी का पाठक वर्ग काफ़ी दिनों तक असंतुष्ट और आतंकित रहा। पर 'पथ की खोज', 'बाहर-भीतर' और 'तंतुजाल' जैसी कथा-कृतियों ने यह स्पष्ट कर दिया कि प्रणय को सामाजिक खानों में बंद कर देना उसके सहज रूप को कुंठा-ग्रस्त बना देना है। इसी प्रकार श्लील और अश्लील के परंपरागत विभाजन को भी एक नयी, स्वस्थ और संतुलित दृष्टि से देखा गया। दृष्टि की संपूर्णता ही किसी भी वर्णन के श्लील या अश्लील होने की कसौटी मानी गई। और इस प्रकार 'नदी के द्वीप' के सामान्यतः अश्लील समझे जानेवाले अंश कलात्मक उपलब्धि के श्रेष्ठ नमूने ठहरते हैं।

नवलेखन के सभी अंगों में आधुनिक संवेदना के ये तत्त्व प्रतिफलित हुए हैं, पर उसके स्तर भिन्न-भिन्न हो सकते हैं। कविता और समीक्षा इस दृष्टि से सबसे अधिक विकसित पक्ष हैं। किंतु सब मिलाकर समूचे साहित्य के विकास की दिशा अंततः एक है। संपूर्ण साहित्य का इतना संघटित व्यक्तित्व इसके पूर्व नहीं रहा, जिससे लगता है कि नवलेखन की मूल संवेदना अपने आपमें एक है, और जो अपने ऐतिहासिक परिप्रेक्ष्य में निश्चित रूप से आधुनिक है।

नवलेखन में लोक-तत्त्व

मशीनी संस्कृति की ओर उन्मुख साहित्य तथा कलाओं में लोक-तत्त्व के समाविष्ट होने की चर्चा कुछ इस प्रकार से की जाती है, जैसे यह स्थिति अपने आपमें असाधारण हो। पर वस्तुस्थिति यही है, और जो किसी हद तक स्वाभाविक और अपरिहार्य है; वांछनीय अथवा अवांछनीय होने की बात यहाँ नहीं उठती।

लोक-संस्कृति और आभिजात्य की भावना के बीच का संघर्ष आधुनिक युग

के प्रमुख अंतर्द्वंद्वों में से है। सच तो यह है कि लोक-संस्कृति का आरोपण अब बहुत कुछ एक फ़ैशन के रूप में हो चला है। साहित्य भी इस स्थिति का अपवाद नहीं है। पर इसके बावजूद नवलेखन में कुछ लोक-तत्त्वों का समावेश इतने स्वाभाविक ढंग से हुआ है कि उनका अस्तित्व अलग से प्रक्षिप्त नहीं दिखाई देता।

अभी तक साहित्य में लोक-तत्त्व का सजग प्रयोग स्थानीय रंग के रूप में होता था। पर अब इससे आगे बढ़कर समूचे लोक-जीवन को उसके समस्त संगत संदर्भों में चित्रित करने का प्रयास हुआ है। कथा-कृतियों के क्षेत्र में इस प्रकार की रचना को आंचलिक उपन्यास कहा गया है। इस व्यापक नामकरण के अंतर्गत 'मैला आँचल' और 'परती परिकथा' (रेणु), 'वरुण के बेटे' (नागार्जुन), 'सागर, लहरें और मनुष्य' (उदयशंकर भट्ट) तथा अंशतः 'बूँद और समुद्र' (अमृतलाल नागर) की गणना की जा सकती है। इस वर्ग की कृतियों में से 'मैला आँचल' हिंदी नवलेखन की एक अत्यंत महत्त्वपूर्ण कृति साबित हुआ है।

आंचलिक उपन्यास में लोक-जीवन का एक तटस्थ परंतु सहानुभूतिपूर्ण अंकन होता है। तटस्थता की बात विशेष रूप से इसलिए कही गई है कि यदि कथाकार ने अपनी कृति में लोक की किसी प्रकार की वकालत प्रारंभ कर दी तो उसका सारा उन्मेष नष्ट हो जायगा। और लोक-जीवन का यह तत्त्व समूची रचना का सबसे महत्त्वपूर्ण अंश होता है। यहाँ तक कि आंचलिक उपन्यास में प्रायः कोई एक नायक या नायिका न होकर संपूर्ण लोक-जीवन ही कथा का प्रधान वर्ण्य हो जाता है। 'मैला आँचल' के संदर्भ में यह बात स्पष्टता से समझी जा सकती है।

काव्य के क्षेत्र में लोक-तत्त्वों का प्रवेश शब्द-प्रयोगों तथा प्रतीकों के माध्यम से हुआ है। कुछ नये कवियों में इस प्रकार के प्रयोग बड़े सफल ढंग से मिलते हैं। गिरिजाकुमार माथुर का नाम इस दृष्टि से विशेष रूप से उल्लेखनीय है। 'चंदिरमा' या 'ऐपन' जैसे शब्द एक अर्द्ध-विस्मृत भाव-बोध को जैसे फिर से जाग्रत कर देते हों। लक्ष्मीकांत वर्मा ने भी इस प्रकार की शब्दावली ग्रहण की है, पर उनके शब्द प्रायः अपरिचित क्षेत्रों से लिये गये हैं। लोक-जीवन पर आधारित प्रतीकों का प्रयोग तो अधिकांश नये कवियों ने किया है। कुछ की रचनाओं में लोक-संगीत की धुनों का भी प्रयोग हुआ है।

'लोक-तत्त्व' शब्द से दो प्रकार की व्यंजनाएँ अलग-अलग ली सकती हैं। समूची संस्कृति के संदर्भ में इससे गाँवों के पिछड़े हुए जीवन का बोध होता है, पर नागरिक सभ्यता के अंतर्गत भी इस प्रकार के अविकसित और अर्द्धविकसित तत्त्वों को देखा जा सकता है। नगरों के इस निम्नवर्गीय जीवन की झलक रघुवीरसहाय, मनोहरश्याम जोशी, श्रीराम वर्मा प्रभृति की कविताओं में मिलती है, संवेदना के स्तर पर भी और शब्द-समूह के चयन की दृष्टि से भी। रघुवीरसहाय

की कविता 'हमारी हिंदी' इस प्रवृत्ति का एक सफल नमूना है।

नाटक में लोक-तत्त्व के प्रयोग की संभावनाएँ अपेक्षाकृत अधिक हैं। इस क्षेत्र में नव्य यथार्थवाद ने अपने आपको लोक-जीवन से सदैव संपृक्त रखा है। मध्यवर्गीय जीवन के चित्रण में नागरिक लोक-संस्कृति के पक्षों को बड़े स्वाभाविक ढंग से उभारा जा सकता है। लक्ष्मीनारायण लाल के लघु नाटक 'मम्मी टकुराइन' की भाव-भूमि कुछ-कुछ ऐसी ही है। कुछ अन्य स्फुट कृतियों में भी इस प्रकार के सफल चित्रण हुए हैं। भारती की कहानी 'गुल की बन्नो' इस प्रसंग में विशेष रूप से उल्लेखनीय है। आंचलिक कहानी के क्षेत्र में तो विशेष रूप से कार्य हो रहा है, वे प्रयोग बहुत अच्छे न हो सके हों, यह दूसरी बात है।

नव्य यथार्थवाद तथा लोक-जीवन का संपृक्त रूप नवलेखन की मुख्य भावभूमि है। इस संयोग के आधार पर ही 'बूँद और समुद्र' के कुछ चरित्र पारस्परिक संवाद में गालियों तक का प्रयोग करते हैं जैसा कि सामान्य जीवन में होता है। वस्तुतः उक्त दोनों प्रवृत्तियाँ एक-दूसरे को विकसित तथा परिष्कृत करती चलती हैं। नागर के कथोपकथनों में इसीलिए अश्लीलता का आरोप नहीं लगाया जा सकता। वे लोक-जीवन के इतने स्वाभाविक और अनिवार्य अंग हैं कि उनकी उपेक्षा नहीं की जा सकती। नव्य यथार्थ की व्यापक और संपृक्त दृष्टि समग्र चित्रण की ओर रहती है; नवलेखन इस स्थिति को प्रारंभ से स्वीकार करके चला है।

नये विकसित साहित्य-रूप

संवेदना को नवीन दिशाओं और शिल्प के नये प्रयोगों के कारण साहित्य के परंपरागत काव्य-रूपों में भी विकास हुआ है। नवलेखन के कई काव्य-रूप ऐसे हैं जो पिछले कुछ वर्षों में ही स्वतंत्र कलात्मक माध्यमों के रूप में गृहीत हुए हैं। इनके द्वारा प्रस्तुत साहित्य परिमाण की दृष्टि से अधिक भले न हो, पर इन नये काव्य-रूपों का महत्त्व संभावनाओं की दृष्टि से काफ़ी अधिक है।

यात्रा-विवरण को अभी तक प्रायः सूचनात्मक माना जाता था। पर कुछ नये लेखकों ने इसे कृति-साहित्य के एक विशिष्ट रूप की तरह ग्रहण किया है। और इस दृष्टि से यात्रा तथा संस्मरण का मिला-जुला रूप उभरा है। यात्रा-स्थल के विवरणों के साथ-साथ अनेक चारित्रिक संवेदनाएँ इस नवीन काव्य-रूप में देखने को मिलती हैं। 'अरे यायावर रहेगा याद' (अज्ञेय), 'आखिरी चट्टान तक' (मोहन 'राकेश'), 'पार उतरि कहँ जइहौं' (प्रभाकर द्विवेदी) तथा 'हरी घाटी' (रघुवंश) यात्रा-संस्मरण की इस नयी प्रणाली को अपनाते हैं, जिसमें यात्रा-विवरण, संस्मरण, स्केच तथा डायरी ये सभी काव्य-रूप घुल-मिल गये हैं। और इस तरह से

यात्रा-संस्मरण को उपयोगी साहित्य की कोटि से हटाकर अब ललित साहित्य के अंतर्गत रख लिया गया है।

डायरी-शैली में भी कई तरह के विकास हुए हैं। डायरी लेखन को एक स्वतंत्र कला के रूप में स्वीकार किया गया है और उसके माध्यम से विभिन्न महत्त्वपूर्ण समस्याओं पर बड़े व्यक्तिगत ढंग से विचार किया जाता है। साहित्य की सृजन-प्रक्रिया से संबद्ध डायरियों के अंश इस दृष्टि से अत्यंत मूल्यवान हैं। अजितकुमार, लक्ष्मीकांत वर्मा तथा शमशेरबहादुर सिंह की डायरियाँ जीवन के विभिन्न पक्षों को प्रस्तुत करती हैं। डायरी से मिलते-जुलते रूप 'नोटबुक' तथा 'जर्नल' के क्षेत्र में भी कुछ विशिष्ट प्रयास किये गये हैं। इस प्रसंग में अज्ञेय तथा रघुवीरसहाय के नाम उल्लेखनीय हैं। व्यक्तिगत जीवन के ये लेखे-जोखे कृति साहित्य के प्रभावपूर्ण अंग बन गये हैं।

पश्चिमी साहित्यों में आत्मकथा को एक स्वतंत्र साहित्य-रूप की भाँति प्रयुक्त किया गया है। विशेषतः साहित्यिकों की आत्मकथाएँ एक ख़ास रचनात्मक प्रक्रिया की ओर संकेत करती हैं। हिंदी में अभी इस प्रकार की आत्मविवृति संभव नहीं हुई।

समीक्षा के क्षेत्र में स्वतः लेखकों द्वारा प्रस्तुत अपनी रचनाओं की व्याख्या एक नवीन पद्धति के रूप में प्रारंभ हुई है। अपनी सारी कमज़ोरियों के बावजूद यह पद्धति लेखक की सृजन-प्रक्रिया को समझाने में सहायक सिद्ध होती है। व्याख्या की यह शैली अभी तक केवल कविताओं के लिए प्रयुक्त हुई है। कथा-साहित्य के क्षेत्र में इस पद्धति की संभावनाएँ कुछ और दूर तक पूरी हो सकती हैं।

साहित्य के मौखिक रूप का महत्त्व बढ़ने के कारण आकाशवाणी के साहित्यिक कार्यक्रमों में भी विविधता आई है। सव्याख्या काव्य-पाठ प्रमुखतः यहीं से आरंभ हुआ। इसी प्रकार से विभिन्न विद्वानों के बीच परिसंवाद की प्रणाली आकाशवाणी ने प्रारंभ की, जिसे बाद में पत्र-पत्रिकाओं में भी अपनाया गया। नये साहित्य-चिंतन में इस प्रकार के परिसंवादों का विशेष योग रहा है। आकाशवाणी के माध्यम से कुछ नयी नाट्य-शैलियों का भी विकास हुआ है। काव्य-नाटक, एकालाप तथा ऑपेरा जैसे काव्य-रूप इस मौखिक माध्यम में आवश्यक परिष्कार पा सके हैं।

आकाशवाणी के अधिकाधिक विकास के फलस्वरूप साहित्य की मौखिक प्रकृति को पहिचाना गया है। आल्डस हक्सले जैसे विद्वान् तो भविष्य के साहित्य की प्रकृति मौखिक ही मानते हैं। उनके अनुसार आगे का साहित्य प्रमुखतः टेप रिकार्डों तथा देर तक बजनेवाले रिकार्डों पर प्रस्तुत होगा। अभी हमारे देश में यह संभावना मात्र ही है। फिर भी साहित्य का मौखिक रूप लेखक और पाठक को एक-दूसरे के निकट ला देता है, इसे नया लेखक समझ सका है। और इसीलिए

नयी कविता की पाठ-शैली की ओर अधिकाधिक लोगों का ध्यान गया है।

नवलेखन के तत्त्वावधान में विकसित नये साहित्य-रूप आधुनिक साहित्य की प्रकृति के अनुकूल हैं। सूक्ष्म संवेदना और रागात्मक तटस्थता के तत्त्व उनमें अनिवार्य रूप से मिलते हैं। बौद्धिकता उनमें आत्मीयता और अनौपचारिकता के साथ अपेक्षाकृत सहज बन गई है, इसीलिए नये साहित्य की मूल बौद्धिक प्रवृत्ति के संदर्भ में ये नये काव्य-रूप बहुत कुछ पूरक जैसे साबित होते हैं।

नवलेखन और सहकारी प्रकाशन

नवलेखन के युग में एक ओर जहाँ प्रकाशन की मात्रा पहले की अपेक्षा कहीं अधिक बढ़ गई है, वहीं दूसरी ओर बहुत-से लेखकों के सम्मुख प्रकाशन की एक समस्या भी रही है। सुरुचिपूर्ण साहित्य के पाठक वर्ग की कमी इस कठिनाई का मूल कारण है, और फिर नवलेखन के पाठक तो स्वभावतः और कम होंगे। इसके अतिरिक्त एकदम नये लेखक को प्रस्तुत करना प्रकाशक के साहस पर भी निर्भर करता है। नयी कविता के बहु-चर्चित होने के बावजूद कवियों को अपने व्यक्तिगत संकलन प्रकाशित करने की पर्याप्त सुविधा नहीं है। यहाँ स्मरणीय है कि नये साहित्य का प्रथम महत्त्वूपर्ण उन्मेष 'तारसप्तक' (1943) लेखकों द्वारा स्वतः प्रकाशित किया गया था। उसके बाद के वर्षों में स्थिति में कोई विशेष अंतर नहीं आया है।

प्रकाशन की इस कठिनाई का सामना करने के लिए नये लेखकों को सहकारी प्रकाशन का आश्रय लेना पड़ा है। मूलतः एक सहकारी प्रयास होने के कारण नवलेखन के प्रकाशन को सहकारी ढंग से चलाना स्वाभाविक भी है। 'तारसप्तक' सात कवियों का सम्मिलित संकलन होने के साथ-साथ सहकारी ढंग से ही प्रकाशित किया गया था। इसके बाद 'दूसरा सप्तक' (1951) तथा अन्य कई पुस्तक-पत्रिकाएँ और संकलन इसी पद्धति पर प्रकाशित हुए। इस सहकारी प्रकाशन की आर्थिक चिंता करने के बदले लेखकों को यह सुविधा अवश्य थी कि अपने प्रकाशन में अपना मत वे बिना किसी हिचक के निर्भीकतापूर्वक व्यक्त कर सकते थे। प्रकाशकीय नीति से समझौता करने का प्रश्न उनके सम्मुख नहीं था। नवलेखन जैसे साहसपूर्ण साहित्यिक-विचारात्मक उन्मेष के लिए यह सहकारी प्रकाशन, इस तरह, कई दृष्टियों से अनिवार्य और उपयोगी भी था।

सहकारी संकलनों के क्षेत्र में प्रथम महत्त्वपूर्ण प्रयास 'नयी कविता' (1954) का था। प्रयाग के कुछ उत्साही नये लेखकों ने 25/- प्रति व्यक्ति देकर प्रायः 500/- की पूँजी से 'साहित्य-सहयोग' के तत्त्वावधान में इस आयोजन का प्रारंभ किया। कई प्रकार की आर्थिक क्षति के बावजूद उसका प्रकाशन अब तक

चल रहा है। और यह स्पष्ट है कि यदि सहकारी प्रकाशन का यह उद्योग न हुआ होता तो 'नयी कविता' जैसी क्रांतिकारी पत्रिका का प्रकाशन हिंदी में असंभव था। सच तो यह है कि एक नये साहित्यिक युग का सूत्रपात इस प्रकाशन-सहकार के द्वारा ही संभव हो सका है।

'नयी कविता' की सफलता और दिशा-निर्देश से प्रोत्साहित होकर कई अन्य लेखक सहकार स्थापित हुए। सहकारी पद्धति से परिचालित संकलनों में लेखकों की रचनाएँ प्रायः बिना किसी पारिश्रमिक के अथवा केवल नाम मात्र के पारिश्रमिक पर उपलब्ध हो जाती रही हैं। संपादन-कार्य भी इसी तरह निःशुल्क रहा है। काग़ज़ और छपाई के व्यय को जुटाकर तथा किसी प्रकाशक से वितरण-व्यवस्था कराके ही संकलन प्रकाशित कर लिये जाते हैं। सुदृढ़ आर्थिक आधार के अभाव में इन संकलनों का जीवन-काल दीर्घ नहीं हो पाता। इसके अतिरिक्त नियमित प्रकाशन के न हो पाने से ग्राहक-संख्या भी कम रहती है। इसीलिए प्रायः 2-3 अंक निकालकर आयोजन समाप्त हो जाता है। इस समय नवलेखन के कई संकलन लेखकों के सहकार द्वारा चल रहे हैं।

पर यदि व्यवस्थित ढंग से सहकार की स्थापना हो सके तो यह नव प्रकाशन-विधि अधिक स्थायी और स्वतः निर्भर बनायी जा सकती है। और तब उत्कृष्ट नये साहित्य का ढंग से प्रकाशन हो सकता है। शौकिया पत्रकारों की संख्या अधिक बढ़ जाने से सस्ती और छिछले स्तर की पत्रकारिता को प्रोत्साहन मिलता है, जो अंततः साहित्यिक विकास के लिए हितकर सिद्ध नहीं होती। यहाँ यह स्मरणीय है कि सहकारी प्रकाशन को व्यवसायी प्रकाशकों के विरोध में नहीं, वरन् पूरक रूप में स्वीकार किया जाना चाहिए।

व्यवस्थित हो जाने पर लेखकों के सहकार, जो अब तक सम्मिलित संकलनों को ही प्रकाशित करते रहे हैं, नये लेखकों की व्यक्तिगत रचनाओं को भी छाप सकते हैं। उचित वितरण व्यवस्था हो जाने पर पुस्तकों तथा पत्रिकाओं को सुचारु रूप में प्रकाशित किया जा सकता है और उन्हें उनके वास्तविक पाठकों तक पहुँचाया जा सकता है। नये लेखक तथा पाठक के बीच के व्यवधान को मिटाने के लिए सहकारी प्रकाशन के क्षेत्र में काफ़ी संभावनाएँ हैं।

नवलेखन का मूल्यांकन

नवलेखन की समीक्षा और मूल्यांकन सही परिप्रेक्ष्य में कम हुआ है। लेखक और पाठक के बीच का व्यवधान लेखक और समीक्षक के बीच भी प्रतिफलित हुआ है। नवलेखन को लेकर समीक्षकों की दृष्टि निरुज नहीं रह सकी। कुछ की दृष्टि में यह अमेरिकन प्रतिक्रियावादी शक्तियों से प्रेरित है, कुछ की दृष्टि में वह निरर्थक

प्रयोगों से चौंका देने का प्रयास है और कुछ के अनुसार वह महज़ शिल्प-प्रधान साहित्यिक आंदोलन है। पर साहित्य के इतिहास के संदर्भ में इस नवोन्मेष का वास्तविक विवेचन और मूल्यांकन प्रायः नहीं हुआ।

आधुनिक कला पद्धतियों को ठीक-ठीक न समझ पाने के कारण नये साहित्य के समीक्षक अपना संतुलन स्थिर नहीं रख सके हैं। यही कारण है कि नवलेखन के संबंध में चर्चा तो बहुत हुई है पर उसका ठीक ढंग से व्याख्यात्मक अध्ययन नहीं हो सका है। स्वतः नये लेखकों में गंभीर समीक्षक तथा साहित्य-चिंतक हैं, पर इस धारा से हटकर किसी विशिष्ट आलोचक द्वारा नवलेखन की प्रवृत्तियों का सही विश्लेषण नहीं हो सका। यह सही है कि नवलेखन के मिथ्या अनुकरण भी कम नहीं हुए पर अंततः यह उत्तरदायित्व तो मुख्यतः समीक्षक का ही था कि वह मिथ्या को वास्तविक से अलग करता। नवलेखन को एक संतुलित आलोचक का न मिलना स्वतः इस नवोन्मेष के लिए हानिप्रद सिद्ध हुआ है।

हिंदी तथा अँग्रेज़ी दोनों माध्यमों से नवलेखन पर विचार हुआ है। नंददुलारे वाजपेयी, प्रकाशचंद्र गुप्त तथा बालकृष्ण राव ने नये साहित्य के संबंध में कई दृष्टियों से अपना विवेचन प्रस्तुत किया है। परंतु राव को छोड़कर शेष दोनों समीक्षकों के अपने पूर्व-निश्चित दृष्टिकोण हैं, और इसीलिए नवलेखन की मौलिक प्रकृति को वे ठीक-ठीक नहीं समझ सके हैं। यह भी सही है कि प्रयोगवादोत्तर साहित्य के संबंध में उन्होंने विशेष विचार नहीं किया है। वाजपेयी इस दिशा में यदि और आगे बढ़ते तो संभवतः कुछ अन्य प्रश्नों पर विचार-विमर्श हो सकता।

पिछले कुछ वर्षों में नवलेखन संबंधी समीक्षाएँ अँग्रेज़ी में भी हुई हैं। बालकृष्ण राव, अज्ञेय तथा जितेंद्रसिंह ने 'लीडर' तथा कुछ अन्य अँग्रेज़ी पत्रों में प्रायः नियमित रूप से नयी कृतियों की भाव-भूमिका विश्लेषण किया है। कुल मिलाकर यह मूल्यांकन अधिक वैज्ञानिक तथा संतुलित रहा है। इस तुलना में हिंदी के अपने समीक्षकों में आधुनिक दृष्टिकोण का अभाव खटकता है। बिना पूरा विश्लेषण किये ही नयेपन का तिरस्कार वे करते रहे हैं, और यही कारण है कि नवोन्मेष को वे आवश्यक सहानुभूति नहीं दे पाते। जितेंद्रसिंह की समीक्षाओं में सहानुभूति और आलोचना के तत्त्व एक संतुलन उत्पन्न कर सके हैं।

हिंदी के कुछ पुराने कृति-साहित्यकारों ने भी नवलेखन के संबंध में यत्र-तत्र अपने मत व्यक्त किये हैं। स्पष्ट ही उनके विचारों की पृष्ठभूमि ऐतिहासिक नहीं है। वे मुख्यतः अपनी रुचि के आधार पर नये साहित्य को परखना चाहते हैं। इस प्रसंग में सुमित्रानंदन पंत का नाम एक महत्त्वपूर्ण अपवाद के रूप में लिया जा सकता है। पंत ने नये साहित्य, विशेषतः नयी कविता के संबंध में तात्त्विक और संतुलित विवेचन प्रस्तुत किया है।

कुल मिलाकर हिंदी के विशिष्ट आलोचकों ने अपनी समझ से नवलेखन

का तिरस्कार किया है। समर्थ समीक्षक यदि इस नवोन्मेष को गंभीरतापूर्वक लेते तो हिंदी साहित्य का समस्त वातावरण और अधिक आधुनिक हो सकता था। जिन कुछ आलोचकों ने यह कार्य किया उनके पास साहित्य की व्यापक दृष्टि का अभाव था। फलतः नवलेखन का विकास बहुत कुछ उसके अपने समीक्षकों के सहयोग से हुआ है। आवश्यकता इस बात की है कि इस साहित्य का अध्ययन अब कुछ ऊपर उठकर हो। ऐतिहासिक विकासवादी दृष्टि सहानुभूतिपूर्ण होने के साथ-साथ निर्मम भी होती है। उसकी व्याख्या की पृष्ठभूमि में सहानुभूति है, पर निर्णय में निर्ममता है। इस संपृक्त दृष्टि के सहारे ही नवलेखन का वास्तविक मूल्यांकन संभव है।

साहित्य की डाइलैक्टिक्स और नवलेखन

इतिहास की व्याख्याओं में 'डाइलैक्टिक' के सिद्धांत का काफ़ी मान है। यदि इस दृष्टि से आधुनिक हिंदी साहित्य के इतिहास को देखा जाए तो नवलेखन संबंधी कई भ्रांतियाँ दूर हो सकती हैं। डाइलैक्टिक्स अथवा द्वंद्व-सिद्धांत के अनुसार इतिहास का विकास तीन स्थितियों में होता है—वाद, प्रतिवाद तथा संवाद। वाद तथा प्रतिवाद अर्थात् प्रतिक्रियावादी तथा प्रगतिशील तत्त्वों में संघर्ष होता है, जिसके फलस्वरूप संवाद की उत्पत्ति होती है। कालांतर में यही संवाद फिर वाद का रूप ग्रहण कर लेता है तथा फिर उसके लिए एक नया प्रतिवाद विकसित होता है, जिनके संघर्ष का परिणाम एक नवीन संवाद होता है और इस प्रकार से इतिहास निरंतर आगे बढ़ता रहता है।

हिंदी की नयी कविता तथा नवलेखन के विरोध में बहुत-सी बातें कही जाती हैं। साधारणीकरण तथा संवेदनीयता की समस्या उनमें प्रमुख है। यह सही है कि नवलेखन के विरोधियों की कई शिकायतें वास्तविक हैं। वे इस नवीन संवेदना से उद्भूत साहित्य को नहीं समझ पाते, क्योंकि वह प्रतिवाद का स्वर है। वस्तुतः साहित्य के विकास के लिए वाद भी उतना ही आवश्यक है जितना की प्रतिवाद। इस दृष्टि से नवलेखन के विरोधी एक ऐतिहासिक अनिवार्यता हैं। प्रतिवाद के साथ वाद का संघर्ष भी आवश्यक नहीं, अनिवार्य है। यदि वह संघर्ष नहीं होगा तो संवाद की परिस्थिति उत्पन्न नहीं होगी।

हिंदी साहित्य के विभिन्न युगों भक्तिकाल, रीतिकाल, भारतेंदु युग, द्विवेदी युग, छायावाद, प्रगतिवाद तथा प्रयोगवाद के विकास को इस डाइलैक्टिक्स के सिद्धांत द्वारा सहानुभूतिपूर्वक तथा ऐतिहासिक परिप्रेक्ष्य में देखा जा सकता है, और साथ ही यह समझा जा सकता है कि प्रत्येक आंदोलन में उसके नाशक तत्त्व भी साथ ही छिपे रहते हैं, जो कालांतर में विकसित होकर उस आंदोलन के विघटन

के कारण बनते हैं।

इतिहास-चक्र की यह एक विशिष्टता है कि वह मानव-विकसित होने पर भी स्वतः चालित रहता है। परिस्थितियाँ मनुष्य को निर्मित करती हैं, और फिर मनुष्य उन परिस्थितियों को नियंत्रित करता है। समाज तथा इतिहास व्यक्ति को बनाते हैं, और फिर व्यक्ति उनसे ऊपर उठकर उन्हें मोड़ता है। इनमें से किसने किसको पहले बनाया, यह तर्क-युद्ध उतना ही असंगत, अवैज्ञानिक तथा अनावश्यक है, जितना कि यह विवाद कि पहले मुर्गी उत्पन्न हुई या अंडा।

हिंदी नवलेखन अब धीरे-धीरे संवादात्मक स्वर में परिणत हो रहा है। प्रगतिवाद छायावाद के लिए प्रतिवाद था, पर प्रयोगवाद के लिए वाद बन गया। और प्रगतिवाद तथा प्रयोगवाद के संघर्ष में नवलेखन ने जन्म लिया है। विरोधियों को समझाने तथा तुष्ट करने की प्रक्रिया में संवाद विकसित होता है, और इस प्रक्रिया के खत्म होते न होते धीरे-धीरे वाद में परिणत हो जाता है। नवलेखन के संवादात्मक स्वर को कब तक स्थायी रखा जा सकेगा, यह भविष्यवाणी करना समीक्षक का कार्य नहीं है।

नवलेखन के विरुद्ध जो शक्तियाँ प्रतिक्रियाशील हैं, उनकी कुछ शिकायतें तथा कठिनाइयाँ वास्तविक और स्वाभाविक हैं। साथ ही नये लेखकों की अपनी अंतरात्मा तथा रचनात्मक प्रक्रिया के प्रति ईमानदारी भी उतनी ही वास्तविक है। कठिनाई नये लेखकों की अग्रणी संवेदना के कारण है। नये साहित्य के निर्माता अपने युग की संवेदना से आगे हैं। वे समसामयिक न होकर अपनी प्रकृति में आधुनिक हैं, और आधुनिकता संस्कृति के नवीन उन्मेषों के प्रति यत्नज परंतु अनिवार्य संवाद है। अनिवार्य तथा अपरिहार्य होने पर भी आधुनिकता सोद्यम लायी जाती है। यह इतिहास-चक्र को तेज़ी से चलाने की प्रक्रिया है। नवलेखन इसी व्यापक प्रक्रिया का एक अंग है।

खंड : 2

हिंदी साहित्य की अधुनातन प्रवृत्तियाँ

1969 ई.

समकालीन जीवन-प्रक्रिया और अज्ञेय का कृतित्व

आज यहाँ केंद्रीय हिंदी संस्थान के निमंत्रण पर 'हिंदी साहित्य की अधुनातन प्रवृत्तियाँ' शीर्षक विषय पर चर्चा करते समय अपने को विशेष प्रसन्नता की स्थिति में पाता हूँ। इसके पीछे कई कारण हैं, जिनमें मुख्य है इस व्याख्यानमाला के संभाव्य श्रोताओं की प्रकृति। संस्थान में सारे देश के विविध भाषा-क्षेत्रों में विकसित युवा-मानस का प्रतिनिधित्व होता है; ऐसा मानस जो केवल सोचता ही नहीं, वरन् अध्यापक के रूप में संप्रेषण करना जिसका प्रमुख रूप से धर्म है। इस संप्रेषणशील मानस को अपनी विचार-प्रक्रिया का समभागी बनाना निश्चय ही मेरे लिए एक सुखद अनुभव है। विचार-प्रक्रिया का जो रूप आपके समक्ष प्रस्तुत है, उसमें के कई अंश विविध रूपों में पहले भी प्रकाशित हुए हैं।

इस त्रिदिवसीय व्याख्यानमाला के अंतर्गत पहले दिन हम आधुनिक हिंदी साहित्य के केंद्रीय व्यक्तित्व अज्ञेय के कृतित्व पर प्रमुख रूप से विचार करेंगे। अगले दिन अज्ञेय के समवर्ती रचनाकारों की चर्चा होगी, और फिर तीसरे दिन प्रयोगवाद या नयी कविता के बाद हिंदी साहित्य में कौन-सी प्रवृत्तियाँ विकसित हुई हैं, इन पर हम लोग विचार करना चाहेंगे। इस प्रकार इस सीमित अवधि में भी हमारा यत्न होगा कि हिंदी साहित्य की अधुनातन प्रवृत्तियों का हम समग्रतः निरीक्षण और परीक्षण कर सकें। व्याख्यानमाला के शीर्षक से ही स्पष्ट है कि हमें साहित्य की सारी समकालीन गतिविधि का परिचय नहीं पाना है, वरन् उन प्रवृत्तियों को समझने का यत्न करना है, जो आधुनिक भाव-बोध का निर्माण करती हैं।

विवेचन को शुरू करते समय यह जरूरी होगा कि हम आधुनिक मानव परिवेश की प्रकृति और रचना से उसके संबंध को समझें। यह मानना होगा कि

पुस्तक के इस खंड में सम्मिलित तीनों निबंध मूलतः व्याख्यान-स्वरूप तैयार किये गये थे और लेखक ने इन्हें जनवरी 1969 में केंद्रीय हिंदी संस्थान, आगरा के आमंत्रण पर दिया था।

मनुष्य सारे मूल्यों का स्रोत और उपादान है, और वह स्वयं ही उनके विघटन का भी कारण है। ईश्वरवादियों को भी यह उपपत्ति मानने में कोई बाधा नहीं होनी चाहिए, क्योंकि मनुष्य ईश्वर की आकृति में ढला है या कि उसने ही ईश्वर को अपनी आकृति में ढाला है। बहरहाल, तत्त्वतः संबद्ध दोनों स्थितियों में कोई बड़ा भेद नहीं है। पर सहस्रों वर्षों में निर्मित और विकसित मानवीय मूल्य अब सर्वतः विघटित होते जा रहे हैं, यह हमारी वर्तमान सभ्यता की चिंता का केंद्रीय विषय है। यों तो संक्रमण और मूल्यहीनता की स्थिति मानवीय इतिहास में अनेक बार आयी है।–संक्रमण का रोना लगभग हर युग के इतिहासकार ने रोया है–पर यह मानना होगा कि अब तक के संक्रमण अपनी प्रकृति में संशोधन और सुधारपरक अधिक थे। इधर प्रायः द्वितीय महायुद्ध की समाप्ति के बाद से तो मूल्य संबंधी मौलिक आधार ही जैसे उखड़ गये हैं।

द्वितीय महायुद्ध को इस प्रसंग में तिथि जैसा मानने का कारण है। यह सर्वस्वीकृत है कि मूल्य-विघटन की इस स्थिति को लाने में विज्ञान और प्रविधि का सबसे अधिक हाथ है। एक बार यह मान लेने पर यह भी स्पष्ट हो जाता है कि द्वितीय महायुद्ध के समय संबद्ध राष्ट्रों ने जैसे भीषण दबाव में जीवन-यापन किया, उसी में यह संभव था कि प्रतिद्वंद्विता और आत्मरक्षा की भावना से प्रेरित होकर वे विज्ञान और प्रविधि का इतनी तेजी से विकास कर सके। अणुबम के विकास का जो इतिहास अब हमारे सामने है, उससे स्पष्ट है कि यदि द्वितीय महायुद्ध न होता तो अणुबम और अणुविद्या का विकास कई दशकों के बाद होता, शायद न भी होता, और यदि होता भी तो कुछ भिन्न रूप में होता। इस तरह अणुशक्ति के आविष्कार से लेकर अंतरिक्ष यात्रा का आयोजन तक युद्धकालीन मनःस्थिति के दबाव में अधिक हुआ है। युद्धकालीन जीवन की क्षिप्रता और गति शांतिकालीन जीवन की तुलना में कहीं अधिक होगी, और उस युद्ध-काल में उखड़े हुए मूल्य–परिवार, धर्म, परंपरागत नैतिकता आदि के मौलिक संदर्भों में–फिर नहीं जम सके। क्योंकि महायुद्ध तो समाप्त हो गया, पर उसके स्थान पर आसानी से समाप्त न होने वाला शीतयुद्ध आरंभ हो गया। अमरीका, रूस, इंगलैंड, फ्रांस और एशिया के अपेक्षया अविकसित देश भी अंदर-अंदर युद्ध के लिए अपने को तैयारी की हालत में रखते हैं। इस प्रकार युद्ध की मनोवृत्ति का दबाव कम नहीं हुआ, बढ़ा ही है। और इस मनोवृत्ति का प्रभाव-क्षेत्र फैलता जाता है। फलतः चाहे-अनचाहे भारी उद्योग और प्रविधि की लपेट भी फैलती जाती है। संकटकालीन स्थिति अब हमारी सामान्य स्थिति हो गयी है।

प्रविधि के विकास का एक सीधा परिणाम यह हुआ है कि गति बढ़ी है, और संसार की सीमाएँ संकुचित हुई हैं। इससे मनुष्य एक-दूसरे के अधिकाधिक संपर्क में आया है। और यह मनुष्य का तेजी से बढ़ता हुआ संपर्क मूल्यहीनता

की स्थिति का एक प्रधान कारण है। एक सीमा के बाद मनुष्य ही मनुष्य के लिए सबसे बड़ा खतरा हो जाता है। अधिकाधिक बार संपर्क होते रहने से मनुष्य की अनुभूति-शक्ति का क्षरण होता है। लोहे को लोहा ही काट देता है। और अनुभूति के क्षरण का अर्थ है मानवीय सौहार्द में उत्तरोत्तर कमी तथा एक तरह की कठोरता का विकास, जिसका साक्ष्य हमारा समकालीन जीवन और साहित्य दोनों ही प्रस्तुत करते हैं। मनुष्य का मनुष्य से संपर्क बढ़ते हुए रूप में तनाव, द्वंद्व या संघर्ष की मनःस्थिति को जन्म देता है, जो कि बौद्धिक चेतना-केंद्रों के परस्पर संपर्क का स्वाभाविक परिणाम है, खास तौर से आधुनिक परिग्रही समाज में। अब से कोई बीस वर्ष पहले तक भारत का औसत मनुष्य अपने समूचे जीवन-काल में सौ-दो सौ व्यक्तियों से मिल पाता था। पर संचार के प्रत्यक्ष (रेल, मोटर, जहाज) और अप्रत्यक्ष (डाक-तार-टेलिफोन, समाचारपत्र, रेडियो, सिनेमा आदि) साधनों की सहायता से अब उसके परिचय और भावनात्मक संसक्ति का क्षेत्र कई सौ प्रतिशत बढ़ गया है। उन्नत देशों में तो इस परिचय और संसक्ति का विस्तार और भी तेजी से बढ़ा है। चेतना-केंद्रों का यह तीव्र गति से बढ़ता हुआ संपर्क मानवीय अनुभूति पर बहुत बड़ा दबाव हो रहा है, जिससे अनुभूति का क्षरण होता है, और स्नायविक रोगों की बढ़ोतरी। कुल मिलाकर 'अनुभूति' के क्षेत्र में 'सनसनी' का प्रवेश तेजी से बढ़ता जा रहा है।

दूसरी ओर, बढ़ती हुई गति ने सारे मानवीय संबंधों और प्रतिमानों को अस्थिर कर दिया है। परिवार, धर्म, प्रेम और सामाजिक आचरण की अन्य मर्यादाएँ अनिश्चित हैं। यह इसलिए भी है कि जहाँ मनुष्य मनुष्य से टकरा रहा है, वहाँ अनेक राष्ट्र और जातियाँ, उनकी जीवन-पद्धतियाँ और संस्कृतियाँ परस्पर टकरा रही हैं। इन प्रभावों, संघातों को उनकी बढ़ती हुई संख्या में आत्मसात् करना, समरस बनाना एक सीमा के बाद संभव नहीं लगता। फलतः संसार के विभिन्न क्षेत्रों के बीच परस्पर के संपर्क से जितनी समता विकसित होती है, उससे कहीं अधिक संघर्ष और वैमनस्य बढ़ता है। ऐसी स्थिति में अनुभूति का क्षरण मानव-जीवन में आंतरिक अर्थ को विकसित नहीं होने देता। इसका परिणाम है अनर्थक, मूल्यहीन, अर्थहीन जीवन की स्थिति।

समकालीन साहित्य का नवीनतम अंश (भूखी-विद्रोही पीढ़ी, अन्यथावाद और अनर्थकता के आंदोलन, कथा-साहित्य में अनेक नामों के अंतर्गत 'सेक्स' का बढ़ता हुआ मादन-भाव आदि) जहाँ तक इन स्थितियों का अंकन करता है, वह एक माने में सही और प्रामाणिक है। इसका मूल विद्रोह परंपरागत जीवन की अर्थहीनता को लेकर है, जो समझ में आता है। इस संदर्भ में किया गया अनेक सामाजिक स्थितियों का नितांत उघरा चित्रण उपलक्षण मात्र है। पर इस समूचे बिखराव में सार्थकता खोजना ही तो मनुष्य का लक्षण और दायित्व है। यह ठीक है कि जीवन में

परंपरागत ढंग से प्रतिष्ठित अर्थ आज बेमानी, कृत्रिम और उबकाई लाने वाला लग सकता है। पर तब उचित होगा कि पुराने अर्थ को निरस्त करके हम नये अर्थ का सृजन करें, क्योंकि जीवन में अर्थ को नकार कर तो हम मानवीय जीवन के वैशिष्ट्य को ही नकारते हैं, और मनुष्य को सामान्य पशु के धरातल पर उतार देते हैं।

इस दृष्टि से समकालीन साहित्य के लिए सबसे बड़ी चुनौती अर्थहीन लगने वाले मानव जीवन में नये अर्थ-संदर्भों के निर्माण की है। ये अर्थ-संदर्भ सर्वथा नये हों, परंपरागत मान्यताओं से बिलकुल अलग हों, इस में एतराज नहीं हो सकता। पर जीवन के लिए और साहित्य के लिए—या कि समस्त सृजन के लिए ही—अर्थ-संदर्भ हो, यह मौलिक अनिवार्यता है। सृजन का उद्देश्य ही अर्थ का निर्माण है, उससे छुटकारा नहीं। इस प्रकार, अर्थहीनता मानवीय नियति नहीं है, वरन् अर्थ का सृजन मानवीय नियति है। जैविक धरातल का सृजन तो प्राणि-मात्र में समान है। इस जैविक सृष्टि के अंतर्गत संवेदनात्मक अर्थ का सृजन और संचरण मानवीय जीवन की विशिष्टता, इसलिए चरम मूल्य और दायित्व है। साहित्य इस सार्थकता की खोज का प्रमुख माध्यम रहा है, और अब भी है, क्योंकि धर्म, दर्शन अथवा विज्ञान की तुलना में उसकी प्रकृति और उसकी भाषा अधिक संपृक्त, अधिक मानवीय और इसीलिए अधिक सर्जनात्मक है। साहित्य इस स्तर पर अर्थ से साक्षात्कार का माध्यम नहीं, वरन् अर्थ से साक्षात्कार की प्रक्रिया है। अपने संश्लिष्ट रचना-संगठन के माध्यम से, अपने भाषिक अर्थों की टकराहट और उससे उत्पन्न वैविध्य और विस्तार से जीवन में सार्थकता की अनुभूति निष्पन्न कराते चलना ही साहित्य का मुख्य दायित्व और उपलब्धि है। अपने इस दायित्व को छोड़कर साहित्य साहित्य नहीं रह जाता, भले वह सामाजिक या राजनैतिक आंदोलन हो जाये या कि दिलचस्प किस्सागोई बन जाये या संप्रेषण की शक्ति से घोषित रूप में विरहित रूपाकार मात्र रह जाये। भूखी पीढ़ी, नयी कहानी या अकविता के लिए ये बहुत बड़े खतरे हैं, जिन्हें ठीक-ठीक समझने की कोशिश अभी प्रायः नहीं हुई है।

आधुनिक सभ्यता का गठन अधिकाधिक यंत्र को केंद्र में रखकर हो रहा है। यंत्र में आवृत्ति और प्रसार की क्षमता है, संप्रेषण की नहीं। इसलिए यंत्र की सहायता से अधिकाधिक मनुष्य एक-दूसरे के संपर्क में तो आ रहे हैं; पर उनमें संप्रेषण और संप्रेषण से उत्पन्न आपसी समझदारी का अभाव होता जा रहा है। यंत्र की गति बढ़ी है, पर प्रायः अनुभावन-शक्ति की कीमत पर। इस प्रसंग में तर्क किया जा सकता है कि मानवता के इतिहास में अभी तक गति तो उत्तरोत्तर बढ़ती ही रही है और इसके साथ क्रमशः समायोजन भी किया जाता रहा है। और तब फिर कोई कारण नहीं कि यह समायोजन भविष्य में भी संभव न हो।

इस तर्क में निश्चय ही शक्ति है, और आप मुझे अनुमति देंगे कि हम लोग इस पर विचार कर सकें। वस्तुतः यह समूची स्थिति ही आधुनिक साहित्य की

भाव-भूमि है, जिसे समझे बिना हम हिंदी के आधुनिक कृतित्व का सार्थक आस्वादन और सही मूल्यांकन नहीं कर सकते। इस संदर्भ में जो मुख्य विचारणीय बात है वह यह कि मनुष्य की गति और उसकी अनुभावन-क्षमता के बीच, इतनी शताब्दियों के समायोजन के बाद, अब उलटे अनुपात की प्रक्रिया आरंभ हो गयी है। गति ज्यों-ज्यों बढ़ती जाती है—और वह उत्तरोत्तर तेजी से बढ़ती ही जाती है—त्यों-त्यों मनुष्य की अनुभावन-क्षमता क्षीणतर होती जाती है, क्योंकि उसकी स्मरण-शक्ति की ही तरह अनुभावन-शक्ति की भी अंततः एक सीमा है। दूसरी ओर मनुष्य बराबर एक-दूसरे से संपर्क में अधिकाधिक आते जायेंगे, फलतः उनकी अनुभूति पर दबाव बढ़ता जायेगा, जिससे कि वह एक सीमा के बाद भोथरी होने लगेगी। इस दृष्टि से वन्य सभ्यता से कृषि-सभ्यता और फिर औद्योगिक जीवन के आरंभ तक मानवीय विकास की गति जो रही, वह औद्योगिक सभ्यता के अपने विकास को देखते हुए कुछ भी नहीं है। अब तो गति का होना ही गति के बढ़ने का कारण हो गया है। परंपरित शब्दावली का सहारा लेते हुए कहा जा सकता है कि भौतिक विकास ज्यामितिक गति से बढ़ रहा है, और अनुभावन-क्षमता बमुश्किल अंकगणितीय गति से बढ़ पा रही है। अतः इन दोनों प्रकार की गतियों के बीच किसी समायोजन की संभावना नहीं दिखायी पड़ती। इस वैषम्य को देखते हुए, हमारी वर्तमान प्रविधि-प्रधान संस्कृति की समस्या है, यंत्र में मानवीय संस्पर्श लाना और यह देखना कि मशीन के संस्पर्श से मनुष्य भी यंत्र न हो जाये, व्यक्तित्व और अनुभूति से विहीन न हो जाये। इस खतरे की ओर पश्चिम के आल्डस हक्सले जैसे वैज्ञानिक-लेखकों ने तीव्र संकेत किया है। आधुनिक भारत के सर्वश्रेष्ठ मनीषी गांधी ने अपने समूचे जीवन में, और साहित्यकार जयशंकर प्रसाद ने अपनी उत्कृष्ट रचना 'कामायनी' में मानवीय सभ्यता के इस वर्तमान खतरे की ओर बड़ी क्षमता के साथ ध्यान आकृष्ट किया है।

भारत उद्योगीकरण के क्षेत्र में पिछड़ा हुआ है, और इस स्थिति की वजह से हमें इस बात की छूट और सुविधा है कि हम उन गलतियों से बच सकते हैं, जो यूरोप ने अपने विकास के दौरान की हैं। धार्मिक संस्कृति का कभी हमने विकास किया था, और अब वैज्ञानिक संस्कृति के परिष्कार का दायित्व हमारे ऊपर है। यह हमारे वश में है, और करणीय है। पर इसके लिए हमें इतिहास के दबाव को समझना होगा, और उसके प्रति सही प्रतिक्रिया करनी होगी। हमें इस रूप में विकास करना है, जिससे मनुष्य की अनुभूति और उसके व्यक्तित्व का क्षरण न हो। इसके लिए खतरे कई तरह के हैं। पहला खतरा यंत्र या प्रविधि-सभ्यता का है, जिसकी चर्चा हमने अभी की है, और जिसका एक मूर्त्त डरावना रूप आल्डस हक्सले की प्रसिद्ध कथाकृति 'दि ब्रेव न्यू वर्ल्ड' में अंकित हुआ है। एक दूसरा खतरा राजनैतिक स्तर पर सर्वसत्तावादी पद्धति का है, जिसका

चित्रण अपेक्षया अधिक मनोरंजक ढंग से जॉर्ज ऑरवैल ने 'एनीमल फार्म' में किया है। इस व्यंग-कथा में एक ऐसे समाज का अंकन है, जिसमें सब लोग बराबर हैं, पर सबकी तुलना में कुछ लोग अधिक बराबर हैं। 'अधिक बराबरी' का यह मुहावरा अपने में जितना अर्थवान है, उतना ही तीखा भी। इन्हीं से संबद्ध कुछ और खतरे हैं, जैसे महानगरीय जीवन के, या कि प्रविधि-सभ्यता में अंतर्निहित गति के। और सबसे बड़ी बात यह कि मनुष्य को मनुष्य के खतरे से बचाना है। इस सबका उपाय एक ही है–मनुष्य, प्रकृति और यंत्र के बीच उचित अनुपात विकसित करना। मनुष्य का मनुष्य, प्रकृति और यंत्र से सही अनुपात में संबंध हो, यही काम्य है। मनुष्य न तो यंत्र से क्षरित हो और न मनुष्य से ही। नये समाज और संसार की यह केंद्रीय समस्या है। इसे सुलझाने में साहित्य का गुणात्मक योग होना चाहिए।

आधुनिक साहित्य में व्यक्तित्व और उसकी सर्जनात्मकता की सबसे गहरी और सार्थक चिंतना अज्ञेय के कृतित्व में मिलती है। समकालीन जीवन के जिन खतरों की ओर अभी उल्लेख किया गया है, उनसे उबरने के लिए मनुष्य के सर्जनात्मक व्यक्तित्व को सुरक्षित रखते हुए विकसित करना ही, पुरानी शब्दावली में, आधुनिक जीवन का सबसे बड़ा पुरुषार्थ है। सर्जनात्मक व्यक्तित्व मूलतः स्वाधीन होगा, और स्वाधीन होकर ही दायित्व का अनुभव किया जा सकता है। इसीलिए महायुद्ध में फासिस्टों के विरुद्ध न्याय के पक्ष का समर्थन करने में दायित्व-स्वीकार के लिए गांधीजी ने भारतीय स्वाधीनता को पहली शर्त माना था। अज्ञेय ने अपने कृतित्व में बुनियादी तौर पर मानव व्यक्तित्व की इस स्वाधीनता, सर्जनात्मकता और दायित्व को सूक्ष्म और प्रभावी रूप में अंकित किया है। उनके काव्य, कथा-साहित्य, यात्रा-वृत्त, समीक्षा में यही मौलिक दृष्टि सर्वत्र परिव्याप्त है। यंत्र में आवृत्ति और प्रसार की क्षमता है, पर सर्जन की शक्ति नहीं है, सर्जन व्यक्तित्व के वैशिष्ट्य में ही संभव है–

> यह अनुभव अद्वितीय, जो केवल मैंने जिया,
> सब तुम्हें दिया।

'अनुभव अद्वितीय' संभव हो पाता है, क्योंकि अज्ञेय के अनुसार "ईश्वर ने मानव के रूप में अपनी प्रतिमा का निर्माण किया है। कुशल शिल्पी होने के नाते उसने प्रत्येक प्रतिमा भिन्न और अद्वितीय बनायी, भिन्न होने के कारण प्रतिमाएँ परस्पर प्रेम कर सकीं।" और प्रेम तथा उसकी वेदना में ही जैविक सृष्टि तथा कलात्मक सर्जन की प्रक्रिया गतिशील होती है। अज्ञेय की पंक्तियाँ हैं–

> एक क्षण-भर और
> लंबे सर्जना के क्षण कभी भी हो नहीं सकते।
> बूँद स्वाती की भले हो

बेधती है मर्म सीपी का उसी निर्मम त्वरा से
वज्र जिस से फोड़ता चट्टान को।
भले ही फिर व्यथा के तम में
बरस पर बरस बीतें
एक मुक्ता रूप को पकते।

इस तरह अनुभव की अद्वितीयता, व्यक्तित्व (कोरा व्यक्ति नहीं) का वैशिष्ट्य और सर्जनात्मक क्षमता-मानवीय अस्तित्व और उसकी सार्थकता के यही मूल उपादान हैं। मृत्यु के आधुनिक अस्तित्ववादी आतंक और तज्जन्य अनर्थकता से सर्जनशील होकर ही उबरा जा सकता है।

अज्ञेय के कृतित्व में यह आधारभूत वस्तु अपने विभिन्न पक्षों और संदर्भों में अंकित हुई है। और विडंबना यह है कि मृत्यु के अस्तित्ववादी आतंक के समक्ष भारतीय जीवनप्रियता की मूल वस्तु को प्रतिपादित करने के बावजूद अज्ञेय को समकालीन समीक्षा में आँख मूँद कर 'अस्तित्ववादी' घोषित किया जाता रहता है। यह सही है कि अस्तित्ववाद से अज्ञेय ने कुछ बौद्धिक उत्तेजना पायी हो, पर अपने समूचे उत्तरकालीन कृतित्व में लेखक का यत्न यही रहा है कि भारतीय परिस्थितियों में अस्तित्ववाद से कोई बड़ी और अधिक संगत दृष्टि विकसित की जाये। 'आँगन के पार द्वार' संकलन की कविताएँ, 'अपने-अपने अजनबी' शीर्षक उपन्यास तथा 'एक बूँद सहसा उछली' शीर्षक यात्रावृत्त–1960-61 में प्रकाशित इन तीनों कृतियों में माध्यमगत भिन्नता के बावजूद जीवन-प्रियता की मूल वस्तु अभिव्यक्त हुई है और तीनों ही रचनाओं में आस्था-आस्तिकता का एक सर्वथा नया स्तर उभरा है। यहाँ ईश्वर का भी साक्षात्कार सर्जन के रूप में होता है। 'अपने-अपने अजनबी' में सेल्मा की मृत्यु होने पर योके सोचती है–"ईश्वर भी शायद स्वेच्छाचारी नहीं है–उसे भी सृष्टि करनी ही है क्योंकि उन्माद से बचने के लिए सृजन अनिवार्य है, वह सृष्टि नहीं करेगा तो पागल हो जायेगा··· ।" "उन्माद से बचने के लिए सृजन अनिवार्य है"–यह महत्त्वपूर्ण उपपत्ति समूची रचना के केंद्र में है। अज्ञेय के इस चिंतन में जीवन-प्रियता के भारतीय आधार को ईसाई आस्था–विशेषतः यूरोप के 'पिएर क्व वीर' मठ की प्रेरणा–और जापान की जेन पद्धति ने भी किसी सीमा तक समृद्ध किया है। और बाह्य प्रभावों को रचनात्मक भाव से आत्मसात् करने के लिए तो लेखक बराबर प्रस्तुत रहा है। 'अरी हो करुणा प्रभामय' की भूमिका में उसने कहा है–"प्रस्तुत संग्रह में अनुवादों को छोड़कर अन्य अनेक कविताओं में भी पूर्व के (और पश्चिम के भी क्यों नहीं ?) प्रभाव मिलेंगे, लेखक सभी का स्वीकारी है···बंद घर में प्रकाश पूर्व या पश्चिम या किसी में निश्चित दिशा से आता है–पर खुले आकाश में वह सभी ओर से समाया रहता है, इसी में उसका आकाशत्व है।"

ऐसे समृद्ध व्यक्तित्व से अज्ञेय ने अपनी पश्चिमी मृत्यु के आतंक को भारतीय जीवन-प्रियता और आस्था के सहारे अतिक्रमित करना चाहा है। इससे उनके कृतित्व का महत्त्वाकांक्षी रूप ही प्रमाणित होता है, जिसने भारतीय रचना-परंपरा को निश्चित रूप से समृद्ध किया है। सृजन के इस रहस्य की आत्मदान के रूप में व्याख्या रचनाकार ने 'आँगन के पार द्वार' में संकलित लंबी कविता 'असाध्य वीणा' में की है, जो अपनी गठन में निराला की 'राम की शक्ति-पूजा' से तुलनीय है। दोनों ही कविताओं में शक्ति और सृजन को अंतर और बाह्य की टकराहट में देखने का यत्न किया गया है। 'शक्ति-पूजा' के अंत में है—

> "होगी जय, होगी जय, हे पुरुषोत्तम नवीन।
> कह महाशक्ति राम के वदन में हुई लीन।"

और 'असाध्य वीणा' को साधने वाला केशकंबली अंत में कहता है

> "श्रेय नहीं कुछ मेरा :
> मैं तो डूब गया था स्वयं शून्य में—
> वीणा के माध्यम से अपने को मैंने
> सब कुछ को सौंप दिया था
> सुना आपने जो वह मेरा नहीं,
> न वीणा का था :
> वह तो सब कुछ की तथता थी—"

'अपनी' और 'सब कुछ की तथता' का यह अद्वैत निराला और अज्ञेय को गहरे संवेदनात्मक स्तर पर जोड़ता है। आत्मदान के माध्यम से 'शक्तिपूजा' के राम शक्ति साधन करते हैं, और आत्मदान के ही माध्यम से 'असाध्य वीणा' का कलावंत वीणा को साधता है। यही शक्ति और सृजन के रहस्य का साक्षात्कार है।

अज्ञेय के साथ-साथ डॉ. देवराज की रचनाओं में भी मानवीय सर्जन की समस्या को आलोकित करने का यत्न हुआ है—उनके शोध-ग्रंथ 'संस्कृति का दार्शनिक विवेचन' से लेकर उनके उपन्यास 'अजय की डायरी' तक। लेखक ने इसे 'सर्जनात्मक मानववाद' कहकर अभिहित किया है। सर्जन की प्रकृति और प्रक्रिया को लेकर अज्ञेय और देवराज की दृष्टि में अंतर है—और प्रस्तुत उपपत्ति को लेकर होना ही चाहिए—पर केंद्रीय समस्या एक जैसी है। नयी कविता और नवलेखन के अन्य प्रतिनिधि लेखकों की रचनात्मक क्षमता भी इस दिशा में गतिशील हुई है। और इस माने में कहा जा सकता है कि हिंदी के नये साहित्य ने अपने युग की मूल समस्या को ठीक-ठीक पहचाना है।

अज्ञेय ने मानवीय व्यक्तित्व की व्याख्या में भाषा को अनिवार्य तत्त्व माना

है। भाषा उनके लिए माध्यम नहीं, अनुभव ही है। सर्जनात्मकता की समस्या से सतत जूझने वाले रचनाकार के लिए यह उचित है कि वह भाषिक सर्जन की क्षमता को गहरे ढंग से समझे। अज्ञेय की अधिकांश प्रसिद्ध कविताओं में भाषा और अनुभव के अद्वैत को व्याख्यायित करने का यत्न हुआ है। 'कलगी बाजरे की', 'शब्द और सत्य', 'जितना तुम्हारा सच है' आदि कविताओं की मूल वस्तु सर्जन और भाषा का अंतर-संबंध ही है। अज्ञेय ने एक जगह लिखा भी है, "मैं उन व्यक्तियों में से हूँ—और ऐसे व्यक्तियों की संख्या शायद दिन-प्रतिदिन घटती जा रही है—जो भाषा का सम्मान करते हैं और अच्छी भाषा को अपने आपमें एक सिद्धि मानते हैं" ('आत्मनेपद', पृ. 240)। यहाँ 'अच्छी भाषा' का अर्थ अलंकृत या चमकदार भाषा नहीं है, वरन् 'अच्छी भाषा' की अच्छाई यही है कि वह भाषा और अनुभव के अद्वैत को स्थापित करे। अज्ञेय की काव्य भाषा उनकी इस मान्यता का समर्थन करती है। भाषा की अनेक भंगिमाओं को निखारते-निखारते उन्होंने भाषा का सबसे प्रभावी रूप 'मौन' के स्तर पर अनुभव किया है। पर इस 'मौन' से शैथिल्य नहीं, तनाव व्यंजित होता है, ऐसा तनाव जो कलाकृति का आधार है—

> तू काव्य :
> सदा-वेष्टित यथार्थ
> चिर-तनित,
> भारहीन, गुरु
> अव्यय।
> तू छलता है
> पर हर छल में
> तू और विशद अभ्रांत,
> अनूठा होता जाता है।

यहाँ काव्य द्वारा 'छला जाना' संभव हो पाता है, क्योंकि वह 'चिर-तनित' है और रचना का यह तनाव भाषिक द्वंद्व की विकासमान अर्थ-प्रक्रिया से बनता है। इसीलिए कवि के अनुसार—

> मौन भी अभिव्यंजना है :
> जितना तुम्हारा सच है
> उतना ही कहो।

अज्ञेय के संदर्भ में यह 'मौन' मितकथन है, कहने और कहने के बीच अनकहना है, तथा और गहरे स्तर पर आत्मदान का भाव है, जहाँ बोलना मानो आक्रमण है, मौन ही अपने को दे देना है। समकालीन समीक्षा की यह एक और विडंबना

है कि आत्मदान के लिए प्रतिश्रुत कवि अज्ञेय को अभी तक 'व्यक्तिवादी' कहा जाता रहा है। समीक्षा के इस रूप में 'व्यक्ति' और 'व्यक्तित्व' के बीच भी विवेक नहीं किया गया। पर अज्ञेय के कृतित्व का वैशिष्ट्य व्यक्तित्व और भाषा के गहरे आयामों को अभिव्यक्ति देने में रहा है, कविता और कथा-साहित्य दोनों में ही।

पर यह तो उपलब्धि की बात हुई। प्रश्न अब यह है कि रचना की अगली संभावना कहाँ है ? नवलेखन में एक दौर के बाद आज जो रचनात्मक बेचैनी और आकुलता है, वह आकर्षित तो करती है, पर आश्वस्त नहीं, क्योंकि उसने अपने लिए विकास की दिशा स्पष्ट नहीं की है। वह परंपरागत रँगे-चुँगे जीवन के अर्थ से ऊब कर अर्थमात्र का प्रत्याख्यान करने लगती है, और इस प्रकार अपनी ही सार्थकता को नकार कर चलती है। जीवन तत्त्वतः अनर्थक है या नहीं, मूल प्रश्न यह नहीं है, और जीवन यदि अनर्थक है भी तो क्या ? प्रश्न यह है कि इस अनर्थकता को सार्थक और सर्जनशील, दूसरे शब्दों में मानवीय, कैसे बनाया जा सकता है ? जीवनगत अर्थ को एक नया रूपाकार देने का यत्न नये लेखकों ने अपने-अपने ढंग से किया है। इनमें से कुछ रचनाकारों का प्रयोग एक नये भाव-स्तर का है। वे विशिष्ट अनुभव के अंकन के लिए विशिष्ट जीवन का प्रत्याहार करके साधारण, औसत जीवन से अपनी वस्तु चुनते हैं। इस तरह से मानव जीवन के किन्हीं विशिष्ट महिमामय पक्षों को महत्त्व न देकर, समूचे जीवन की ही प्रक्रिया को सार्थकता देते हैं। उनके लिए जीवन शृंगार, युद्ध या वीरत्व के अनुभव के बाद भी स्थगित नहीं होता। इस सामान्य जीवन की पहचान नये लेखकों की रचना-प्रक्रिया का विशिष्ट अंग है, जो समकालीन समाजवादी और जनतांत्रिक पद्धतियों के संदर्भ में निश्चय ही अधिक प्रगतिशील और तात्त्विक दृष्टि है। रघुवीरसहाय, मुक्तिबोध, सर्वेश्वर, लक्ष्मीकांत वर्मा, विपिनकुमार अग्रवाल की कृतियाँ इस दिशा में नयी रचनात्मक क्षमता का उद्‌घाटन करती हैं। अज्ञेय ने अपनी कविताओं तथा उपन्यास-क्रम में जिस मानवीय व्यक्तित्व को समकालीन रचना में प्रतिष्ठित किया था, इसे इन रचनाकारों ने अभूतपूर्व विस्तार दिया है। संस्कृत काल में धीरोदात्त विशिष्ट व्यक्तित्व रचना के केंद्र में था, उन्नीसवीं-बीसवीं शती के भारतीय पुनर्जागरण ने सामान्य और तिरस्कृत चरित्रों को विशिष्टता दी–मेघनाद, कैकेयी, एकलव्य और कर्ण को इस प्रक्रिया में महत्त्व मिला। पर आधुनिक साहित्य तक आते-आते चक्र पूरा घूम जाता है। अब साधारण चरित्र के वैशिष्ट्य को नहीं, उसके साधारण जीवन को ही सार्थकता देने का प्रयत्न है। इसी को रघुवीरसहाय ने कहा है–"हम तो सारा का सारा लेंगे जीवन। 'कम से कम' वाली बात न हमसे कहिए।" 'सारा का सारा जीवन' की विराटता को भी इन रचनाकारों ने परम आत्मीय बनाया है। मुक्तिबोध की पंक्तियाँ हैं–

ज़िंदगी में जो कुछ है, जो भी है
सहर्ष स्वीकारा है;
इसलिए कि जो कुछ भी मेरा है
वह तुम्हें प्यारा है।
गरवीली गरीबी यह, ये गंभीर अनुभव सब,
यह विचार वैभव सब;
दृढ़ता यह, भीतर की सरिता यह अभिनव सब
मौलिक है, मौलिक है,
इसलिए कि पल-पल में
जो कुछ भी जाग्रत है, अपलक है–
संवेदन तुम्हारा है।।

यहाँ 'गरवीली गरीबी' का प्रयोग बरबस ध्यान खींचता है, और भारतीय जिंदगी और समाज के एक बहुत बड़े नैतिक तत्त्व को उजागर करता है। नयी कविता इस 'सारे के सारे जीवन' और 'गरवीली गरीबी' का काव्य है। तुक, छंद, यहाँ तक कि भाषा की अपनी लय के अलावा संगीतात्मक लय तक को छोड़कर, वह कविता का अधिक से अधिक विशुद्ध और स्वायत्त रूप है।

इस प्रसंग में अज्ञेय और नयी कविता के पारस्परिक रचनात्मक संबंध को समझना जरूरी है। यह स्मरणीय है कि वर्तमान अर्थ में 'नयी कविता' नामकरण अज्ञेय का किया हुआ है (आकाशवाणी से प्रसारित एक फ़ीचर में, 'नये पत्ते'–1953 में प्रकाशित)। और नये लेखकों की विशिष्ट गोष्ठी 'परिमल' से भी अज्ञेय का निकट संबंध रहा है। सच तो यह है कि अज्ञेय और 'परिमल' के निकट संबंधों ने मानो प्रयोगवाद से नयी कविता का संक्रमण संभव बनाया है। पर नयी कविता के साथ अज्ञेय के संबंधों में कभी-कभी तनाव भी आया है। यह जरूर है कि लेखक के मन में इस तनाव का अनुभव व्यक्तिगत अथवा व्यावहारिक स्तर पर न होकर रचनात्मक स्तर पर ही अधिक लगता है। इस प्रसंग में नये कवि को संबोधित एक कविता 'नये कवि के प्रति' उल्लेखनीय है, जो पहले 'कल्पना' में छपी और फिर बाद में 'अरी ओ करुणा प्रभामय' में संकलित हुई। वस्तु के धरातल पर इस कविता में नये कवि के प्रति व्यंग, विद्रूप और आक्रोश की अभिव्यक्ति हुई है। इसे, और इस प्रकार की दो-एक अन्य कविताओं को लेकर नये लेखकों में एक विक्षोभ और उत्तेजना का वातावरण फैला, पर अज्ञेय इस विवाद में नहीं पड़े, और वह असुखद प्रसंग समाप्त हो गया।

नयी कविता के संक्रमण और विकास को अज्ञेय ने संभव बनाया, और उसे सहयोग दिया। पर बाद में उसकी चुनौती भी उन्होंने महसूस की, और इससे उनकी सर्जनात्मक क्षमता को प्रेरणा और उत्तेजना मिली है। अज्ञेय की उत्तरकालीन

रचनाओं में संस्कृत और अँग्रेजी से प्रेरित भाषा के आभिजात्य से जो विमुखता है, उसके पीछे किसी हद तक रघुवीरसहाय, सर्वेश्वरदयाल सक्सेना और लक्ष्मीकांत वर्मा जैसे नये कवियों का नैतिक समर्थन समझा जा सकता है। नयी कविता की चुनौती से अज्ञेय को बल मिला, यह उनके व्यक्तित्व की प्रखर गतिशीलता और गहरी सर्जनात्मकता का ही प्रमाण है।

नयी कविता को लेकर अज्ञेय के संबंध–चाहे सहयोग से प्रेरित हों चाहे तनाव से–रचनात्मक स्तर पर अधिकतर गतिमय रहे हैं। और यह अज्ञेय के उदार व्यक्तित्व का साक्ष्य है कि प्रयोगवाद का प्रवर्तक नयी कविता के साथ है। 'प्रयोगवाद' शब्द तो समीक्षकों द्वारा आरोपित किया गया था, पर जैसा कहा गया, 'नयी कविता' शब्द का वर्तमान अर्थ में प्रयोग सबसे पहले अज्ञेय ने किया। यह अपने आपमें एक स्पृहणीय स्थिति है कि एक ओर अज्ञेय ने नयी कविता को काफी दूर तक विकसित होने में सहायता दी, और दूसरी ओर स्वयं परवर्ती नये कवियों से उन्होंने रचनात्मक संघात पाया।

पर नयी कविता के बाद के अधिकतर लेखकों ने सामान्य, औसत जीवन के औसत अनुभवों को सार्थक ढंग से पकड़ने का जोखम नहीं उठाया। कविता, उपन्यास, और अधिकतर कहानियों में उनकी दृष्टि आधुनिकता के नाम पर महानगरों में चलने वाले पश्चिमी ढंग के तीखे, पर कृत्रिम और आधारहीन जीवन पर अधिक रही है। उनके अधिकतर वर्णन 'कैफ़े' और 'काबरे' की छोटी-सी दुनिया में सीमित हैं। वे भूल जाते हैं कि आधुनिकता मूलतः और अनिवार्यतः भाव-बोध और दृष्टि का स्तर है, स्थूल विषय के कथानक का नहीं। यह सही है कि कथानकों को बदलने से भी कुछ परिवर्तन घटित होता है, पर वह अपेक्षया सतही है। मूल बात तो उस कथानक के प्रति रचनाकार की दृष्टि है। यह एक सरलीकरण ही है कि बादल को लेकर छायावादी कविता, मजदूर को लेकर प्रगतिवादी कविता और 'कॉफी हाउस' को लेकर नयी कविता लिखी जाती है। वास्तविक रचनात्मक उन्मेष तो बादल को लेकर नयी कविता लिखने में है। और यों कथानक तथा संवेदना का सीधा रिश्ता बहुत ऊपरी ही कहा जा सकता है। आधुनिकता का मूल स्वर इस रिश्ते की सही समझ में है। इसके लिए अधिक गहरे और रचनात्मक जोखम को उठाना होगा, सृजन और अर्थ की अधिक बुनियादी समस्याओं से जूझना होगा। इस रचनात्मक रूपांतरण का कार्य विषय और कथानक के अपेक्षया स्थूल स्तर पर न होकर अधिकतर भाषिक सर्जन के स्तर पर संभव है। नयी कविता के परवर्ती रचनात्मक उन्मेष को–यदि अपनी बेचैनी और आकुलता में वह सचमुच रचनात्मक है–इस प्रश्न का हल अभी खोजना है।

पर हम लोग अपने विवेचन में शायद कुछ आगे चले आये हैं। अभी अगले व्याख्यान में तो हमें पहले नयी कविता-काल की उपलब्धियों पर विचार करना है।

नयी कविता की उपलब्धियाँ

'नयी कविता' शब्द अब एक व्यापकतर अर्थ में प्रयुक्त होता है, जिसमें कविता ही नहीं वरन् उस पूरे रचनायुग की प्रवृत्तियाँ व्यंजित होती हैं। इन रचनाकारों की क्षमता किसी एक माध्यम में नहीं अँट सकी है। कविता, उपन्यास, एक खास अर्थ में कहानी, साहित्य-चिंतन–इन सभी माध्यमों में अभिव्यक्ति की नयी तलाश जारी रही है। कविता इन सबके केंद्र में है, तो इसलिए कि कविता की भाषा सबसे अधिक सर्जनात्मक होती है, और इसी माने में कविता सबसे अधिक साहित्य है।

नयी कविता में, जैसा कहा गया, मनुष्य और उसके समग्र अनुभव को पकड़ने का यत्न हुआ है। यों मनुष्य को उसकी संपूर्णता में देखने और समझने की प्रतिज्ञा हर नये वैचारिक और रचना-आंदोलन ने की है–15वीं शती के यूरोपीय पुनर्जागरण से लेकर 20वीं शती की हिंदी छायावादी कविता तक। पुनर्जागरण का प्रधान बल समग्र मनुष्य ('होल मैन') की धारणा पर था, और छायावाद का कवि भी कहता है कि जाति, वर्ण, संस्कृति, समाज से 'मूल व्यक्ति' को फिर से निकाला जाये। पर नयी कविता में समग्र मनुष्य की बात ही नहीं कही गयी, वरन् मनुष्य के समग्र अनुभव-खंडों को संयोजित किया गया है। इस तरह नयी कविता में समग्र मनुष्य अपने समग्र अनुभव में जीवंत है। इस माने में नयी कविता का मनुष्य को लेकर की गयी चिंतना में गुणात्मक योगदान है।

मनुष्य को वैविध्य, विस्तार और व्यापकता देने में कई कवियों का कृतित्व एक साथ ध्यान आकृष्ट करता है–गजानन माधव मुक्तिबोध, रघुवीरसहाय, सर्वेश्वरदयाल सक्सेना, लक्ष्मीकांत वर्मा तथा विपिनकुमार अग्रवाल। रघुवीरसहाय के दोनों संकलन 'सीढ़ियों पर धूप में' तथा 'आत्महत्या के विरुद्ध', इस दृष्टि से नयी कविता की सर्वथा नयी क्षमता के सूचक हैं। 'सीढ़ियों पर धूप में' के अनुभव-चित्र अपेक्षया कोमलतर हैं, जब कि दूसरे संकलन में तो समस्त समकालीन जीवन राजनीति के अनेक विकट रूपों को साथ लिए अंकित हुआ है। अंकिचन

और सामान्य अनुभव की सार्थकता, पर कोमल रूप में, इस कविता में देखिए। शीर्षक है 'पानी के संस्मरण'–

कौंध : दूर घोर वन में मूसलाधार वृष्टि
दुपहर : घना ताल : ऊपर झुकी आम की डाल
बयार : खिड़की पर खड़े, आ गई फुहार
रात : उजली रेती की पार, सहसा दिखी
शांत नदी गहरी
मन में पानी के अनेक संस्मरण हैं।

इन छोटे-छोटे 'संस्मरणों' को संप्रेषित कर सकने के लिए रचनाकार में अपने व्यक्तित्व को लेकर बड़ा आत्मविश्वास चाहिए, और वैसा ही भाषा का निखरा हुआ रूप। रघुवीरसहाय में ये दोनों गुण मिलते हैं, पर बिना किसी प्रकार के प्रदर्शन के। और सच पूछिये तो यह अप्रदर्शन का भाव पहले दोनों गुणों के परिणामस्वरूप अपने आप आ जायेगा। पर मुक्तिबोध में यह आत्मविश्वास का भाव किसी सीमा तक रचना के स्तर पर बेपरवाही में–या कहना होगा लापरवाही में–बदल जाता है। 'गरवीली गरीबी' न उनके लिए प्रदर्शन की वस्तु है, और न आत्मपीड़न की। पर उस मस्ती में उनकी भाषा निथरती नहीं, बिखर जाती है। निराला से मुक्तिबोध की तुलना इधर काफ़ी की जाने लगी है। और वैचारिक उत्तेजना तथा शक्ति को लेकर यह तुलना कुछ आकृष्ट भी करती है, पर जहाँ मुक्तिबोध निराला से पिछड़ जाते हैं वह क्षेत्र है भाषा के रचना-संस्कार का। यहाँ अज्ञेय निराला के अधिक निकट पहुँचते हैं, बजाय मुक्तिबोध के। इस प्रसंग में यह स्मरणीय है कि नयी कविता की कई मूल वृत्तियाँ निराला से ही आरंभ होती हैं।

मुक्तिबोध ने सामान्य निम्नमध्यवर्गीय जीवन को एक नया सम्मान और आत्मविश्वास का भाव दिया। और भारतीय समाज के इस बड़े और महत्त्वपूर्ण हिस्से को उन्होंने उसके सारे संस्कारों, मान्यताओं, कमज़ोरी और क्षमताओं के साथ उसी वर्ग की भाषा में रचा है। भाषा को पढ़ते ही उस जीवन से सीधा साक्षात्कार होने लगता है। इसी को मुक्तिबोध ने काव्य में जीवन की पुनर्रचना कहा है। उनकी इस पुनर्रचना में जीवन की भयानकता और आत्मीयता एक साथ उभर कर आती है, जो एक माने में जीवन की संपूर्ण प्रक्रिया ही है। मुक्तिबोध ने इस जटिल प्रक्रिया को उसकी समग्रता में स्वीकार किया है।

रघुवीरसहाय में यह मध्यवर्गीय जीवन अपने बिखराव में भी कलात्मक स्तर पर कसा हुआ है। एक तरह से अज्ञेय और मुक्तिबोध दोनों की क्षमताएँ उनमें संयोजित हो सकी हैं, और इसीलिए नयी कविता में उनका विशिष्ट व्यक्तित्व है। भाषा को–अपने शब्द-समूह और वाक्य-विन्यास दोनों में ही–सामान्य बोलचाल

और अखबार से लेकर उन्होंने रचना के स्तर पर गढ़ा है। उनकी तथाकथित हल्की-फुल्की कविताओं को ही लीजिए, उनमें मध्यवर्गीय जीवन की क्रूरता और विवशता की दूर तक व्यंजना मिलती है, पर यह व्यंजना ऐसी नहीं कि जीवन के प्रति ही अनास्थावान बना दे। यहीं उन कविताओं का हल्का-फुल्का तत्त्व काम आता है। एक उदाहरण से बात अधिक स्पष्ट होगी–

पढ़िए गीता
बनिए सीता
फिर इन सब में लगा पलीता
किसी मूर्ख की हो परिणीता
निज घरबार बसाइए।
होंय कँटीली
आँखें गीली
लकड़ी सीली, तबियत ढीली
घर की सबसे बड़ी पतीली
भर कर भात पसाइए।

यहाँ अर्थ की व्यंजना गीता पढ़ने और बड़ी पतीली भर भात पसाने के तनाव से उभरती है। यह नहीं कि एक व्यक्ति के लिए ये दोनों कार्य करणीय नहीं हैं। इसीलिए इन दोनों स्थितियों के बीच मूर्ख की परिणीता होने और कँटीली आँखों के गीले होने का चित्र है। यह सब मिल कर इस जीवन की अनर्थकता, पर जिजीविषा को भी व्यंजित करता है। और हल्का-फुल्कापन तो सटीक तुकों के कारण है, जो स्टीक होने पर भी अनायास हैं। शब्द और उससे अधिक उनकी भंगिमा एकदम सामान्य जीवन से लिए जाने पर भी एक खास ढंग से अर्थवान है, और यह संभव होता है उन शब्दों को परख कर उन्हें आमने-सामने लाने से–'गीता' से लेकर 'बड़ी पतीली' तक। यह तद्भव तथा घरेलू लहजा केवल संज्ञा शब्दों में ही नहीं है, क्रिया पदों का चुनाव भी इसी दृष्टि से किया गया है, जो अधिक मुश्किल है। 'होंय' (होवें नहीं) पंक्ति की लय के कारण इस रूप में नहीं है, उसका संदर्भ समूची भाषा की ठेठ तद्भव, मध्यवर्गीय प्रकृति है।

रघुवीरसहाय का नवीन संकलन 'आत्महत्या के विरुद्ध' इधर काफी चर्चा और आशंसा का विषय बना है, जो समकालीन समीक्षा की सही पकड़ का प्रमाण है। संकलन के शीर्षक में ही जीवन की क्रूरता, पर उसकी अनिवार्य जिजीविषा की ध्वनि है। इन कविताओं में मध्यवर्ग से भी आगे पूरा का पूरा राष्ट्र बोलता हुआ लगता है, संसद और उसका गोल गुंबज तक। राजनीति जैसे अखबारी विषय को कवि ने रचना के गहरे अनुभव के स्तर पर साक्षात्कृत किया है। यह समकालीन

कविता की एक बहुत बड़ी उपलब्धि है, खास तौर से ऐसे परिवेश में जहाँ साहित्य ही अखबारनवीसी से उत्तरोत्तर अधिक आक्रांत होता जा रहा है। और भाषा का रचाव ऐसा है कि या तो भाषा ही भाषा लगती है, या फिर अनुभव का सीधा संस्पर्श होता है। बात एक ही है। भाषा और अनुभव के इस अद्वैत ने रघुवीरसहाय के कृतित्व को विशेष रूप से प्रभावशाली बनाया है।

सर्वेश्वरदयाल सक्सेना ने नयी कविता के शुरुआत के दिनों में वस्तु-चयन और बिंब-गठन को एक विशेष प्रकार की उन्मुखता दी और हल्के व्यंग के साथ मानवीय विद्रूपों को उघारा। उनकी 'सरकंडे की गाड़ी' या 'घास काटने की मशीन' नयी कविता की चेतना के साथ लिखी जाने वाली आरंभिक समर्थ रचनाएँ हैं। सर्वेश्वर की अधिकतर कविताओं में ऊपर से दिखने वाली गठन की सरलता विशेषरूप से प्रीतिकर लगती है। काव्य-अनुभव को सामान्य धरातल पर व्यापक बनाने में उनकी 'लिपटा रजाई में' जैसी कविताओं ने महत्त्वपूर्ण योग दिया है। पर नये कवि के लिए चुनौती कई तरह की हैं। एक ओर उसे अब तक की सीमित अनुभव प्रक्रिया को विस्तार देना है, दूसरी ओर जटिलतर और तनावपूर्ण आधुनिक जीवन को अपनी रचना में वैसी ही कलात्मक जटिलता पर विश्वसनीयता के साथ अंकित करना है। यदि आधुनिक अनुभव अधिक जटिल और अस्पष्ट है तो उसकी अभिव्यक्ति भी ऐसी हो, जो उस जटिलता और अस्पष्टता को व्यंजित कर सके–बिना स्वयं कविता को जटिल और अस्पष्ट बनाये हुए। सर्वेश्वर की इधर की कविताओं में इस दूसरी रचना-समस्या से जूझने की कोशिश हुई है।

नयी कविता में सतत रचना-क्रांति का आवाहन करने वाले लक्ष्मीकांत वर्मा का कृतित्व जितना बड़ा है उतना ही अस्त-व्यस्त भी। इस अस्त-व्यस्तता में उनकी शक्ति और सीमा दोनों हैं। पर किसी भी कीमत पर लक्ष्मीकांत वर्मा स्थिरता को मूल्य नहीं मान सकते। सन् तिरपन का स्वागत करने वाली उनकी कविता–'सिर पर जूता। पैर में टोपी' ने नयी कविता को बदनाम किया, तो एक संस्कार भी दिया। और हर समर्थ रचनाकार के लिए यह एक चुनौती है कि उसकी बदनामी क्रमशः समाज का संस्कार बन पाती है या नहीं। लक्ष्मीकांत ने स्थिर आकार के प्रति विद्रोह करके बराबर एक ऊलजलूलपन–जिसे उन्होंने अपनी रचना के संदर्भ में अतुकांत कहा है और जो अब उनके नवीनतम काव्य-संकलन का शीर्षक भी है–को प्रोत्साहित किया है। और इसीलिए जैसा कहा गया, वे सतत क्रांति के पक्षधर हैं। अपनी इस बेचैनी को उन्होंने अपने पिछले दिनों प्रकाशित समीक्षात्मक लेखों में भी प्रतिपादित किया है, और कविताओं का तो वह प्राणतत्त्व है ही।

पर लक्ष्मीकांत के इस अस्तव्यस्त, अतुकांत व्यक्तित्व में एक बुनियादी आत्मीयता का भाव परिव्याप्त है। जीवन का क्रूर आकर्षण उनकी कविताओं में कुछ वैसा ही है, जैसा कि मुक्तिबोध में है, पर व्यंग का तीखापन लक्ष्मीकांत में

अधिक है। इस वैचारिक तीखेपन के साथ उनकी आत्मीयता का संस्कार बड़े सानुपातिक ढंग से संपृक्त है, जो कवि की रचनात्मक क्षमता का मूल स्रोत है। संस्कार आधार देता है और विचार गति। इन दोनों की टकराहट में सर्जनात्मक विकास संभव होता है। मानवीयता और उसके संरक्षण के लिए आक्रामकता, लक्ष्मीकांत की कविताओं में दोनों एक-दूसरे से घुल-मिल गयी हैं, पर स्पष्ट ही आधार-भूमि मानवीयता है। यहीं कवि की सतर्कता है कि उसने आक्रामकता को प्रोत्साहित करते हुए उसे मानवीयता पर हावी नहीं हो जाने दिया है। इस संदर्भ में लक्ष्मीकांत की एक कविता है–'मेरा अपराध'–

मेरा अपराध यह है
कि मैंने कारनिस से गिरे हुए गौरेये के चूज़े को
फिर से कारनिस पर रख दिया है।
बेतहाशा बढ़ती हुई मक्खियों को
कमरे में जाली का दरवाज़ा लगा कर
बाहर ही ठहरा दिया है।
अनगिनत गालियों, ढेलों और पत्थरों के बीच
अपना रास्ता निकालने की कोशिश की है।
उन लैंपपोस्टों के नीचे कभी नहीं रुका
जिन पर पागल से करोड़ों पतंगों की भीड़
आदतन मरने के लिए तत्पर है।
उन चौराहों की भी परवाह नहीं की
जिन पर बैठ कर कुछ मीडियाकर
इंसानियत के बारे में बात करते हैं।
उन उँगलियों और नुक्कड़ों की भी परवाह नहीं की
जहाँ हर रोशनी की किरन पहुँचते ही बुझ जाती है।
मेरा अपराध यह है–
मैंने बिना सिर उठाये
और किसी चौखट से टकराये
अपना सिर बचा लिया है
ताकि वक्त-ज़रूरत काम आये !

सिर को इतनी चिंता और कोशिश से बचाने के साथ-साथ यह भी महसूस करते चलना कि यह कभी-कभार ही काम आ सकता है, आज के युग में संवेदनशील मनुष्य की नियति का सच्चा और प्रभावी चित्र है, जहाँ सिर शोभा के लिए है, बोझा उठाने के लिए है, पर सोचने के लिए कम है। पर मुक्तिबोध की तरह

लक्ष्मीकांत में फैलाव इतना अधिक है कि कलात्मक संघटन के लिए चिंता कम है। इसीलिए लक्ष्मीकांत की कुछ कविताएँ श्रेष्ठ और खरी रचना के रूप में नहीं, वरन् उनके कच्चे माल की तरह दिखायी देती हैं। शायद यही कारण है कि लक्ष्मीकांत सदैव संभावनाओं के कवि दिखायी देते हैं, कहीं पहुँचे हुए नहीं। समीक्षा की शब्दावली में यह बहुत बड़ी आशंसा भी मानी जा सकती है, और बहुत तीखी आलोचना भी। पर विरोधी प्रकृति का सम्मिलन तो लक्ष्मीकांत के व्यक्तित्व की मूल विशेषता है ही।

काफ़ी दिन हुए–1956 में–लक्ष्मीकांत वर्मा और विपिनकुमार अग्रवाल की कविताओं का संयुक्त संकलन प्रकाशित हुआ था–'धुएँ की लकीरें'। अपनी 'गरवीली गरीबी' में वह अनदेखा ही रहा है, पर नयी कविता की कुछ सर्वथा नयी संभावनाएँ वहाँ देखी जा सकती हैं। विपिन की कविताओं का निरावेग, ठंडा स्वर केवल झकझोरता नहीं, वरन् अनुभव के स्तर पर सोचने के लिए प्रेरित करता है। व्यंग का प्रयोग भी इन कविताओं में तीखापन या आक्रोश उत्पन्न नहीं करता। कविता के मान्य और स्वीकृत उपकरणों में से कम-से-कम का उपयोग करके, अधिकतर भाषिक स्तर पर ही विपिन की रचना संभव होती है। कविता के इस रूप में एक वैज्ञानिक दक्षता का भाव है, जो विज्ञान का आतंक उत्पन्न न करके भी उसकी क्षमता दरसाता है। पर वैज्ञानिक दक्षता की भी मूल प्रतिज्ञा आत्मीयता है। इसीलिए विज्ञान से व्युत्पन्न और समर्थित प्राविधिक विकास को कवि चौकन्ने भाव से ही देखता है। न्यूयॉर्क का एक चित्र है–

अजब जंगल है–
धूप के कतरे को तरसती
होड़ लेती
उठती मीनारों का !
बड़ा घना जाल है
मकड़ी के जालों का !
जानवरों के नाद से भी भयानक है
यह शोर–बिना गले की आवाजों का !
कैसा दम घुटता है,
हर कदम पर जान का खतरा है।
यहाँ–
न सूरज है !
न चाँद है !
न हवा है !

नयी कविता की मूल प्रतिभा अपेक्षया छोटी कविताओं में व्यक्त होते रहने पर भी, कुछ रचनाएँ अपने प्रबंध रूप में पूरी व्यवस्था तथा क्षमता के साथ ऊपर उभरती हैं। इनमें से धर्मवीर भारती का 'अंधा युग' (1955) तथा कुँवर नारायण का 'आत्मजयी' (1965) नयी कविता की महत्त्वपूर्ण उपलब्धियाँ हैं। 'अंधा युग' इस रचना-आंदोलन के आरंभिक दौरान लिखा गया एक युग-काव्य है, जिसमें समकालीन जीवन के मूल्यगत विभ्रम को महाभारतकालीन कथा के बीच से अंकित किया गया है। नाटक और काव्य के तत्त्वों को समायोजित करके इस रचना में जीवन और संस्कृति के बुनियादी प्रश्नों को उठाया गया है। आस्था, सत्य, मर्यादा, नैतिकता जैसी परंपरित शब्दावली से जूझ कर कवि ने नये युग-बोध को विकसित करने का प्रयत्न किया है। जीवन में आस्था और सार्थकता की समस्या को भारती ने भी मनुष्य की सर्जन-क्षमता से जोड़ा है–'अंधा युग' की प्रायः अंतिम पंक्तियाँ हैं–

पर एक तत्त्व है बीजरूप स्थित मन में
साहस में, स्वतंत्रता में, नूतन सर्जन में

मानवीय व्यक्तित्व की सुरक्षा और उसके स्वच्छंद विकास की मूल वस्तु नयी कविता के इस दृश्य-काव्य में कृष्ण की विराटता से लेकर प्रहरियों की अकिंचनता तक में व्यक्त हुई है। रचना की वास्तविक शक्ति कृष्ण और अश्वत्थामा के चरित्रों की टकराहट से उपजती है।

'आत्मजयी' का गठन अपेक्षया कमजोर पड़ता है। समस्या यहाँ भी बुनियादी मान-मूल्यों की है, जीवन और मृत्यु के मौलिक अर्थ की है। पर कृति की मूल वस्तु जीवन और मृत्यु के प्रति जिज्ञासा है, और इसके लिए जो पुराण-कथा नचिकेता और यम की कवि ने चुनी है, वह भी इसी समस्या को सीधे, निस्संग रूप में उठाती है। इसीलिए कथा और वस्तु में समानांतरता होने के कारण वह कलात्मक तनाव पूरी तरह से नहीं बन पाता, जो रचना में अर्थ का मूल उत्स होता है। किंतु इसके बावजूद मानवीय नियति की सार्थकता का बड़ा संगत प्रश्न कुँवरनारायण ने 'आत्मजयी' में उठाया है।

नयी कविता के रचना-शिल्पियों में शमशेर अन्यतम हैं। मित-कथन और हल्की व्यंजना का सौंदर्य शमशेर की कविता को एक खास अर्थ में स्पृहणीय बना देता है। ठेठ भारतीय जीवन के चित्रों को उन्होंने यूरोपीय प्रतीकवाद के उत्कृष्टतम रूप में रचा है। 'हल्की मीठी चा-सा दिन' की सुकुमारता शमशेर में प्रायः सर्वत्र मिलेगी। सूक्ष्म बिंबों और प्रतीक-विधानों के लिए उनकी 'कविताएँ' बेजोड़ हैं। उनकी रचना में संपूर्ण अर्थ को पा लेना संभव नहीं होता, जो एक रूप में उत्कृष्ट काव्य की क्षमता है, जहाँ अर्थ पूरी तरह से निःशेष कभी नहीं होता।

बालकृष्ण राव, जिनकी सराहना में शमशेर ने एक बहुत अच्छा लेख लिखा

है, दूसरी तरह के कवि हैं। खड़ी बोली का सहज ओज, खास तौर से उनकी बाद की कविताओं में, विशेष रूप से मिलता है। कवि का रचना-जीवन प्रमुखतः छायावादी भाव-भूमि में आरंभ हुआ था, पर उसका एक सहज विकास नयी कविता के साथ हुआ। इसी नगर और इसके जीवन के भावात्मक वैषम्य पर लिखी हुई उनकी कविता 'आगरा और ताज' में मानो छायावाद और नयी कविता का आमना-सामना होता है–

> रात भर
> चाँदनी अकेली घूमती है सूनी सड़कों पर,
> ज्वार उठता है संगमर्मर के सागर में–
> पर न कभी छींटों से
> टूट सकी गाढ़ी नींद
> दिन भर के जले-तपे, थके-हारे आगरे की।

शैली और व्याकरण के लिए प्रतिश्रुत कवि का भी यहाँ साहस नहीं हुआ कि थके-हारे 'आगरे' को 'आगरा' कह कर उसे जगा दे, और पाठक इस हल्की-सी व्याकरणिक भूल के लिए प्रसन्न ही है।

खड़ी बोली के अपेक्षया सीधे और खड़े रूप से गहरी अर्थ-व्यंजना को संभव करना केदारनाथ अग्रवाल की कविताओं में भी अच्छे ढंग से देखा जा सकता है। प्रकृति और जीवन का साहचर्य बिना किसी महिमा के अपने सामान्य, साधारण पर संगत रूप में केदार की कविताओं में बड़ी आत्मीयता के साथ व्यक्त हुआ है। प्रकृति के प्रति यहाँ न अतिरंजित आकर्षण है और न तिरस्कार, वरन् एक सहज स्वस्थ संबंध है। धूप के वर्णन की दो पंक्तियाँ हैं–

> धूप चमकती है चाँदी की साड़ी पहने
> मैके में आई बेटी की तरह मगन है

यहाँ धूप और मैके में आयी बेटी के सामान्य-से अनुभव में जीवन की नयी सार्थकता मिलती है। केदार की कविताओं का एक बड़ा संकलन 'फूल नहीं, रंग बोलते हैं' शीर्षक से प्रकाशित हुआ है।

'तारसप्तक' (1943), 'दूसरा सप्तक' (1951)–'तीसरा सप्तक' (1959) में तो समकालीन काव्यधारा अधिकतर उसके बाहर ही प्रवाहित होती रही है–इन कवियों ने प्रयोगवाद, नयी कविता तथा दोनों के बीच के संक्रमण को गति दी है। इनमें से कुछ की चर्चा हम कर चुके हैं। इनके साथ-साथ गिरिजाकुमार माथुर, प्रभाकर माचवे तथा भारतभूषण अग्रवाल के काव्य-प्रयोग बराबर गतिशील रहे हैं। माथुर के काव्य में रंगों का वैभव और माचवे के वर्णन की साहसिकता समकालीन कविता के विशेष आकर्षण हैं। भारतभूषण के पूरे रचना-गठन का

सुथरापन आरंभ से ही प्रीतिकर रहा है। हल्के व्यंग से गंभीर बात बिना किसी प्रदर्शन के कह देना–इस पद्धति का उनकी शैली में बराबर परिष्कार होता रहा है। 'मैं, और मेरा पिट्ठू' में द्विधा व्यक्तित्व की सामान्य प्रक्रिया को जिस तरह उघारा गया है, उसमें निर्ममता भी है और सहानुभूति भी–

जब मैं दफ्तर में
साहब की घंटी पर उठता-बैठता हूँ,
मेरा पिट्ठू नदी किनारे वंशी बजाता रहता है !
जब मेरी 'नोटिंग' कट-कुट कर 'रिटाइप' होती है,
तब साप्ताहिक के मुख-पृष्ठ पर
मेरे पिट्ठू की तस्वीर छपती है !

नयी कविता की इन विविध भंगिमाओं और रूपों को पिछले वर्षों में प्रकाशित कुछ संकलनों ने और समृद्ध किया है। इनमें श्रीकांत वर्मा के 'माया दर्पण' (1967) और अशोक वाजपेयी के 'शहर अब भी संभावना है' (1966) का विशेष रूप से उल्लेख अपेक्षित है। दोनों की साथ-साथ चर्चा करने पर यह बात और भी उभरती है कि इन दोनों कवियों का मिज़ाज फ़रक है। श्रीकांत की रचना-शक्ति उनके तीखे व्यंग और विद्रूप में है, जबकि अशोक वाजपेयी बड़ी कोमल और सुकुमार मनःस्थितियों के कवि हैं। माँ के प्रति उनका लगाव रघुवीरसहाय की उन कविताओं का बरबस स्मरण दिलाता है जिनमें वे अपने पिता को स्मरण करते हैं। रघुवीरसहाय के इन दोनों सहयोगियों में रचना-विधान का भी कुछ इसी तरह का अंतर है। श्रीकांत वर्मा का तुकों से खेल एक तरफ है, तो दूसरी ओर अशोक वाजपेयी का बड़ा हल्का, पर परिष्कृत शब्द-चयन है। 'माया दर्पण' में टाइपराइटर से लिखे जैसे महानगरीय जीवन के प्रति वितृष्णा है, पर अशोक वाजपेयी के लिए 'शहर अब भी संभावना है'–

माँ,
लौटकर जब आऊँगा
क्या लाऊँगा ?
यात्रा के बाद की थकान,
सूटकेस में घर-भर के लिए कपड़े,
मिठाइयाँ, खिलौने,
बड़ी होती बहनों के लिए
        अंदाज़ से नयी फैशन की चप्पल ?
या रक्त की एक नयी सिद्धि
और गढ़ी हुई वीरगाथाएँ ?

जब कि श्रीकांत वर्मा का कहना है–

मगर सिकुड़ूँ तो कहाँ तक सिकुड़ूँ।
मैं इस कदर सिकुड़ चुका हूँ कि
छोटे से छोटे
अवसर के छल्ले से
अपने को साफ-साफ बचाकर
गुज़र सकता हूँ

नगरीय जीवन में ये मनुष्य के लिए मनुष्य के खतरे हैं, जिनका उल्लेख मैंने अपने पहले व्याख्यान में किया है। अशोक वाजपेयी ने अपने को इस घर्षण से बचाया है संवेदनशीलता को सुरक्षित रखने के लिए। श्रीकांत वर्मा उस मुठभेड़ में मौजूद हैं, और हर गुत्थमगुत्थे में अपने कवि और उसकी प्रकृति के प्रति सजग हैं–

मैं बकता नहीं हूँ कविताएँ
ईजाद करता हूँ
गाली
फिर उसे बुदबुदाता हूँ।

इन कवियों की कविताएँ देश के संवेदनात्मक विकास की प्रभावशाली अभिव्यक्ति हैं, और नयी कविता की संभावना के प्रति व्यापक रूप में आश्वस्त करती हैं।

इस क्रम में एक अंतिम उल्लेख और करना है श्रीराम वर्मा की कविताओं का। श्रीराम का अभी तक कोई संकलन प्रकाशित नहीं हुआ, और उनका कृतित्व समकालीन पत्रिकाओं में ही गतिशील है। श्रीराम के व्यक्तित्व में कोई बहुत बड़ी उपलब्धि न हो, पर उन कविताओं में अनुभव की संगति और सार्थकता बराबर मिलेगी। और बड़प्पन के लिए कोई व्याकुलता भी वहाँ नहीं है। इस माने में श्रीराम की कविताएँ नयी कविता की भाव-भूमि की प्रतिनिधि उदाहरण हैं, जहाँ कविता की रचना-प्रक्रिया प्रधान है, उनका बड़ा हो जाना आनुषंगिक है–

मैंने दर्जी की दूकान से कुछ कतरनें उठाईं
कि रचूँ रंगारंग बादल
वे भिखारी के लिए कमीज़ बन कर रह गईं।

छायावाद का 'बादल' नयी कविता में कैसे 'कमीज़' हो जाता है, यह द्रष्टव्य है।

हिंदी का आधुनिक कथा-साहित्य नये-पुराने, स्वदेशी-विदेशी के तनाव में लिखा जा रहा है। एक ओर वह प्रेमचंद से बँधा है, और दूसरी ओर जेम्स ज्वॉयस के प्रति उन्मुख है। इसीलिए समकालीन उपन्यास की दो धाराएँ साफ-साफ देखी जा सकती हैं–वर्णन-प्रधान उपन्यास और सूक्ष्म अनुभवपरक उपन्यास। हिंदी में

प्रेमचंद के बाद उपन्यास की भाषा को नये ढंग से गलाने का काम किया है जैनेंद्र ने। इस दृष्टि से 'त्यागपत्र' उपन्यास साहित्य की बेजोड़ उपलब्धि है। यहाँ जैनेंद्र शब्दों से उतना काम नहीं लेते, जितना उनकी भंगिमा से। जैनेंद्र के साथ अज्ञेय का नाम आता है। इन दोनों ने मिलकर भाषा को वर्णन के प्राथमिक स्तर से ऊपर उठाया। 'त्यागपत्र' और 'शेखर' की पूरी मानसिक प्रक्रिया इसका प्रमाण है। यहाँ मुख्य है, वर्णन न करके वर्णन को व्यंजित कर देने की क्षमता। गद्य और कविता–भाषा के इस रचनात्मक संपर्क का और बढ़िया उदाहरण अज्ञेय के नवीनतम उपन्यास 'अपने-अपने अजनबी' में देखा जा सकता है, जिसका भाषा प्रयोग आधुनिक कथा-साहित्य में एक नया मान स्थापित करता है, और जिसका भाषिक विश्लेषण अपने में स्वतंत्र और संपूर्ण विषय है।

जैनेंद्र और अज्ञेय के साथ-साथ उपन्यास की स्थूल वर्णन वाली परंपरा भी चलती रही है, जिसके लेखकों ने जैनेंद्र की भाषा को 'चक्करदार' कह कर हमेशा उसे बदनाम करने-कराने की कोशिश की है। उनके लिए दुनिया जैसी सीधी-सरल है, वैसी ही सीधी-सरल बौद्धिकता-विरोधी उनकी भाषा है। भगवतीचरण वर्मा, यशपाल, उपेन्द्रनाथ 'अश्क', अमृतलाल नागर, मोहन राकेश प्रभृति ने भाषा के इस सीमित रूप से अधिकतर कहानी कहने का उपक्रम किया है, जो अच्छी भी बन पड़ी है, बुरी भी और सामान्य भी। इन रचनाकारों की परवर्ती कृतियों में नागर के वर्णन जितने सजीव और आकर्षक हैं, यशपाल के वर्णन उतने ही जड़ हैं। यशपाल का बृहदाकार उपन्यास 'झूठा सच' वर्णनों में इतना अधिक आक्रांत है कि उसका कोई भी चरित्र कहीं कुछ देर तक सोचता हुआ, आत्मालोचन करता हुआ अंकित नहीं किया गया। बस घटना और चरित्रों का घटाटोप है।

वर्णन का उपयोग करते हुए उससे ऊपर उठने का उपक्रम करनेवाले उपन्यासकारों में देवराज ('रोड़े और पत्थर', 'अजय की डायरी'), नरेश मेहता ('यह पथ बंधु था'), फणीश्वर नाथ 'रेणु' ('मैला आँचल'), लक्ष्मीकांत वर्मा ('खाली कुर्सी की आत्मा'), प्रभाकर माचवे ('द्वाभा'), रघुवंश ('अर्थहीन'), निर्मल वर्मा ('वे दिन') के नाम लेना होगा। इनके उपन्यासों में दिलचस्प वर्णन का आकर्षण जिस सीमा तक कम है, भाषिक सर्जनात्मकता का रूप उतना ही उभरा है, और बौद्धिक उपक्रम भी उसी मात्रा में संयोजित हो सका है। पर कुल मिलाकर इन उपन्यासों में घटनाक्रम या चरित्र-चित्रण से आगे संवेदन के अंकन का प्रयत्न है। इन उपन्यासकारों में से अधिकांश का कवि होना इन्हें निश्चय ही रचनात्मक स्तर पर कुछ सहायता देता है, पर अच्छा उपन्यासकार होने के लिए कवि होना ज़रूरी हो, ऐसा नहीं है। इसका बहुत अच्छा उदाहरण स्वयं जैनेंद्र हैं, जो इस धारा के अग्रणी हैं। अनुभव को महत्त्व देने के कारण उन्होंने शिल्प से अधिक भाषा को केंद्र में रखा है, क्योंकि अनुभव और भाषा एक-दूसरे के निकटतम हैं।

उपन्यास में, चाहे जितना संक्षिप्त हो, वर्णन चाहिए ही। और यह वर्णन आधुनिक कविता के अमूर्त और विरूप होते विधान द्वारा संभव नहीं है, क्योंकि ये प्रक्रियाएँ व्यंजना की हैं, वर्णन की नहीं। यहीं आधुनिक उपन्यासकार का रचना-संकट है, और उसकी क्षमता को एक चुनौती है। वर्णन की परंपरित स्थूल भाषा और नयी कविता की अमूर्त और विरूपीकृत भाषा को एक रचना-विधान में कैसे संघटित किया जाए, जिससे दोनों के बीच न जोड़ दिखायी दे और न दरार ही, यही आधुनिक उपन्यास की मूल समस्या है। यों तो उपन्यास अपने जन्म से ही यथार्थवादी वर्णन की परंपरा से जुड़ा है। पर उसमें कोई भी नयी शक्ति उत्पन्न करने के लिए अब गद्य की अपेक्षया ठोस-जड़ भाषा में कविता-भाषा के द्रवणशील तत्त्वों को संक्रमित करना होगा। पर उपन्यास के संघटन में कविता के प्रयोग का क्या अर्थ है ? कविताओं को उद्धृत करना, नहीं ! 'काव्यात्मक गद्य' लिखना, नहीं ! वरन् उपन्यास के वर्णन-प्रधान ठोस गद्य में यथावश्यक हल्के-हल्के बिंबों का प्रयोग करते हुए अर्थ की गूँज-अनुगूँज उत्पन्न करनेवाले शब्दों और मुहावरों का प्रयोग, जिससे सूक्ष्म और अस्पष्ट-से लगने वाले अनुभव और उसके यथार्थ का साक्षात्कार संभव हो सके। इस अनुभव का साक्षात्कार भाषिक सर्जनात्मकता को विकसित करके ही संभव है। रचना के क्षेत्र में इस चुनौती का सामना आधुनिक लेखक कैसे करते हैं, इस पर उपन्यास की नयी संभावनाएँ ही नहीं, एक माने में साहित्यिक रचनाशीलता का भावी रूप ही आधारित है।

कहानी का रूप प्रायः सभी साहित्यों में–हिंदी साहित्य में भी–व्यावसायिकता से आक्रांत है। वह अनुभव की माध्यम न होकर, उपभोग की वस्तु अधिक बन गयी है। कहानी अनेक पत्रिकाओं और संकलनों के रूप में रेडियो, सिनेमा, टेलीविज़न जैसे जनता-माध्यमों में सम्मिलित हो चुकी है। इस व्यावसायिक दबाव के अतिरिक्त कहानी के विधान की कुछ अपनी सीमाएँ भी हैं। कहानी शुरू से ही जीवन की किसी एक घटना, एक चित्र को अंकित करके निष्पन्न हो जाती है। ऐसी स्थिति में जीवन के अन्य पक्षों से उसकी कथा-वस्तु की टकराहट नहीं हो पाती। आकार की संक्षिप्तता ही नहीं, विधान की इस अद्वंद्वपरक स्थिति के कारण कहानी के माध्यम में किसी रचना दृष्टि का विकास संभव नहीं हो पाता। जीवन के विविध पक्षों द्वंद्व और टकराहट से जो अर्थ और दृष्टि कविता या उपन्यास या नाटक में विकसित होती है, उसकी संभावना कहानी में नहीं रह जाती। कहानी में खंड जीवन का स्थिर चित्रण ही उद्दिष्ट है। जीवविज्ञान की शब्दावली में कहानी साहित्य-संसार का एककोशीय संघटन है, जो प्रकृति में बहुत सीधा-सरल है। आधुनिक जीवन के जटिल तनावों और संघर्षों को व्यक्त करना उसके लिए अपनी विधानगत सीमाओं के ही कारण कठिन है, फिर व्यावसायिक दबाव में तो उसका

रूप साहित्य की रचनाशीलता से और अलग हो गया है। इन विधानगत और व्यावसायिक सीमाओं से उबर कर भी समकालीन लेखकों ने आधुनिक भावबोध की कहानियाँ लिखी हैं, यह अपने में कम स्पृहणीय नहीं है। रघुवीरसहाय, निर्मल वर्मा, गजानन माधव मुक्तिबोध, सर्वेश्वर, कुँवरनारायण, मनोहर श्याम जोशी की कहानियों में जैनेंद्र और अज्ञेय के आरंभिक प्रयोगों को काफ़ी आगे विकसित किया है। रघुवीरसहाय और मुक्तिबोध ने घटना और चरित्रों के ऊपर सूक्ष्म अनुभव के क्षेत्र में अपनी कहानियाँ रची हैं, जिनमें विविध मानसिक घात-प्रतिघातों के बीच कहानी की रचना-क्षमता विकसित हुई है। रघुवीरसहाय की 'सीढ़ियों पर धूप में' की कहानियाँ तथा मुक्तिबोध और कुँवरनारायण के संकलन 'काठ का सपना' तथा 'आकारों के आस-पास' हिंदी कहानी की शक्ति के परिचायक हैं, भले ही इस तरह की रचनाएँ हिंदी की चलती कहानी के बीच विरल अपवाद हों।

अन्य गद्य-रूपों में ललित निबंध की स्वच्छंदतावादी प्रक्रिया के बजाय यात्रा-वृत्त, संस्मरण या जीवनी में हुए प्रयोग नवलेखन की प्रकृति के अधिक निकट हैं। इन नये अकाल्पनिक गद्य-वृत्तों की रचना कविता या नाटक जैसी सघन न होकर अपेक्षया हल्की होती है। पर ये रूप अब पहले की तरह सूचनात्मक नहीं, कलात्मक अधिक हैं। इनकी रचना में कल्पना का उपयोग सीमित और, भाषिक सर्जन अपेक्षया हल्का है। यात्रा-संस्मरणों में अज्ञेय ('अरे यायावर रहेगा याद', 'एक बूँद सहसा उछली'); रघुवंश ('हरी घाटी'), मोहन राकेश ('आखिरी चट्टान तक') तथा निर्मल वर्मा ('चीड़ों पर चाँदनी') का गद्य मितकथन के अपेक्षया नवविकसित प्रयोग का अच्छा उदाहरण है।

रचना के साथ-साथ समीक्षा की प्रवृत्तियों का संक्षिप्त उल्लेख ही सही आवश्यक जान पड़ता है। आचार्य रामचंद्र शुक्ल के बाद हिंदी समीक्षा ने अधिकतर रचना-अनुभव की उपेक्षा करके अपना मुँह शास्त्र की ओर रखा है। इससे शोध को कुछ सहायता भले मिलती हो–यद्यपि वह भी मिली नहीं है–आलोचना की जीवंत प्रक्रिया में कुछ जड़ता जरूर आ गयी। नयी कविता और नवलेखन के साथ विकसित होने वाली समीक्षा ने रचना के पक्ष को केंद्र में रखना चाहा है। इसीलिए रस सिद्धांत के प्रबल आग्रहों के बीच भी कुछ समीक्षकों ने रचना के भाषिक विधान की समझ को महत्त्व दिया, क्योंकि उनकी दृष्टि में भाषा और अनुभव का अद्वैत ही कला की चरम निष्पत्ति है–यदि निष्पत्ति सचमुच कहीं आती हो, अन्यथा कला-रचना तो जीवन की भाँति ही प्रक्रिया अधिक है। भाषिक सर्जनात्मकता को समझना रचना के अनुभव को निकटतम रूप में समझना है। समीक्षा की इस संभावना को रचनाकार-समीक्षकों से भी समर्थन मिला, जिन्होंने अपनी रचना और समीक्षा दोनों में भाषा की केंद्रीय क्षमता को उत्तरोत्तर अधिक

पहिचाना है।

समीक्षा में भाषिक सर्जनात्मकता के तत्त्व पर बल देने का एक कारण शायद यह भी रहा हो कि पिछले कुछ वर्षों से हिंदी का रचना-क्षेत्र ज्ञात या अज्ञात, चाहे-अनचाहे रूप में भाषा-समस्या के दबाव का अनुभव करता रहा है। हिंदी भारत संघ की राजभाषा होती है या नहीं, इस प्रश्न में हिंदी लेखक की रुचि लेखक के रूप में नहीं रही। राष्ट्र के नागरिक होने के नाते उसने इस समस्या पर भले विचार किया हो, पर उसकी रचना-धर्मिता पर इस बात का बहुत कम असर पड़ता है कि राजभाषा क्या होती है ? पर इन अप्रिय और अधिकतर आरोपित भाषा-विवादों ने शायद उसे भाषा की प्रक्रिया के बारे में सोचने के लिए अधिक मजबूर किया है। और तब उसने अनुभव किया कि भाषा एक माध्यम मात्र नहीं, वरन् वह व्यक्तित्व और सामूहिक व्यक्तित्व का अभिन्नतम अंग है। इस अनुभव का थोड़ा-सा प्रयोग उसने भाषा-विवादों में भी किया हो, अधिकतर तो भाषा की इस शक्ति का समायोजन उसने अपनी रचना में किया है, जो लेखक के नाते उसका पहला धर्म और, रघुवीरसहाय के शब्दों में, उसका पहला मोर्चा है, हर तरफ लड़ते हुए भी मरना उसी मोर्चे पर है ('आत्महत्या के विरुद्ध' की भूमिका)।

नाटक की तो हिंदी में चर्चा होती है, नाटक कम होते हैं। मंच से बहुत कमजोर रिश्ता होने के कारण हिंदी में नाटक अपेक्षया कम लिखे जायँ, तो यह स्वाभाविक है। पिछले कुछ वर्षों में संयोग से रंगकर्मी और नाटक लेखक दोनों अपने-अपने ढंग से सक्रिय हुए हैं। फलस्वरूप इस क्षेत्र में जागरूकता और सक्रियता बढ़ी है। अनेक वर्ष पूर्व भुवनेश्वर ने कुछ महत्त्वपूर्ण नाट्य प्रयोग किये थे, और यह दुर्भाग्य है कि इस दिशा में उनका अपना कार्य आगे नहीं बढ़ सका। नवलेखन के साथ लक्ष्मीनारायणलाल और मोहन राकेश बराबर नाटक के क्षेत्र में काम करते रहे हैं, और उनकी कई कृतियाँ शब्द के सच्चे अर्थ में नाटक बन सकी हैं। उनके नाटकों में वस्तु और शिल्प दोनों दृष्टियों से कुछ प्रयोग किये गये हैं। भाषिक स्तर पर रचना करते हुए आधुनिक ढंग से नाटक विपिनकुमार अग्रवाल, लक्ष्मीकांत वर्मा, मुद्राराक्षस तथा शंभूनाथ सिंह ने लिखे हैं। विपिन के प्रयोग इस दिशा में काफी संभावनापूर्ण हैं, इसका समर्थन उनकी प्रस्तुतियों से भी हुआ है। इन नाटकों में भाषा का अमूर्तन और स्थितियों की अनर्थकता समकालीन जीवन के तनावों और घात-प्रतिघातों को सहानुभूतिपूर्ण ढंग से अंकित करती हैं। 'तीन अपाहिज' शीर्षक नाटक के अपेक्षया संक्षिप्त आकार में सारे देश की थकान और निष्क्रियता को बड़े सूक्ष्म और ठंडे ढंग से व्यंजित किया गया है, जिसमें परस्पर या सामूहिक दोषारोपण नहीं, सच्चे और निरावेग आत्मालोचन का स्वर सुनायी पड़ता है। नाटक के इस नये रूप में वस्तुतः संवादों से भी अधिक महत्त्व संवादों के बीच के अंतराल

का है, जहाँ निर्देशक को नाटक की व्याख्या और उसके पुनर्सृजन के लिए अधिकाधिक अवसर रहता है। नये नाटक की इन संभावनाओं के प्रति आकृष्ट होकर कई और कथाकारों ने इस माध्यम से जूझना शुरू किया है। यदि रंगकर्मियों का सहयोग इन्हें मिलता रहा, तो साहित्य के इस सबसे अधिक जनतांत्रिक माध्यम में, जिसके अंतर्गत प्राचीनों ने भी शूद्रों और स्त्रियों को छूट दे रखी थी, बहुत बड़ी क्षमता विकसित हो सकेगी। पर यह होगा तभी संभव जब नाटक की सृष्टि पुस्तक के पृष्ठों से बाहर सामान्य जनता के बीच रंगमंच पर होगी। और तब अनुभव होगा कि 'असल चीज तो नाटक है।'

और युवालेखन !

आज हम रचना की बिलकुल समकालीन स्थिति पर विचार करने को प्रस्तुत हैं। 'युवालेखन' एक ऐसा सामान्य सुविधाजनक नामकरण है, जिसके अंतर्गत विविध प्रकार की रचनापरक बेचैनी और रचना-प्रक्रिया–जिनमें कई की दिशाएँ परस्पर विरोधी भी हैं–को शामिल कर लिया जाता है। पर उनके विवेचन के पूर्व यह उचित और उपयोगी होगा कि इससे पूर्व की रचनात्मक क्षमता की कुछ प्रमुख उपपत्तियों को एक साथ देख लिया जाये। पिछले व्याख्यान में हम नयी कविता और नवलेखन की विविध प्रक्रियाओं और उपलब्धियों का एक संक्षिप्त विश्लेषण कर चुके हैं। अब उसके आधार पर कुछ निष्कर्षों को समेट कर रख सकते हैं।

आधुनिक भावबोध के समग्र साहित्य की एक प्रमुख विशेषता उसका स्वचेतन होना है। परिवर्त्तन और विकास का प्रधान अंतर स्वचेतनता का है। परिवर्तन सहज है, विकास प्रयत्न-साध्य है, और आधुनिकता विकास का स्वचेतन प्रयत्न है। मार्क्सवादियों ने इसी को कहा है इतिहास के चक्र को तेजी से चलाना। द्वंद्वात्मकता (डायलैक्टिक) के सिद्धांत के अनुसार विकास तो संघर्ष में अपने आप ही होता चलता है, पर उस प्रक्रिया को द्रुततर करना, यही आधुनिकता का लक्षण है। इतिहास का यह सजग प्रयोग कम्यूनिस्टों ने शायद सबसे पहले किया। रचना में भाषिकविधान की आधुनिक चिंता अधिकतर इस स्वचेतनता का ही परिणाम है, जब लेखक रचना-प्रक्रिया के प्रति ही सजग हुआ है। युवालेखन में नयी कविता या नवलेखन की इस स्वचेतनता के प्रति विरोधी प्रतिक्रिया हुई है, जिसका विश्लेषण हम आगे करेंगे।

भाषिक प्रक्रिया में भी कई नये प्रयोग हुए। सूक्ष्म अनुभव की पकड़ के लिए मितकथन हमेशा ही सहायक रहा है। प्रसाद और निराला के श्रेष्ठ गीतों और अज्ञेय के अधिकतर कृतित्व में मितकथन या हल्की व्यंजना का प्रयोग देखा जा सकता है, जहाँ शब्द का समूचा अर्थ न ग्रहण कर उसकी कोई हल्की छाया

ही उभरती है। मितकथन से आगे, अधिकतर आधुनिक चित्रकला के साक्ष्य पर, अमूर्तन और विरूपण की प्रक्रियाएँ नये साहित्य में शुरू हुईं। पर भाषा के ऐसे प्रयोग कम ही रचनाकारों ने किए हैं। उदाहरण के लिए रघुवीरसहाय, लक्ष्मीकांत वर्मा, विपिन अग्रवाल के नाम लिये जा सकते हैं। भाषा के इस रूपांतरण ने नयी कविता और नवलेखन की संवेदना को क्रमशः रूपांतरित भी किया है। रघुवीरसहाय और विपिन में आक्रोश तथा तीखेपन की जगह अपेक्षया ठंडे और निरावेग स्वर ने ले ली, जहाँ आक्रमण की मुद्रा उतनी नहीं जितनी समझने की है। यह गैर-रोमांटिक होने की प्रक्रिया वस्तुतः अज्ञेय से ही आरंभ हो जाती है, यद्यपि नयी कविता के कई महत्त्वपूर्ण कवियों, जैसे मुक्तिबोध या लक्ष्मीकांत वर्मा में अनुभव का तीखापन बराबर महसूस होता है। यह जोड़ा जा सकता है कि सतत रचना-क्रांति के पक्षधर लक्ष्मीकांत ने भी अपने को रूपांतरित करने की कोशिश की है, और कुछ ठंडे स्वर वाली रचनाओं को 'कुछ गलत कविताएँ' शीर्षक से 'कल्पना' में प्रकाशित किया, जो अब उनके नवीन संकलन 'अतुकांत' में भी शामिल हैं। युवालेखन में इस प्रवृत्ति की भी प्रतिक्रिया हुई है।

अब युवालेखन के रूप को ही देखें। समकालीन साहित्य में नयी कविता के बाद कई प्रकार के रचना-आंदोलन उभरकर आये दिखायी देते हैं–भूखी-विद्रोही पीढ़ी, अन्यथावाद, अनर्थक अभिव्यक्ति के विभिन्न प्रकार तथा अकहानी और अकविता। इन सभी आंदोलनों के बीच हमारे युग की युवा पीढ़ी का विक्षोभ, आक्रोश और विद्रोह का भाव मूल प्रेरक शक्ति के रूप में देखा जा सकता है। पर ऐसा लगता है कि यह विक्षोभ, आक्रोश और विद्रोह का भाव, तथा उसकी दिशा ठीक-ठीक परिभाषित नहीं की जा सकी है, समीक्षा के क्षेत्र में नहीं, स्वयं रचना के क्षेत्र में ही।

विक्षोभ और विद्रोह एक स्थिति के बाद रचनात्मक स्तर पर अपने लिए एक सीमा बना लेते हैं, क्योंकि तब लेखक की दृष्टि विद्रोह के आलंबन से पूरी तरह बँध जाती है, और स्वतंत्र ढंग से सोच पाना बाधित होता है। इसलिए विद्रोह का आरंभिक स्थिति में महत्त्व निर्विवाद होते हुए भी, मूल बात व्यक्तित्व को स्वाधीन भाव से परिचालित करना और होने देना है। इस स्वाधीन चिंतन और स्वतंत्र विकास में परंपरा और विद्रोह दोनों ही के पूर्वाग्रह आड़े आ सकते हैं। विद्रोह को परिभाषित करते रहने की प्रक्रिया इसीलिए महत्त्वपूर्ण है, क्योंकि तभी लेखक सोच पाता है कि उसे स्वयं क्या कहना है। नयी कविता के अन्यतम कवि रघुवीरसहाय ने विद्रोह के इस ठंडे ढंग को और उसकी शक्ति को बखूबी पहिचाना था, जब उन्होंने कहा–

"यानी कि आप ही देखें कि जो कवि नहीं हैं।
अपनी एक मूर्ति बनाता हूँ और ढहाता हूँ।

और आप कहते हैं कि कविता की है।
क्या मुझे दूसरों की तोड़ने की फुरसत है ?"

पर युवालेखन में विद्रोह और आक्रोश का स्वर फिर सबल हो जाता है।

युवालेखन की एक मुख्य धारा अकविता का कोई अर्थ नहीं सिवा इसके कि वह कविता होने का परंपरागत ढंग से बिल्कुल अलग, एक नया जरिया है। यह नया ढंग स्पष्टतः कविता के प्रचलित कवितापन को छोड़कर कविता के कुछ नये शक्तिशाली उपकरणों की तलाश है। इस माने में 'अकविता' नामकरण की संगति समझी जा सकती है। पर मूल प्रश्न यह है कि यह तलाश कहाँ तक सार्थक और संगत है।

इधर विकसित हुए रचना के कई नये आंदोलन अर्थ की संभावना से ही इनकार करते हैं। उनकी दृष्टि में मानव-जीवन अपने आपमें एक निरर्थक और बेमानी प्रक्रिया है–प्रक्रिया भी क्या, घटनाओं का एक ढेर है। पर वे भूल जाते हैं कि यदि मनुष्य-जीवन का मूलतः अर्थहीन होना सच है, तो उतना ही बड़ा सच यह है कि मनुष्य इतर जीवधारियों से अलग एक बुद्धिसंपन्न प्राणी है। और यह बुद्धि अपनी प्रकृति से ही अर्थहीनता में भी अर्थ की सृष्टि करेगी। इस प्रकार अर्थहीनता मानवीय नियति नहीं है, वरन् अर्थ का सृजन करना मानवीय नियति है–और यदि आप मानें तो–दायित्व है। अतः साहित्य में यदि अनर्थक तत्त्व आता है तो वह पुराने, रँगे-चुँगे पारस्परिक अर्थ को ध्वस्त करके एक नया और बृहत्तर अर्थ सृजन करने के लिए ही प्रयुक्त हो सकता है। स्वयं अपने लिए अनर्थकता का साहित्य में कोई स्थान नहीं, क्योंकि वह संभव ही नहीं है। भषिक रचना के स्तर पर किसी कविता या कथा-कृति में बीच में कुछ अनर्थक शब्दों, पदों या वाक्यों का प्रयोग होता चले तब तो आमने-सामने होकर वह पारस्परिक अर्थ वाली भाषा का नवीकरण करता चलेगा, पर पूरी की पूरी रचना ही अनर्थक भाषा में हो तो साहित्य का तो संप्रेषण वहाँ विलुप्त हो जायेगा। चित्रकला भी बनेगी, इसमें संदेह है।

'अकविता' शीर्षक से प्रकाशित होने वाली पत्रिका के अंकों और कुछ स्वतंत्र अकविता संकलनों को देखकर लगता है कि कविता लेखकों की मुख्य दृष्टि यौन जीवन के प्रचलित और स्वीकृत रूपों पर है, और यह कि वे इन प्रचलित और स्वीकृत रूपों से पूरी तरह असंतुष्ट हैं। नैतिकता, अनैतिकता की बात तो अलग, क्योंकि यौन जीवन के प्रसंग में यह प्रश्न पहले जैसा महत्त्वपूर्ण नहीं रह गया है, अकविता के लेखक तो यौन जीवन के प्रति साधारण प्रचलित दृष्टिकोण के ही विरुद्ध हैं। इस प्रचलित दृष्टिकोण के अंतर्गत एक भाव यह रहा है कि जीवन के इस क्षेत्र को एक सीमा के बाद उजागर न किया जाये। यह मान्यता यौन जीवन के बारे में नहीं, सर्जन के प्रायः सभी क्षेत्रों के संबंध में रही है, और अब

भी है। पर नये रचनाकार इस अनुभव-क्षेत्र के बारे में अधिक प्रगल्भ होना चाहते हैं।

उनकी तीव्र और क्रुद्ध दृष्टि की इस प्रसंग में दो बहुत बड़ी सीमाएँ हैं। एक का तो उल्लेख पहले किया जा चुका है–यानी अकविता के संसार में उसके विद्रोह का आलंबन, सेक्स या यौन जीवन ही सबसे महत्त्वपूर्ण तत्त्व हो गया है। यौन जीवन से आक्रांत अकविता के इस रूप को देखकर पुराणकथाओं में वर्णित गौतम द्वारा अभिशप्त इंद्र का रूप धारण हो आता है। स्पष्ट ही मानव-जीवन और यथार्थ का यह सर्वथा अतिरंजित या कि विकृत रूप है।

अकविता और इधर के कई अन्य आंदोलन यौन वर्णनों को खुलकर बखेर देने में ही रचना का संपन्न होना मानते हैं। यहाँ रचना-प्रक्रिया संबंधी एक दूसरी कठिनाई आती है कि कोई भी विषय अपने में कला नहीं हो सकता, यौन जीवन जैसे सतत आकर्षण और महत्त्वपूर्ण क्षेत्र का चित्रण भी नहीं। जीवन के कुछ क्षेत्र कला-सृष्टि के लिए अधिक अनुकूल और सुगम पड़ते हों, यह दूसरी बात है। पर यहाँ कला-माध्यमों की प्रकृति का सूक्ष्म अंतर समझना होगा : यौन जीवन के अनुभव अपने विविध आकारों और गतिशीलता में सीधी तथा 'प्रत्यक्ष' अभिव्यक्ति दृश्य कलाओं में अधिक संगति और सफलता के साथ पाते हैं। खजुराहो का स्थापत्य, ग्रीक मूर्तियाँ और फ्रेंच चित्रकला की निर्वसनाएँ इसका प्रमाण हैं, जहाँ मानव शरीर को उत्सव–और कभी-कभी विभीषिका के रूप में भी–अंकित किया गया है। पर यौन जीवन के संदर्भ में सीधा शब्द-प्रयोग अश्लीलता को जन्म देता है, क्योंकि वह अनुभव को सतह पर उघारता है, संप्रेषित नहीं करता। साहित्य में रचनात्मक तनाव का संप्रेषण सीधी भाषा से नहीं होता, उसके लिए प्रतीक, बिंब या किसी भी अन्य माध्यम से व्यंजित होना जरूरी है। अकविता के लेखक सिद्धांत रूप में और व्यवहार में सीधी अभिव्यक्ति को ही महत्त्व देते हैं। साहित्य, विशेषतः कविता में, यौन जीवन के अनुभव सीधे अंकित होने में उस निरंतर विकसनशील अर्थसृष्टि का माध्यम नहीं बनते, जो लाक्षणिक और बिंबात्मक प्रयोगों द्वारा संभव होती है। और इस अर्थ की संभावना के अभाव में जीवन, और उसका सबसे यथार्थ तथा महत्त्वशाली प्रतिरूप साहित्य, दोनों ही बेमानी हो जाते हैं, अनर्थक रूप में अनर्थक, जिसका संप्रेषण तब न आवश्यक होगा और न संभव ही।

किसी भी नये साहित्यिक आंदोलन के सहयोगियों को यह शिकायत हो सकती है, होती है, कि उनके समकालीन उस नवोन्मेष को ग्रहण करने में समर्थ नहीं, जो उनके माध्यम से रूपायित हो रहा है। पर इस तरह की सजगता पाठक या समीक्षक के मन में एक अतिरिक्त सहानुभूति का भाव भी जाग्रत कर सकती है, जो अपने आपमें रचना के सही आस्वादन या मूल्यांकन में बाधा साबित हो।

इस दृष्टि से उचित यही है कि बिना किसी दया या चिढ़ का भाव लिये पाठक और समीक्षक अपने आपको रचना के प्रति उन्मुख और खुला रखे, उसी तरह जैसे रचनाकार अपने को अनुभव के प्रति खुला रखता है। इससे अधिक माँग, मैं समझता हूँ कि अकविता के लेखक अपने पाठकों से नहीं करेंगे, पर यह दायित्व भी उन्हीं का है कि वे पाठक को अपाठक न होने देंगे।

युवालेखन की इन धाराओं में नयी कविता के प्रति घोषित रचनात्मक प्रतिक्रिया और विरोध मिलता है, यह मैं कह चुका हूँ। नयी कविता ने जिस रोमांटिक ढंग के आवेग को ठंडेपन में रूपांतरित किया था, उसे युवालेखन ने तिरस्कृत करके फिर से आक्रोश और तीखेपन की भाषा शुरू की है। अपनी इस आक्रामकता को उन्होंने अधिकतर सेक्स के खुले चित्रण के सहारे सिरजा है, और इस तरह अपनी समझ से उन्होंने पूरे समाज पर हल्ला बोल दिया है। इसी प्रकार नयी कविता और नवलेखन की स्वचेतनता को भी उन्होंने भुलाने की कोशिश की है। स्वचेतनता से त्राण पाने के लिए कई प्रकार की मादक औषधियों का आविष्कार हुआ है, जो अमरीका के बीटनिकों और हिप्पियों के साथ-साथ भारत में भी कहीं-कहीं प्रचलित हुई हैं। यही नहीं, स्वचेतनता को डुबोने के लिए उन्होंने साहित्य में सेक्स का चित्रण भी इन मादक औषधियों की तरह ही किया है। दशकों पूर्व के अतियथार्थवाद का 'स्वतः चालित लेखन' उनकी प्रकृति के अधिक अनुकूल पड़ता। पर समकालीन प्रविधि-प्रधान समाज की अतियांत्रिकता और अतिबौद्धिकता से बचने के लिए ये पलायनवादी रास्ते हैं, क्योंकि जड़ता को सनसनी से कभी नहीं जीता जा सकता। इस अतियांत्रिकता के खतरे से उबरने के लिए मानवीय व्यक्तित्व के अनुभव और उसकी सर्जनात्मकता को गहरा करना होगा, जो नयी कविता की मूल दिशा रही है।

और अतिबौद्धिकता का हमारे देश में कोई खतरा है ही नहीं, खतरा है तो अबौद्धिकता का। पश्चिम के संपन्न समाज में कई शताब्दियों से व्यवस्था और तर्क का बोलबाला रहा है। उस व्यवस्था और तर्क के बंधनों की प्रतिक्रिया में यदि वहाँ के नवयुवकों में योग और अनुभवपरक साधनाओं का आकर्षण बढ़े, तो यह समझा जा सकता है। इस दिशा में अमरीका और यूरोप के अनेक युवालेखकों ने भारतीय गुह्य तांत्रिक साधनाओं से, और कीर्तन से प्रेरणा ली है। पर यदि भारत जैसे गरीब और पिछड़े देश में भी इस देखादेखी में तर्क, बुद्धि और विज्ञान का विरोध होने लगता है तो यह न राष्ट्रीय जीवन के हित में है और साहित्य के हित में तो तब हो ही कैसे सकता है ? युवालेखन का आवेश अभी इन समस्याओं को पहचानना नहीं चाहता।

इस प्रसंग में युवालेखन की जो ऐतिहासिक ढंग की कुछ जाँच-पड़ताल हुई है, उसका भी परीक्षण यहाँ आवश्यक है। 'आलोचना' पत्रिका के नये दौर के पहले

संपादकीय में नामवर सिंह ने समकालीन लेखन की प्रकृति के संबंध में एक महत्त्वपूर्ण प्रश्न उठाया है। युवालेखन की अराजनैतिक दृष्टि, पर उसमें मिलने वाली 'देह की राजनीति' का विश्लेषण करते हुए वे इसे नयी कविता से उत्पन्न एक आवश्यक परिणति के रूप में देखते हैं। 'तुम खुद' शैली के उपयोग से संकुचित होते हुए भी कहना चाहूँगा कि नामवर सिंह, जो नयी कहानी के प्रमुख पुरस्कर्त्ता रहे हैं, जिरह को काफी कुशल और संवेदनशील ढंग से चलाते हुए भी निष्कर्ष को शायद जान-बूझकर विकृत रूप में प्रस्तुत करना चाहते हैं। समकालीन लेखन की जिस शरीरवादी परिणति का उन्होंने जिक्र किया है वह नयी कविता से न जुड़ कर सीधे और स्पष्ट रूप में नयी कहानी से जुड़ती है।

युवालेखन में सेक्स के खुले उपयोग की चर्चा मैंने पहले की है। नामवर सिंह के संपादकीय में बहस को चलाने के लिए इस संदर्भ में केंद्रीय मुहावरा 'देह की राजनीति' रखा गया है, जिसे यहाँ उन्होंने धर्मवीर भारती के एक लेख से लिया है। भारती और नामवर सिंह के संवाद में यह मुहावरा वस्तुस्थिति को एक स्तर पर निश्चय ही बखूबी व्यक्त करता है। जहाँ तक मुझे स्मरण है यह प्रयोग 'देह की राजनीति' राजकमल चौधरी की रचना 'मुक्तिप्रसंग' से चलता है–'देह की राजनीति करती थी मंजू हालदार' तथा लाक्षणिक और बिंबात्मक रूप में बड़ा सुगठित प्रयोग है। शरीर की भंगिमाओं को व्यक्त करने के लिए "राजनीति' शब्द को इस संदर्भ में लाना भाषिक प्रयोग का एक अच्छा उदाहरण है। इतने बढ़िया और निर्दोष प्रयोग का एक अवांछनीय साहित्यिक प्रवृत्ति के प्रतीक-रूप में व्यवहृत होना कुछ अन्याय-सा लगता है। यहाँ स्पष्ट कर दूँ कि राजकमल चौधरी प्रभृति की रचनाओं की कई एक उन्हीं कारणों से मैं आलोचना कर रहा हूँ, जिनका उल्लेख धर्मवीर भारती और नामवर सिंह के लेखों में हुआ है। पर संदर्भ में सटीक बैठने पर भी ('होने' नहीं, 'बैठने') 'देह की राजनीति' जैसे सर्जनात्मक प्रयोग के माध्यम से समकालीन लेखन में सेक्स के सपाट और असर्जनात्मक उपयोग की चर्चा करना मुझे असंगत जान पड़ता है।

नयी कविता ने शरीर के अनुभवों को वैसे सीधे-सुखद रूप में अंकित नहीं किया, जैसा कि बाद में नयी कहानी ने अपने ब्योरेवार वर्णनों में किया है। नयी कविता ने साहित्य-रचना की प्रकृति के अनुकूल ही अनुभव को उसकी समूची संश्लिष्टता में ग्रहण करना चाहा है, जब कि नयी कहानी ने सेक्स अनुभवों को सीधे गुदगुदी पैदा करने के लिए–या कई अन्य अंदोलनों ने गुदगुदी और वितृष्णा दोनों को जगाने के लिए–प्रायः व्यावसायिक पेशेवर स्तर पर स्वीकार किया है। अजंता गुफा की निर्वसना और फिल्म पोस्टर की निर्वसना में मूल अंतर कलाकार के अनुभव के प्रकार का ही है, अन्यथा ऊपरी ढंग से देखने पर तो एक निर्वसना और दूसरी निर्वसना में कोई अंतर नहीं होना चाहिए। नामवर सिंह ने भारती की

कविता में "रेशमी फूलों की ओट' की चर्चा की है, और कहा है, " 'जिस्म की गरमाई' वहाँ भी थे, लेकिन रेशमी फूलों की ओट में। नयी पीढ़ी ने उस रेशमी ओट को हटा भर दिया है। क्या इतने से ही वह विरूप और गलीज़ हो गयी ?" पर यहाँ, 'आलोचना' के संपादक ने स्थिति का अतिसरलीकरण किया है। रेशमी फूलों की ओट हटाना वैसा 'भर' नहीं है जैसा कि नामवर सिंह प्रदर्शित कर रहे हैं। प्रश्न यहाँ यह नहीं है कि ओट हो या कि नहीं, अथवा हो तो रेशमी हो या कि टाट की हो। मूल बात है अनुभव के जटिल और संश्लिष्ट होने की। शरीर के उपभोग से अधिक नंगा और बैलोस कुछ नहीं, पर इस उपभोग का सीधा और एकांतिक अनुभव किसी बाल-बुद्धि के व्यक्ति को हो तो भले हो, क्योंकि केवल इंद्रिय-बोध (सेंसेशन) के स्तर का अनुभव सिर्फ़ शैशव में ही संभव है। अमृतलाल नागर ने अपने नये उपन्यास 'अमृत और विष' में एक इस तरह का अंकन किया है, जहाँ शरीर का अनुभव एक व्यक्ति के साथ है, उसी समय कल्पना में यह अनुभव दूसरे के साथ चल रहा है, और जब रानी के नेत्रों में यह चरित्र एक चरम कृतज्ञता का भाव देखता है, तो मन ही मन अपने को अपराधी भी महसूस करता है। तो, शरीर के बेशुमार स्तर के इन अनुभवों को सीधे 'प्रत्यक्ष' ढंग से संप्रेषित नहीं किया जा सकता, जैसा कि नयी कविता के परवर्ती लेखन में करने की कोशिश होती रही है। भारती की कविता में 'रेशमी फूलों की ओट' नैतिकता के भय से न होकर अर्थ और अनुभव में एक तनाव और संश्लिष्टता उत्पन्न करने के लिए है। अतः उसे हटाना, उस पूरे अनुभव की जटिलता को समाप्त कर देना है। इतने मौलिक और गुणात्मक अंतर को एक निर्दोष और भोले-से लगने वाले 'भर' से नामवर सिंह नहीं ढाँक सकते।

'अमृत और विष' के एक प्रसंग का उल्लेख अभी किया गया। 'नदी के द्वीप' में भुवन और रेखा का प्रणय-प्रसंग भी अनुभव के संश्लिष्ट रूप में देखा जा सकता है। ऐसा नहीं है कि यौन जीवन के इससे अधिक खुले अंकन कलात्मक और रचनात्मक स्तर पर संभव नहीं हैं। पर जैसा पहले कहा गया, शरीर की प्रक्रियाओं के गतिशील और समग्र चित्रण मूर्ति और चित्रकला जैसी दृश्य विधाओं में जितना संभव है, उतना शब्दों की कला—साहित्य—में नहीं। और 'मेरा हमदम मेरा दोस्त' के अनौपचारिक, याराना वातावरण वाली नयी कहानी में तो और भी नहीं। नयी कहानी तथा इसी वर्ग के अन्य रचना-विधानों में शरीर का अनुभव वैसा ही सरल, अल्हड़ और इंद्रियबोधी (सेंसेशनल) है, जैसे कि एक शिशु के लिए नारी यौवन का आकर्षण। नयी कहानी के एक बहुचर्चित रचनाकार कमलेश्वर का दावा है कि "जीवन में जो कुछ दिखायी पड़ता है, उसे बगैर किसी लाग-लपेट के बगैर फुलकारी किये हुए बगैर प्रतीक और बिंबों के 'डारैक्ट्ली' जितना कहा जा सके कहने की कोशिश की जाये और अपनी सच्चाई को कहा जाये।" जीवन

और रचना के प्रति इस शिशु-सुलभ और अल्हड़–और यदि ठीक-ठीक ही कहा जाये तो अबौद्धिक–दृष्टिकोण ने परवर्ती हिंदी लेखन के मिजाज को किसी सीमा तक बनाया है, जिसे लेकर धर्मवीर भारती और नामवर सिंह तथा कुछ अन्य भी, अपने-अपने ढंग से चिंतित हैं। इस माने में नयी कविता और नयी कहानी में 'नयी' पद ऊपर से एक-सा दिखने पर भी दोनों की विरोधी रचना-प्रवृत्तियों के अंतर को झुठला नहीं सकता। नयी कविता ने बराबर अनुभव की संश्लिष्टता और समग्रता पर बल दिया है, जबकि नयी कहानी अनुभव के सीधेपन को 'डायरैक्ट्ली' कहना चाहती है। यहाँ पूछा जा सकता है कि साहित्य में यदि वही अंकित करना है, जैसा जो कुछ जीवन में दिखायी पड़ता है, तो फिर साहित्य की आवश्यकता ही क्या है, क्योंकि जीवन तो सभी के पास देखने के लिए सुलभ है। साहित्य तो वस्तुतः अनुभव का सतत अन्वेषण और पुनरन्वेषण है, उन संबंध-सूत्रों की तलाश है, जिन्हें सामान्यतः जीवन में देखा-पहिचाना नहीं जा पाता।

यह नयी कहानी ही आगे चलकर अकविता को जन्म देती है। अभिव्यक्ति की संश्लिष्टता नहीं, कहने का सीधापन दोनों में समान रूप से मिलता है। "सातवें दशक की कविता को नयी सभ्यता विरासत में मिली है। इसलिए उसके प्रति विमोह की स्थिति अकविता में नहीं है। उसकी अभिव्यक्ति सीधी तथा प्रभावपूर्ण है–" 'अकविता'-5। इसलिए अकविता का रचना के स्तर पर संबंध नयी कविता से न होकर नयी कहानी से है। अकविता में नयी कहानी या कि आगे चलकर सचेतन कहानी और अकहानी के विषयों को कविता के ढाँचे में बैठाने की कोशिश की गयी है। यह अकारण नहीं है कि कविता और सचेतन कहानी का लेखक वर्ग अधिकतर एक ही है। वस्तुतः तो नयी कहानी की सीधी-सरल अनुभव-प्रक्रिया से ही युवालेखन के अनेक रूप विकसित हुए हैं–अकविता, सचेतन कहानी, भूखी पीढ़ी और युयुत्सावादियों का साहित्य। और नामवर सिंह हैं कि इस सबको प्रोत्साहित करने के बाद इसका दायित्व नयी कविता के नाम मढ़ना चाहते हैं। आख़िर नयी कहानी से उत्पन्न इस सृष्टि को अपनाते उन्हें संकोच क्यों है ? जहाँ तक नयी कविता का प्रश्न है, वह अपने ढंग से गतिशील है, और कुछ लेखकों ने इस क्रम में नये नाटक को भी विकसित करने का यत्न किया है। इस विषय की चर्चा हम लोग दूसरे व्याख्यान के अंतर्गत कर चुके हैं।

यह बिलकुल ठीक है कि समकालीन युवालेखन के तिरस्कार से कोई भी बात नहीं सुलझ सकती। जिन कुछेक कवियों-समीक्षकों ने तिरस्कार और भर्त्सना का स्वर अपनाया है, उन्होंने नये प्रयोगों की संभावना को पर्याप्त समय न देकर अपने निष्कर्षों में जल्दबाज़ी की है, और अपनी दृष्टि को संकीर्ण कर लिया है। पर वर्तमान स्थिति का सही-सही मूल्यांकन करने के लिए ज़रूरी है कि हम उसके

रचना-विकास का ठीक-ठीक विश्लेषण करें। नामवर सिंह द्वारा वर्तमान रचना-स्थिति के मूल्यांकन का प्रश्न उठाया जाना, और उसके लिए चिंता, सहानुभूति, और सद्भाव की अभिव्यक्ति सही क़दम है। पर उस स्थिति के विश्लेषण में उन्होंने एक तरह की चालाकी बरती है, और समस्या के विवेचन को लगभग उस स्तर पर लाकर खड़ा कर दिया है, जहाँ कि सरकार और प्रतिपक्ष एक-दूसरे पर दोषारोपण करते हों कि भूख को राजनैतिक दाँव-पेंच के लिए इस्तेमाल किया जा रहा है और कि सूखा से उत्पन्न विभीषिका के लिए ज़िम्मेदार कौन है ? आवश्यकता इस बात की है कि समकालीन लेखन में राजनीति अनुभव का अंग होकर आये, केवल व्यावहारिक आचरण के स्तर पर ही परिचालित न की जाती रहे।

युवालेखन के इन विविध रूपों में क्या कुछ सार्थक भाव से रचा जा सका है, इसके बारे में अभी कुछ ठीक-ठीक कहना कठिन है। पूरे परिदृश्य पर प्रवाह की इतनी तेज़ी है कि कहीं कुछ नामों का ठहर पाना और उभर पाना संभव नहीं हो रहा है। फिर भी राजकमल चौधरी का उल्लेख किया जा सकता है, जिन्होंने कई माध्यमों में अपनी बात को सशक्त ढंग से कहने की कोशिश की है। यदि उनके जीवनवृत्त को–जो खेद है कि असमय में ही समाप्त हो गया–उनके साहित्य से मिलाने का प्रयत्न न किया जाये, तो भी उनका कृतित्व क्षमतापूर्ण दिखायी देता है। 'मुक्तिप्रसंग' और 'कंकावती' तथा उनके कई उपन्यास समकालीन जीवन की मरोड़ और बेचैनी का तीखा एहसास कराते हैं। पर उनकी प्रतिभा का मूल रूप कविता में ही दिखायी देता है। कवियों में धूमिल के प्रयोग छोटी-बड़ी पत्रिकाओं में ध्यान आकृष्ट करते रहे हैं। इधर उनका एक काव्य-संकलन प्रकाशित हुआ है 'संसद से सड़क तक', जो लीलाधर जगूड़ी के संकलन 'नाटक जारी है' के साथ भाषा-रचना की नवीन प्रवृत्तियों के संदर्भ में चर्चित हुआ है। मुद्राराक्षस, जो युवालेखन से कुछ पहले ही से लिख रहे हैं, लक्ष्मीकांत वर्मा की तरह कहीं रुकना नहीं चाहते। अपनी सारी बौद्धिक साज-सज्जा के साथ उनके पास कहने के लिए काफ़ी कुछ महत्त्वपूर्ण है, जिसे उन्होंने कई माध्यमों में कहा है। शुद्ध वैचारिक स्तर पर भी उनका चिंतन साहित्य की नवीनतम प्रवृत्तियों के साथ-साथ चलता है।

यद्यपि इतने तीव्र प्रवाह में गोता लगाकर कुछ निकाल पाना कठिन है, पर प्रवाह को प्रवाह के रूप में देख पाना भी एक अनुभव है। और न इसके लिए कुछ भविष्यवाणी करना है कि युवालेखन की क्या उपलब्धि होगी ! आलोचक में न इसकी शक्ति है, जो स्थिति अपने में उसके लिए बहुत काम्य है, और न ही वह इसकी ज़रूरत महसूस करता है। समकालीन युवालेखन तथा छात्र-आंदोलन अनियोजित तथा अपने में ही बेचैन होती हुई शक्ति के प्रदर्शन हैं। इस शक्ति

का हम सब मिलकर क्या बना पाते हैं–कम-से-कम बनाने के लिए कैसा वातावरण प्रस्तुत कर पाते हैं–यह भी कम महत्त्वपूर्ण नहीं है। इन्हें सहानुभूति चिढ़ा सकती है, इनके प्रति अधिक से अधिक समझ का भाव विकसित करके ही हम युवा-शक्ति और अपने प्रति भी न्याय कर सकते हैं।

अंत में अत्यंत विनयपूर्वक मैं आप सबके प्रति आभार प्रदर्शित करना चाहूँगा कि आपने मुझे इस बात के लिए अनुमति दी कि अपनी समझ और अपने विभ्रम दोनों में आपको साझीदार बना सकूँ।

संक्षिप्त ग्रंथ-सूची

कविता

अंधा युग : धर्मवीर भारती (1955)
चाँद का मुँह टेढ़ा : गजानन माधव मुक्तिबोध (1964)
सीढ़ियों पर धूप में : रघुवीरसहाय (1960)
आत्महत्या के विरुद्ध : रघुवीरसहाय (1967)
अतुकांत : लक्ष्मीकांत वर्मा (1968)
धुएँ की लकीरें : लक्ष्मीकांत वर्मा, विपिनकुमार अग्रवाल (1956)
फूल नहीं, रंग बोलते हैं : केदारनाथ अग्रवाल (1965)
कुछ कविताएँ : शमशेरबहादुर सिंह (1959)
कुछ और कविताएँ : शमशेरबहादुर सिंह (1961)
आधुनिक कवि, भाग-13 : बाजकृष्ण राव (1967)
शिला पंख चमकीले : गिरिजाकुमार माथुर (1961)
अनुक्षण : प्रभाकर माचवे (1959)
शहर अब भी संभावना है : अशोक वाजपेयी (1966)
मायादर्पण : श्रीकांत वर्मा (1967)
काठ की घंटियाँ : सर्वेश्वरदयाल सक्सेना (1959)
आत्मजयी : कुँवरनारायण (1965)
तार सप्तक : सं. अज्ञेय (1943)
दूसरा सप्तक : सं. अज्ञेय (1951)
तीसरा सप्तक : सं. अज्ञेय (1959)
आँगन के पार द्वार : अज्ञेय (1961)
आज के लोकप्रिय हिंदी कवि–अज्ञेय : सं. विद्यानिवास मिश्र (1963)

नयी कविता (अंक 1-8) : सं. जगदीश गुप्त, रामस्वरूप चतुर्वेदी; जगदीश गुप्त, विजयदेवनारायण साही
पहचान (1-3) : सं. अशोक वाजपेयी
मुक्तिप्रसंग : राजकमल चौधरी (1966)
अपनी शताब्दी के नाम : दूधनाथ सिंह (1967)
नंगे पैर : विपिनकुमार अग्रवाल (1970)
अनागता की आँखें : वीरेन्द्रकुमार जैन (1959)
संसद से सड़क तक : धूमिल (1972)
अकेले कंठ की पुकार : अजितकुमार (1958)
नाटक जारी है : लीलाधर जगूड़ी (1972)

उपन्यास

शेखर–एक जीवनी (2 भाग) : अज्ञेय (1941-1944)
नदी के द्वीप : अज्ञेय (1952)
अपने-अपने अजनबी : अज्ञेय (1961)
सूरज का सातवाँ घोड़ा : धर्मवीर भारती (1952)
खाली कुर्सी की आत्मा : लक्ष्मीकांत वर्मा (1958)
टेराकोटा : लक्ष्मीकांत वर्मा (1971)
बाहर-भीतर : देवराज (1954)
अजय की डायरी : देवराज (1960)
यह पथ बंधु था : नरेश मेहता (1962)
वे दिन : निर्मल वर्मा (1964)
अर्थहीन : रघुवंश (1962)
मैला आँचल : फणीश्वरनाथ 'रेणु' (1954)
द्वाभा : प्रभाकर माचवे (1955)

कहानी

सीढ़ियों पर धूप में : रघुवीरसहाय (1960)
काठ का सपना : गजानन माधव मुक्तिबोध (1967)
आकारों के आसपास : कुँवरनारायण (1971)

यात्रा-संस्मरण

अरे यायावर रहेगा याद : अज्ञेय (1953)

एक बूँद सहसा उछली : अज्ञेय (1960)
हरी घाटी : रघुवंश (1961)
आखिरी चट्टान तक : मोहन राकेश (1953)
चीड़ों पर चाँदनी : निर्मल वर्मा (1964)

समीक्षा

नयी कविता का आत्मसंघर्ष : गजानन माधव मुक्तिबोध (1964)
एक साहित्यिक डायरी : गजानन माधव मुक्तिबोध (1964)
मानव मूल्य और साहित्य : धर्मवीर भारती (1960)
त्रिशंकु : अज्ञेय (1954)
आत्मनेपद : अज्ञेय (1960)
नयी कविता के प्रतिमान : लक्ष्मीकांत वर्मा (1957)
नये प्रतिमान पुराने निकष : लक्ष्मीकांत वर्मा (1966)
कविता के नये प्रतिमान : नामवर सिंह (1968)
साहित्य का नया परिप्रेक्ष्य : रघुवंश (1963)
नयी कविता : नये कवि : विश्वंभर 'मानव' (1968)
प्रतिक्रियाएँ : देवराज (1966)
हिंदी नवलेखन : रामस्वरूप चतुर्वेदी (1960)
भाषा और संवेदना : रामस्वरूप चतुर्वेदी (1964)
अज्ञेय और आधुनिक रचना की समस्या : रामस्वरूप चतुर्वेदी (1968)
आधुनिकता के पहलू : विपिनकुमार अग्रवाल (1972)

नाटक

मादा कैक्टस : लक्ष्मीनारायण लाल (1957)
सुबह के घंटे : नरेश मेहता (1956)
आदमी का ज़हर : लक्ष्मीकांत वर्मा (1957)
कारवाँ : भुवनेश्वर (नवीन संस्करण–1971)
आधे अधूरे : मोहन राकेश (1969)
तीन अपाहिज : विपिन अग्रवाल (1969)

खंड : 3

समकालीन कविता की दशा

1989 ई.

समकालीन कविता की दशा

बीच-बीच में अपने समय की कविता पर विचार करते रहना जितना उसके स्वस्थ रहने का लक्षण है उतना ही उसके अस्वास्थ्य की चिंता भी है। कुछ समय पूर्व, याद पड़ता है, किसी अँग्रेज़ी पत्र में पढ़ा था कि ब्रिटिश संसद के उच्च सदन—हाउस ऑफ़ लॉर्ड्स में एक लंबी बहस रखी गयी थी कविता की स्थिति पर विचार करने के लिए। वह विचार-प्रक्रिया निश्चय ही उस संसद के योग्य थी। इस बहस में एक मान्य सदस्य ने यह विचार व्यक्त किया कि उनके जातीय जीवन में कविता का स्थान कम होता गया है, और यह चिंता की बात है। सदस्य महोदय का आग्रह था कि कविता को ब्रितानी जीवन में और महत्त्व मिलना चाहिए। इस प्रसंग में उन्होंने कवि की उक्ति दुहरायी Man must have time to stand and stare. अर्थात् मनुष्य को कुछ देर थमने और इधर-उधर निहारने का समय मिलना चाहिए। बहस के इस हिस्से को पढ़कर कुछ रोचक भी लगा था कि जिस जाति ने औद्योगिक क्रांति के माध्यम से समूची मानव जाति को एक अनोखी आपाधापी में डाल दिया है, वे ही लोग अब इस बात के लिए चिंतित हैं कि मनुष्य को कुछ समय अपने लिए इधर-उधर निहारने को होना चाहिए।

हमारे देश की चिंता कविता को लेकर अभी ऐसी नहीं है, यद्यपि औद्योगिक और तकनीकी दबाव हमारे ऊपर भी तेज़ी से बढ़ रहा है। पर इस तकनीकी दबाव ने एक और समस्या उत्पन्न की है, जो कविता की प्रकृति को छेड़ रही है। यह समस्या भी कविता-मात्र की है, पर हमारी परंपरा और ऐतिहासिक परिस्थिति में वह एक ख़ास ढंग से उभरी है। तकनीक ने तरह-तरह की दूरियाँ कम की हैं और अनुभव के पकाने में समस्याएँ खड़ी की हैं। अभी तक समाचार-पत्र, रेडियो और फ़िल्म ऐसे माध्यम थे जिनसे संचार की गति में सहसा तीव्रता आयी थी। अब दूरभाष और सैटलाइट के प्रसारण ने सारे संसार के घटना-क्रम को हर जगह

तात्कालिक बना दिया है। परिणाम इसका यह हुआ कि अब सूचनाएँ हमें तत्काल मिलती हैं, पर उन सूचनाओं के अंबार में से अनुभूति का निथरना मुश्किलतर हो गया है। वर्ड्सवर्थ ने जो कहा था 'Emotion recollected in tranquility', या फिर प्रसाद का 'आँसू'

जो घनीभूत पीड़ा थी मस्तक में स्मृति-सी छायी,
दुर्दिन में आँसू बनकर वह आज बरसने आयी,

यह रचना-प्रक्रिया अब धीरे-धीरे अपने ताप में घट रही है। अनुभव का अनुभूति में बदलना और अनुभूति का कविता हो जाना, यह एक लंबी प्रक्रिया है। संचार साधनों की तीव्रता इसमें बाधक हुई है। अज्ञेय ने रचना-प्रक्रिया पर कई जगह लिखा है। एक प्रसिद्ध अंश है–

बूँद स्वाती की भले हो
बेधती है मर्म सीपी का उसी निर्मम त्वरा से
वज्र जिससे फोड़ता चट्टान को
भले ही फिर व्यथा के तम में
बरस पर बरस बीतें
एक मुक्ता रूप को पकते।

यह मुक्ता-रूप का पकना आज की आपाधापी में मुश्किल हुआ है। आलोचक ने अन्यत्र लिखा है कि अनुभव का अनुभव अनुभूति है, और फिर अनुभूति का अनुभव कविता है। जाड़ा लगना अनुभव है, और यह कि जाड़ा लग रहा है, अनुभव का अनुभव है यानी अनुभूति या कि भाषा है। फिर इस अनुभव के अनुभव का अनुभव कवि के यहाँ संभव होता है–

शिशिर की शर्वरी
हिंस्र पशुओं भरी।

प्लेटो इस प्रक्रिया को शायद कहता कि यह यथार्थ से तिहरी दूरी पर है। पर वस्तुतः यह तिहरी दूरी नहीं, अनुभव की तिहरी पर्त है, या कि अनुभव-संश्लेष है, जो यथार्थ से आगे यथार्थतर और यथार्थतम रूप है। किंतु 'फ्यूचर शॉक' या भविष्य के धक्के के इस युग में अनुभव का संश्लिष्ट और सघन होना ही कठिन हो गया है। आज तो लगता है कि चमड़ीभर के स्तर पर हम जी पा रहे हैं। ऐसे में कविता की दशा सचमुच विचारणीय है।

और कविता ही नहीं, भाषा के अपने अस्तित्व की भी समस्या है। आधुनिक संचार-साधनों में दो वृत्तियाँ देखी जा सकती हैं–एक तो तात्कालिकता, और दूसरे

दृश्य-चित्रों का त्वरा से बदलना। तात्कालिकता का गुण तो संचार माध्यम-मात्र की विशेषता है, पर दूसरी वृत्ति फ़िल्म, टेलिविज़न और अब रंगीन कॉमिक प्रकाशनों में देखी जा सकती है। इन माध्यमों ने भाषा के परंपरागत रूप को आहत किया है। वर्ण अब वर्णमाला के रूप में नहीं है, रंग के अर्थ में जैसे सीमित हो गया हो। इन माध्यमों ने, और किसी क़दर सीधे दूरभाष प्रणाली ने, जैसा कि एक टिप्पणीकार ने कहा है, प्रौढ़ साक्षरों की एक नयी जमात पैदा कर दी है। ये वर्णमालावाली भाषा से विमुख होते जा रहे हैं। उन्हें या तो भाषा सुनाई देती है, या चित्रों के रूप में दिखाई देती है। भाषा से सीधा साक्षात्कार उनका बहुत कम होता है। इस प्रवृत्ति ने भी सूचना की तात्कालिकता पर अधिक बल दिया है, अनुभव के पकने से उनका सरोकार कम होता गया है। कुल मिलाकर इन परिस्थितियों में अनुभूति के ऊपर सनसनी का महत्त्व बढ़ा है। और सनसनी की मात्रा स्वभावतः, मादक पदार्थों की मात्रा की तरह बढ़ती जा रही है। इसके साथ यह भी लक्षित किया जा सकता है कि हिंसा–हर प्रकार की–बढ़ती पर है। भाषा का संस्कार कम होने पर उसके स्थूल स्थानापन्न के रूप में हिंसा बढ़े, तो शायद यह भी ठीक क्रम ही है। कविता, जो सनसनी को प्रशमित करने का एक सभ्य उपाय मानवता ने आविष्कृत किया था, अब क्रमशः सनसनी से और हिंसा से चतुर्दिक् घिरती जा रही है। कविता भाषा का अधिकतम सघन और सर्जनात्मक रूप है और जब भाषा स्वयं बचाव की मनोदशा में हो तो कविता को सुरक्षित रखना संस्कृति के लिए बहुत बड़ी चुनौती हो जाती है।

समकालीन हिंदी कविता में ये दबाव कई रूपों में दिखते हैं। एक तो सपाटबयानी की वृत्ति और दूसरे व्यंग्य की मुद्रा। पर यहाँ तक आने के पहले आधुनिक कविता के कुछ आरंभिक चरणों की विवेचना जरूरी होगी।

इसके लिए अलग-अलग चरणों से तीन संध्या-चित्र उपस्थित किये जा रहे हैं। पहला चित्र आधुनिक खड़ी बोली कविता के प्रथम महाकाव्य 'प्रियप्रवास' से है। हरिऔध का यह वर्णन हमारी कविता के इतिहास में काफी प्रसिद्ध है–

दिवस का अवसान समीप था
गगन था कुछ लोहित हो चला
तरु-शिखा पर थी अब राजती
कमलिनी-कुल-वल्लभ की प्रभा।

यह संध्या-चित्र एकदम सीधा-सादा वर्णन है। तत्सम शब्दावली के आग्रह के बावजूद काव्य-भाषा इतिवृत्तात्मक है। दिन डूबना, आकाश का कुछ लोहित हो जाना, और वृक्षों की फुनगियों पर डूबते हुए सूर्य की अंतिम किरणों का पहुँचना, यही सीधा दृश्यालेख है। इस इतिवृत्त-प्रधान कविता के बाद छायावाद का आगमन

होता है। सुमित्रानंदन पंत का प्रसिद्ध संध्या-चित्र है 'एक तारा'–

तरु-शिखरों से वह स्वर्ण-विहग/उड़ गया;
खोल निज पंख सुभग,
किस गुहा-नीड़ में रे किस मग !

प्रस्तुत एकदम वही है जो हरिऔध के लिए था। पर अब पंत की भाषा लाक्षणिक हो गयी है। हरिऔध ने डूबते सूर्य की किरणों का लाल रंग वृक्ष की चोटी पर देखा था। सुमित्रानंदन पंत के लिए वह लालिमा मात्र न रहकर एक 'स्वर्ण-विहग' बन गया है, जो धीरे-धीरे सूर्य के अस्त होते-होते उड़कर जैसे अपने नीड़ में विश्राम के लिए पहुँच गया हो। यों पहले का सीधा वर्णन अब एक लाक्षणिक प्रयोग में बदल गया है। इसके बाद आते हैं प्रयोगशील नये कवि शमशेरबहादुर सिंह। शाम के रंगों का चित्रण इनके यहाँ भी कई रूपों में हुआ है। यहाँ प्रस्तुत है 'एक पीली शाम'–

एक पीली शाम
    पतझर का जरा अटका हुआ पत्ता
शांत
मेरी भावनाओं में तुम्हारा मुखकमल
कृश म्लान हारा-सा
    (कि मैं हूँ वह
    मौन दर्पण में तुम्हारे कहीं ?)
    X X X
अब गिरा अब गिरा वह अटका हुआ आँसू
सांध्य तारक-सा
अतल में।

यहाँ संध्या का रूप संश्लिष्टतर होता है; तीन अनुभव-चित्र एकसाथ बँट दिये गये हैं। शाम का रंग भी बदला है–लोहित से सुनहला और सुनहला से पीला ! यानी रंगों के मेल में से लालिमा हल्की हुई है और पीलापन क्रमशः बढ़ता गया है, जिसके पीछे स्पष्ट ही समकालीन यथार्थ का आग्रह है। कविता के तीन अनुभव-चित्रों में से पहला है पतझर में डाल से ज़रा अटका हुआ पत्ता, दूसरा है आँख में अटका हुआ आँसू और तीसरा है संध्या-तारा जो डूबने-डूबने को है। यहाँ न ध्वनि-शास्त्री का कोई मुख्यार्थ है और न कोई व्यंग्यार्थ, और न ही एलियट की दृष्टि से कोई अलग मनोभाव है, और न कोई अन्य 'ऑब्जैक्टिव कोरिलेटिव'। एक प्रकार से हम कह सकते हैं कि प्रस्तुत-अप्रस्तुत विधान का जो द्वैत अब तक काव्य-चिंतन में चला आ रहा था वह एकबारगी डूब जाता है। अब जैसा कहा गया, ये तीनों

अनुभव-सूत्र एक साथ बँट दिये गये हैं, तीन बिंब एक के ऊपर एक आरोपित हैं। जटिलतर और संश्लिष्टतर होती अनुभूतियों के क्रम को पाठक एक साथ साक्षात्कृत करता है। यह नयी कविता के रचना-विधान की महत्त्वपूर्ण और गुणात्मक उपलब्धि कही जा सकती है।

पर समकालीन कविता इस विकास को आगे कई कारणों से साध नहीं पा रही। खड़ी बोली काव्यभाषा मैथिलीशरण गुप्त से लेकर (भारतेंदु तो कविता ब्रजभाषा में ही लिखते रहे) नयी कविता तक अपूर्व क्षमता विकसित कर लेती है, और उसके साथ-साथ उसका रचना-विधान अर्थ की दृष्टि से सघन और सर्जनात्मक होता गया है। पर नयी कविता के बाद यह काव्यभाषा दो विरोधी मोड़ों पर घूमती नज़र आती है। एक ओर तो कविता को बयान की शक्ल में पेश किया गया है–'धूमिल' ने अपने संकलन 'संसद से सड़क तक' के मुखबंध में कविता को पहले और मूलतः बयान माना है। जाहिर है कि कविता के इस रूप में वक्तृत्व को, यानी बात को फैलाकर और चुटीले ढंग से कहने को अनुभूति-संघनन के ऊपर महत्त्व मिला है। 'चौथा सप्तक' की भूमिका में अज्ञेय को भी शिकायत है कि वहाँ संकलित कविताएँ बोलती अधिक और कहती कम हैं। समकालीन कविता की एक दूसरी मुद्रा है व्यंग्य की। यह व्यंग्य या कि 'आयरनी' का रूप नयी कविता में भी था, एक उपकरण के रूप में, पर बाद में चलकर उसे पूरे विधान के केंद्र में रख दिया। यह कुछ वैसे ही हुआ जैसे आप हर समय बिराते हुए चलें, किसे ? शायद सारे संसार को, और अंततः अपने आपको भी !

तो इन दोनों विधानों में यथार्थ की पकड़ अतिरंजित होकर छूट जाती है। एक स्थिति में वह यथार्थ का अतिसरलीकरण करती है तो दूसरी ओर उसे विद्रूप करती है। और रोचक विडंबना यह है कि ये दोनों प्रक्रियाएँ यथार्थ पर बल देने के आग्रह में विकसित हुई हैं। यथार्थ के बहुआयामी और बहुस्तरीय रूप को समझने के बजाय कविता के ये दोनों मोड़ किसी न किसी आग्रह के साथ उसके एकपक्षीय रूप को ही अपना गंतव्य मानते हैं। समकालीन जीवन में राजनीति के बेअनुपात महत्त्वशाली होते जाने की ये परिणतियाँ हैं। राजनीति से लगाव बयानबाजी को फैलाता है, और उससे अरुचि व्यंग्य की मुद्रा में फूटती है।

तब कविता का राजनीति से क्या रिश्ता बने ? जो यह मानते हैं कि समाज को बदलने में कविता एक अस्त्र के रूप में प्रयुक्त की जा सकती है, की जानी चाहिए, वे कविता को पक्षधर मानकर चलते हैं। यानी उनकी निगाह में कविता स्वयं अपना कोई पक्ष नहीं बनाती, नहीं बना सकती, और उसे अनिवार्यतः पहले से दिये हुए पक्षों में से किसी एक को धारण करना है। समाज-परिवर्त्तन की प्रक्रिया में कविता की क्या स्थिति है, यह एक विचारणीय प्रश्न है, विशेषतः समकालीन कविता के आग्रहों के संदर्भ में।

इस विवेचन के लिए निराला के दो उद्धरण लिये जा सकते हैं। दोनों उनके उत्तरकालीन काव्य के हैं, और रामविलास शर्मा द्वारा संपादित निराला की प्रतिनिधि कविताओं के संकलन 'रागविराग' से लिये गये हैं। पहला अंश 'बेला' संकलन से है–

जल्द-जल्द पैर बढ़ाओ, आओ, आओ !
आज अमीरों की हवेली
किसानों की होगी पाठशाला,
धोबी, पासी, चमार, तेली
खोलेंगे अँधेरे का ताला,
एक पाठ पढ़ेंगे, टाट बिछाओ !

दूसरा गीत 'गीत गुंज' से है–

जिधर देखिए श्याम विराजे।
श्याम कुंज-वन, यमुना श्यामा,
श्याम गगन, घन-वारिद गाजे।
श्याम धरा, तृण गुल्म श्याम हैं
श्याम सुरभि अंचल दल साजे
X X X
श्याम काम, रवि श्याम मध्य दिन,
श्याम नयन काजल के आँजे
श्रुति के अक्षर श्याम देखिए,
दीपशिखा पर श्याम निवाजे,
श्याम तामरस, श्याम सरोवर
श्याम अनिल छवि श्याम सँवाजे।

स्वभावतः प्रश्न उठता है कि इन दोनों उद्धरणों की संवेदना में परस्पर क्या सामंजस्य है ? पहली कविता परिवर्त्तन-कामिता को सीधे चित्रित करती है, दूसरी में साधक-मन की विराट अद्वैतमूलक अनुभूति है। अब यदि सर्वत्र श्याम हैं तो किसानों की झोपड़ी में भी हैं और अमीरों की हवेली में भी। फिर यह परिवर्त्तन की तीव्र इच्छा क्यों ? क्या दूसरा उद्धरण पहले को काट नहीं देता ?

इस जिज्ञासा के मूल में जाने पर एक और गहरा प्रश्न उभरता है–साहित्य विचार है या अनुभव ? यदि विचार है तो सीधे विचार को प्रभावित करेगा, और यदि अनुभव है, यहाँ विचार को भी गलाकर अनुभव में रूपांतरित किया गया है, तो वह अनुभव को स्पर्श करेगा। विचार जल्दी बदलता है, संस्कार क्रमशः। साहित्य कठिन काम करता है संस्कारों को बदलने का। विचार को बदलने का

काम है दर्शन का, या कि व्यावहारिक क्षेत्र में राजनीति का। अब हम प्रश्न के केंद्र में आ जाते हैं–क्या संबंध है साहित्य या कि कविता का राजनीति से ? इस संदर्भ में सबसे स्पष्ट और निर्भ्रांत धारणा प्रेमचंद की है, जिनके साहित्य के बारे में कहा जा सकता है कि उसने उत्तर भारत के जीवन को बदला है, बिना इस गुमान के कि हमें जीवन को बदलना है। प्रेमचंद ने अपने प्रगतिशील लेखक संघ के अभिभाषण में कहा था 'वह (अर्थात् साहित्य) देशभक्ति और राजनीति के पीछे चलनेवाली सचाई भी नहीं, बल्कि उनके आगे मशाल दिखाती हुई चलनेवाली सचाई है।' यहाँ मशाल के बिंब पर ध्यान दें। मशाल जलती भी है और जलाती भी है–एक मात्रा का फर्क है। पर प्रेमचंद के लिए साहित्य जलनेवाली मशाल है जलानेवाली नहीं। वह राजनीति की पथप्रदर्शक और उसे आलोक देनेवाली है। साहित्य उनके लिए पक्षधर या हथियार नहीं, विवेक और अन्वेषण की प्रतीक मशाल है। ठीक इसी स्वर में आचार्य रामचंद्र शुक्ल ने अपने इतिहास के गद्य-काल में लिखा है, 'साहित्य को राजनीति के ऊपर रहना चाहिए, सदा उसके इशारों पर ही न नाचना चाहिए।' सहित्य और राजनीति के संबंधों में तनाव जितना बढ़ता गया है रचनाकार ने अपने आपको उतने ही बल के साथ रचना के पक्ष में प्रक्षिप्त किया है। साहित्य में, और कविता में विशेषतः, आधुनिक चेतना के वाहक अज्ञेय का मानना है, 'लेखक अनिवार्यतः सामाजिक क्रांतिकारी है, इस किशोर-मोह से मैंने छुटकारा पा लिया है। लेखक सिवा अपने के कुछ को नहीं बदलता।' ('आत्मनेपद') दृष्टिकोण के साथ-साथ बड़ा टनटनाता वाक्य-विन्यास यहाँ सुनने को मिलता है, 'लेखक सिवा अपने के कुछ को नहीं बदलता।' ध्वनि स्पष्ट है कि रचना-कर्म से बदलता वह स्वयं को है समाज को तो संस्कारित करता है। साहित्य का प्रभाव बंबइया फ़िल्म की तरह आक्रामक नहीं होता, जो जितने वेग से चढ़ता है वैसे ही उतर जाता है। रचना यदि रचनाकार के मन में पकने का समय लेती है तो पाठक के मन में भी संक्रमित होने का समय लेती है। और यों एक व्यक्तित्व क्रमशः दूसरे का अंग बन जाता है।

तो हमारी जिज्ञासा का समाधान कैसे होता है ? निराला के दो उद्धरण, जो पहले रखे गये, एक-दूसरे से कैसे जुड़ते हैं ? कविता की इस समस्या का उत्तर निराला के समकालीन और वरिष्ठ कवि जयशंकर प्रसाद की कविता में अनायास मिलता है। प्रसाद के 'झरना' के मुख-बंध में एक कविता है 'परिचय'। आरंभिक तीन पंक्तियों में जिज्ञासा है, और अंतिम में उसका समाधान–

उषा का प्राची में आभास।
सरोरुह का सर बीच विकास।।
कौन परिचय था ? क्या संबंध ?
'गगन मंडल में अरुण विलास।।

आकाश की लालिमा सरोवर के कमल की पंखुरियों में खिल उठती है, कुछ ऐसा ही संबंध रचना और उसके पाठक या कि श्रोता के बीच है।

यह संबंध निश्चय ही जटिल है और सिर्फ़ बयान या कि 'आयरनी' के माध्यम से संभव नहीं। इसके लिए समकालीन कवि को अपनी भाषा में मूलतः निष्ठा रखनी है। साधारण भाषा में साधारण अनुभूति की पहिचान करनी है। असाधारणता अथवा विशिष्टता न भाषा में है, न अनुभूति में, वह है उसकी पहिचान में, जो उन दोनों की अंतर-प्रक्रिया में बनती है।

समकालीन कविता की दशा इस समस्या से सीधे जुड़ी हुई है, और इसी के समाधान में उसका दिशा-संधान निहित है। 1943 ई. में अज्ञेय द्वारा संपादित 'तारसप्तक' का प्रकाशन हुआ था, जहाँ से हिंदी कविता में आधुनिकता का स्वर प्रमुख होता है। 'तारसप्तक' के दूसरे और परिवर्द्धित संस्करण की भूमिका सन् 1963 में लिखी गयी। संकलनकर्त्ता संपादक के शब्दों में–'तारसप्तक' का प्रकाशन् 1943 में हुआ था। दूसरे संस्करण की यह भूमिका सन् 1963 में लिखी जा रही है। बीस वर्ष की एक पीढ़ी मानी जाती है। 'वयमेव याताः' के अनिवार्य नियम के अधीन 'सप्तक' के सहयोगी, जो 1943 के प्रयोगी थे, सन् 1963 के संदर्भ हो गये हैं।' अज्ञेय के इस वक्तव्य के बाद बीस वर्ष और बीत गये हैं, और यह संयोग से कुछ अधिक है कि अज्ञेय द्वारा संपादित चारों सप्तक-संकलनों की भूमिकाएँ अब 1983 में एक संकलन रूप में 'कवि दृष्टि' के नाम से प्रकाशित हो रही हैं। कवि का प्रयोग संदर्भ बनता है और फिर क्रमशः दृष्टि के रूप में पहिचाना जाता है।

इस अवसर की दृष्टि से भी समकालीन कविता की दशा पर विचार न केवल प्रासंगिक है, बल्कि किसी क़दर जरूरी है। यह ठीक है कि रचना-समस्याओं का कोई सीधा समाधान नहीं होता, और यदि कहीं होता है तो रचनाकार के अंतर्मन में। आधुनिक कविता कोई लिमिटेड कंपनी नहीं जिसकी वार्षिक बैठक के अवसर पर उसका लेखा-जोखा प्रस्तुत हो और भविष्य की प्रगति का मार्ग निर्धारित किया जाय। यहाँ रास्ते अलग-अलग हैं और चलने के ढंग भी। यह एक असीमित सहकार है, और एक इसी भरोसे पर कवि कर्मशील रहता है। इस प्रसंग में कहीं कुछ रोचक अंतर्विरोध भी देखने को मिलते हैं। अशोक वाजपेयी अपने आलोचनात्मक लेखन में बहुत बार सपाटबयानी की वकालत करते दिखते हैं, पर स्वयं उनकी अपनी कविता वैसी ही संश्लिष्ट और बिंबधर्मी है जैसी कि शमशेर या कि रघुवीरसहाय की। यह अंतर्विरोध स्पष्ट ही कविता के हक में है।

युवा और युवतर कवियों के इधर अनेक संग्रह प्रकाश में आए हैं, जिसके पीछे कई प्रबुद्ध प्रदेश सरकारों का प्रोत्साहन भी है। इन संकलनों में रचनाकार की बेचैनी तो परिलक्षित होती है, पर वह कविता में रूपांतरित कम हुई है। पहले

से बने वक्तृत्व के मुहाविरों को तोड़ने में वे मुश्किल का अनुभव कर रहे हैं। फिर मुहाविरों में बँध जाने पर भाषा लंबी कविता के लिए नहीं खुलती। यह ठीक है कि कविता शब्दों से ही बनती है, न प्रतीकों या अलंकारों से और न ही मुहाविरों से। प्रतीकों, अलंकारों या मुहाविरों का उपयोग इसी में है कि उन्हें सीधे-सामान्य शब्दों के द्वारा तोड़ा जाना है। वे एक तरह से भाषा के मलबा हैं जिन्हें तोड़-फोड़कर नये सिरे से प्रयुक्त करना होगा। सीधे-सरल-सामान्य शब्द बिंब की छवि में नयी अर्थवत्ता से युक्त हो उठते हैं। प्रतीक, मुहाविरे या अलंकार कालांतर में रूढ़ हो जाते हैं, पर बिंब हर बार अपने पुराने-परिचित आंतरिक संबंधों को नये रूप में स्थिर करता है, और इस संश्लेष-प्रक्रिया में हर बार नवीकृत होता रहता है। इसी में उसकी अर्थक्षमता रचनाकार और पाठक दोनों सिरों पर वर्द्धनशील होती है। भौतिक विज्ञानों के संदर्भ में जीवन-यथार्थ की समझ इधर क्रमशः जटिलतर होती जाती है, और कविता यदि बयान, मुहाविरों या नारों में फँसती जाये तो यह एक निरी बेमेल स्थिति होगी।

इतिवृत्त और वर्णन के फैलाव को नये विकसित गद्य-माध्यमों के लिए छोड़कर आधुनिक युग के पहले सशक्त काव्यांदोलन छायावाद ने अनुभव की संश्लिष्टता पर बल दिया। नयी कविता ने उसे और बलपूर्वक वक्तृत्व से अलग किया। उसके प्रमुख कवि नयी कविता की इस विशेषता को बार-बार रेखांकित करते रहे। 'बात बोलेगी/हम नहीं', यह प्रतिज्ञा थी शमशेर की। अपने लिए मुक्तिबोध 'कविता में कहने की आदत नहीं' स्वीकार करते। अज्ञेय तो बड़बोलेपन के हमेशा विरुद्ध रहे हैं अपनी कविता में भी और समीक्षा में भी। 'आँगन के पार द्वार' की पहली कविता में सरस्वती-पुत्र इस युग के शोर-शराबे में कवि की आत्मान्वेषी वृत्ति को महत्त्व देता है। भूमिकाओं के अपने नये संकलन 'कवि-दृष्टि' में उनकी मुख्य शिकायत यही है, 'मैंने अन्यत्र कहा है कि आज कविता बहुत बोलती है; असल में तो मुझे यह कहना चाहिए कि आज कवि इतना अधिक बोलता है कि कविता की बोलती बंद हो जाती है। आज कविता की रचना नहीं होती, बल्कि पद्य का इस्तेमाल होता है और इसलिए इस्तेमाल होता है कि कवि को बोलने का अवसर मिले।' (भूमिकाओं की भूमिका) यों समकालीन कविता राजनीति का हथियार बनने की नादान उत्सुकता में कविता से पहले बयान होना चाहती है। यह आधुनिक कविता के समूचे विकास को नकारना है। प्रसाद-निराला-अज्ञेय-मुक्तिबोध-शमशेर की विकास-प्रक्रिया को उलट देना है। वर्णनात्मक गद्य–पत्रकारिता–सिनेमा और पोस्टर के दायित्व को स्वीकार करके कविता का यह रूप समकालीन संदर्भों में अपनी विशिष्ट भूमिका की अनदेखी करके संचार-माध्यमों से होड़ में जा फँसा है। यह दशा की जड़ता दिशा की गति में कैसे परिणत हो, यही प्रसाद-शताब्दी-वर्ष में संवेदनशील कवि और प्रबुद्ध पाठक की मुख्य चिंता है।

परिशिष्ट
1999 ई.

समकालीन कविता : शाश्वत की चुनौती

'कामायनी' के संघर्ष सर्ग में जयशंकर प्रसाद ने लिखा है—

देश-कल्पना काल-परिधि में होती लय है,
काल खोजता महाचेतना में निज क्षय है।
वह अनंत चेतन नचता है उन्मद गति से,
तुम भी नाचो अपनी द्वयता में विस्मृति से।

समकालीन के शाश्वत होने की संभावना और प्रक्रिया कुछ-कुछ ऐसी ही है। इससे यह स्पष्ट है कि शाश्वत की राह शाश्वत में से होकर नहीं, समकालीन में से होकर है। समकालीन से प्रतिक्रिया करके ही शाश्वत हुआ जा सकता है; देश से आरंभ करके, द्वयता को विस्मृत करते हुए अद्वैत में पहुँचना संभव है।

कविता में शाश्वत होने की प्रक्रिया भाषा से संभव होती है, क्योंकि यहीं अर्थ-छवियाँ युगीन संदर्भों से अनुकूलित होकर उनका अतिक्रमण करती चलती हैं। तब यह भी समझा जा सकता है कि रघुवीरसहाय सीधे व्यास-वाल्मीकि तक नहीं पहुँचते। उनके लिए यह मार्ग अज्ञेय-निराला-तुलसीदास होकर जाता है। समकालीन को शाश्वत से जोड़ने वाली कड़ी ही परंपरा है। परंपरा में स्थान बना लेना उस काल-चक्र में सम्मिलित हो जाना है जिसकी बड़ी संक्षिप्त और सूक्ष्म व्याख्या प्रसाद की उपर्युक्त पंक्तियों में हुई है।

यों भाषा और परंपरा एक ऐसे सिक्के के दो पहलू हैं जो बराबर व्यय होता हुआ अपने को नवीकृत भी करता चलता है। यहाँ नया कवि स्वेच्छा से अपने लिए कठिन रास्ता चुनता है। भाषा के उच्च-महनीय रूप के स्थान पर वह एकदम बोलचाल को उठाता है, गाली तक को नहीं बरजता। दूसरी ओर परंपरा में चले आ रहे श्रेष्ठ-उदात्त चरित्रों को छोड़कर गली-मुहल्ले के अनाम-साधारण-नाम रामदासी चरित्रों पर अपना ध्यान केन्द्रित करता है। कुल मिलाकर जीवन के छोटे-से-छोटे अनुभवों को रचने में वह अपने कवित्व की सार्थकता मानता है। परंपरागत महाकाव्य की महत्त्वाकांक्षा कि जीवन का

उसके समग्र रूप में अंकन हो, नया कवि भी स्वीकार करता है, पर उसे पूरा करता है वह बिलकुल विपरीत दृष्टि-बिंदु से। यों जीवन-यथार्थ का चक्र पूरा घूम जाता है। वीर-करुण-शृंगार के आभिजात्य से इतर-कोने अँतरों में सोए हुए स्थगित जीवन को वह जगाता है, और सच्चे अर्थों में संपूर्ण जीवन का कवि बनता है। शाश्वत में शामिल होने का यह नया रास्ता उसने खोजा है।

इस प्रसंग में एक रोचक साक्ष्य रघुवीरसहाय के यहाँ मिलता है। उन्होंने पौराणिक संदर्भों के वज़न पर एक नया रूप विकसित किया है समकालीन संदर्भों का : मोरारजी, लोहिया, वाजपेयी। स्पष्ट ही शार्दूलविक्रीड़ित पर आरूढ़ विष्णु-वसिष्ठ-विश्वामित्र के सहारे शाश्वत में प्रवेश आसान दिखता है बजाय निपट गद्य—जैसे विधान में मोरारजी-लोहिया-वाजपेयी के। यह नए कवि का स्पृहणीय आत्मविश्वास है कि वह अवशेषों से अपनी रचना आरंभ करता है मान्य और स्वीकृत उपकरणों को छोड़ता हुआ, जहाँ उसे निराला और अज्ञेय का नैतिक समर्थन मिलता जरूर है। पर इस परंपरा को भी छोड़कर वह उसका विस्तार करता है। परंपरा से जुड़कर समकालीन शाश्वत बनता है, यह पहले कहा गया। पर हर मौलिक रचनाकार परंपरा से अपनी शर्तों पर जुड़ता है, न कि परंपरा की शर्तों पर। तभी वह परंपरा से जुड़कर उसे भी कहीं-कुछ बदलता है। इन उपपत्तियों के संदर्भ में देखना यह होगा कि समकालीन कवि अपने को परंपरा से कैसे जोड़ रहा है, और कैसे उसे बदल रहा है। ज़ाहिर है कि इस समकालीन के अपने कई रंग हैं, रघुवीरसहाय को स्मरण करें तो—

> एक रंग होता है नीला
> और एक वह जो तेरी देह पर नीला होता है
>
> इसी तरह लाल भी लाल नहीं है
> बल्कि एक शरीर के रंग पर एक रंग
> दरअसल कोई रंग कोई रंग नहीं है
> सिर्फ़ तेरे कंधों की रोशनी है
> और कोई एक रंग जो तेरी बाँह पर पड़ा हुआ है।

यों फिर कई रंग मिलकर आभा का रूप लेते हैं, और किसी क़दर उससे निःसृत होते हैं। रंग-रूप की प्रक्रिया नाम में यों ही समझी जा सकती है।

समकालीन का एक गहरा रंग मिलता है—अशोक वाजपेयी के अब तक के समग्र 'तिनका तिनका' (1996) में, जहाँ शीर्षक स्वयं पूर्व-उल्लिखित काव्य-विषयों की अकिंचनता को पुकार-पुकार कर बता रहा है। दो जिल्दी संकलन के उपोद्घात का आरंभ कविता और गद्य के मिले-जुले रूप में होता है जहाँ कविता में आलोचना है, और आलोचना में कविता। यह पूरा अंश बहुत सघन और सुगठित है, कुछ पंक्तियाँ प्रस्तुत हैं—

"कविता में शब्द कहाँ से आते हैं–
कोष से, स्मृति से, दूसरी कविताओं से, जीवन से ?

कविता के सन्नाटे में शब्द शब्द को पुकारता है।

हम कविता में घर की आश्वस्ति और संसार का आश्चर्य दोनों की चाहत पाते हैं। कविता अपने घर में होने का अचरज है।"

अशोक द्वारा लिखित इस भूमिका में आदि से अंत तक, आधुनिक कवि के सर्वथा योग्य, कविता में शब्द की स्थिति और प्रक्रिया का बखान है। और तब एक पीढ़ी पीछे के शमशेर अनायास याद आते हैं–

उस ने मुझ से पूछा, इन शब्दों का क्या
मतलब है ? मैं ने कहा : शब्द
कहाँ हैं ? वह मौन मेरी ओर
देखता चुप रहा।

कहना होगा कि अशोक की बड़ी सटीक व्याख्या के बावजूद उस्ताद का प्रश्न–'शब्द/कहाँ हैं ?' अपनी जगह बना रहता है। पर असल बात तो प्रश्न की सही समझ है, उत्तर अपनी दिशा फिर खोज लेगा।

अशोक वाजपेयी के कृतित्व में शाश्वत और समकालीन की टकराहट, और उस कराहट की चिंता पहले से चली आती है। अपने दूसरे ही संग्रह का शीर्षक कवि ने खा–'एक पतंग अनंत में' (1984), जहाँ कुछ खेल-खेल की मुद्रा में पतंग की नश्वरता र समकालीनता को अनंत की शाश्वतता के सामने उठाकर ढील दिया गया। अनंत इस दुस्साहस के लिए पतंग को दुलराने के अतिरिक्त और करे भी क्या ! अनंत का यह दुलराना कैसे होता है इसे अगले संग्रह की एक संक्षिप्त-सी कविता में देखा जा सकता है–शीर्षक है 'शब्द', जो जैसा संकेत किया गया, कवि की रचना-चिंता के केंद्र में है आदि से अंत तक–

शब्द छूता है शब्द को
शब्द को शब्द चूमता है
दो शब्दों के बीच
सिर धरता है
एक शब्द।

शब्द को बेधता है शब्द
शब्द को भरता है शब्द
शब्द को मथता है शब्द।

शब्द नाचता है
मौन को
संक्षिप्त अनंत में ढालते हुए।

रति-प्रसंग का अतिक्रमण काव्य की रचना-प्रक्रिया में कितने सूक्ष्म रूप में कैसे होता है, यह संक्षिप्त कविता इसका बेजोड़ उदाहरण है। शब्द और सर्जन के 'संक्षिप्त अनंत' में ढलने की प्रक्रिया भी वैसे ही सूक्ष्म और सघन रूप में अंकित हुई है। यह, जैसा संकेत किया गया, समकालीन से शाश्वत की काव्य-यात्रा है। 'कामायनी का पुनर्मूल्यांकन' (1970) करते हुए पहले निबंध में लिखा था, ''कामायनी के विधान की यह मौलिक विशेषता है कि यहाँ पूरी रचना का अर्थ एक नहीं है, पर रीतिकालीन श्लिष्ट काव्य की तरह दो अलग-अलग अर्थ भी नहीं हैं, वरन् एक ही अर्थ के दो स्तर अपने तनाव और संश्लेष से एक वृहत्तर अर्थ की सृष्टि करते हैं। रचना के क्षेत्र में यह अर्थ का अद्वैत है, जो छायावादी काव्य, खास तौर से कामायनी की विशिष्ट रचना-प्रक्रिया और उपलब्धि है। रचना में अर्थ का अद्वैत भाव संयोग और अध्यात्म जैसी सृजन प्रक्रियाओं के समानांतर देखा जा सकता है।'' कविता से संपर्क के लंबे अनुभव में यह तो जाना है कि बहुत बार व्याख्या से कविता बेहतर समझ आती है, यहाँ कविता को पढ़कर अपनी ही व्याख्या का मर्म बेहतर समझ में आया।

'सपाटबयानी' के पक्षधर एक समय में अशोक वाजपेयी भी रहे हैं, यद्यपि कि जैसा सघन बिंब-विधान उनके यहाँ है वैसा समकालीन कविता में अन्यत्र कठिनाई से मिलेगा। पर रचना-कर्म के लिए चुनौती सपाटबयानी में नहीं सपाट अनुभव को कविता बनाने में है, नई कविता में जिसकी उपलब्धि अज्ञेय, मुक्तिबोध से आरंभ होकर शमशेर, रघुवीरसहाय, विपिन अग्रवाल में उत्तरोत्तर स्पृहणीय होती गई है। विशिष्ट अनुभव तो बहुत-कुछ स्वयं काव्य है, सपाट अनुभव को रचना असली कवि-कर्म है, जिस कठोर चुनौती का वरण नये कवि ने किया है, क्योंकि वह संपूर्ण जीवन का कवि है, उसके किन्हीं अंशों का नहीं। इस सपाट अनुभव का अंकन गद्यकविता में अधिक दक्ष ढंग से संभव है, जहाँ गद्य का चिंतन और कविता की अनुभूति एकमेक हुए हैं। रघुवीरसहाय में इस विधा की संभावनाएँ सबसे अधिक खुली हैं।

रघुवीरसहाय के साथ अशोक वाजपेयी ने गद्यकविता के विधान को परिष्कृत करने में योग दिया है। इस प्रसंग में देखा जा सकता है कि अशोक के बृहत् संकलन 'तिनका तिनका' में कवि का रुझान काव्य-लय की ओर क्रमशः बढ़ा है, यद्यपि कि दूसरी ओर पूरी-पूरी कविताएँ निपट गद्य में रची गई हैं, 'कहीं नहीं वहीं' (1991) तथा 'अभी कुछ और' शीर्षक संग्रह इसके प्रमाण हैं। कवि ने ये दोनों विधान, ज़ाहिर है, अपनी रचनात्मक ज़रूरत में से विकसित किए हैं। एक ओर प्रेम और शृंगार के उन्मुक्त लीला-चित्र हैं तो दूसरी ओर कुछ दार्शनिक-चिंतनपरक सूक्ष्म पर्यवेक्षण। दोनों ओर से एक-एक उदाहरण प्रस्तुत है—

पत्थर काँपता है
पत्थर पसीजता है
पत्थर धार-धार बहता है

पत्थर करता है
पवित्र
पत्थर को

पत्थर से केलि करता है पत्थर।

(संग्रह : 'तत्पुरुष')

बूढ़ी-ऊँघती और सोई पुस्तकों में से कई को उसके आने और वहाँ बैठ जाने का पता ही नहीं चला। वैसे इस पुस्तक का अंततः और पहली बार होना दूसरों के जानने या मानने पर निर्भर नहीं था। वह नहीं थी। पर अब है। आगे भी रहेगी। एक बार हो जाने के बाद वह अनंत तक बनी रहती है, कोई इस रहस्य को जाने, या न जाने।

(संग्रह : 'कहीं नहीं वहीं')

यह संयोग से कुछ अधिक है कि दूसरे उद्धरण में पुस्तक की 'अनंत तक' बनी रहने की इच्छा और आशा प्रस्तुत विवेचन की मूल जिज्ञासा से कहीं गहरे स्तर पर जुड़ी हुई है।

रचना-विधान के संदर्भ में उपर्युक्त उद्धरणों के विवेचन से कई बातें उभर कर आती हैं। केलि-प्रसंग में लय के होने से अधिक सहज-स्वाभाविक क्या हो सकता है ! समकालीन जीवन में शायद वही एक प्रसंग बचा होगा जहाँ किसी तरह की लय अक्षत बनी हुई है; ब्रह्म-साक्षात्कार की अनुभूति पहले भी कम को सुलभ थी, अब तो वह इतनी विरल है कि उसकी प्रामाणिकता ही संदिग्ध हो चली है। पहले संकेतित 'संभोग', 'अध्यात्म' के बाद फिर रचना में अर्थ का अद्वैत संभव होता है। रचना में यदि प्रस्तुत विषय 'संभोग' या कि 'अध्यात्म' है तो कवि के लिए कुछ बहुत करने को शेष रह नहीं जाता, लय आप-से-आप चलती है। ऐसे में तो लय को कहीं-कुछ बाधित करना ही आधुनिक कवि-कर्म का किसी क़दर वैकल्पिक अंग हो सकता है।

ऐसे में गद्य के टुकड़ों में लय डालने का नवाचार यहाँ लक्षित करने योग्य है—

पत्थर काँपता है
पत्थर पसीजता है
पत्थर धार-धार बहता है

इन पंक्तियों में लय के लिए सामान्यतः प्रयुक्त-प्रचलित शब्द-ध्वनियों का सहयोग नहीं लिया गया। शास्त्रीय संगीत की बंदिश में जैसे बोल क्रमशः फैलते-फूटते हैं कुछ-कुछ उस अंदाज़ में यहाँ पंक्तियाँ बढ़ती गई हैं। और यों गद्य-कविता का विधान बहुत तोषजनक

बन पड़ा है।

दूसरी ओर, जैसा कहा गया, निपट गद्य के प्रयोग हैं—बोल और बनावट दोनों में। यह बड़ी कठोर चुनौती नए कवि ने स्वयं अपने लिए खड़ी की है। परंपरागत अलंकरण, तुक, छंद, लय का विसर्जन करते-करते वह कविता और गद्य के संधि-बिंदु पर आन पहुँचा है। उसका यत्न है कि सिर्फ भाषा की अपनी सीमित-सहज लय के भीतर वह काव्य-रचना करे। इस प्रसंग में पहल रघुवीरसहाय को करनी थी, और उन्होंने की। 'कुछ पते कुछ चिट्ठियाँ' (1989) में संकलित 'बहस' निपट खड़े गद्य का प्रयोग है—"हँसते मुस्कुराते वे हमें घेर लेते हैं और किसी बात पर तीखे सवाल कर ऐसा जताते हैं जैसे वे हमसे विरोध नहीं सहमति कर रहे हों : हम अपना पक्ष पुष्ट करने के वास्ते उतना ही तीखा जवाब दे देते हैं जैसा कि प्रश्न का तकाज़ा था।" इस पूरी गद्य की बनावट में यति-गति कहीं है तो व्याकरणिक विन्यास की दृष्टि से, जबकि अब तक की कविता में पंक्तियों को बाँटकर अर्थ पर बल देने की दृष्टि से नियोजित किया जाता था। मुक्त छंद की अपनी आधारभूत लय (कवित्त-सवैया या किसी अन्य वज़न पर आधारित) को भी छोड़कर नई कविता ने वाक्य-विन्यास गद्य का लिया, पर उसे व्यवस्थित किया अर्थ पर आघात की दृष्टि से। यह स्वराघात से व्यंजनाघात की ओर का जैसे विकास-क्रम हो।

इसके आगे तो फिर गद्य का खुले ख़तरों से भरा क्षेत्र है वर्णन-मालाओं और विचार-मंथन के लिए, न कि अनुभूति को हल्के से जगा कर उदग्र करने के लिए। रघुवीरसहाय ने यहाँ कवि की अपनी सीमाओं का सम्मान किया, और फिर 'बहस' जैसी रचनाओं के क्रम को आगे नहीं बढ़ाया। अशोक ने 'कहीं नहीं वहीं' (1991) के एक लंबे और अंतिम खंड 'मुक्ति' में इस कविता-गद्य को व्यवस्थित किया है। पर आगे चलकर ऐसे प्रयोग बहुत सीमित हो जाते हैं। कुछ परवर्त्ती कवि, गगन गिल ने भी इस दिशा में बढ़ने का यत्न किया है। पर तोषजनक परिणाम अभी कहीं मिलने को हैं।

अशोक वाजपेयी रघुवीरसहाय के सहयोगी कवि हैं, कई अर्थों में। शब्द की, पड़ोस की, छोटे सच की चिंता—जिनका उल्लेख 'तिनका तिनका' की बड़ी सघन भूमिका में कवि ने किया है—दोनों को साथ जोड़ते हैं। यों दोनों की तुलना को आलोचना के समय बचाया नहीं जा सकता। यहाँ दिखेगा कि अशोक की अलग-अलग कविताओं में का मितकथन कभी पसारे का एहसास देता है और कभी आवृत्ति का भी। शब्द के प्रति अत्यंत सजग-संवेदनशील कवि उनसे जुड़े अपने संसार में फैलाव के साथ ही अब आगे बढ़ सकता है, जिसके लिए रघुवीरसहाय ने अपने आरंभिक लेखन में कभी कामना की थी—

> सारे संसार में फैल जायेगा एक दिन मेरा संसार
> सभी मुझे करेंगे—दो चार को छोड़—कभी न कभी प्यार

यहाँ संसार का फैलना विषयों का विस्तार नहीं, संवेदनशीलता का विस्तार है, जो फिर

कहीं शब्द-रचना से जुड़ा हुआ है। नये अनुभव-क्रम की तलाश में कवि के लिए फ्रांस के प्रसिद्ध ऐतिहासिक नगर आविन्यों (या कि कहीं और भी) जाने में कोई हर्ज़ नहीं, पर रामदास को कहीं-कुछ साथ रखना होगा। बात पूरी तभी होगी, हो सकता है जिसके लिए कवि अशोक को अपना बातूनीपन (द्र. 'तिनका तिनका' की भूमिका) कुछ कम करना पड़े, ताकि रामदास को बोलने के लिए कुछ अधिक समय मिल सके। कवि के साथ समकालीन का वह मौन-मुखर प्रतिनिधि है।

समकालीन परिदृश्य पर अशोक वाजपेयी के मुहाविरे के निकटतर गगन गिल की कविताएँ आती हैं। बढ़ते परायेपन के इस ज़माने में परिवार की स्मृतियों का उपधान गगन के यहाँ कुछ अशोक की तरह है; आतंकवाद से ग्रस्त समकालीन पंजाब की लड़की को इसकी ज़रूरत कुछ अधिक ही है, और इसीलिए उसके नाम तथा बिंब कुछ फ़रक हैं, समानता मनोवृत्ति की है।

वयस्संक्रमण का पारंपरिक संदर्भ श्रृंगार का रहा है। समकालीन जीवन में उसकी सामाजिक-आर्थिक छायाएँ अधिक हैं। उल्लास और उद्विग्नता का मिला-जुला यह समय अब प्रेम-पत्र लिखने और पाने के साथ-साथ, बस में बैठकर दफ़्तर जाने का है। गगन के पहले संग्रह 'एक दिन लौटेगी लड़की' (1989) की अधिकतर कविताएँ इस नए अर्थ में वयस्संक्रमण की कविताएँ हैं। समकालीन का बल एक तरह से इस अनुभव-क्षेत्र में सबसे अधिक है, जो प्रकृति से ही त्वरित संचरणशील समय है। वयस्संधि और सामाजिकता के संबंधों का एक रोचक पक्ष यह है कि अभी तक इस आयु-क्रम के सदस्य की एक तीव्र इच्छा होती थी कि पारिवारिक दबाव से अपने को अलग रखकर उसके निजी प्रणय को ही एकांत महत्त्व मिले। अब जब कि बहुत बार वह परिवार से अलग कठोर संसार में रहने को विवश है तो उसका बहुत-सा समय परिवार की कोमल स्मृतियों में जाता है। रघुवीरसहाय के काव्य-संसार में पिता के स्मृति-बिंब घूम-घूम कर आते हैं; अशोक के यहाँ लंबे खंडों में संकलित कविताएँ दिवंगत या वर्तमान परिवारी जन, विशेषतः माँ की स्मृतियों से जुड़ी हैं; गगन के संग्रह के एक खंड में कई महत्त्वपूर्ण कविताएँ दादी के लिए लिखी गई हैं। बीसवीं शती के अंतिम दशकों में लड़की का दादी की ओर लौटना यदि समाजशास्त्रियों को कुछ सोचने की सामग्री देता है तो आलोचक को भी जताता है कि हिंदी साहित्य में सूर-तुलसी-मैथिलीशरण गुप्त-प्रेमचंद की मूल परिवार-संवेदना अनेक प्रकार के आघातों के बावजूद, एक स्तर पर अक्षुण्ण बनी हुई है।

वयस्संक्रमण की तीव्र अनुभूति स्वभावतः किसी एक बिंदु पर स्थिर नहीं रह पाती। और तब शाश्वत की चिंता से भी वह बरी है। यहाँ कवि पूरे तौर पर अपनी रचना से अधिक रचना-प्रक्रिया में जीवित है, इससे परे का उसके लिए महत्त्व नहीं। समकालीन और शाश्वत का यहाँ जैसे कोई द्वंद्व ही न हो।

रघुवीरसहाय और अशोक वाजपेयी के क्रम में गगन गिल ने कविता के लिए गद्य का प्रयोग किया है। उन्होंने गद्यकविता लिखी है, और सीधे गद्य में भी काव्य-रचना की

है। वयस्संक्रमण के आधुनिक संदर्भों में कविता के लिए गद्य के ये विविध स्तर अत्यंत सहज भाव से उपयुक्त हुए हैं। दादी-माला की कविताओं में एक है–

'दादी जब मर जाएगी'–

हो सकता है यमराज उस से कहें–
माई, तू अभी कुछ दिन और रुक जा
अपने पोतों के ब्याह तो देख ले–
फिर दादी क्या कहेगी ?

दादी कहेगी, महाराज
मुझे ले चलो
ब्याह तो अपने उस बेटे का देखूँगी
जिसे आप ले गए थे
भरी जवानी में छीन कर

यह पूरा बोलचाल का गद्य है; वाक्य-विन्यास में फेर-बदल यथावश्यक बल देने के लिए है, और पंक्तियों का बँटवारा भी उसी दृष्टि से है। यों कुल मिलाकर जो लय है सामान्य बोलचाल की है। यहाँ करुणा और आत्मविश्वास का मिला-जुला स्वर उपर्युक्त दोनों टुकड़ों की अपनी टकराहट में से उपजता है, जो रचना का मूल उत्स है, जहाँ संवाद और इतिवृत्त धीमे से कविता बनते हैं। इस तुलना में निपट गद्य का प्रयोग, जैसे 'बहुत सारा एकांत था दादी के पास' में, कुछ प्रभावी नहीं जान पड़ता, सीधा-साधा कथा-गद्य बनकर रह जाता है। गगन की कविता की मुख्य शक्ति उस हल्के बोलचाल के लहज़े से जुड़ी हुई है, जो अपने में वयस्संधि की एक मुख्य पहिचान कही जा सकती है।

गगन गिल की कविताओं का स्वभाव यदि मितकथन का है तो एक अन्य समकालीन कवि अरुण कमल के यहाँ कुछ मुखरता का एहसास होगा। जैसे मुक्तिबोध और शमशेर के बीच से वे कुछ रास्ता निकाल रहे हों। मितकथन और वाचालता (प्रगल्भता नहीं !) का जैसा लगभग आदर्श रूप र. स. (रघुवीरसहाय : रस के नये रूप ?) में आस्वाद्य है वह उनकी अपनी निजी उपलब्धि है, अन्य कवियों को जिसे अपने ढंग से विकसित करना है।

अरुण कमल नितांत समकालीन परिदृश्य और घटनाओं से जूझते हुए अपनी दृष्टि कविता के शाश्वत रूप पर रखते हैं। 'अमृत कविताएँ' (हिंदी साहित्य सम्मेलन, प्रयाग : 1988) के लिए अपने संक्षिप्त वक्तव्य में वे लिखते हैं, ''एक कवि की उम्र कुछ साल नहीं बल्कि पाँच हज़ार साल भी ज्यादा होती है–वे सारे वर्ष जिनमें मनुष्य विभिन्न अवस्थाओं को पार करता यहाँ तक आया। इसलिए कविता की रचना-प्रक्रिया बहुत जटिल होती है। जो हो चुका–जो है–जो होगा–सबका समाहार यही एक कवि का धर्म है।'' कहना न

होगा कि यथार्थ के प्रति समकालीन कवि का यह बहुत सही दृष्टिकोण है। लगभग ऐसा ही संतुलित रूप उसकी काव्य-प्रक्रिया का है। कवि की प्रसिद्ध कविता—

अपना क्या है इस जीवन में
सब तो लिया उधार
सारा लोहा उन लोगों का
अपनी केवल धार।

में वाचालता और विदग्धता का विलक्षण सामंजस्य है, पर धूमिल जैसा वक्तव्याग्रह फिर भी नहीं। इसीलिए कविता एक बार पढ़-सुन लेने में चुक नहीं जाती, उसकी अनुगूँज दूर तक-तलक-चलती है।

गद्यकविता के अभी अपेक्षया सीमित प्रयोग अरुण कमल में दिखते हैं, वे भी अधिकतर व्यंग्यप्रधान प्रसंगों में जैसे 'भाग्य-फल' या कि 'श्राद्ध का अन्न' में। अशोक वाजपेयी की उनके संबंध में टिप्पणी बहुत उपयुक्त और अर्थ-गर्भ है—"वे शांत लेकिन तनाव भरे हैं।" इस 'शांत तनाव' को ठीक-ठीक उतारने के लिए गद्य-कविता सही विधान होगा।

समकालीन कविता के वैविध्य को स्पष्ट ही कुछ कवियों, या कि कुछ सीधे पर्यवेक्षणों में बाँधना संभव नहीं। इस वैविध्य में एक समानता यह ज़रूर है कि ये कवि समकालीन जीवन की उत्तरोत्तर बढ़ती अनेकमुखी समस्याओं के प्रति गहरे सचेत हैं, जिनका सूक्ष्म चित्रण उनके कवि-कर्म का सहज अंग है। सच तो यह है कि किसी भी सार्थक लेखन की पहली पहचान यही है कि युग-जीवन से वह कहाँ, कैसे, किस स्तर पर जुड़ा हुआ है। रही बात शाश्वत की, वह अपनी चिंता स्वयं करेगा।

●●●